INTERNATIONAL LAW REVIEW（VOL.11）

国际法学论丛 第11卷

北京国际法学会◎编

知识产权出版社
全国百佳图书出版单位

图书在版编目（CIP）数据

国际法学论丛. 第11卷/北京国际法学会编. —北京：知识产权出版社，2017.10
ISBN 978－7－5130－5233－7

Ⅰ.①国… Ⅱ.①北… Ⅲ.①国际法—文集 Ⅳ.①D990－53

中国版本图书馆CIP数据核字（2017）第259075号

内容提要

2016年是变动中的国际关系推动国际法发展的重要一年。中国“一带一路”倡议推动着人类命运共同体的构建，《巴黎协定》给国际社会解决气候变化问题带来了新的曙光，但恐怖主义的威胁、欧洲难民危机及国际海洋权益争端给国际社会和国际法带来了诸多的挑战，现代国际法面临新发展和新挑战。2016年12月3日北京国际法学会的会员们在北方工业大学就“变化中的国际关系和国际法：中国的机遇与挑战”主题，围绕“一带一路”倡议对国际法的发展机遇和挑战、菲律宾南海仲裁争端、全球公域的国际治理、区域投资协定新发展等一系列问题进行了深入研讨。本书收录了主要的研究成果。

责任编辑：蔡　虹　韩　冰　　　　**责任出版**：孙婷婷

国际法学论丛（第11卷）

北京国际法学会　编

出版发行：知识产权出版社有限责任公司	网　　址：http：//www.ipph.cn
社　　址：北京市海淀区气象路50号院	邮　　编：100081
责编电话：010－82000860转8126	责编邮箱：hanbing@cnipr.com
发行电话：010－82000860转8101/8102	发行传真：010－82000893/82005070/82000270
印　　刷：北京中献拓方科技发展有限公司	经　　销：各大网上书店、新华书店及相关专业书店
开　　本：787mm×1092mm　1/16	印　　张：23.5
版　　次：2017年10月第1版	印　　次：2017年10月第1次印刷
字　　数：400千字	定　　价：88.00元

ISBN 978-7-5130-5233-7

CONTENTS 目录

一、国际公法

二、国际经济法

三、国际私法

一、国际公法

南沙群岛“附近海域”相关法律问题研究

侯嘉斌*

近年来，南海问题一直是国际社会关注的热点问题之一。其中，相关国家围绕南海争端展开的法律较量尤为瞩目。从近期南海局势发展势态来看，尤其是在美军舰进入南沙群岛有关岛礁近岸水域，以及南海仲裁案裁决公布之后，中国的处境更加恶化。一个很重要的原因是中国在南海问题上的法律主张缺乏足够的明确性。中国一贯主张对南海诸岛及其附近海域拥有主权，但“附近海域”的表述过于模糊，因此为美国、菲律宾等国在南海海域兴风作浪提供了可乘之机。因此，中国有必要对“附近海域”进行研究，尽可能明确其具体内涵和范围，实现法律主张最大化与国家利益最大化的有效平衡。[1]

一、南沙群岛“附近海域”问题的提出

中国对南海诸岛及其附近海域拥有无可争辩的主权，这是中国在南海问题上的一贯主张。这一主张包含两个层面。在岛礁主权问题上，中国的立场是明确的，也是清晰的。具体到南沙群岛也是如此，中国始终坚持对南沙群岛拥有主权。[2] 在海域主权问题上，中国始终在使用“附近海域”的表述。但《联合国海洋法公约》（以下简称《公约》）只规定了内水、群岛水域、领海、毗连区、专属经济区、大陆架和公海，而没有提及“附

---

* 侯嘉斌，解放军南京政治学院马克思主义理论系 2015 级博士生。

❶ 众所周知，南海诸岛包括西沙群岛、中沙群岛、东沙群岛和南沙群岛。西沙群岛的领海基线已经于 1996 年 5 月 15 日正式公布。因此，“附近海域”问题集中表现在中沙群岛、东沙群岛和南沙群岛上。而其中尤以南沙群岛最具代表性，因此本文选取南沙群岛作为主要研究对象，并将题目表述为：南沙群岛“附近海域”相关法律问题研究。当然，本文的诸多分析与结论应该同样适用于中沙群岛和东沙群岛。

❷ 《中国对西沙群岛和南沙群岛的主权无可争辩——中华人民共和国外交部文件》，1980 年 1 月 30 日。

近海域”。因此，“附近海域”本身并不构成一个法律术语。而且，中国政府从未明确说明何为“附近海域”。

很多学者都注意到了这种模糊性主张。Hasjim Djalal 认为“附近海域”并未被明确定义过，所以很难确定其法律含义。[1] Erik Franckx 和 Marco Benatar 认为，中国照会文件中使用了“相关海域”“附近海域”等《公约》中没有且相当含混的概念，是在故意加剧主张的模糊性。[2] 高圣惕也认为中国既未声明其主张主权的“附近海域”是否受限于12海里，或定位为领海，也未声明其主张主权权利和管辖权的“相关海域”是否受限于200海里，或定位为专属经济区。[3]

值得注意的是，菲律宾也多次使用了“附近海域”的表述。2011年4月4日，菲律宾照会中国驻菲律宾大使馆并提出，尽管菲律宾对“卡拉延群岛”拥有主权与管辖权，但无论是根据国际习惯法，还是根据《公约》规定，礼乐滩（the reed bank）所处位置都不属于“附近海域”，尤其不在“卡拉延群岛”任何相关地质构造的12海里领海范围之内，而是位于菲律宾200海里大陆架之内，因此菲律宾可以根据《公约》第56条和第77条行使排他的主权权利。[4] 2011年4月5日，菲律宾向联合国秘书长提交的照会文件中提出，根据罗马法中的海洋控制权原则和“陆地支配海洋”的国际法原则，菲律宾对“卡拉延群岛”中每个相关地质构造的周围与附近海域拥有《公约》赋予的主权和管辖权，而这些地质构造附近海域的范围是确定的。[5] 由此可见，菲律宾所指的“附近海域”范围比12海里领海更广，因为菲律宾宣称对“附近海域”享有主权和管辖权。

二、“附近海域”一词的使用状况、含义及战略意图

中国政府关于南海地区的主张中首次使用“附近海域”的表述是在

[1] Hasjim Djalal, South China Sea Island Disputes, 8 The Raffles Bulletin of Zoology, 11 (2000).

[2] Erik Franckx and Marco Benatar, Dots and Lines in the South China Sea: Insights from the Law of Map Evidence, 2 (2) Asian Journal of International Law, 107 (2012). 此处照会文件是指中国常驻使团2009年5月7日提交给联合国秘书长的照会文件。

[3] 高圣惕：《论南海争端与其解决途径》，《比较法研究》2013年第6期，第21页。

[4] Note Verbale from the Department of Foreign Affairs of the Republic of the Philippines to the Embassy of the People's Republic of China in Manila, No. 110885 (4 April 2011) (Annex 199).

[5] Note Verbale from the Permanent Mission of the Republic of the Philippines to the United Nations to the Secretary – General of the United Nations, No. 000228 (5 April 2011).

1974年1月11日。❶ 当时，外交部发言人声明："南沙群岛、西沙群岛、中沙群岛和东沙群岛，都是中国领土的一部分。中华人民共和国对这些岛屿具有无可争辩的主权。这些岛屿附近海域的资源也属于中国所有。"首次明确提出对"附近海域"享有主权则是在1974年2月5日，当时外交部发言人发表声明称，中国政府已多次声明，南沙群岛、西沙群岛、中沙群岛和东沙群岛，都是中国领土的一部分，中华人民共和国对这些岛屿及其附近海域具有无可争辩的主权。❷ 这一主张一直沿用至今。

在之后的声明中，中国仍未对"附近海域"的范围做出任何说明，但仍有必要对声明中的相关措辞进行考察分析。1976年6月15日，外交部发言人受权发表如下声明："南沙群岛，正如西沙群岛、中沙群岛和东沙群岛一样，历来就是中国领土的一部分。中华人民共和国政府曾多次声明，中国对这些岛屿及其附近海域拥有无可争辩的主权，这些地区的资源属于中国所有。"❸这里所讲的"这些地区"是代指"这些岛屿（即南沙群岛）及其附近海域"。声明还指出，任何外国派兵侵占南沙群岛的岛屿或在南沙群岛地区勘探、开采石油和其他资源，都是对中国领土主权的侵犯，都是不能允许的。此处，中国政府是对"南沙群岛"及"南沙群岛地区"主张主权。但"南沙群岛地区"仍是一个模糊的概念，很难判断"南沙群岛地区"是否对"附近海域"进行了范围的扩张。在其他声明中，中国政府也没有使用过与"附近海域"具有不同含义的表述。❹

有学者指出，中国政府这一时期所讲的"附近海域"处于一种极其不明确状态，涵盖了整个南海海域，远大于内水和领海，而且中国主张的权

---

❶ 《我外交部发言人发表声明　南越西贡当局公然又把中国南沙群岛中的十多个岛屿划入自己的版图，不能不引起中国政府和人民的愤慨。中国政府决不容许西贡当局对中国领土主权的任何侵犯》，《人民日报》1974年1月12日，第1版。笔者通过对《人民日报》电子图文版数据库进行检索，得出了这一结论。周江和郭冉也持这一观点。参见周江：《论我国南海主权主张中的"附近海域"》，《重庆理工大学学报（社会科学版）》2011年第9期，第61页；郭冉：《论中国在南海U形线内海域的历史性权利》，《太平洋学报》2013年第12期，第44页。

❷ 《我外交部发言人发表声明》，《人民日报》1974年2月5日，第1版。

❸ 《任何外国对我国南沙群岛的岛屿提出主权要求都是非法的无效的》，《人民日报》1976年6月15日，第1版。

❹ 参见《我国外交部发言人发表声明　苏越合作勘采石油等非法协定无效》，《人民日报》1980年7月22日，第1版；《我外交部发言人受权发表声明　重申南沙群岛历来是中国领土一部分》，《人民日报》1978年12月29日，第1版；《外交部就弹丸礁被外国军队非法侵占一事重申南沙群岛历来就是中国领土》，《人民日报》1983年9月15日，第1版。

利类型也极其广泛，还包括对所有资源的主权。[1] 但这一观点很难成立，中国只是在主张主权的基础上进一步明确对这些地区资源的所有权，并未扩大“附近海域”的范围。此外，进行科学考察的范围也不等同于主张主权的范围，不能以中国在南海海域内进行科学考察活动为由认为中国对整个南海海域主张主权。

一个关键的时间节点是《公约》于1996年5月15日在我国批准通过。此后，中国开始以《公约》规定为基础主张各项权利。[2] 具体到南海问题上，2009年5月7日中国常驻使团提交给联合国秘书长的照会文件中，中方提出，中国对南海诸岛及其附近海域拥有无可争辩的主权，并对相关海域及其海床和底土享有主权权利和管辖权。这一立场与中方从20世纪70年代开始所持的立场相一致，并对“附近海域”和“相关海域”，“主权”和“主权权利”做了明确区分，使“附近海域”的含义更趋于明确。由于中国对“附近海域”和“相关海域”主张的权利性质不同，因此两者应有不同的含义和范围。而且，“相关海域”应在“附近海域”之外更靠近九段线的位置。[3]

有学者认为，中方所讲的“附近海域”主要是指领海。[4] 也有学者提出，就近年来国内相关单位或学者拟在南沙群岛确定领海基点和基线而言，“附近海域”似乎是200海里区域。[5] 相比之下，更多学者认为“附近海域”实质上就是领海及内水。[6] 虽然中国从未明确指出何为“附近海

---

[1] 郭冉：《论中国在南海U形线内海域的历史性权利》，《太平洋学报》2013年第12期，第44－45页。

[2] 《全国人民代表大会常务委员会关于批准〈联合国海洋法公约〉的决定》第1条规定：按照《联合国海洋法公约》的规定，中华人民共和国享有二百海里专属经济区和大陆架的主权权利和管辖权。第3条规定：中华人民共和国重申对1992年2月25日颁布的《中华人民共和国领海及毗连区法》第2条所列各群岛及岛屿的主权。

[3] 黄伟：《论中国在南海U形线内“其他海域”的历史性权利》，《中国海洋大学学报（社会科学版）》2011年第3期，第36－37页。

[4] 金永明：《美国军舰进入南沙岛礁领海的可能影响及应对策略》，《海南大学学报（人文社会科学版）》2015年第4期，第4页。

[5] 姜丽、李令华：《南海传统九段线与海洋划界问题》，《中国海洋大学学报（社会科学版）》2008年第6期，第8页。

[6] 周江认为我国对“附近海域”一贯主张的是主权，因此南海诸岛之“附近海域”应是附属于上述岛礁并应归属我国的领水部分，包括内水及领海。参见周江：《论我国南海主权主张中的“附近海域”》，第61页。郭冉认为，对南海诸岛及其附近海域享有的无可争辩的主权，实质是对南海诸岛及其内水和领海的主权。郭冉：《论中国在南海U形线内海域的历史性权利》，《太平洋学报》2013年第12期，第47页。

域”，但可以根据中国的主权主张来反推“附近海域”的性质与范围。由于中国一贯主张对南海诸岛“附近海域”拥有主权，那就可以反推出“附近海域”应该是指领海与内水，因为沿海国只能对内水和领海主张主权。还应当注意到，中国常驻使团2011年4月14日提交给联合国秘书长的照会文件中提出，根据《联合国海洋法公约》（1982）、《领海和毗连区法》（1992）与《专属经济区和大陆架法》（1998）的相关条款，南沙群岛享有相应的领海、专属经济区和大陆架。可见，中国对“附近海域”的主张需要受《公约》条款的规制，“相关海域”的界定同样如此。这也进一步说明，将“附近海域”解释为领海与内水是合理的。

中国政府之所以长期使用“附近海域”的表述，是有特定的战略意图的。中国政府有可能由于南沙群岛中很大一部分岛礁仍为其他国家实际控制，而不愿意直接将“附近海域”称为“领海”。❶ 高圣惕认为，中国这种模糊立场的目的可能在于为主张不基于条约，而系基于习惯国际法的“历史性权利”或“历史性水域”，保留机会。❷ 这种战略意图与《公约》并不冲突。因为海洋法制度下的水域与基于历史性权利的特殊水域来源不同、性质不同，因而并不矛盾，可以平行存在。❸ 这种战略意图绝不等同于对九段线内全部水域主张主权，否则就没有必要在西沙群岛划设领海基线。高之国、贾兵兵也认为根据中国国内法规定，九段线并未试图超越国际法，而对线内海域依照历史性所有权之原则提出任何主权要求。❹

三、中方岛礁扩建加固行为的合法性及对“附近海域”的影响

2014年4月底以来，国际媒体争相报道中国在南沙群岛的岛礁扩建与加固行动。菲律宾就此向中国提出了外交抗议，认为中方的行为违反了

---

❶ 关于南沙群岛中岛礁的实际控制情况，官方并未公布权威统计。较为主流的观点认为，在南沙群岛全部岛礁中，越南、马来西亚、菲律宾分别控制29个、5个、8个。此外，文莱对南通礁提出了主权要求。国家海洋局海洋发展战略研究所课题组：《中国海洋发展报告（2010）》，海洋出版社2010年版，第16页。

❷ 高圣惕：《论南海争端与其解决途径》，第21页。

❸ 金永明：《中国南海断续线的性质及线内水域的法律地位》，《中国法学》2012年第6期，第44页。

❹ 高之国、贾兵兵：《论南海九段线的历史、地位和作用》，海洋出版社2014年版，第20–21页。

《南海各方行为宣言》，有可能加剧南海争端，损害各方促进和平、安全、稳定的努力，并对南海地区海洋环境和海洋生物多样性造成不可修复的损害。[1] 南海诸岛是中国固有领土，中国自然有权在本国领土范围内开展各项建设。中国是在固有岛礁的基础上进行人工加固和扩建，而非专门建设新的人工岛屿。[2] 但是，岛礁的扩建和加固必然会导致外部界限拓展，随之而来的一个法律问题就是领海基线是否会随之拓展。岛礁扩建前的 12 海里外部界限与岛礁扩建后的 12 海里外部界限之间会出现部分"灰色海域"。美国军舰进入南沙岛礁近岸水域，就与南沙岛礁扩建密切相关。[3] 有学者指出，美国军舰试图进入南沙岛礁领海范围航行，是为了否定中国依填海造陆的岛礁主张的领海，否定领土主权，进而否定相关海域的存在。[4] 因此有必要对中国的岛礁扩建加固行为进行分析。2015 年 4 月 9 日，外交部发言人华春莹表示，"对南沙部分驻守岛礁进行了相关建设和设施维护"，这是目前中国政府对岛礁扩建行为最正式的定性。

中方岛礁扩建加固的对象仅限于"南沙部分驻守岛礁"。尽管中方从未明确对哪些岛礁进行了扩建，但从外交部发言人陆慷 2015 年 6 月 16 日的表态来看，中国在多个岛礁上进行了施工。新华社还发布了永暑礁完成陆域吹填工程之后的卫星照片。[5] 英国权威防务杂志《简氏防务周刊》网站 2015 年 9 月 24 日报道，中国已经完成了南海永暑礁的机场跑道建设。报道还提到东门礁、西门礁、赤瓜礁、华阳礁、南薰礁扩建工程已经完成，渚碧礁和美济礁挖泥疏浚工程仍在进行。[6]

---

[1] Philippine Department of Foreign Affairs, On China's Statement Regarding Construction in the Reclaimed Features, available at http: //www. dfa. gov. ph/index. php/newsroom/dfa - releases/6519 - on - china - s - statement - regarding - construction - in - the - reclaimed - features, visited on 2 Dec. 2015.

[2] 如果中方的岛礁扩建加固行为是在南沙群岛专属经济区范围内，则可以援引《公约》第 56 条第 1 款（b）项和第 60 条第 1 款作为依据。

[3] 2015 年 10 月 27 日，美方不顾中国政府多次交涉和坚决反对，派"拉森"号导弹驱逐舰进入中国南沙群岛有关岛礁近岸水域。我军派出"兰州"号导弹驱逐舰和"台州"号巡逻舰对美舰进行了必要的、合法的、专业的跟踪、监视和警告。中方对美方这一举动表示了强烈不满和坚决反对，并向美方提出了严正交涉。

[4] 金永明：《美国军舰进入南沙岛礁领海的可能影响及应对策略》，第 4 页。

[5] 官方发布永暑礁吹填完工照 机场跑道清晰 http: //www. gs. xinhuanet. com/2015 - 06/16/c_1115634330. htm。

[6] James Hardy and Sean O'Connor, China completes runway on Fiery Cross Reef, available at http: //www. janes. com/article/54814/china - completes - runway - on - fiery - cross - reef, visited on 2 Dec. 2015.

中方岛礁扩建加固的内容仅限于“相关建设和设施维护”。外交部发言人陆慷于2015年6月16日表示，经向有关部门了解，根据既定作业计划，中国在南沙群岛部分驻守岛礁上的建设将于近期完成陆域吹填工程。❶同日，陆慷在例行记者会上表示，工程的进展情况在不同岛礁上可能不同，至于何时完工，结束时间要根据工程建设进度和各方面条件确定。❷陆慷还表示，“陆域吹填完成后，下阶段我们将开展满足相关功能的设施建设”。此外，中国在华阳礁和赤瓜礁修建了两座大型多功能灯塔，为航经该海域的各国船舶提供高效导航助航服务，保障南海海域船舶航行安全。

中方岛礁扩建加固的目的也应予以考察。外交部发言人华春莹曾明确指出，岛礁扩建“主要是为了完善岛礁的相关功能，改善驻守人员的工作和生活条件，更好地维护国家领土主权和海洋权益，更好地履行中方在海上搜寻与救助、防灾减灾、海洋科研、气象观察、环境保护、航行安全、渔业生产服务等方面承担的国际责任和义务”“除满足必要的军事防卫需求外，更多的是为了各类民事需求服务”“建设包括避风、助航、搜救、海洋气象观测预报、渔业服务及行政管理等民事方面的功能和设施，为中国、周边国家以及航行于南海的各国船只提供必要的服务”。❸ 国防部发言人杨宇军也表示，中方在驻守多年的南沙部分岛礁进行相关建设和设施维护，主要是为各类民事需求服务，为各国的共同利益服务。❹

中方岛礁扩建加固并不会破坏南海生态环境。外交部发言人华春莹曾表示，中方进行岛礁扩建工程经过了科学的评估和严谨的论证，坚持建设和保护并重，有严格的环保标准和要求，充分考虑到生态环境和渔业保护等问题，不会对南海的生态环境造成破坏。并称，还将加强相关海域和岛礁的生态环境监测和保护工作。可见，在南沙岛礁扩建过程中，中方对南

---

❶ 陆域吹填是指首先在岛礁附近设置围堰形成海湾，然后用绞吸船将围堰外部水下的黏土绞成泥浆，通过水泵和管线打到围堰内，泥沙沉淀而成陆地形成所需的土石方，最终形成大面积陆域的过程。

❷ 2015年6月16日外交部发言人陆慷主持例行记者会 http：//www. fmprc. gov. cn/web/fyrbt_ 673021/jzhsl_ 673025/t1273492. shtml。

❸ 2015年4月9日外交部发言人华春莹主持例行记者会 http：//www. fmprc. gov. cn/web/fyrbt_ 673021/jzhsl_ 673025/t1253375. shtml。

❹ 国防部新闻发言人杨宇军就美舰进入中国南沙群岛有关岛礁近岸水域发表谈话 http：//news. mod. gov. cn/headlines/2015 －10/27/content_ 4626235. htm。

海生态环境进行了充分而妥善的考虑，不会像菲律宾指责的那样，“对南海地区海洋环境和海洋生物多样性造成不可修复的损害”。

以上论述说明，中国的岛礁扩建加固行为是巩固并扩大国家领土主权范围的正当行为。但除此之外，对这一行为的合法性分析还需要在国际法，尤其是《公约》框架内进行，以确定这种行为是否会对相关岛礁的法律属性产生影响，这是一个更为重要的层面。这种分析需要以对《公约》第121条的全面理解为基础。该条第1~3款都是关于“岛屿”制度的规定，是一种整体性规范。按照这种理解，即使是不能维持人类居住或其本身的经济生活的岩礁，也属于广义的岛屿。[1] 因此，第3款是对第2款的限制，作为第2款的例外情形而存在。这种观点实质上根据能否主张专属经济区和大陆架将岩礁分为两类，如果岩礁能维持人类居住或其本身的经济生活，就可以主张专属经济区和大陆架，反之则仅能主张领海。按照这种观点，冲之鸟礁在高潮时只有两块岩石高于水面，显然难以维持人类居住或其本身的经济生活，因而只属于第3款规定的岩礁，无法主张专属经济区和大陆架。[2] 中国的岛礁扩建加固行为所针对的数个岛礁都是自然形成的，在扩建加固之前既已符合《公约》第121条第1款的定义，属于广义的岛屿，因此中国没有必要追求“变礁为岛”的法律效果。[3]

还有一种观点认为，虽然岛礁扩建加固行为会引起理论争议，但鉴于国际法并未明令禁止这种行为，因此与现有国际法（包括《联合国海洋法公约》）并不冲突。[4] 邹克渊教授认为，在完成扩建加固行为后，这些岛礁事实上属于混合岛礁，即天然和人工组合的海洋地物。混合岛礁较为特

---

[1] 金永明：《岛屿与岩礁的法律要件论析——以冲之鸟问题为研究视角》，《政治与法律》2010年第12期，第100页。

[2] United Nations Commission on the Limits of the Continental Shelf, Summary of Recommendations of the Commission on the Limits of the Continental Shelf in regard to the Submission Made by Japan on 12 November 2008, 4-5, adopted on 19 April. 2012, available at http://www.un.org/Depts/los/clcs_new/submissions_files/jpn08/com_sumrec_jpn_fin.pdf, visited on 2 Dec. 2015. 2012年6月3日，大陆架界限委员会公布了日本划界案建议摘要，对冲之鸟礁的分析主要集中在摘要第15~20段。摘要称委员会对冲之鸟礁的法律地位不持立场，对以冲之鸟礁为基点主张的外大陆架不采取行动。

[3] 当然，还有必要讨论这些岛礁能否如《公约》第121条第3款所言维持人类居住或其本身的经济生活，这直接关系着中国能否对这些岛礁主张专属经济区和大陆架。这一问题在国际法上同样争议较大，限于本文的研究主题是南沙群岛的附近海域，因此未对这一问题做深入研究。

[4] 邹克渊：《岛礁建设对南海领土争端的影响：国际法上的挑战》，《亚太安全与海洋研究》2015年第3期，第7页。

殊，在《公约》乃至整个国际法框架下都很难定义其法律地位。不过，对那些宣称拥有南沙群岛部分岩礁所有权的国家而言，现阶段对自然形成的岩礁进行加固加高，会使其在扩大领海面积、获取相关利益方面占得先机。❶ 但这种观点很容易为越南、菲律宾等国援引，进而加速其在南沙群岛的岛礁扩建行动，使南海局势更加复杂。

也有学者认为，从基本的法理逻辑来说，中国认为南沙群岛整体上作为群岛应该享有领海、专属经济区与大陆架，而中国目前只是在南沙群岛内部的某些岛礁上开展扩礁填海行动。该行为完全是在中国的领土范围及管辖水域内，既不会影响国际社会的共同利益与邻国利益，也根本无须追求"变礁为岛"的法律效果。❷ 鉴于中国目前进行扩建加固的岛礁均位于南沙群岛内部，无论单个岛礁面积扩展多少，都不会对依据历史性权利而整体主张的南沙海域权利范围构成影响。还应当注意到，虽然南海仲裁案裁决完全否定了南沙岛礁作为"岛屿"的法律地位，但由于中国政府并不承认其法律效力，因此上述的论证思路仍然是成立的。

综上，中方的岛礁扩建加固行为是在已有岛礁基础上进行添附来扩大领土主权范围的，中国既没有"变礁为岛"的主观意图，也没有"变礁为岛"的客观必要，这一行为并不改变岛礁本身的法律属性，也不会使其变为"人工岛屿"。更重要的是，这一行为是出于和平目的和用途，而非军事目的，因此相关岛礁在领海基线划设过程中的地位作用不受影响，其领海基线应该随之向外拓展。

四、南沙群岛领海基线划设的方法选择

关于领海基线的划设，《公约》分别于第 5 条、第 7 条、第 47 条规定了正常基线、直线基线和群岛基线。但我国国内立法中只规定了直线基线，而没有提及正常基线和群岛基线。《中华人民共和国政府关于领海的声明》（以下简称《声明》）第 2 项规定：中国大陆及其沿海岛屿的领海以连接大陆岸上和沿海岸外缘岛屿上各基点之间的各直线为基线，从基线向

---

❶ 邹克渊：《岛礁建设对南海领土争端的影响：国际法上的挑战》，《亚太安全与海洋研究》2015 年第 3 期，第 6－7 页。

❷ 王勇：《中国在南沙群岛扩礁加固行为的国际法效力问题》，《太平洋学报》2015 年第 9 期，第 19 页。

外延伸12海里的水域是中国的领海。《声明》第4项规定：以上（一）（二）两项规定的原则同样适用于台湾及其周围各岛、澎湖列岛、东沙群岛、西沙群岛、南沙群岛以及其他属于中国的岛屿。这就回答了采取哪种方法划设南沙群岛领海基线的问题。

但《声明》并未对南沙群岛适用直线基线做出具体解释，即将南沙群岛视为整体划定直线基线，还是对南沙群岛内各个岛礁分别划定直线基线。这一问题在中国代表团1973年7月4日向联合国海底委员会提出的《关于国家管辖范围内海域的工作文件》中得到了明确，文件第1条第6款提出：岛屿相互距离较近的群岛或列岛，可视为一个整体，划定领海范围。❶《领海及毗连区法》再次明确了关于领海的声明中的相关规定，第3条第2款规定：中华人民共和国领海基线采用直线基线法划定，由各相邻基点之间的直线连线组成。1996年5月15日，中国宣布了大陆领海的部分基线和西沙群岛的领海基线，并表示将再行宣布中华人民共和国其余领海基线。2012年9月10日，中国公布了钓鱼岛及其附属岛屿的领海基线。在两份声明中，中国政府均是将西沙群岛和钓鱼岛及其附属岛屿视为整体来划设领海范围。未来划设南沙群岛领海基线时，中国仍有可能继续坚持这一立场。

虽然我国国内立法中没有规定群岛基线，但仍有学者对南沙群岛能否适用群岛基线进行了分析。管建强教授认为《公约》第46条以及所有其他条款均没有排斥像中国这样部分领土拥有群岛国特征的国家采纳群岛水域制度，因此中国在南海九段线内的岛屿相对集中的水域采纳群岛水域制度并不抵触《公约》。同时，他还认为，群岛水域还实行着适当的群岛海道的通过制度，这一制度能够满足其他国家的航行利益。❷这种观点的问题在于即使我们认为《公约》允许大陆国家对其洋中群岛适用群岛基线，但对南沙群岛划定群岛基线后，很难满足《公约》第46条对群岛基线的限制性规定。❸因此，更多学者倾向于放弃群岛基线主张，转而提倡将洋

---

❶ 北京大学法律系国际法教研室编：《海洋法资料汇编》，人民出版社1974年版，第74页。

❷ 管建强：《南海九段线的法律地位研究》，《国际观察》2012年第4期，第20页。

❸ 其一，群岛基线划设后，水域面积和包括环礁在内的陆地面积的比例很难控制在1:1～9:1之间。其二，将南沙群岛视为整体划设群岛基线后，基线长度很难限制在125海里，尤其是100海里之内。其三，南沙群岛中群岛基线的划定不可能不明显偏离群岛的一般轮廓。

中群岛视为整体划设直线基线。[1]

但这种做法也由于缺乏明确的国际法依据而面临着一定的理论障碍。《公约》仅规定群岛国家适用第4章规定的群岛制度，而未规定大陆国家的洋中群岛问题。原因在于，第三次海洋法会议中群岛国家与大陆国家存在巨大分歧，没有就此达成一致。也就是说，《公约》没有明确禁止大陆国家将洋中群岛视为整体划设直线基线。虽然目前这一分歧仍未有定论，但相关国际实践却需要引起高度重视。厄瓜多尔对加拉帕戈斯群岛、丹麦对法罗群岛、西班牙对加纳利群岛、葡萄牙对亚速尔群岛和梅德林群岛、挪威对斯瓦尔巴德群岛等，都以直线基线方法对群岛整体划定了领海基线，并明确基线内水域为内水。[2] 虽然这些实践大都发生在《公约》生效前，也未构成一般国际法的规则和原则，但这几个国家的实践无疑代表着大陆国家洋中群岛划定领海基线的一种趋势和方向。[3] 也有学者认为，法律中存在对于相同客体适用相同标准的法律制度的理论，即无论它们是群岛国的"洋中群岛"还是非群岛国的"洋中群岛"，均应适用相同的法律制度。[4] 因此，虽然《公约》没有明确规定洋中群岛的领海基线制度，但将直线基线应用于洋中群岛并不必然违背条约义务或构成权利滥用，也不会扭曲《公约》致力于构建的公正海洋法律秩序，更不属于违反一般国际法规则和原则的情形。[5]

---

[1] 也有学者对西沙群岛和南沙群岛能否适用直线基线提出了疑问，如李令华认为根据《公约》第46条、第47条，我国属于大陆国家，不应当也不能够在西沙群岛和南沙群岛划出直线（群岛）基线，因为西沙群岛，特别是南沙群岛的小岛面积太小，人口稀少，水陆面积之比值不符合《公约》要求，难以确定基点和划出领海基线。参见李令华：《关于领海基点和基线的确定问题》，《中国海洋大学学报（社会科学版）》2007年第3期，第17－18页。这种观点混淆了群岛基线与直线基线，两者适用于不同情形，产生的法律效果也不同。中国并未对西沙群岛划设群岛基线，西沙群岛领海基线内的水域也并非群岛水域，而是内水。

[2] 1971年6月28日厄瓜多尔政府发布的《规定测量领海直线基线的第959－A号最高法令》、1976年12月21日丹麦颁布的《法罗群岛渔业领土第598号法令》和《关于领海划界的第599号法令》、1977年8月5日西班牙第2510号皇家敕令和1978年2月20日第15号法令、1985年11月29日葡萄牙颁布的《495/85号法令》、2002年6月1日挪威颁布的《关于斯瓦尔巴德群岛周围的挪威领海基线的规定》。在2003年6月27日，挪威国王颁布了新的领海与毗连区法令，修正了本国的领海基线，对斯瓦尔巴德群岛不再划出直线群岛基线，而是按照海岸低潮线划出了大陆和环绕扬马延岛以及斯瓦尔巴德群岛的领海基线。参见姜丽、张洁：《浅析群岛制度的适用及南海划界》，《中国海洋法学评论》2010年第1期，第162－163页。

[3] 姜丽、张洁：《浅析群岛制度的适用及南海划界》，第163页。

[4] 金永明：《中国南海断续线的性质及线内水域的法律地位》，第44页。

[5] 周江：《论洋中群岛的领海基线划定》，《法商研究》2015年第4期，第164页。

此外，还需要回答的一个问题是南沙群岛是否构成《公约》意义上的群岛。《公约》第46条第2款对群岛的定义进行了明确，即“群岛”是指一群岛屿，包括若干岛屿的若干部分、相连的水域或其他自然地形，彼此密切相关，以至于这种岛屿、水域和其他自然地形在本质上构成一个地理、经济和政治的实体，或在历史上已被视为这种实体。国内有学者认为，《公约》第46条所指的群岛既可以是“地理、经济和政治的实体”，也可以是“在历史上已被视为这种实体”，这两种特征是并列的。只要符合“历史特征”这一特征，就构成群岛，因此南海诸岛当属群岛无疑。[1]赵理海教授认为，南沙群岛中的双子群礁、中业群礁、道明群礁、郑和群礁、九章群礁、尹庆群礁，均可作为一个整体划定其基线，确定领海范围。因为这些岛、礁、沙、滩，相连的“水域和其他自然地形在本质上构成一个地理、经济和政治的实体，或在历史上已被视为这种实体”。[2]但与此同时，赵理海教授也指出，就目前来说，将《公约》中有关群岛的规定完全适用于南海诸岛是行不通的，群岛制度的适用仅限于群岛国。《公约》第4章标题为“群岛国”，从它的规定方式来看，第46条第2款更可能是被用来严格限制群岛国的成立，而且对大陆国家洋中群岛的条件限制不应该比群岛国更加严格。按照这种理解，中国不需要证明南沙群岛构成《公约》意义上的群岛。[3]

具体到南沙群岛领海基线的划设，有学者提出在《公约》框架下，结合我国《领海及毗连区法》确定的划线原则，至少有“一体式”“点阵式”和“区块式”三种方案可供选择。[4]“一体式”方案是指，基于南沙群岛的自然地理联系，将其作为单一的划线单元，选取群岛四周最外缘的干出礁或岛屿上适当的点为基点，连接各适当的点的直线连线即为领海基线。这种方案能获得最大的领海范围，但也使线内水域在法律性质上均属

---

[1] 王志坚：《论基线制度在南海的适用》，载于高之国、贾宇、张海文主编的《国际海洋法问题研究》，海洋出版社2011年版，第127－128页。

[2] 赵理海：《关于南海诸岛的若干法律问题》，《法制与社会发展》1995年第4期，第56－57页。

[3] 有学者以中国在有关南海问题的声明和官方文件的英文版中都在复数形式的岛屿后面使用单数动词为由，猜测中国一直认为南海四大群岛均构成《公约》意义上的群岛。汪铮：《海域划界、岛礁归属与联合开发：探索未来南海争端解决方案》，《亚太安全与海洋研究》2015年第1期，第47页。但本文认为，这种猜测很难成立，因为南沙群岛与西沙群岛、中沙群岛、东沙群岛一样，更可能只是一种约定俗成的表达而已，而非《公约》意义上的群岛。

[4] 周江：《论我国南海主权主张中的“附近海域”》，第64页。

于领海和内水，影响相关国家的航行自由，这违背了中国在南海航行自由问题上的一贯立场，中国政府也从未主张九段线线内水域均为领海和内水，因此不宜选择。“点阵式”方案是指将群岛内各岛礁作为独立单元，在各礁体的礁坪上选取适当的点并以直线连接形成每一划线单位的领海基线。这种方案实质上是在坚持南沙群岛主权归属的基础上对《公约》规定的机械运用。“区块式”方案是前两种方案的折中，是指将南沙群岛划分为若干区域，每一区域包含若干地理位置较近的岛礁群，在各区域四周最外缘的岛礁上选取适当的点作为基点，并以直线连接形成每一“区块”的领海基线。❶ 张卫彬还提出将“区块式”方案与“零星式”方案相结合，对于那些地理相对独立的、零星的岛礁采取正常基线；对于部分暗礁（如曾母暗沙）不赋予任何划界效力，但将其与南沙群岛作为一个整体来考虑其法律地位。❷

由于可获取的精度较高的地理资料有限，本文将不具体论述各区域的领海基线应该如何划设，而只分析领海基线划设的具体步骤与原则。较为详尽的设想可以参考王志坚《论基线制度在南海的适用》一文。❸ 在划设南沙群岛领海基线时，要综合考虑《公约》规定与1973年工作文件第1条第6款的规定。首先，要对南沙群岛地形物有高度精确的地理定位，并根据《公约》规定来确定各区域内有哪些岛礁和低潮高地。其次，确定各区域内的较大岛屿，或者处于区域中心位置的岛礁，并判断其他岛礁与较大岛屿或中心岛礁之间的距离是否超过12海里。如果均不超过12海里，则可以根据《公约》第6条在岛礁上选取适当的点作为领海基点。再次，

---

❶ 不同学者对具体区块的划设略有不同，周江和迪特尔·海因齐格都将南沙群岛划分为双子群礁、中业群礁、西月岛、道明群礁、火艾礁、马欢岛、郑和群礁、九章群礁、南威岛（包括华阳礁及永暑礁）、司令礁、安波沙洲、南海礁（包括弹丸礁和息波礁）12个区块。王志坚与张卫彬则划设为双子群礁、中业群礁、道明群礁、郑和群礁、九章群礁、尹庆群礁、罗孔环礁、西月岛礁带、万安滩地带、司令礁地带、弹丸礁地带、南威岛礁地带12个区块。具体参见周江《论我国南海主权主张中的“附近海域”》一文第65页、张卫彬《南海U形线的法律属性及在划界中地位问题》一文第136页、王志坚《论基线制度在南海的适用》一文第133－148页。迪特尔·海因齐格的观点转引自王志坚一文第132－133页。邹立刚提出仿效确定钓鱼岛及其周边列屿的领海基线的划法，如以太平岛、中业岛、西月岛、南威岛、美济礁等主要岛礁为中心，结合其周边的岩礁确定基点，以这些基点的直线连线作为领海基线，实际上也属于“区块式”方案。邹立刚：《适用于南沙群岛的领海基线法律问题研究》，《河南财经政法大学学报》2013年第3期，第139页。

❷ 张卫彬：《南海U形线的法律属性及在划界中地位问题》，《当代法学》2013年第2期，第136页。

❸ 王志坚：《论基线制度在南海的适用》，第133－148页。

判断低潮高地与其他岛礁之间的距离是否超过12海里。如果不超过12海里，则适用《公约》第13条第1款将低潮高地的低潮线作为测算领海宽度的基线；如果超过12海里，则适用第13条第2款，意味着该低潮高地没有自己的领海。最后，如果有的岛礁或低潮高地距离其他岛礁均超过12海里，就需要援引1973年工作文件第1条第6款的规定，将岛屿相互距离较近的群岛或列岛视为一个整体，划定领海范围。

五、结论：现实意义与时机选择

长期以来，中国始终坚持对南海诸岛及其附近海域拥有无可争辩的主权。这一主张具备充分的历史和法理依据，而且也是中国在未来南海争端解决过程中的底线所在。对“附近海域”的主权主张充分表明了中国维护南海主权的坚定决心，也帮助中国赢得了一定的国际支持。但从长远角度看，坚持这种模糊性主张无益于南海争端的解决，因为南海争端的最终解决需要以相关国家在岛礁主权和海域划界等问题上的合意为前提。因此，中国对“附近海域”主张主权，对“相关海域”主张主权权利和管辖权，只是一种权宜之计。这种模糊性主张必须得到尽可能的明确，而这一目标的实现离不开广大法学研究者的努力。

从南海局势近期发展来看，中国的处境越发不利。美军舰进入我南沙群岛近岸海域，目的正是迫使中国尽早明确海域主张，实现南海战略清晰化。2016年7月12日，南海仲裁案裁决公布。我国政府声明，仲裁庭的行为及其裁决严重背离国际仲裁一般实践，有关裁决完全无效，没有法律拘束力。中国在南海的领土主权和海洋权益在任何情况下不受仲裁裁决影响，中国反对且不接受任何基于该裁决的主张和行动。无论是南海不利局势的缓解，还是南海争端的最终解决，都需要中国进一步从法律角度明确其主权主张。在岛礁主权问题上，中国的主张和立场始终非常坚定，而且在可预期的范围内也不会做出任何妥协与让步。因此，当务之急就是确定中国所主张的“附近海域”的范围。只有明确了“附近海域”的范围，才能进一步明确“相关海域”，进而根据九段线确定线内其他海域的权利主张。

领海基线划设的时机选择也值得探讨。目前在南海方向，中国政府只宣布了西沙群岛的领海基线，诸多学者近来开始关注南沙群岛领海基线的划设，以呼应中国政府长期使用的“附近海域”表述。虽然南沙群岛中很大一部分仍为周边国家实际控制，使得过早划设领海基线很难起到应有的法律效果，但中国可以及早对这一问题进行战略筹划和准备，在符合国家根本利益的前提下，结合《公约》相关规定和一般国际法原则，明确领海基线划设的原则与具体方案，并尽可能地为领海基线划设过程中可能遇到的法律障碍提供应对策略。必要时，可以考虑先行为处于本国实际控制之下，尤其是有军队驻守的岛礁群划设领海基线，如永暑礁、赤瓜礁、东门礁、南薰礁、渚碧礁、华阳礁、美济礁等。当然，领海基线的划设只是中国维护南海主权的一个阶段性努力，更重要的是要加大对领海和专属经济区的管理控制及安全维护，并承担相应的国际法义务。

沿海国超出大陆架界限委员会“建议”依国内法划定的200海里以外大陆架外部界限的效力问题研究

——《联合国海洋法公约》第76条第8款评析

李梓君*

引 言

1945年《杜鲁门宣言》首次提出了大陆架的法律概念，紧接着很多国家都单方面提出了大陆架权利的主张，掀起了海洋圈地的浪潮。为了遏制国家过分瓜分扩张海洋权利，于是大陆架法律问题成为联合国国际法委员会的重要议题，由此可见国家单方面划定大陆架外部界限的行为是大陆架制度产生的原因与规制的对象。《联合国海洋法公约》（下文简称《公约》）设立的大陆架制度目前已成为划定200海里以外大陆架外部界限的纲领性国际法文件，各国都企图利用该制度来争取最大的利益。2012年5月15日，日本依据冲之鸟礁主张的外大陆架未获得联合国大陆架界限委员会认可，[1] 但日本“变礁为岛”的行为暴露了其确定外大陆架外部界限的野心，因此可以推测日本自行划定外大陆架外部界限的可能性是存在的。但是《公约》中虽然对明确规定沿海国确定其外大陆架的外部界限要根据委员会建议，但是并没有提及超出建议而通过国家程序确立的大陆架外部界限的效力问题。所以研究沿海国超出委员会建议以国内法程序划定的200海里以外大陆架外部界限的效力问题具有十分重大的实践价值与理论意义。

---

* 李梓君，中国政法大学国际法学院，2015级国际法研究生。

[1] Summary of Recommendations of Commission on the Limits of the Continental Shelf in Regard to the Submission Made by Japan on 12 November 2008, p. 5.

本文以《联合国海洋法公约》第 76 条第 8 款为基础，分析沿海国不以委员会建议为基础而自行划定大陆架外部界限的法律效力问题。第一部分阐述了划定行为的主体即沿海国的明确指向仅为公约当事国；第二部分重点分析和解释了《公约》第 76 条第 8 款："在……基础上"和"确定性和有拘束力"两者的内涵；第三部分论述了大陆架界限委员会的地位及其"建议"的效力，最终说明沿海国超出大陆架界限委员会"建议"依国内法程序划定的大陆架外部界限没有得到国际社会各国明确肯定的承认和支持，没有最终确定性和拘束力即没有国际法效力。

一、沿海国是否包含非当事国

《联合国海洋法公约》第 76 条第 8 款规定"委员会应就有关划定大陆架外部界限的事项向沿海国提出建议，沿海国在这些建议的基础上划定的大陆架界限应有确定性和拘束力。"《公约》附件二第 7 条规定"沿海国应依第 76 条第 8 款的规定并按照适当国家程序划定大陆架的外部界限"。《公约》在此为沿海国设定了一项请求大陆架界限委员会帮助的权利，同时这也是一项义务，即沿海国在划定其 200 海里以外大陆架外部界限时需要履行向大陆架界限委员会提交申请案的义务。《公约》采用了"沿海国"一词作为主体，无可置疑的是，若沿海国为公约当事国，则必然适用公约的规定，享有向委员会提交申请案的权利，同时也要承担相应的义务。那么，公约的非当事国是否需要遵循公约的规定，在划定其大陆架外部界限时是否应向委员会提交相关材料并根据委员会的建议划定外部界限呢？

首先，非公约当事国的第三国能否依据《公约》第 76 条享有相应的权利和义务涉及为第三国规定权利和义务的问题。根据《维也纳条约法公约》的规定，条约非经第三国同意，不得为该国创设权利和义务。第 36 条第 1 款规定："如条约当事国有意以条约之一项规定对一第三国或其所属一组国家或所有国家给予一项权利，而该第三国对此表示同意，则该第三国即因此项规定而享有该项权利。该第三国倘无相反之表示，应推定其表示同意，但条约另有规定者不在此限。"[1] 此规定对第三国表示同意的方式规定了两种，一种是明示同意，一种是默示同意。在此，我们有必要探

[1] 《维也纳条约法公约》第 34 条、第 36 条，available at：http：//www. un. org/chinese/law/ilc/treaty. htm，访问日期：2016 年 4 月 13 日。

讨公约当事国是否有意图为非公约当事国创设确定其大陆架外部界限的权利及为了实现该权利而向委员会求助的义务。按照《维也纳条约法公约》的条约解释方法：“条约应依其用语按其上下文并参照条约之目的及宗旨所具有之通常意义，善意解释之。”[1] 按照此解释方法，首先应使用文本解释方法，从表面上看，沿海国一词似乎包含公约当事国与非当事国两个方面，但是《公约》附件二第4条明确规定：“拟按照第76条划定其200海里以外大陆架外部界限的沿海国，应将这种界限的详情连同支持这种界限的科学和技术资料，尽早提交委员会，而且无论如何应于本公约对该国生效后10年内提出。”这就排除了非公约当事国求助于委员会的可能性。正如Tommy Koh在1982年第三次海洋法会议上所言：“……第76条……由于它扩大了大陆架的概念外延使之包括大路坡和大陆基……包含着新的法律。宽大陆边国家享有的这种特权是由于其在分享协议中对200海里外大陆架年费分享所做的贡献。因此，笔者认为一个国家若非公约当事国就不能享有第76条所提及的利益。”[2] Alexei A. Zinchenko认为，“《公约》第76条所设立的体制是沿海国与内陆国及地理条件不利的国家（LLGDS）妥协的结果。沿海国获得将其管辖权延伸至更宽大陆架的机会，同时地理条件不利的国家也被包含在第82条所建立的年费分享制度中，但这里并未提及非当事国，这似乎表明它们既无权主张对延伸大陆架的权利，也无权受益于第82条的年费分享制度。因此可以推定，非当事国似乎不可能享有向委员会提交请求的权利”。[3] 综上，公约当事国并无意欲为非当事国创设权利和义务。所以，非公约当事国不享有向大陆架界限委员会提交申请案的权利，也无须承担该义务。

其次，《公约》第76条尚未构成国际习惯法，从而对非公约当事国不具有拘束力。根据《维也纳条约法公约》第38条，条约所载规则由于国

---

[1] 《维也纳条约法公约》第31条，available at：http：//www. un. org/chinese/law/ilc/treaty. htm，访问日期：2016年4月13日。

[2] Alexei A. Zinchenko著，林婉玲译：《浅谈委员会工作中出现的关于大陆架划界的几个问题》，载于《弗吉尼亚大学海洋法论文三十年精选集1977—2007》（第3卷），第1282页，转引自：Official Records Third United Nations Conference on the Law of the Sea，XVII，para. 136。

[3] Alexei A. Zinchenko著，林婉玲译：《浅谈委员会工作中出现的关于大陆架划界的几个问题》，载于《弗吉尼亚大学海洋法论文三十年精选集1977—2007》（第3卷），第1282页。

际习惯而成为对第三国有拘束力。[1] 关于《公约》第76条是否已取得国际习惯法的地位问题，在“北海大陆架案”中达成的共识是：“虽然仅经过一小段时间，这件事本身不一定会阻碍原来纯粹的《公约》条款演变为习惯国际法规则的进程。但不管经过多少时间，使其在该段时间内成为习惯国际法的一个必要条件是：包括其有特殊利害关系的国家在内的各国在实践中援引该条款时必须实质上有着广泛统一并且对各国的规则或法律义务的形成达成了共识。”[2] Ted L. McDorman 认为非公约当事国在划定其大陆架外部界限可能也应具有法律义务采用《公约》第76条规定的划定方式和程序。这既是因为在委员会的规则中并不存在排除非公约当事国适用的规定，[3] 也是因为这可能已经是习惯法规则。他与 R. R. Churchill 和 A. V. Lowe 等学者都认为，“目前也许存在证据说明《公约》规定的划定大陆架外部界限的方式是习惯国际法的一部分”[4]。然而，值得注意的是，也有学者认为第76条关于外大陆架的划分尚未构成习惯法。[5] Alexei A. Zinchenk 也认为第76条尽管可能已成为国际习惯法，但他又提到目前没有一个国家曾有这一方面的实践，事实上不曾有既属于宽大陆边而又不是公约当事国向委员会提出过请求。[6] 依据《国际法院规约》第38条，国际习惯的构成既要有已经构成惯例的长期反复的实践，还需要有法律确信。[7] 目前缺乏宽大陆架国家自行确定外大陆架的实践，鉴于这一事实，笔者发现在客观层面，尚未存在充分的国家层面的证据证明第76条已成国际习惯

---

[1] 《维也纳条约法公约》第38条：“第34条至第37条之规定不妨碍条约所载规则成为对第三国有拘束力之公认国际法习惯规则。” available at：：http：//www. un. org/chinese/law/ilc/treaty. htm，访问日期：2016年4月13日。

[2] North Sea Continental Shelf，（Federal Republic of Germany/Danmark；Federal Republic of Germany/Netherlands）：1969 I. C. J. 3，para. 74.

[3] Ted L. McDorman，“The Role of the Commission on the Limits of the Continental Shelf：A Technical Body in a Political World”，The International Journal of Marine and Coastal Law，Vol. 17，No. 3，p. 304.

[4] Ted L. McDorman，“The Role of the Commission on the Limits of the Continental Shelf：A Technical Body in a Political World”，The International Journal of Marine and Coastal Law，Vol. 17，No. 3，p. 303.

[5] Tomas H. Heidar 著，刘海帆译：《大陆架界限的法律问题》，载于《弗吉尼亚大学海洋法论文三十年精选集1977—2007》（第3卷），第1215页。

[6] Alexei A. Zinchenko 著，林婉玲译：《浅谈委员会工作中出现的关于大陆架划界的几个问题》，载于《弗吉尼亚大学海洋法论文三十年精选集1977—2007》（第3卷），第1282页。

[7] 《国际法院规约》第38条，http：//www. un. org/zh/documents/statute/chapter2. shtml。

法的证据。

综上所述，笔者认为无论从公约文本本身出发，还是从是否构成国际习惯法出发，抑或是非公约当事国的国家实践上，都可以看出公约非当事国都没有借助委员会资源的权利和遵循《公约》第76条的义务，即第76条第8款中“沿海国”指的是公约当事国，不包含公约非当事国。因此，本文所讨论的范围仅指向《联合国海洋法公约》缔约国，不包括非公约缔约国（如美国）自行划定的其200海里以外大陆架的外部界限的效力问题。

二、《联合国海洋法公约》第76条第8款评析

《联合国海洋法公约》第76条第8款：“……委员会应就有关划定大陆架外部界限的事项向沿海国提出建议，沿海国在这些建议的基础上划定的大陆架界限应有确定性和拘束力。”该条明确规定沿海国在委员会建议的基础上划定的大陆架外部界限具有确定性和拘束力。但是，如果沿海国超出委员会的建议，依据本国国内法自行确定其200海里以外大陆架的外部界限，其行为是否具有法律约束力？换言之，大陆架界限委员会的建议具有什么性质和效果？大陆架外部界限的确定性和拘束力的含义是什么？尽管《公约》并没有明确大陆架界限委员会所出具建议的法律性质和效力，不过结合《维也纳条约法公约》关于条约解释的规则，针对《公约》第76条的分析有助于辨析沿海国单方划定外大陆架界限的行为性质和效果。

（一）对“在……的基础上”（on the basic of）的理解

从“在……的基础上”这一表述的产生过程和上下文的表述可知，委员会的建议具有重要地位。联合国第三次海洋法会议期间，美国代表提交的提案中对大陆架界限委员会的作用和地位的描述是：“按照本条款界定边界应当依据附件……提交给大陆架界限委员会予以审查。委员会接受提交的划界案或委员会依据附件……做出最后决定，那么该边界就固定下来，作为确定的和具有拘束力的边界。”[1] 另外，埃文森小组的提案对此的

[1] 萨切雅·南丹、沙卜泰·罗森主编，吕文正、毛彬中译：《1982年〈联合国海洋法公约〉评注》第2卷，海洋出版社2014年版，第768页。参见《第三次联合国海洋法会议文件集》第11卷，第498页。

表述也基本相同，“委员会对划界案的决定应有确定性和拘束力”。[1] 后来在1980年第9期会议上，德意志联邦共和国代表建议强化大陆架界限委员会的地位，规定委员会对划定大陆架界限的“决定”应有确定性和拘束力。这三者的表述都采用了“决定”一词，美国和埃文森小组更直接地表明委员会对大陆架外部界限具有最后决定权，而且该决定具有确定性和拘束力。换言之，委员会不是“提出建议”，而是做出有法律效力的“最后决定”。这三方对委员会的地位和作用的表述是语气最强、给予地位最高的，但是提案最后并没有被采纳。爱尔兰代表的提案建议吸收了美国和埃文森小组提案中的要素，“根据本条款划定的界限应当依据附件提交给大陆架界限委员会进行确认。委员会依据附件承认了提交的划界案，该划定的界限就是固定的，应当有确定性和拘束力”。[2] 爱尔兰提案中，委员会对大陆架外部界限确立的作用是“确认”和“承认”，不是“决定”的作用，这一表述稍微有弱化委员会的地位的意味，但同时也同意大陆架外部界限必须经过委员会的确认和承认才能最后被固定，具有确定性和拘束力。各国对大陆架界限委员会的作用有分歧，与受到宽大陆架国家普遍接受的爱尔兰方案相对的是苏联的提案。“苏联代表提出爱尔兰模式是不可接受的：该模式超出了大陆架的主题，不应当由大陆架界限委员会确定任何国家的界限。”[3] 苏联提出的提案是，“委员会应就有关划定大陆架外部界限的事项向沿海国提出建议，沿海国在这些建议的基础上划定的大陆架界限应具有确定性和不可变更性”。[4] 这是委员会“提出建议”和“在……的基础上”的第一次出现，可以看出苏联提案是明确委员会没有决定大陆架外部界限的作用和权利的，委员会的作用仅仅是“提出建议”，沿海国拥有最后决定权，那么该建议是没有法律效力的，委员会的作用被极大地

---

[1] 萨切雅·南丹、沙卜泰·罗森主编，吕文正、毛彬中译：《1982年〈联合国海洋法公约〉评注》第2卷，海洋出版社2014年版，第769页。参见大陆架（1975年，油印），第26条，Alternative A，B和C（非正式法律专家组），《第三次联合国海洋法会议文件集》第11卷，第469页。

[2] Document NG6/1, dated 1 May 1978. available at：http：//legal. un. org/diplomaticconferences/lawofthesea－1982/dtSearch_ vol10/Search_ Forms/dtSearch. html.

[3] 萨切雅·南丹、沙卜泰·罗森主编，吕文正、毛彬中译：《1982年〈联合国海洋法公约〉评注》第2卷，海洋出版社2014年版，第768页。参见《第三次联合国海洋法会议文件集》第11卷，第772页。

[4] 萨切雅·南丹、沙卜泰·罗森主编，吕文正、毛彬中译：《1982年〈联合国海洋法公约〉评注》第2卷，海洋出版社2014年版，第779页。参见NG6/8（1979年，油印）第76条（苏联），转载在《第三次联合国海洋法会议文件集》第9卷，第377页。

削弱。但是苏联接着采用了“在……的基础上”这一表述，可以推测苏联是为了保持平衡而采取的一种过渡的方式，既否定了委员会过大的最后决定权，也给予其一定的权威性，以至于沿海国在很大程度上必须顾及委员会的建议来划定其大陆架外部界限。同样，斯里兰卡代表认为沿海国拥有确定大陆架外部界限的权利。[1] 因此，第六磋商小组主席提交的第76条的折中建议方案是“沿海国考虑这些建议划定的大陆架界限应有确定性和拘束力”。[2]“这是第一个规定了大陆架定义的实质性案文，包括了大部分随后纳入第76条的要素。案文以爱尔兰提案模式为基础。增加的第1款和第5款采用了苏联提案”。[3] 而后第二委员会主席建议在关于大陆架界限委员会的权限问题——更准确地说是关于大陆架界限委员会提出的建议的地位问题的条款的最后一句改为“沿海国在这些建议的基础上划定的大陆架界限应有确定性和拘束力”。在该案文中，“在……的基础上”的表述代替了“考虑”一词，[4] 一些代表团对用“在……的基础上”代替“考虑”持保留意见，而英国则是建议采用“考虑”，但该建议没有被采纳，最后《公约》文件也采用了“在……的基础上”这一表述。

从上述“在……的基础上”的产生过程可以看出，各国对大陆架界限委员的作用的意见存在很大分歧，国际法协会指出，“这个变化受到地理不利国家的欢迎，但多数宽大陆架国家对此表示反对和持保留意见。这个情况暗示了这个变化限制了沿海国的行动的自由”。[5] 最后第六磋商小组主席和第二委员会主席采取的都是折中方案，委员会的作用是“提出建议”，但该建议是沿海国划定其大陆架外部界限的基础，这一点与当初苏联提案是相同的。所以，由此可以推测，“提出建议”一词意在削弱委员会的地位和作用，但“在……的基础上”一词则给予了其建议法律效力。Ted

---

[1] NG6/5（1979年，油印），第76条，转载在《第三次联合国海洋法会议文件集》第9卷，第374页。

[2] 萨切雅·南丹、沙卜泰·罗森主编，吕文正、毛彬中译：《1982年〈联合国海洋法公约〉评注》第2卷，海洋出版社2014年版，第780页。参见 A/CONF. 62/L. 37（1979年），第76条，正式记录，第11卷，第100页。

[3] 萨切雅·南丹、沙卜泰·罗森主编，吕文正、毛彬中译：《1982年〈联合国海洋法公约〉评注》第2卷，海洋出版社2014年版，第781页。

[4] 萨切雅·南丹、沙卜泰·罗森主编，吕文正、毛彬中译：《1982年〈联合国海洋法公约〉评注》第2卷，海洋出版社2014年版，第785页。

[5] International Law Association, Berlin Conference (2004) "Legal Issues of the Outer Continental Shelf", p. 21. available at: http://www.ila-hq.org/en/committees/index.cfm/cid/33.

L. McDorman 认为“在……的基础上”（on the basic of）这个表述比“考虑”（taking into account）一词更贴切地暗示出沿海国请求划定的外部界限和委员会建议之间的关系。[1] B. H. Oxman 认为“这不可能意味着沿海国可以仅‘考虑’但在一些重要的方面拒绝大陆架界限委员会的建议而最终确定对世界上其他国家具有拘束力的大陆架外部界限”，换句话说，“在……的基础上”暗含的意思是沿海国必须同意委员会建议中关于确定大陆架外部界限的实质性的重要内容。

再结合第 76 条第 9 款“永久标明”一词，意味着外部界限一旦确定，不再更改，可以推断《公约》对沿海国确定外部界限与委员会建议之间的关系的态度是肯定的，而第 9 款“永久标明”一词在《公约》不断的讨论协商中几乎没有反对的声音，最后确定下来的表述是经过各国同意的，即使用“在……的基础上”一词明显比“考虑”一词语气更强，加强了委员会建议的重要性，暗示着该建议是沿海国确定外部界限的基础和前提。从这些表述可以得出，沿海国在划定其外大陆架外部界限时不仅应该充分考虑委员会建议，并在最终确定外部界限时应以委员会的建议并且是大陆架外部界限的实质重要内容为基础，只有这样才能具有确定性和法律拘束力，大陆架界限委员会在划定大陆架外部界限的过程中具有重要地位和作用。

（二）对“有确定性和拘束力”（final and binding）的理解

上述重点讨论了“在……的基础上”一词的解释，揭示了大陆架界限委员会的建议具有法律效力，但依据该建议划定的大陆架外部界限具有法律效力的最为关键的表述就是“有确定性和拘束力”一词，要探究大陆架外部界限的法律效力问题及其与大陆架界限委员会之间的关系，首先要理解何为“有确定性和拘束力”。

从上下文来看，“确定性”一词本身具有固定的和不可更改的意思，也就是说外部界限使用是固定的且不能再被改变。《公约》第 76 条第 9 款规定，“沿海国应将永久标明其大陆架外部界限的海图和有关情报……”。“永久标明”一词意味着该界限是固定的，确定的，不可更改的。“第 8 款

[1] Ted L. McDorman, “The Role of the Commission on the Limits of the Continental Shelf: A Technical Body in a Political World”, The International Journal of Marine and Coastal Law, Vol. 17, No. 3, p. 314.

还规定沿海国在委员会建议基础上确定的大陆架界限具有‘确定性和拘束力’。这一规定原体现在附件二的早期版本中，后来为了与第76条相协调而移到第76条。该款对第9款的规定进行了补充，交存于联合国秘书长的海图和有关情况应‘永久’标明沿海国的大陆架外部界限。”❶

从“有拘束力”一词的产生过程来看，该词体现了国际社会对大陆架外部界限具有承认的义务。1958年《大陆架公约》第6条第3款规定，“划定大陆架之界限时，凡依本条第一项及第二项所载原则划成之界线，应根据特定期日所有之海图及地理特征订明之，并应指明陆上固定、永久而可资辨认之处。”❷ 该公约是规定大陆架事项的第一个国际公约，当时并没有确立大陆架界限委员会，沿海国可以自行划定大陆架外部界限，并永久、固定地标明该外部界限的海图和地理特征。这表明了该界限是确定的。在第三次联合国海洋法会议中，各国对于大陆架外部界限的法律效力采用的表述几乎都是“确定性和有拘束力”，美国和埃文森小组的提案中是“边界是固定的、应有确定性和有拘束力”，苏联提案中使用的是“应具有确定性和不可更改性”，这是唯一一个用“不可更改性”代替了“有拘束力”的提案，之后第六磋商小组主席的方案中还是采用了“确定性和有拘束力”一词，最后《联合国海洋法公约》的最后文件采用的也正是这一表述。“有拘束力”一词比“不可更改性”增强了法律的性质，明确了法律拘束力。

对于“有确定性和拘束力”的适用对象，学界有两种不同的观点，一是只针对沿海国，即“该界限就是沿海国所能管辖的大陆架的最大范围了，无论如何沿海国不能再提出超过此界限的大陆架主张”❸；二是针对整个国际社会，即其他国家必须承认该外部界限的法律效力。若仅仅针对沿海国，那么对此界限持有不同立场的其他国家可采取什么措施？对此《公约》以及委员会的议事规则均无明确规定。不过，沿海国依据委员会建议所划定的大陆架外部界限将是划分沿海国管辖下的海床和底土与国际海底区域之间的分界线。因此，委员会的建议一旦被沿海国所接受，也就将间接地影响到国际海底区域的范围，而国际海底区域是全人类共同财产，涉

---

❶ 萨切雅·南丹、沙卜泰·罗森主编，吕文正、毛彬中译：《1982年〈联合国海洋法公约〉评注》第2卷，海洋出版社2014年版，第794页。

❷ 《大陆架公约》，http：//www. un. org/chinese/law/ilc/contin. htm。

❸ 张海文：《划定200海里外大陆架外部界限规则的形成和发展》，载于《中国国际法年刊》2009年第1期，第149页。

及整个国际社会，在这个意义上说，该外部界限的效力应当针对的是整个国际社会。

我们可以发现，大陆架外部界限的法律效力至少同时适用于沿海国和《公约》的其他缔约国，“对沿海国来说，沿海国具有不能改变一条已具有‘确定性和拘束力’的外部界限的义务；对其他国家来说，他们不能质疑一条已具有‘确定性和拘束力’的外部界限，即使其依据的参数如基点已经改变”。[1]“确定性和拘束力”何时对他国产生效力？根据第76条第8款和附件二第4条的规定，沿海国划定其大陆架外部界限必须履行规定的义务，即将该界限的详情连同支持这种界限的科学和技术资料，尽早提交委员会。针对沿海国提交的划界案，他国有权在一定合理期限内提出反对和异议。他国在不同时期提出的异议和提出的不同种类的异议都有可能对大陆架外部界限的划定产生影响，但是他国提出异议必须在一个合理的期限内。按照《公约》的规定，沿海国在委员会建议的基础上划定的大陆架外部界限具有“确定性和拘束力”，应当永久标明其海图和有关情报，并予以公开。至此，外部界限已经被确定，具有国际法效力。“委员会对沿海国提交的划界案提出建议后，除了沿海国之外，任何其他国家都没有权利针对该建议提出问题”[2]，在沿海国提交了永久标明的信息后，“一个能用来反对沿海国的外部界限的明显的理由是其没有以委员会的建议为基础划定”，由此可看出反对以委员会建议为基础划定的大陆架外部界限的可能性比其他沿海国单方划定的外部界限的更有限，也就是说，沿海国不以委员会建议为基础而自行划定的大陆架外部界限没有“确定性和拘束力”，不被国际社会所认可，其他国家可以随时提出反对和异议。正如 Besty B. Baker 所说，“缺少委员会的认可是其他国家对任何一国延伸其大陆架权利的宣告表示怀疑的基础之一”。[3] 正如国际法协会2004年关于大陆架外部界限的报告中指出：“在某些情况下，其他国家可能会成功质疑沿海国

---

[1] International Law Association, Berlin Conference (2004) “Legal Issues of the Outer Continental Shelf”, p. 23. available at: http: //www. ila－hq. org/en/committees/index. cfm/cid/33.

[2] Alex G. Oude Elferink, “The Establishment of Outer Limits of the Continental Shelf Beyond 200 Nautical Miles by the Coastal State: The Possibilities of Other States to Have an Impact on the Process”, The International Journal of Marine and Coastal Law24 (2009), pp. 535－556.

[3] Besty B. Baker, “Law, Science, and the Continental Shelf: The Russian Federation and the Promise of Arctic Cooperation”, Vermont Law School Legal Studies Research Paper Series No. 10－38, February 2, 2010.

确定的大陆架外部界限，这些外部界限对其他国家没有拘束力。”[1]

三、大陆架界限委员会的“建议”

（一）大陆架界限委员会“建议”的性质

有学者将对大陆架界限委员会建议性质的探讨分为四种观点：一是只具有建议性[2]；二是具有一定的法律效力[3]；三是使委员会扮演外大陆架的外部界限的“合法性决定者”的角色[4]；四是只作为一种科学和技术方面的建议，不处理法律争端[5]。不过这四种观点并不全面。该学者认为判断委员会建议的性质首先要回答委员会建议是否能够引起法律后果或者法律关系的变动这一根本问题，而在他看来，答案是肯定的。《公约》本身的规定使大陆架界限委员会建议具有确认沿海国外大陆架权利主张的法律效力。大陆架界限委员会根据《联合国海洋法公约》《委员会议事规则》和《科学和技术准则》对沿海国提交的划界方案做出审核和确认，使得沿海国大陆架外部界限的划定获得最终确定性。因此，沿海国大陆架外部界限是否能获得国际社会承认，关键在于委员会是否确认该界限的划定。沿海国不同意委员会的建议并不能否认该建议的法律效力，“委员会建议一经做出即生效，其产生的法律效果是支持或不支持大陆架权利主张，无论沿海国是否同意该建议，其效力都不受影响”。[6]

从国际实践上看，沿海国遵守委员会建议的行为证明了建议具有法律效力。目前，大陆架界限委员会总共收到77份划界申请案，而已经完成的

---

[1] International Law Association, Berlin Conference (2004) “Legal Issues of the Outer Continental Shelf”, p. 23. available at: http: //www. ila－hq. org/en/committees/index. cfm/cid/33.

[2] David A. Colson, “The Delimitation of the Outer Continental Shelf Between Neighboring States”, American Journal of International Law, Vol. 97, No. 1, 2003, pp. 91 －107.

[3] 李毅：《论联合国大陆架界限委员会在外大陆架划界中的作用——兼谈中国及周边国家的外大陆架申请》，载于《南洋问题研究》2010年第2期，第5－6页。

[4] Ted L. McDorman, “The Role of the Commission on the Limitsof the Continental Shelf: A Technical Body in a Political World”, The International Journal of Marine and Coastal Law, Vol. 17, No. 3, 2002, pp. 301 －324.

[5] 方银霞、李家彪、黎明碧、唐勇、尹洁：《大陆架界限委员会审议划界案的原则和方法——委员会建议摘要案例分析》，《海洋学研究》2013年第2期，第8页。

[6] 刘亮：《论大陆架界限委员会建议的性质与效力——兼评中国东海部分海域大陆架划界案》，载于《太平洋学报》第22卷第5期，第26页。

申请案有24份。[1] 从各国执行摘要中可以得知，各国最终基本同意了委员会的建议，并以委员会的建议为基础划定其200海里以外大陆架外部界限，如2004年“澳大利亚划界案”的执行摘要中明确提到，“澳大利亚政府打算在委员会按照第76条第8款提出建议后，根据修改的规定宣布其大陆架的外部界限。所宣布的外部界限将根据这些建议划定”。[2] 2006年“新西兰划界案”的执行摘要中提到，“按照第76条第8款，新西兰将在委员会建议的基础上根据1964年的《大陆架法》发布命令确立扩展大陆架的外部界限”。[3]

此外，联合国法律事务厅海洋事务和海洋司主持编制的《大陆架定义——〈海洋法公约〉相关条款解析》专题报告指出：“……当沿海国和大陆架界限委员会之间的不同意见继续存在时，就产生了不确定性。”[4] 由此可知，沿海国依据大陆架界限委员会的建议而确定的界限才具有确定性和拘束力。反之，不依建议则没有确定性和拘束力。

因此，无论是从大陆架界限委员会的权限，还是从国际实践，抑或是相关机构的报告均可得出结论，即大陆架界限委员会关于外大陆架外部界限的建议具有法律效力。

（二）《公约》关于沿海国不同意委员会建议的情况的规定

大陆架界限委员会对沿海国划定200海里以外大陆架的外部界限有确定权，但沿海国对划定其大陆架外部界限有最终的决定权。《公约》附件二第8条指出，在沿海国不同意委员会建议的情形下，沿海国应于合理期限内向委员会提出订正的或新的划界方案。Gardiner认为这一过程是随时间推移越来越紧凑的“乒乓回合”过程，在理论上可以无限地进行下去。[5]

---

[1] Submissions, through the Secretary - General of the United Nations, to the Commission on the Limits of the Continental Shelf, pursuant to article 76, paragraph 8, of the United Nations Convention on the Law of the Sea of 10 December 1982. http://www.un.org/Depts/los/clcs_new/commission_submissions.htm.

[2] 高健军译、张海文审校：《200海里外大陆架外部界限的划定——划界案的执行摘要和大陆架界限委员会的建议摘要》，海洋出版社2014年版，第15页。

[3] 同上，第50页。

[4] 联合国法律事务厅海洋事务和海洋法司：《大陆架定义——〈海洋法公约〉相关条款解析》，载于国家海洋局国际合作司编译《联合国大陆架界限委员会技术文件汇编》，2000年版，第139页。

[5] P. R. R. Gardiner, “The Limits of the Area beyond National Jurisdiction—Some Problems with Particular References to the Role of the Commission on the Limits of the Continental Shelf” in G. Blake (ed), Maritime Boundaries and Ocean Resources (London, Croom Helm, 1987), p. 69.

根据这一规定，公约并未为沿海国提供除根据委员会建议划定外部界限以外的方法，该“乒乓回合”过程将会以沿海国意见与委员会建议相符，即沿海国根据委员会建议划定外部界限作为结局。《公约》根据附件二第7条指出，沿海国应依第76条第8款的规定并按照适当国家程序划定大陆架的外部界限，从“并”一字可见根据委员会建议和依照适当国家程序是并列的结构，按照文本解释和目的解释方法，若仅仅依国内法程序划定则不符合《公约》的规定，这意味着《公约》不支持、不承认该情况下沿海国私自划定的大陆架外部界限。因此，沿海国只有根据委员会的建议确定的外部界限才能得到国际社会的承认和支持。反之，超出委员会建议划定的外部界限不符合国际法，没有确定性与拘束力。

综上所述，委员会建议是沿海国确定大陆架外部界限的基础，在该建议上划定的外部界限具有确定性和拘束力，国际社会和国际法对该外部界限承认和支持。沿海国超出大陆架界限委员会“建议”而依国内法程序划定的大陆架外部界限，其他国家有可能对此有异议因而引发划界争端，由此该外部界限的确定性是不稳定的，需要通过其他国家是否提出异议才能最终确定。由于该外部界限并没有得到国际社会各国明确肯定的承认和支持，因此不合乎《联合国海洋法公约》的要求，没有最终的确定性和拘束力。

四、总 结

《联合国海洋法公约》第76条第8款规定了沿海国划定其大陆架外部界限的程序以及委员会建议的效力问题。外大陆架外部界限的划定，会影响到国际共同海底区域的范围以及全人类共同利益，对于国际社会和世界各国都具有法律权利和义务上的影响。鉴于大陆架界限委员会建议所具有的法律效力，沿海国只有以委员会建议为基础确定的大陆架外部界限才有最终确定性和拘束力，即沿海国不得任意更改其外部界限，公约其他缔约国必须承认和不得质疑该外部界限的义务，获得国际社会和相关各国的承认和支持，才能具有《公约》和普遍国际法的支持。因此，沿海国超出委员会建议依据国内法程序划定大陆架外部界限这一行为，不具有也不应该具有《公约》规定的确定性和拘束力。

论《联合国海洋法公约》第234条“冰封区域”条款在西北航道的适用

密晨曦*

《联合国海洋法公约》（以下简称UNCLOS）第234条一方面赋予沿海国在专属经济区内制定和执行非歧视性的法律和规章的权利，以保护冰封区域特殊的生态环境，旨在防止、减少和控制船只在专属经济区范围内冰封区域对海洋的污染；另一方面又强调沿海国的相关法律规章应“适当顾及航行”。❶ 正如西方学者指出的那样，第234条即使不是有争议的条款，“大概也是整个条约中最能引起分歧的条款”。❷ UNCLOS第234条的解释和适用问题是北极航道法律秩序构建中的关键一环。然而，这一条款是相关国家利益交换的结果，条款文字表述上的模糊性引发了条款执行中的诸多问题。

一、“冰封区域”条款的构成要件和产生背景

《联合国海洋法公约》第12部分规定了“海洋环境的保护和保全”制度。此部分第8节仅设有一个条款，即第234条“冰封区域”。根据第234条，在冰封区域内，沿海国可制定法律和规章防止、减少和控制船舶在专

---

* 密晨曦，国家海洋局海洋发展战略研究所副研究员，武汉大学协同创新中心成员，大连海事大学博士。本研究由极地专项“南北极环境综合考察与评估专项”支持。

❶ 《联合国海洋法公约》第234条：沿海国有权制定和执行非歧视性的法律和规章，以防止、减少和控制船只在专属经济区范围内冰封区域对海洋的污染，这种区域内的特别严寒气候和一年中大部分时候冰封的情形对航行造成障碍或特别危险，而且海洋环境污染可能对生态平衡造成重大的损害或无可挽救的扰乱。这种法律和规章应适当顾及航行和以现有最可靠的科学证据为基础对海洋环境的保护和保全。

❷ Bartenstein, K. The ‘Arctic Exception’ in the Law of the Sea Convention: A Contribution to Safer Navigation in the Northwest Passage? In: Taylor &Francis Group. Ocean Development & International Law. 2011: 22-52, 23; or Lamson, C. Arctic Shipping, Marine Safety and Environmental Protection. Marine Policy. 1987, (11): 3-4.

属经济区范围内冰封区域的海洋污染，这为加拿大在专属经济区制定比UNCLOS更为严苛的航行规则提供了法理上的说辞。加拿大是UNCLOS第234条“冰封区域”最主要的推动者。早在第234条“冰封区域”规定产生之前，加拿大既已于1970年制定《北极水域污染防治法》（以下简称AWPPA），并以污染防治为由对相关水域实行了严格的控制和管理。

（一）“冰封区域”条款有条件地赋予沿海国环境立法权

UNCLOS赋予沿海国在冰封区域的环境立法权需满足一定的法律构成要件。主要可从以下几个方面进行分析：

一是适用的特定范围和对象。第234条是基于冰封区域这种特殊的自然环境而制定的特殊条款，专门适用于北极这样极度严寒的区域，赋予沿海国针对通过其专属经济区特定区域的船舶一定的立法权。该条款的适用范围是专属经济区范围内的冰封区域，适用对象是船舶。“冰封区域”需符合以下自然要素：① 与其他海域相比，该区域属于“特别严寒气候”；② 该区域一年中大部分时间处于冰封状态，对航行构成障碍或特殊危险；③ 一旦在冰封区域发生海洋污染，可能对生态平衡造成重大损害或不可逆转的扰乱。但诸如“特别严寒气候”“一年中大部分时候冰封”的描述带有较强的模糊色彩，而且北极气候的现实情况是正处于快速变化之中。

二是适当顾及航行。在领海以外便是公海的时代，航行自由是各国在公海的一项重要的海上自由。UNCLOS创设了专属经济区的概念，赋予沿海国在专属经济区的二项主权权利和三项管辖权。二项主权权利是指以“勘探和开发”“养护和管理”包括生物资源和非生物资源为目的的主权权利，和从事经济性开发和勘探，如利用海水、海流和风力生产能等其他活动的主权权利。沿海国对在专属经济区的“人工岛屿、设施和结构的建造和使用”“海洋科学研究”以及“海洋环境的保护和保全”享有管辖权。[1]沿海国在专属经济区的主权权利和管辖权有别于领海主权，是一种基于领海主权而延伸出来的针对特定事项的权利，沿海国对这些权利的行使应“适当顾及”其他国家的权利和义务，并应以符合UNCLOS规定的方式进行。[2]通往沿海国专属经济区的他国船舶享有航行自由，只要不侵犯或影

[1] 《联合国海洋法公约》，第56条第1款。

[2] 《联合国海洋法公约》，第56条第2款。

响沿海国上述主权权利和管辖权，则沿海国不应阻止、妨碍和控制他国船舶的航行。沿海国在行使沿海国第 234 条赋予的立法权的同时，“应适当顾及航行”，不应改变专属经济区的原有法律地位和属性。

三是沿海国对海洋环境的保护和保全需要以现有最可靠的科学证据为基础。由于 UNCLOS 未就“最可靠的科学证据”做出详细的说明，此要求的可操作性在实践中形同虚设。笔者认为，应由相关部门或者航道使用国和沿岸国一起，结合冰封区域的特点制定关于“最可靠的科学证据”的统一标准，而不是以沿岸国单方认定的所谓“科学证据”为准据，这样更符合 UNCLOS 环境保护条款的精髓。

四是沿海国制定的法律和规章须是“非歧视性”的。“非歧视性”置于 UNCLOS 背景下具有双重意义：一是意味着对不同国家的船舶一视同仁，二是意味着沿岸国不应对外国船舶设置高于其国内船舶的规则和标准。[1] 在 UNCLOS 第 12 部分第 7 节第 227 条“对外国船只的无歧视”条款中也有类似的规定。该条要求依据第 12 部分行使权利和履行义务的国家，“不应在形式上或事实上对任何其他国家的船只有所歧视”。

五是适用主权豁免条款。根据 UNCLOS 第 236 条，关于保护和保全海洋环境的规定，不能适用于以下四类船舶或飞机：一是军舰；二是海军辅助船；三是国家所有并在当时仅用于政府非商业性服务的船只或飞机；四是由国家经营，并在当时仅用于政府非商业性服务的船只或飞机。第 234 条作为 UNCLOS 第 12 部分“海洋环境的保护和保全”的条款之一，在适用的过程中也应受第 236 条的限制。这意味着，沿海国在制定和执行相关法律和规章控制来自船舶的污染时，不能够剥夺政府船舶、军舰及上述其他船舶的主权豁免权。

从文本上看，只有在满足上述自然和法律要件的基础上，沿海国才有权利制定法律和规章，以“防止”“减少”和“控制”“船只在专属经济区范围内冰封区域”的海洋污染问题。换言之，此条赋予了沿海国对在其专属经济区范围内冰封区域航行的船只制定法律规章的权利，旨在保障船舶航行安全，防止来自船舶的污染，保护冰封区域的海洋环境。因此，这些法律规章的制定和实施也仅应围绕船舶航行安全和防治污染

[1] Nordquist, M. H. (editor-in-Chief), Rosenne, S. and Yankov, A. (Volume Editors). United Nations Convention on the Law of the Sea 1982: A Commentary (Volume IV). Netherlands: Martinus Nijhoff Publishers, 1991: 396 - 397.

相关事宜进行。如何在冰封区域实现航行权益和海洋环境保护间的平衡，是UNCLOS第234条呈现给国际社会的课题，需要在实践中不断予以探索和完善。

（二）“冰封区域”条款是有关方在磋商中相互妥协的产物

从产生背景看，将第234条形容为专门针对北极的“北极例外”条款并不夸张。UNCLOS第234条产生的渊源可追溯至20世纪60年代末70年代初的曼哈顿事件。1969年美国曼哈顿号油轮成功穿越西北航道，并计划于次年再次穿行此航道，由此引发了加拿大对其北部水域的担忧。加拿大1964年《领海与捕鱼区法》规定的领海宽度仅为3海里，这意味着曼哈顿号航行的绝大多数航段是在公海，不属于加拿大的主权管辖范围。为实现对西北航道的管控，确保北部水域安全，宣示对北部水域的权利以及防止其北部水域的污染，加拿大通过单边的国内立法程序，于1970年4月8日通过AWPPA，AWPPA将“北极水域”界定为位于北纬60°以北、西经141°和西经60°之间毗邻大陆和岛屿，向外海方向100海里范围内的水域。[1] AWPPA的通过引发了包括美国在内的多个国家的谴责，这些国家认为AWPPA违反了国际法。[2] 事实上，加拿大政府也有此顾虑，因而在接受国际法院强制管辖权问题上做了保留，排除了国际法院对预防和控制海洋环境污染相关问题的管辖。[3]

与此同时，加拿大自身的外交政策也发生一定的转变。20世纪70年代，加拿大彻底摆脱了英国对其海洋主张的影响，开始强调和重视其作为沿海国的自身特征，对待国际法的方式发生了根本性的变化。加拿大在海洋制度的形成中更多地考虑和侧重本国的利益和需求，不再局限于优先考虑国际社会和相关利益国的立场。环境保护和污染防治成为加拿大制定一系列管控西北航道法律制度的得力事由。为了消除来自国际社会的压力，

---

[1] Arctic Waters Pollution Prevention Act, R. S. C. 1970.

[2] Lalonde, S. The Arctic Exception and the IMO’s PSSA Mechanism: Assessing their Value as Sources of Protection for the Northwest Passage. The International Journal of Marine and Coastal Law. 2013, (28): 401-432.

[3] (1970) 9 International Legal Material 598. The reservation excluded from the Court’s compulsory jurisdiction over Canada any “disputes arising out of or concerning jurisdiction or rights claimed or exercised by Canada in respect of the conservation, management or exploitation of the living resources of the sea, or in respect of the prevention or control of pollution or contamination of the marine environment in marine areas adjacent to the coast of Canada.”

加拿大转而寻求多边途径商讨和解除其他国家对其环境立法的争议。随着全球关注海洋环境保护的呼声日益高涨，加拿大在第三次联合国海洋法会议（1973—1982年）期间，成功地将“冰封区域”条款作为“北极例外”条款写入UNCLOS。尽管切实参与磋商的国家仅是美国、苏联和加拿大三国，但借助此多边平台，加拿大获得了更多国家支持的机会。经过三年磋商，美苏加三国于1976年达成妥协，美国同意在UNCLOS中设立允许在冰封区域适用沿海国国家标准的条款。作为交换，加拿大同意美国提出的国际海峡过境通行制的倡议。❶

从适用对象和适用范围看，“冰封区域”条款可视为第12部分第211条“来自船只的污染”第5款和第6款的特别规定。第5款规定为防止、减少和控制来自船只的污染，沿海国可对其专属经济区制定法律和规章。第6款则进一步规定了在资源保护或航运上有特殊性质的区域等划定特定区域的规则。1976年第4次会议经非正式磋商形成了关于船舶污染的“问题提纲”（outerline of issues），首次对专属经济区的“特别区域”（special areas）和“关键区域”（critical areas）做了区分，并首次在非正式文本中关于“关键区域”的部分提到了冰的脆弱性：“沿海国有权在科学标准的基础上，制定严于国际规则和标准的非歧视性的国内法律和法规，用以保护冰对船舶产生障碍或极度风险的脆弱区域。”❷ 第三委员会主席在讨论和修改第211条第5款时，将关于因冰导致船舶污染的问题列为单独的一条，文字表述与最终文本高度一致，除了以下个别字词的变动❸：①“冰封区域”条款第1句提到，“沿海国有权制定和执行非歧视性的法律和规章……”“制定”一词当时使用的是“establish”，最终文本改用“adopt”；②最终文本在规定“冰封区域”条款的适用范围时，用“专属经济区”（exclusive economic zone）的概念替代了“经济区”（economic zone）一词，从而进一步明确了适用范围，即不应超过自领海基线量起200海里的海域；③当时的文本仅提到

❶ Lalonde, S. The Arctic Exception and the IMO's PSSA Mechanism: Assessing their Value as Sources of Protection for the Northwest Passage. The International Journal of Marine and Coastal Law. 2013, (28): 410.

❷ Nordquist, M. H. (editor-in-Chief) Rosenne, S. and Yankov, A. (Volume Editors). United Nations Convention on the Law of the Sea 1982: A Commentary (Volume IV). Netherlands: Martinus Nijhoff Publishers, 1991: 395.

❸ A/CONF. 62/WP. 8/Rev. 1/Part III (RSNT, 1976), article 43, V Off. Rec. 173, 180 (Chairman, Third Committee).

了对海洋环境的保护，第234条最后一句添加了“和保全”（and preservation）的字样，表述为“……这种法律和规章应适当顾及航行和以现有最可靠的科学证据为基础对海洋环境的保护和保全”。从用词看，最终文本用的是“and”而非“or”，呈现的是并列关系而非选择关系，应是对沿海国在专属经济区范围内的冰封区域制定和执行海洋环境法律法规的必要性设置了更高的门槛和要求。

在公约编纂过程中，第二委员会在讨论国际海峡制度的相关方面时，考虑到了极地和冰封区域的问题。而第三委员会则讨论了海峡沿岸国承担保护异常脆弱的生态环境措施的权限问题。❶ 最终，“冰封区域”条款并未规定在UNCLOS第3部分即“用于国际航行的海峡”项下，而是规定在第12部分“海洋环境的保护和保全”项下。第12部分第233条专门提到了对用于国际航行的海峡的保障，要求关于防止、减少和控制海洋环境污染的国际规则和国内立法、执行和保障等规定不应影响国际海峡的法律制度。虽然第233条置于第12部分第7节，而第234条作为唯一条款置于第12部分第8节，从字面和所属节上看两者是独立的关系，第233条不适用于第8节“冰封区域”，但从公约宗旨和关联条款看，两项条款均反映了编纂者在试图探寻一种既保护沿海国环境利益又保障使用国航行权利的平衡方法，这决定了“冰封区域”条款和国际海峡制度间既有独立性，又难以分割地纠缠在一起，相互牵制。值得强调的是，“冰封区域”条款是环境保护规定的特别条款，而非船舶航行制度的特别条款。

“冰封区域”条款原本是主要北极大国间妥协的产物，裹挟着微妙的利益关系，正如西方学者迈克雷（McRae）在论及西北航道和第234条时所言：因为没有明确规定排除西北航道适用国际海峡制度，无论美国还是加拿大均不能在此问题上持有立场。然而，双方妥协的意图是显而易见的。❷ 这决定了第234条在文本表述上的模糊性和不确定性，在用于西北航道时面临诸多现实问题。

---

❶ Nordquist, M. H. (editor-in-Chief) Rosenne, S. and Yankov, A. (Volume Editors). United Nations Convention on the Law of the Sea 1982: A Commentary (Volume IV). Netherlands: Martinus Nijhoff Publishers, 1991: 393.

❷ McRae, Don M. The Negotiation of Article 234. In: Franklin Griffiths. Politics of the Northwest Passage. Montreal: McGill – Queen's University Press, 1987: 110.

二、"冰封区域"条款在西北航道适用中存在的问题

UNCLOS 对不同法律地位的海域适用的船舶航行制度做了不同的规定。虽然加拿大的国内海洋法律制度基本与 UNCLOS 保持了一致，但在西北航道问题上，由于 UNCLOS 对"冰封区域"仅做了原则性的规定，缺乏详细具体的标准，加拿大以保护环境和防治污染为由，借第 234 条"冰封区域"条款自成一系，并未按照包括 UNCLOS 在内的国际法对相关水域的法律地位进行划分和论证，也未按照 UNCLOS 的航行制度对外国船舶在不同法律地位海域的航行进行相应的规制，而是对包括西北航道在内的北部水域单边制定法律、法规和规章并采取相应措施，加强对西北航道的管控。

（一）加拿大国内另行建规立制

UNCLOS 第 234 条允许沿海国制定法律和规章防止专属经济区范围内冰封区域的海洋污染，加拿大这场关于 AWPPA 的国际争论才逐渐平息。2009 年，加拿大对 AWPPA 做了修订，适用范围从当初距离其北极沿岸和岛屿的 100 海里以内水域扩展至当今的 200 海里。❶ 加拿大规定，自 2010 年 7 月 1 日起，特定大小的外国和其本国船舶穿过加拿大的北极水域，须向加拿大海岸警备队（Canadian Coast Guard，CCG）报告，加拿大渔业和海洋部强调，新的强制性规定有助于 CCG 促进船舶航行安全，监督船舶载运污染物、燃油和危险物，在事故发生时能迅速做出反应。❷ 以 AWPPA 为核心，加拿大制定了一系列的法规和规章等，对其北部海域创设了不同的概念，包括加拿大水域（Canadian Water）、北极水域（Arctic Water）、航行安全控制区、北方船舶交通服务区等，通过国内立法对航行于北极水域的船舶实施更为严格的标准和监管措施。

加拿大水域（Canadian Water）是一个在加拿大的国内法律法规中频繁出现的概念。从加拿大相关国内立法看，加拿大水域包括加拿大的内水

---

❶ Bill C－3, an Act to amend the AWPPA, received Royal Assent on 11 June 2009 and came into force on 1 August 2009.

❷ Government of Canada Takes Action to Protect Canadian Arctic Waters, Press Release No H078/10, www. tc. gc. ca/eng/mediaroom/releases－2010－h078e－6019. htm. 最后访问日期：2012 年 9 月 26 日。

和领海。[1] 加拿大在《海上运输安全规定》中要求：船长在船舶进入加拿大水域之前须提前向交通部部长报告“抵达前信息”（pre-arrival information），并且详细规定了船舶在不同位置时应提前报告的小时数，否则船舶不得进入加拿大水域。[2] 这就变相要求在领海行驶的外国船舶要向加拿大履行报告程序并接受监管。

从加拿大1985年修订的AWPPA[3]看，北极水域是指加拿大的内水、领海和专属经济区，具体范围“由北纬60°线、西经141°线和专属经济区的外部界限所包围；但在加拿大和格陵兰间的国际边界自加拿大的领海基线起算不足200海里的地方，该国际边界取代专属经济区的外部界限”。[4] AWPPA赋予加拿大总督在“北极水域”设立“航行安全控制区”的职权。[5] 据此，加拿大总督制定了《航行安全控制区法令》，指定除河流、湖泊和其他淡水之外的北极水域为航行安全控制区。根据该法令，加拿大北极水域分成16个航行安全控制区，《航行安全控制区法令》第2条对“向海边界线”（seaward boundary）一词做了专门解释，是指加拿大专属经济区的外部界限。该法令附件一在对16个航行安全控制区的范围描述中，多处提到“沿着向海边界线”或“至向海边界线”的表述，意味着航行安全控制区不仅分布在内水、领海，还分布在专属经济区。[6] 加拿大制定的航行安全控制区和日期制度，明确规定通过这16个航行安全控制区的船舶类型和允许通过的时间段。这意味着不符合相应船舶等级或未在允许的时间航行的船舶将无法进入北极相应的水域。加拿大还制定了《加拿大北方船舶交通服务区法规》，由此设立加拿大北方船舶交通服务区，北方船舶交

---

[1] 如加拿大《沿海贸易法》第2条第1款之规定。见王泽林：《北极航道加拿大法规汇编》，上海交通大学出版社2015年版，第4-5页。

[2] Marine Transportation Security Regulations, SOR/2004-144, Marine Transportation Security Act, Art. 221.1，见王泽林：《北极航道加拿大法规汇编》，上海交通大学出版社2015年版，第131-132页。

[3] 此处是指1985年修订的《北极水域污染防治法》（Arctic Waters Pollution Prevention Act, R.S.C., 1985, c.A-12）。

[4] Arctic Waters Pollution Prevention Act (1985), Art. 2. http://laws-lois.justice.gc.ca/eng/acts/A-12/FullText.html. 最后访问日期：2012年9月16日。

[5] Arctic Waters Pollution Prevention Act (1985), Art. 11, http://laws-lois.justice.gc.ca/eng/acts/A-12/FullText.html. 最后访问日期：2012年9月16日。

[6] Shipping Safty Control Zones Order, C.R.C., c356, Arctic Waters Pollution Prevention Act (2006年制定，2010年6月10日修订版生效)。见王泽林：《北极航道加拿大法规汇编》，上海交通大学出版社2015年版，第58-64页。

通服务区与航行安全控制区之间是包含关系，即不仅包括航行安全控制区，还包括不在航行安全控制区之内的其他水域。[1] 加拿大北方船舶交通服务区不仅适用于内水，也深入到位于北冰洋的领海和专属经济区部分。

（二）加拿大国内法与国际航行制度的冲突

依据 UNCLOS 规定的航行制度，沿海国对内水可以行使完全主权，但外国船舶通过沿海国的领海则应享有无害通过权，无害通过意味着在符合“无害”的前提下，船舶享有“继续不停”和“迅速进行”通过沿海国领海的权利。[2] 沿海国不应对行驶在领海的外国船舶强加要求，也不应对任何国家的船舶有形式上或事实上的歧视。[3] UNCLOS 第 22 条在规定领海内的海道和分道通航制时提到，沿海国出于航行安全的必要，可要求外国船舶通过指定海道或规定分道通航制，但指定海道或规定分道通航制时应考虑主管国际组织的建议。[4] 外国船舶通过“用于国际航行的海峡”应享有过境通行或无害通过权，通过专属经济区则应享有更为宽松和自由的航行制度。

加拿大以环境保护为由，通过设立航行安全控制区和北方船舶交通服务区对航行于北极水域的船舶进行控制，迫使实际上航行于加拿大领海或专属经济区的船舶同在内水中行驶一样，也要受其管制，遵守其单方制定的航行规则并履行报告等义务。作为 AWPPA 的配套法规，加拿大出台了《北极水域污染防治法规》和《北极航运污染防治法规》。《北极水域污染防治法规》要求任何携带废弃物数量超过 2000 吨的船舶在航行安全控制区航行，须向加拿大交通部提交该法规规定的财产责任（financial responsibility）证明，包括对计划航行的投保声明和北极水域适用船舶的经担保人确认的背书副本。[5]《北极航运污染防治法规》对通行于航行安全控制区的船舶种类和标准做了规定，制定了“北极等级船舶”清单，将船舶设为不

---

[1] Northern Canada Vessel Traffic Services Zone Regulations, Art. 2（2010 年 7 月 1 日生效），见王泽林：《北极航道加拿大法规汇编》，上海交通大学出版社 2015 年版，第 66 页。

[2] 《联合国海洋法公约》，第 18 条。

[3] 《联合国海洋法公约》，第 24 条。

[4] 《联合国海洋法公约》，第 22 条第 3 款。

[5] Arctic Waters Pollution Prevention Regulations, C. R. C. , c. 354, Arctic Waters Pollution Prevention Act, Art. 12（1）, http://laws - lois. justice. gc. ca/eng/regulations/C. R. C. , _ c. _ 354/FullText. html. 最后访问日期：2015 年 2 月 5 日。

同的等级，禁止不属于加拿大的非“人命公约”[1]船舶通行于任何航行安全控制区，除非这些船舶像加拿大船舶一样遵守其国内的规章标准。[2]

以下类别的船舶还需遵守《加拿大北方船舶交通服务区法规》：一是总吨位在300吨或300吨以上的船舶；二是拖带或顶推另一个船舶的船舶，加之总吨位达到500吨或500吨以上；三是装载污染物或危险品的船舶，或拖带或顶推装载污染物或危险品船舶的船舶。[3]上述船舶的船长须承担规定的责任，执行烦琐的报告制度，当船舶即将进入北方船舶交通服务区时须提交航行计划报告，进入之后则须立即提交位置报告。[4]

上述做法妨碍和限制了UNCLOS赋予外国船舶在沿海国领海和专属经济区应享有的航行权利。加拿大要求超出其规定吨位或者装载污染物或危险品的船舶等履行报告制度。但根据UNCLOS第23条，即使是外国核动力船舶和载运核物质或其他本质上危险或有毒物质的船舶，在沿海国领海也享有无害通过权，只是应持有国际协定规定的证书并遵守国际协定的特别预防措施。从诸多规定看，加拿大国内制定的航行法律制度超出了UNCLOS赋予沿海国对外国船舶通过其内水之外海域的权限。

加拿大单方面通过国内立法，回避外国船舶在相应水域享有的无害通过权、过境通行权以及航行自由等，对北极航道的相关组成部分进行更为严格的管控的做法受到其他国家和实体的质疑，尤以美国和欧盟为代表。美国在IMO进行讨论时，对加拿大援引第234条并以此为基础单方面制定未经IMO允许的规则提出抗议，质疑这些规则与航行自由包括无害通过权、过境通行权的一致性，得到德国和新加坡代表团的支持。[5]欧盟委员会和欧盟外交与安全政策高级代表于2012年6月向欧洲议会和欧盟理事会提交的一份联合报告中强调，在北极应“遵守国际法和《联合国海洋法公

---

[1] “人命公约”是指1960年或1974年签署于伦敦的《国际海上人命安全公约》。

[2] Arctic Shipping Pollution Prevention Regulations, C. R. C., c. 353, Arctic Waters Pollution Prevention Act, Art. 4 (1)，见王泽林：《北极航道加拿大法规汇编》，上海交通大学出版社2015年版，第27页。

[3] Northern Canada Vessel Traffic Services Zone Regulations, Art. 3 (2010年7月1日生效)，见王泽林：《北极航道加拿大法规汇编》，上海交通大学出版社2015年版，第66页。

[4] Northern Canada Vessel Traffic Services Zone Regulations, Art. 6 (1) a, Art. 7 (1) a. (2010年7月1日生效)，见王泽林：《北极航道加拿大法规汇编》，上海交通大学出版社2015年版，第67页。

[5] Laura Boone, International Regulation of Polar Shipping, in Erik J. Molenaar, Alex G. Oude Elferink and Donald R. Rothwell, The law of the Sea and the Polar Region: Interactions between Global and Regional Regimes, p. 211.

约》规定的原则，包括航行自由原则和无害通过的权利”。[1]

三、关于“冰封区域”条款执行问题的几点思考

UNCLOS 第 234 条用语和表述的模糊性和不确切性，为沿海国行使环境立法权限留下产生利益冲突的空间。沿海国相对严格的管理规定和繁杂的报告程度对外国船舶在相关水域享有的航行权利构成了一定的妨碍和不便。如何客观理解和执行“冰封区域”条款，对促进北极航道的公平合理利用和可持续发展有着重要的意义。

（一）尊重既有国际海洋法确立的航行制度

UNCLOS 关于冰封区域生态环境保护的特殊规定，并不意味着赋予沿海国可制定超出一般接受的国际规则和标准，也不意味着沿海国可以否定 UNCLOS 制定的不同法律地位海域的航行权利和自由。正如前文所述，第 234 条赋予沿海国的海洋环境保护立法权的同时，要求沿海国在制定法律和规章时应“适当顾及航行”。何为“适当顾及”（due regard），UNCLOS 中虽未给出明确的阐述和说明，但这是一个在 UNCLOS 中高频出现的概念[2]，而且这一概念并非是由 UNCLOS 凭空创造的。早在《公海公约》中就已有类似的表述。[3] 随着国际海洋法的发展，公海的范围逐步缩小，大陆架、专属经济区等概念纳入 UNCLOS，“适当顾及”扩展适用于这些不同法律地位的海域。从该词出现的语境看，行使权利的一方不能因为 UNCLOS 赋予其该项权利而削弱或减损其他国家或主体本应享有的权利。UNCLOS 中最能直接体现这一观点的条款是“公海自由”条款，根据第 87 条第 2 款，“这些自由应由所有国家行使，但须适当顾及其他国家行使公海自由的利益”。该条中行使权利的主体是国家，须适当顾及的对象也是国

---

[1] Joint Communication to the European Parliament and the Council. Developing a European Union Policy towards the Arctic Region: progress since 2008 and next steps: p. 17, http://ec.europa.eu/maritimeaffairs/policy/sea_basins/arctic_ocean/documents/join_2012_19_en.pdf. 最后访问日期：2014 年 8 月 23 日。

[2] 《联合国海洋法公约》第 27 条第 4 款，第 39 条第 3 款 a 项，第 56 条第 2 款，第 58 条第 3 款，第 60 条第 3 款，第 66 条第 3 款 a 项，第 79 条第 5 款，第 87 条第 2 款，第 142 条第 1 款，第 148 条，第 161 条第 4 款，第 162 条第 2 款 d 项，第 163 条第 2 款，第 167 条第 2 款，第 234 条，第 267 条。

[3] 1958 年《公海公约》第 2 条规定：所有国家行使这些自由以及国际法的一般原则所承认的其他自由时，都应当合理顾及（reasonable regard）其他国家行使公海自由的利益。

家，主体和对象的法律地位是完全平等的，权利属性都是公海自由，并不存在某主体和某权利的优先性。“适当顾及”是要求国家在行使某项权利和自由时应注意并考量其他国家的权利和自由，并且避免从事影响他国行使权利或自由的行为，其基本理念是平衡各国使用海洋利益和国际社会整体利益间的关系，各国在行使海洋权利和自由时加强协调和合作，共同和谐使用海洋。❶

由此，北极航道沿岸国在行使第234条赋予的环境立法权时，不应损害和削弱其他国家依据UNCLOS在不同法律地位海域享有的航行权利和自由。过度强调极地周边沿海国的海洋环境保护立法权，忽视北极相关水域原本的法律地位，既有违UNCLOS关于“便利国际交通”❷的关切，也不利于“海洋资源的公平而有效地利用”❸。这要求北极航道沿岸国制定和实施的适用于其北部海域的法律规章，应尊重UNCLOS法律框架下的航行制度，包括领海的无害通过权、专属经济区内UNCLOS限制条件下的航行自由、公海自由以及用于国际航行的海峡的过境通行权和无害通过权等。

（二）发挥国际海事组织在规则制定中的作用

UNCLOS第211条要求相关规则和标准的制定应由各国通过主管国际组织或者外交会议商讨决定。❹对于防止、减少和控制船只对海洋环境污染的相关事务，国际海事组织应是恰当的主管国际组织。IMO框架内法律文件为解决海上航行各方面的问题提供了相对成熟的法律框架，涉及海上航行安全与搜救、油污事故及有毒有害物质污染事故的预防、反应与合作、海上倾废防治、海员培训等各个领域。IMO在极区航运方面也取得积极成效和进展。2002年，IMO制定了《北极冰封水域作业船舶指南》❺，从船舶构造、设备配备和操作限制几个方面为在北冰洋水域航行的船舶提出了安全操作的标准和建议，虽然该指南不具有法律约束力，但作为少有的专门适用于冰冻和寒冷环境的安全指南，在保护北极海洋环境和保障海

---

❶ 张国斌，《〈联合国海洋法公约〉“适当顾及”研究》，《中国海洋法学评论》2014年第2期，第57－58页。

❷《联合国海洋法公约》前言，第4条。

❸《联合国海洋法公约》前言，第4条。

❹《联合国海洋法公约》第211条：“各国应通过主管国际组织或一般外交会议采取行动，制定国际规则和标准，以防止、减少和控制船只对海洋环境的污染，并于适当情形下，以同样方式促进对划定航线制度的适用……”。

❺ MSC/Circ. 1056－MEPC/Circ. 399.

上航行安全方面发挥了一定的作用。2004 年第 27 届南极条约协商会议提请 IMO 对上述指南进行修改，以便也能适用于南极地区。五年后，IMO 通过了《极地水域作业船舶指南》，适用于南北极的水域。[1] 2007 年 IMO 大会通过 A. 999（25）号决议，发布了《客轮在遥远水域航行计划指南》。[2] 2010 年，IMO 在马尼拉通过了关于“保证船长和船员在极地水域的船舶操作能力的措施”[3]，规定了极地水域航行的各项训练内容，并对领海相关人员的冰区航行能力要求做了规定。除了上述无拘束力性质的指南和措施外，IMO 还磋商制定了专门适用于极地的具有法律拘束力的极地规则。

正如 IMO 的高级官员指出的那样，UNCLOS 第 234 条未明确要求沿海国制定与国际机构的航行规则一致的冰封区域专门法律制度，但当把第 234 条和 UNCLOS 其他条款结合起来解读可知，沿海国须遵守 IMO 关于航行安全和防止船舶污染问题的国际规则和标准。因此，沿海国在根据第 234 条立法时，既不能违背 1974 年的《国际海上人命安全公约》（SOLAS）和《国际防止船舶造成污染公约》（MARPOL73/78）的规则和标准，也不能违背 IMO 的其他相关规定。[4] 美国《过度的海洋权利主张》[5] 的作者之一罗奇在其《国际法和北极》一文中，提到有多种来源的国际法适用于北冰洋，尤为重要的是适用于加强在北冰洋的安全保障、环境保护和航行安全”的国际法。[6] 在这些国际法依据中，罗奇专门举出了 IMO 及其相关协定和准则。笔者赞同，IMO 为解决航行安全、海洋污染防治等提供了平台，将相关技术层面的问题纳入 IMO 框架解决，既有利于避免触碰北极航道涉及的海洋权益等深层的敏感问题，也有利于通过多国参与的方式为北极航道环境保护和航行利益间的平衡共商解决方案。北极航道技术层面的法律规范尚需在 IMO 框架公约的基础上予以发展和完善。在协调沿海国国

---

[1] 杨剑等：《北极治理新论》，时事出版社 2014 年版，第 328 – 329 页。

[2] 杨剑等：《北极治理新论》，时事出版社 2014 年版，第 328 页。

[3] Measures to ensure the competency of masters and officers of ships operating in polar waters，IMO 于 2010 年 6 月在马拉尼公约（STCW）的修订大会上通过。

[4] Bazin，A. B. Specific Regulations for Shipping and Environmental Protection in the Arctic：The Work of the International Maritime Organization. The International Journal of Marine and Coastal Law. 2009，(24)：381 – 386.

[5] J. Ashley Roach and Robert W. Smith，Excessive Maritime Claims，Leiden：Martinus Nijhoff Publishers，2012.

[6] J. Ashley Roach，'International Law and the Arctic'，15 Southwestern Journal of International Law 301（2009）：p. 313.

内海洋环境立法与各国船舶在北极相关水域航行时，IMO 应以其多年积累的经验和调研成果为基础，积极发挥作用，由各国借助这一平台共同促进北极航道的公平、合理和可持续利用。

（三）科学确定并公布“冰封区域”的具体范围

关于冰封区域的范围，在加拿大国内立法中未找到明确的界定。从加拿大对船舶在北极水域航行的相关法律规定和管控措施推断，加拿大是将整个航行安全控制区或北方船舶交通服务区中的专属经济区视为冰封区域进行监管。然而，该条款的适用范畴是沿海国专属经济区的冰封区域，即使对符合自然条件的区域明确公布为冰封区域，也不能因此而抹杀其专属经济区的法律地位。因此，沿海国在冰封区域和在内水适用的关于防治船舶污染的环境法律法规和采取的措施不应一概而论。

由于第 234 条“冰封区域”条款使用的是“特别严寒气候”和“一年中大部分时候冰封”诸如此类的模糊用语，导致冰封区域的范围界定缺乏确切的标准。此外，沿海国对海洋环境的保护和保全的基础——现有最可靠的科学证据，应由何机构鉴别、以何为标准都未做明确规定。UNCLOS 第 234 条的解释和适用问题，不仅关涉沿海国的环境立法权限，也关涉各国在北极航道的航行利益。上述问题应通过各国协商或者根据主管国际组织建议，比如通过 IMO 对相关问题予以解释和澄清，依据经由论证的科学数据划定并公布冰封区域的范围。冰封区域的划定还需考虑北极气候正处于变化中这一事实，对冰封区域的范围根据实际情况定期予以调整。

（四）在国际主管组织的建议下修订国内法

加拿大通过“北极水域”“航行安全控制区”“北方船舶交通服务区”等概念将西北航道上的海峡、位于加拿大北部的大片领海和专属经济区及内水一并笼统地适用其国内法律法规进行管理。但这些概念是加拿大自创的，难以对接 UNCLOS 关于不同法律地位海域的航行制度的规定。加拿大单方制定的规定和采取的措施一方面超出了 UNCLOS 的授权，另一方面也不利于北极航道的开发利用。即使各国想要尝试航行于西北航道或北方海航道，但因沿岸国单方规定的复杂的航行和报告制度，也会使部分国家望而却步。因此，无论是从法理还是从现实需求看，沿海国均有必要在国际主管组织的建议下对国内法律、规定和政策做一定的调整。

第一，应明确公布冰封区域的具体范围。沿岸国应依据 UNCLOS 规定的航行制度，修改其国内法律法规，对划定的冰封区域以外的海域，包括内水、领海和专属经济区的航行制度做区别规定，尊重外国船舶通过其领海或专属经济区或“用于国际航行的海峡”时应享有的相应的航行权利。在考虑到航行安全认为确有必要指定和规定海道和分道通航制时，也应考虑主管国际组织的建议。第二，UNCLOS 第 234 条的适用范畴是沿海国专属经济区的冰封区域，即使将符合自然条件的区域明确公布为冰封区域，也不能因此而抹杀其专属经济区的法律地位。因此，沿岸国在制定法律和规章以防止、减少和控制船舶在其专属经济区“冰封区域”的海洋污染时，应制定与内水管理有别的环境保护制度。外国船舶航行于冰封区域以外的专属经济区时，应享有 UNCLOS 赋予的航行自由，承担的义务不能超出 UNCLOS 规定的范畴。第三，由 UNCLOS 规定的主管国际组织或者航道沿岸国和使用国共商确定的船舶的种类清单以及核动力船舶和载运核物质或材料或其他危险船舶的特别清单，并在主管国际组织的指导或建议下制定外国船舶在冰封区域的航行制度，统一制定适航的船舶条件和种类。

四、结　语

如何平衡环境保护和航运价值，兼顾沿岸国和航运国间的利益，是北极航道治理所面临的挑战的一个方面。加拿大是 UNCLOS 第 234 条“冰封区域”条款的推动者。根据第 234 条，在冰封区域内，沿海国可制定法律和规章防止、减少和控制船舶在专属经济区范围内冰封区域的海洋污染，这为加拿大在专属经济区制定比 UNCLOS 更为严苛的航行规则提供了法理上的说辞。然而，冰封区域的范围应以可靠的科学数据为基础做出明确的界定，在当前缺乏具体判断标准的情况下，沿海国应通过多边协商或征求主管国际组织的建议，公布冰封区域的确切范围，制定专门的法律制度，而不是将其北方水域笼而统之地适用其国内法律法规。航道沿岸国应尊重航道使用国依据 UNCLOS 在北极航道不同法律地位的海域应享有的航行权利，适度调整其国内法，使之与 UNLCOS 精神保持一致，在航道使用秩序中充当服务者而非管控者的角色；而航道使用国则应顾及航道沿岸国的利益关切和北极自然生态环境的特殊性，与航道沿岸国一起共同实现北极航道的公平、合理、可持续利用。

论海洋倾废国际法律制度

陈维春　张丹丹*

一、海洋倾废国际法律制度概述

（一）"海洋倾废"的概念

20世纪50年代起海洋油污导致的海洋环境污染引起许多沿海国家对海洋环境的重视。1967年Torrey Canyon号油轮泄油事件发生后，对海洋环境造成严重影响，引发国际社会的高度重视，认为应采取有效的措施以避免并且减少船舶污染对海洋环境的严重损害。由此，各国也开始对"海洋倾废"的概念进行探讨，对于"海洋倾废"的概念主要源于《防止倾倒废物和其他物质污染海洋公约》（以下简称《伦敦倾废公约》）和《联合国海洋法公约》（以下简称《海洋法公约》）。两个公约从不同的角度对"倾倒"进行了界定，相比较而言，《伦敦倾废公约》对"倾倒"的界定更具体全面。

首先，《伦敦倾废公约》规定"废物或其他物质"系指任何材料和物质，公约对废物或其他物质规定的范围十分广泛。公约从正反两个方面规定了"倾倒"的主体、具体行为以及实施倾倒行为的载体等事项。[1] 公约

* 陈维春，安徽省舒城人，华北电力大学人文学院副教授，主要从事环境法与国际法研究。张丹丹，安徽亳州人，北京市朝阳区循环经济产业园管理中心法务，法学硕士。

[1] 《防止倾倒废物和其他物质污染海洋公约》第3条第1款规定：1."倾倒"的含义是：①任何从船舶、航空器、平台或其他海上人工构筑物上有意地在海上倾弃废物或其他物质的行为；②任何有意地在海上弃置船舶、航空器、平台或其他海上人工构筑物的行为。2."倾倒"不包括：①船舶、航空器、平台或其他海上人工构筑物及其设备的正常操作所附带发生或产生的废物或其他物质的处置。但为了处置这种物质而操作的船舶、航空器、平台或其他海上人工构筑物所运载或向其输送的废物或其他物质，或在这种船舶、航空器、平台或构筑物上处理这种废物或其他物质所产生的废物或其他物质均除外；②并非为了单纯处置物质而放置物质，但以这种放置不违反本公约的目的为限。3. 由于海底矿物资源的勘探、开发及相关的海上加工所直接产生的或与此有关的废物或其他物质的处置，不受本公约规定的约束。

除规定了“倾倒”所包括的具体行为以外，还规定了对海底矿物资源的勘探、开发以及由此产生的废物不受公约的管辖。公约规定“船舶和航空器”包括：（1）海、空运载工具；（2）气垫船和浮动工具。该公约规定的污染源大部分是在海上倾弃的废物或其他物质，而对于陆源污染物造成的海洋环境污染则规定的很少，公约排除了海上正常操作产生的物质或其他物质，对于是否扩大公约规定的污染物范围是之后《伦敦倾废公约》会议的焦点问题之一。其次，《海洋法公约》也从正反两个方面对“倾倒”含义加以规定，这种规定是比较笼统的，仅对“倾倒”包括的内容以及排除事项做了规定。[1] 目前世界各国的海洋倾废法律均以《伦敦倾废公约》和《海洋法公约》为蓝本，将海洋倾废的定义界定在公约规定的范围之内。当今国际社会一般认为海洋倾废的定义是运用一种特殊的方法直接向海洋排放物质。[2]

基于以上阐述，“海洋倾废”指人类有意识、有目的地利用海洋环境容量和迁移能力，以法定的方式、途径向海洋处置、放置废弃物或其他物质的活动，非有意识、有目的地向海洋处置、放置废弃物或其他物质的活动除外。

（二）海洋倾废国际法律制度的历史发展

1. 海洋倾废国际法律制度的产生时期

一般认为，1954 年在伦敦签署的《预防石油海洋污染国际公约》是海洋倾废国际立法的萌芽。[3] 该公约是第一个以保护环境为目的而防止海洋石油污染的国际公约，公约主要规定了对船舶在海上排放石油污染物的防止。从 1954 年到 1972 年《伦敦倾废公约》签订前夕的近 20 年间，可以视

---

[1] 《联合国海洋法公约》第 1 条第 1 款规定：(a)“倾倒”是指：①从船只、飞机、平台或其他人造海上结构故意处置废物或其他物质的行为；②故意处置船只、飞机、平台或其他人造海上结构的行为。(b)“倾倒”不包括：①船只、飞机、平台或其他人造海上结构及其装备的正常操作所附带发生或产生的废物或其他物质的处置，但为了处置这种物质而操作的船只、飞机、平台或其他人造海上结构所运载或向其输送的废物或其他物质，或在这种船只、飞机、平台或结构上处理这种废物或其他物质所产生的废物或其他物质均除外；②并非为了单纯处置物质而放置物质，但以这种放置不违反本公约的目的为限。

[2] 王粢．海洋倾废法律制度研究［D］．青岛：中国海洋大学，2008．

[3] 关于 1954 年签署了《国际防止海洋石油污染公约》的颁布是否为国际海洋倾废立法萌芽的标志，目前国内外学者在这个问题也有所讨论，例如，刘泽慧在文《船舶污染的现状及防治对策》中提出“1954 年的《国际防止海上油污公约》是国际社会签订的第一个国际海洋环境保护协定，这标志着海洋环境保护法的萌芽”。

为海洋倾废国际法律制度的产生时期。这一时期签订的全球性公约有1969年签订的《国际干预公海油污事故公约》以及《国际油污损害民事责任公约》等。签订的区域性公约有1969年《关于北海对付油污合作协定》以及1971年《国际建立油污损害国际基金公约》等。

这一阶段的海洋倾废国际立法由于受当时国际社会频发的海上石油泄漏事件的影响，签订的国际公约主要集中于防止海洋油污方面，还没有考虑从更多方面来防止海洋污染物以达到保护海洋环境的目的。这一时期的立法由于受传统国际法的影响比较深，对于公约一些规则的制定仍然没有突破传统国际法的范围。虽然这一时期的立法还有很多缺陷和不成熟之处，但这一时期的立法却为以后海洋倾废国际立法奠定了基础。

2. 海洋倾废国际法律制度的快速发展时期

从1972年《伦敦倾废公约》签订到1982年《海洋法公约》签订前夕的10年间，大量的海洋倾废全球性公约和区域性公约签订，世界上许多国家也纷纷制定本国的海洋倾废法，这一时期可以视为海洋倾废国际立法的快速发展时期。

这一时期国际社会加强了对海洋倾废管理的国际立法。国际社会不仅签署了1972年《防止船舶和飞机倾废造成海洋污染公约》、1973年《国际防止船舶造成污染公约》和《1978年议定书》（以下简称《73/78船舶防污公约》），以及1974年《巴黎陆源污染公约》等全球性公约，而且签署了大量的区域性公约，主要包括：1972年《防止在东北大西洋和部分北冰洋倾倒废物污染海洋的公约》、1974年《波罗的海区域海洋环境保护公约》、1979年《西非和中非地区海域及沿海环境保护与开发的合作公约》以及1980年《保护地中海免于污染公约》及其议定书等。

此外，这一时期世界上许多国家根据国际公约的要求纷纷制定了国内的海洋倾废法律。例如：1973年美国的《环保总局关于海洋倾废的规则》是美国对海洋倾废管理的重要法案；1977年制定了《海洋倾废条例》，1988年对该条例进行修订，《海洋倾废条例》对倾倒区制度和许可证制度进行了细化规定，并规定了严格的倾倒区划分标准；英国的《海洋倾倒法令》（1974）主要对倾倒许可证制度进行了细化规定，确定了严于《伦敦倾废公约》的许可证制度等。

首先，这一时期的海洋倾废区域性立法开始大量涌现。由于区域性立法主要是针对特定地理海域的海洋倾废进行管理的立法，是沿海国家根据特定海域的环境特征以及各自的经济发展状况制定的区域性立法，能够更好地达成统一意见，采取各方都能接受的措施，以对海洋倾废更好地进行管理。其次，这一时期的立法已逐渐突破传统国际法的束缚，意味着海洋倾废新原则即将产生；这一时期签署的公约规定了较为严格的执行条款，这有利于加强各缔约国对公约的执行，而且也加大了对各缔约国的约束力。再次，针对船舶、飞机和飞行器的海洋倾废活动的专门性立法开始出现，如 1972 年《防止船舶和飞机倾废造成海洋污染公约》和 1976 年《防止船舶和飞行器倾倒污染地中海议定书》。最后，这一时期的法律制度有从单一内容向综合内容发展的趋势。所谓单一内容，是仅就防止某一污染源而签订的一项协定。所谓综合内容，是把防止多种污染源熔为一炉，就保护某一海洋区域而签订协定。这种综合内容包含防止多种污染源及调整多种行为关系的协定，人们叫作“伞性条约”。❶ 但是这一时期的法律制度也存有诸多缺陷，首先，对于海洋污染源的规定范围并不全面，例如对于危险废物污染海洋环境的相关规定；其次，对海洋污染物管理的原则未做全面具体的规定。

3. 海洋倾废国际法律制度的成熟完善时期

从 1982 年《海洋法公约》签订至今，可以视为海洋倾废国际法律制度的成熟完善时期。这一时期签订的全球性公约主要有 1994 年《国际船舶安全营运及防止污染管理规则》和《〈防止倾倒废物及其他物质污染海洋的公约〉1996 年议定书》（以下简称《1996 年议定书》）等。

此外，这一时期国际社会也签署了有关海洋倾废的区域性公约，主要包括：1983 年《保护和开发大加勒比地区海洋环境公约》、1985 年《防止南太平洋地区倾倒污染议定书》、1992 年《保护东北大西洋海洋环境公约》、1992 年《波罗的海区域海洋环境保护公约》以及 1992 年《防止黑海污染公约》及其《保护黑海海洋环境防止倾倒污染议定书》等。这一时期的区域性立法及其议定书要求各海域沿海各国进行广泛的区域性合作，同时区域性立法结合不同海域的具体情况也规定了严格的倾倒标准，这对海洋倾废国际法律制度的成熟完善起到不可替代的作用。

《海洋法公约》的签订标志着国际海洋环境保护体制已初步建立。❷

---

❶ 张功．二十一世纪海洋倾废国际立法趋势及我国对策［D］．大连：大连海事大学，2000.

❷ 刘泽慧在文《船舶污染的现状及防治对策》中提出“1982 年《联合国海洋法公约》的签订，标志着国际保护海洋环境的体制已初步建立……”。

《海洋法公约》确立了海洋环境保护的基本原则，规定了各缔约国海洋环境保护的立法、执法的职权。《海洋法公约》也为现在以及未来海洋环境保护的区域性公约和双边协定提供了基本的制度框架。这个时期的区域性公约或者通过议定书，或者通过附件的方式纷纷对海洋倾废活动予以规范。《1996 年议定书》要求缔约当事国单独和集体地保护和保全海洋环境，使其不受一切污染源的危害，应按其科学、技术和经济能力采取有效措施防止、减少并在可行时消除倾倒或海上焚烧废物或其他物质造成的海洋污染。议定书将公约的管辖范围有选择性地扩大到内水。议定书还新增了海洋倾废管理的原则和制度，例如：风险预防原则，议定书要求各国采取预防的方法来保护海洋环境不受倾倒废物的危害，即在有理由认为某种倾倒行为可能对海洋环境造成损害的情况下，预先采取可行的措施，阻止这一行为，以防止、减少对环境的污染。议定书同时还规定了污染者付费原则和清洁生产制度等。议定书在保护海洋环境，防止倾倒活动方面的规定更加现代化也更全面，议定书对海洋倾废的标准做了更加严格的规定，对倾倒活动的管理也更加严格。《1996 年议定书》无疑是海洋倾废国际法律制度成熟完善时期的里程碑。

总之，这一时期的法律制度建设使得海洋环境保护向着更加标准化、严格化的方向发展，同时海洋倾废开始向预防为主并减少废物倾倒的方向转变。海洋倾废法律制度也向着更加成熟、规范的方向发展。

二、国际海洋倾废之主要法律制度

为达到保护海洋环境的目的，国际社会也普遍重视海洋倾废制度建设，在海洋倾废立法中规定了海洋倾倒区制度、海上倾倒许可证制度、海洋倾废责任制度和海洋倾废争端解决制度等法律制度体系。

（一）海洋倾倒区制度

《伦敦倾废公约》规定在颁发许可证前必须对倾倒的地点进行事先的研究和划分。这一规定明确了海洋倾倒区制度以及海洋倾倒区的用途，即接受人类有意识、有目的地利用海洋环境容量和迁移能力，以法定方式、途径向海洋处置、放置废弃物或其他物质，由此决定了海洋倾倒区的选划的至关重要性。“海洋倾倒区”指由海洋行政主管部门或经主管部门授权的机构按规定程序划定的专门用于接受倾倒废弃物的海区。❶ 海洋倾倒区制度就是对海洋倾倒区的地理位置、范围、用途、允许倾倒的物质以及划定程序等的一系列规则体系的总称。

《伦敦倾废公约》对倾倒区的位置以及倾倒区的位置和其他区域的关系做了规定，并且规定倾倒区的位置以及位置与其他区域的关系是颁发海上倾倒许可证的一般考虑因素之一。《1996 年议定书》则对倾倒区的选择应包含的因素进行了详细的列举。❷ 在倾倒区域的范围上，议定书对管辖范围是否包括内水并没有做出明确的规定，但规定缔约国可自由选择适用议定书的规定或采取其他有效管理方法来控制对海洋内水倾倒活动的管理。

区域性条约也对倾倒区制度进行了规定，如 1954 年《预防石油海洋污染国际公约》确定了船舶故意排放油类和油性混合物的海区，建立了禁止倾废的特别区域，公约要求船舶倾倒油污类废弃物，尽可能远离陆地，一般应距岸 50 海里。❸ 该公约在倾倒区的规定上有一定的突破，但是对于在倾倒区排放油污船舶的管辖还有不足之处，公约只规定了依船旗国的法律进行管辖，对于沿海国和港口国的管辖未做规定。公约对于船舶在非倾倒区排污应负的责任并没有做出规定。

随着海洋倾废活动规模的扩大以及海洋环境恶化的加剧，世界各国纷纷重视本国海洋环境的保护，制定了严格的海洋倾废管理制度。作为世界海洋大国的中国和美国是世界上关注海洋倾废活动较早的国家之一。❹ 美国的《海洋管理、研究和保护区法案》以及《海洋倾废条例》是美国海洋倾废管理最重要的法规，对海洋倾倒区的选划和标准也做了具体的规定。美国在海洋倾倒区选划标准方面处于世界领先地位，它的选划标准严于《伦敦倾废公约》的标准，规定了疏浚物倾倒区选划取址须考虑的五种因素，以及海洋倾倒区不能设于敏感区和利用不相容区，并对敏感区和利用不相容区做了详尽的列举和明确的区域划分。

---

❶ 中国大百科全书（第二版）[M]. 北京：中国大百科全书出版社，2009：405.

❷ 《防止倾倒废物及其他物质污染海洋的公约》1996 年议定书附件二中规定：选择倾倒区所需信息应包括：①水体和海床的物理、化学和生物特性；②所考虑区域中的休闲场所的位置、海洋的价值和其他利用；③对与倾倒相关的、相对于海洋环境中现有物质通量的成分通量的评价；④经济和作业的可行性。

❸ 曹英志. 国际海洋倾废立法趋势研究 [D]. 青岛：中国海洋大学，2008.

❹ 张和庆. 中国海洋倾废历史与管理现状 [J]. 湛江海洋大学学报，2003（5）：15－23.

（二）海上倾倒许可证制度

在海洋倾废国际法律制度中，最早规定“海上倾倒许可证制度”的法律文件是《伦敦倾废公约》。该公约将海上倾倒许可证分为特别许可证和一般许可证，公约对于发放“许可证”的具体条件做了明确具体的规定。基于公约的规定，“海上倾倒许可证制度”系指凡是向海上倾倒污染物的主体须事先经过申请，在符合倾倒标准而获得许可证后，方可倾倒污染物的一种制度。

《伦敦倾废公约》在附件中规定，对于被列入“黑名单”的物质禁止颁发倾倒许可证；对于被列入“灰名单”的物质则需要获得特别许可证之后方可倾倒；对于没有被列入“黑名单”和“灰名单”的其他物质则称为“白名单”，对“白名单”中的物质则在获得普通许可证之后，可以按许可证规定的时间、地点、倾倒方式等进行倾倒。公约还对颁发倾倒许可证物质的特性及成分、倾倒地点及堆积方法和颁发许可证的一般考虑条件进行了详细的规定。公约对海上倾倒许可证的颁发进行了严格限制，对于废物处理应优先考虑其他的处理方法，例如：在陆地上处理、处置或清除的方法，或者可使倾倒入海的物质减少危害性的处理方法，对于可采用其他方法处理的废物一般不予颁发倾倒许可证。《1996年议定书》对倾废活动的管理更加严格，规定除了核准名单中所列物质以外，其余的废物或其他物质一律禁止向海洋倾倒。议定书对于许可证颁发的条件做了更严格、具体的规定，即颁发许可证的决定只能在所有的影响评估均已完成、监测要求已被确定后做出。议定书对颁发许可证应当载明的信息也做了具体的规定。

有关区域性条约也对海上倾倒许可证制度进行了规定，例如《防止在东北大西洋和部分北冰洋倾倒废物污染海洋的公约》，公约在附件中规定对于禁止倾倒的物质不予颁发海上倾倒许可证；对于毒性小的物质则颁发特别许可证，特别许可证由国家主管机关颁发；对于其他物质则颁发一般许可证后即可按规定时间、地点、处置方法进行倾倒。公约对许可证的颁发条件也做了具体的规定。

《伦敦倾废公约》及其议定书通过采取颁发许可证制度，对海洋倾倒废弃物和其他物质进行管理，对不同标准的废弃物规定不同的倾倒管制方法，成为各种国际和区域公约以及各国国内法借鉴的科学手段，中国、美国、英国等国家都建立了本国的倾倒许可证制度。美国《环保总局关于海洋倾废的规则》和英国《海洋倾废法令》，都以倾倒许可证作为本国海洋倾废活动的主要管理方法，对倾倒许可证的类型进行了细致的分类，由于各种类型的许可证的内容不同，致使不同许可证签发的条件和程序也不尽相同，同时还规定了对于禁止倾倒的不予签发许可证的物质要特别对待。

（三）海洋倾废责任制度

当前，现代国际法的法律责任制度仍然处于其发展阶段的早期[1]。对于海洋倾废法律责任的具体概念，目前的海洋环境保护的法律并没有给出明确的定义。《海洋法公约》规定各国有保护和保全海洋环境的义务，各国应承担保护海洋环境的国际法责任。公约的这一规定侧重于各国海洋环境保护的义务以及违反该义务应承担的后果。海洋倾废条约规定的义务一般对其缔约国都会产生拘束力，这种义务的具体内容有条约进行规定。例如《预防石油海洋污染国际公约》对各成员国规定了防止船舶污染海洋的义务，《巴塞尔公约》中规定了各成员国控制危险废物及其越境转移的义务，《1996年议定书》规定了各成员国海洋倾废的一般义务等。一般认为，海洋倾废法律责任系指各国在海洋倾废过程中应承担的义务以及违反这种义务应承担的责任（如国家赔偿责任和国际民事赔偿责任等）。

海洋倾废法律责任制度主要包括国家赔偿责任和国际民事赔偿责任两方面内容，实践中以国际民事赔偿责任为原则，国家赔偿责任为例外。首先，承认国家在损害海洋环境并要求国家为此承担国家赔偿责任的条约主要是《海洋法公约》，公约规定缔约国负有保护“区域”内的活动符合公约规定的义务，如果缔约国或者国际组织因没有履行该义务而造成损失，则应承担国家赔偿责任。相比于国家赔偿责任，国际民事赔偿责任更为完善，但是目前关于海洋倾废的国际法律中尚不存在统一的、适用于所有海洋倾废活动的国际民事赔偿责任规则，而是散见于不同污染源所致损害的国际民事赔偿责任。国家海事组织主持缔结的《国际油污损害民事责任公约》和《设立油污损害赔偿国际基金公约》对由于在海上倾倒油污造成损害，致使当事国应承担的国际民事赔偿责任进行了规定；《1996年议定书》规定在海上倾倒废物造成对人体健康、安全或海洋环境构成不可接受的威胁时，由缔约当事国和主管国际组织进行磋商解决。

[1] 王曦．国际环境法（第二版）［M］．北京：法律出版社，2005：137.

（四）海洋倾废争端解决制度

一般认为，“海洋倾废争端”系指在海洋倾废过程中由于各种人为原因造成的污染和破坏而产生的冲突和纠纷。目前有关海洋倾废的国际法律制度并没有对海洋倾废争端解决制度的概念予以界定。海洋倾废争端解决制度尚不存在统一的立法，而是散见于各公约、协定以及议定书等部分条文中。

海洋倾废的争端解决方式主要有谈判、调停、调节、协商、仲裁、司法解决以及争端各方选择的其他和平解决方式，其中以协商和仲裁这两种解决方式为主。首先，协商作为一种政治解决方式，严格遵守国家主权平等原则，在谈判中坚持利益平衡，以达到保护环境的目的。20 世纪 70 年代以协商方式解决海洋倾废争端就在海洋倾废公约中做了规定，如 1973 年《国际防止船舶造成污染公约》规定缔约国之间的争议应协商解决，如协商不成则应通过仲裁解决。其次，仲裁方式作为一种法律解决方式，在海洋倾废争端解决的过程中应用比较广泛，许多海洋倾废的公约都规定了以仲裁方式解决争端。《1996 年议定书》在附件三中对仲裁程序进行了详细的规定。议定书规定了提起仲裁的条件、仲裁员的选任和更换、争端各方的费用负担以及仲裁的期限等事项。议定书还规定裁决结果是最终结果并且不允许上诉，裁决一旦做出，争端各方就应遵守。

三、海洋倾废国际法律制度对我国的启示

（一）整合现行海洋倾废立法

我国海洋倾废立法是伴随着我国加入《伦敦倾废公约》而开始的。我国 1985 年颁布实施了《中华人民共和国海洋倾废管理条例》（以下简称《海洋倾废条例》），结束了海洋倾废的无序状态，使海洋倾废工作进入了法制化管理阶段。1990 年，国家海洋局制定了《中华人民共和国海洋倾废管理条例实施办法》（以下简称《实施办法》）作为《海洋倾废条例》的配套规定。但是由于我国的海洋倾废立法较早，而且一直没有进行修订，因此无法体现国际海洋倾废立法的新理念。1999 年修订的《中华人民共和国海洋环境保护法》（以下简称《海洋环境保护法》）虽然将有关海洋倾废的条文数目从三条增加到了七条，增加了废弃物的分类、认定、倾倒区的选划、监测、禁止海上焚烧、禁止倾倒放射性物质等条文。但这些原则

性规定在执法实践中存在一定的困难。

所以，笔者认为我国应采取海洋倾废管理先进国家，如美国和英国的做法，整合目前已经存在的有关海洋倾废的行政法规和部门规章，制定《中华人民共和国海洋倾废管理法》。一方面，它可以提高我国目前海洋倾废立法的位阶，另一方面，也可以引入国际社会有关海洋倾废的最新立法理念、基本原则与制度体系，从而完善我国的海洋倾废立法。

（二）更新海洋倾废管理原则

海洋倾废国际立法经过半个多世纪的发展，确立了一些新的海洋倾废管理原则。这些原则主要包括：可持续发展原则、风险预防原则和国际合作原则等。这些基本原则亟待我国的法律法规予以认可。

1. 可持续发展原则

根据1987年《布伦特兰报告》，可持续发展是指“既满足当代人的需要，又不对后代人满足其需要的能力构成危害的发展”。[1] 在海洋倾废国际法律制度建设过程中，始终贯彻可持续发展的原则，《1996年议定书》在序言中呼吁：为了对人类活动加以管理从而使海洋生态系统可以继续承受对海洋的各种合法利用并继续满足当代人和后代人的需求，能够而且必须不迟延地采取新的国际行动来防止、减轻并在切实可行时消除倾倒造成的海洋污染。可持续发展原则要求各国为了当代和后代的利益，应保护和利用环境及自然资源。可持续发展原则包括代际公平、代内平等、可持续利用以及环境与发展一体化四项基本内容。

2. 风险预防原则

一般意义上的风险预防原则是指采取积极的事前防止措施以避免环境损害的发生，或通过提前采取措施将不可避免和已经产生的环境危害活动控制在允许的范围内。[2]《1996年议定书》新添了预防原则作为海洋倾废管理的基本原则，议定书要求各缔约国采取风险预防方法来保护海洋环境不受倾倒和海上焚烧的危害，即在有理由认为某行为可能对海洋环境造成损害的情况下，预先采取可行措施，阻止这一行为，以防止、减少对环境的污染。《1996年议定书》新增了污染者负担原则，要求各缔约国在对向

---

[1] 世界环境与发展委员会．我们共同的未来［M］．王之佳，柯金良，等译．长春：吉林人民出版社，1997：52.

[2] 徐祥民，孟庆垒．国际环境法基本原则研究［M］．北京：中国环境科学出版社，2008：146.

海洋进行倾倒的管理中对倾倒者进行收费。

3. 国际合作原则

海洋是一个巨大的生态系统，由于海洋环境保护的特殊性，要求海洋环境保护必须加强国际合作。如果没有世界各国的合作，海洋环境保护的目标也就不可能实现。对于海洋倾废管理也同样需要国际合作，《伦敦倾废公约》及其议定书均规定了海洋倾废的国际合作，即各缔约国应促进与防止和控制污染有关的主管国际组织的合作。唯有各国加强国际合作，协调行动，才能更好地保护海洋环境。

但是，目前我国海洋倾废法律法规并没有对这些原则予以规定，这不利于我国海洋倾废的管理，难以更好地达到保护海洋环境的目的。因此，建议我国在今后海洋倾废法律的制定或修改中，确立这些海洋倾废法律原则。

（三）完善我国海洋倾废的法律制度

1. 健全海洋倾倒区制度

近年来，我国海洋倾倒区制度建设日益完善。继《海洋倾废条例》和《实施办法》颁布之后，国家海洋局于1997年制定了《海洋倾倒区选划指南》、2003年发布了《倾倒区管理暂行规定》和2009年颁布的《海洋倾倒区选划技术导则》。这些规定为我国倾倒区的选划提供了充足的法律依据，也进一步完善了倾倒区制度。但是，目前的倾倒区制度尚存有缺陷。首先，目前的倾倒区选划多选择在近海海域，这对沿海城市的环境以及经济发展构成威胁。其次，现有的制度对倾倒区的海域使用权归属不明确，对于倾倒区的海域使用是属于倾倒区的使用者还是海洋行政主管部门等主体，目前的法律并没有给出明确的规定，容易导致因海域使用权引起的纠纷。最后，海洋倾倒区选划过程中公众参与度低，目前的法律规定倾倒区的选划由主管部门商同有关部门选划后，报国务院批准决定，几乎没有提及倾倒选划过程中的公众参与原则，这不利于决策的科学性和民主性的实现。

我国海洋倾倒区的选划依据科学合理、安全和经济的原则，这对我国海洋倾废管理工作起到至关重要的作用。针对目前倾倒区制度的缺陷，拟提出以下几点建议，以期进一步完善我国的倾倒区制度。首先，倾倒区的选划应尽量避开近海海域，选择在较远的海域或者公海上。美国在进行海洋倾倒区选划时，都尽可能地使其远离大陆架以及以前曾经使用过的海洋倾倒区，北欧一些主张环境保护的国家更是将其倾倒区设在公海海域。❶虽然这种远离近海的倾倒会增加倾倒成本，但是也减少了污染治理成本以及污染造成的损害，尤其是对沿海城市经济、社会以及生存环境的损害等。其次，在今后的立法或者制度建设中明确倾倒区的海域使用权归属，以避免因倾倒区海域使用权归属而发生的纠纷。最后，倾倒区的选划注重公众参与原则的建设，在今后的建设中应明确规定在对海洋倾倒区选划进行具体的决策之前必须向公众公开，广泛听取公众的意见，以提高倾倒区选划决策的科学性和民主性，从而更好地保障公众的利益。

2. 完善海洋倾倒许可证制度

倾倒许可证制度是海洋倾废管理的重要内容，建立完善的倾倒许可证制度有利于有效地控制海洋倾废活动，避免或者减轻由于海洋倾废造成的海洋环境损害。目前我国的倾倒区制度主要法律依据是《海洋倾废条例》和《实施办法》，二者系统性地对许可证的申请条件、受理程序、发放程序以及许可证的种类等进行了规定。但是，目前倾倒许可证制度仍存有诸多不足。首先，对申请人资格确定不明，《海洋倾废条例》对申请人问题仅规定“需要向海洋倾倒废物的单位”，在实践中经常出现施工单位代替工程单位申请办证，这容易导致倾倒单位责任不清。其次，对倾倒许可证实施过程中的监督不健全，在实践中往往会出现倾倒废物成分的转化，这些废物可能不在申请许可证的倾废范围之内。由于目前的许可证实施监督体制不健全，往往导致倾废超出许可证的申请范围。最后，许可证制度规定的倾废名录需要进一步更新，目前的许可证制度执法依据颁布较早，是适应当时的海洋倾废情况制定的。但是随着经济和科学技术的发展，新类型的废物不断产生，原有的废物分类名目已不能满足现有海洋倾废的需要。

海洋倾倒许可证制度是海洋倾废管理的核心，健全的海洋倾倒许可证制度对于海洋环境的保护也至关重要。基于此，有必要进一步健全倾倒许可证制度，以达到保护海洋环境的目的。基于我国目前倾倒许可证制度存在的缺陷，拟提出以下几点建议：首先，明确倾倒许可证申请人资格问题，针对目前施工单位和工程单位代替申请现象，建议在今后的立法或者

❶ 吕建华．美国海洋倾倒区选划原则及其对中国的借鉴［J］．中国海洋大学学报（社会科学版），2013（3）：34－38.

制度建设中明确规定申请人的资格，以及申请人责任划分。其次，为避免在倾倒过程中由于倾倒废物超出许可证申请范围而造成环境污染，建议加强倾倒许可证制度实施监督机制的建设，例如对在施工过程中或者倾倒过程中的废物进行不定期检测。最后，更新现有的废物分类名录，并根据新的名录规定相应的许可证制度，以适应经济社会发展的需要，达到经济效益、社会效益和环境效益的统一。

（四）加强海洋倾倒的区域合作

由于不同海域的环境状况、周边国家经济发展状况以及技术力量不同，不同区域海洋倾废的种类、数量和方式等也不尽相同，全球性的海洋倾废公约无法用统一的标准来规定倾废的种类、数量和方式等，因此需要各个国家加强国际和区域性合作。《1996年议定书》通过缔约当事国会议或缔约当事国特别会议检查议定书的实施和评估其有效性，以便在必要时确定强化旨在防止、减轻和在切实可行时消除倾倒和海上焚烧废物或其他物质造成的污染的行动的办法。该议定书也要求对保护某一特定地理区域内的海洋环境具有共同利益的缔约当事国应根据该区域特点努力加强区域合作，包括缔结符合本议定书的有关防止、减轻和在切实可行时消除倾倒或海上焚烧废物或其他物质造成的污染的区域协议。

目前我国海洋倾废的执法依据是《海洋法环境保护法》《海洋倾废管理条例》以及其他配套制度，但是这些执法依据中并没有规定国际合作原则，这是与目前海洋倾废管理的趋势相背离的。建议我国在今后的海洋倾废管理过程中加强与有关国家和地区的合作与交流。在加强合作与交流的同时要认识到我国是一个发展中国家，要努力维护我国作为一个发展中国家的利益，同时维护我国的国家主权。在合作的过程中力争达到“双赢”的效果，既对世界环境的保护起到一个负责任的世界大国的作用，又能使本国的海洋倾废管理更加合理化、科学化。

论海上执法使用武力时所需遵守的国际法原则

李文杰*

海上执法时合法使用武力是指，当一国享有法定执法权的主体，根据国际法和国内法规定的权限和程序，以维护国家安全和海洋权益以及全人类共同利益为目的在海上做出一系列带有监督、检查、处罚或其他强制性质的行政或司法措施之时，为追求限制或破坏的结果而对人身或财产使用暴力。[1] 由于1945年《联合国宪章》（以下简称《宪章》）第2条第4款中规定了“禁止使用武力原则”，[2] 因而有观点认为，即便海上执法时使用武力也是合法的，其仅应作为此原则的例外而存在。[3] 然而通过比较不难发现，海上执法时使用武力与国家间在国际关系中使用武力，在法律关系、使用主体及对象、使用目的、法律依据乃至责任对象等方面均不相同，二者实质上是两种不同性质的行为。例如在2007年“圭亚那与苏里南”案中，仲裁法庭便对二者进行了严格的区分。[4] 正像有学者所认为的那样，“调整在国际上诉诸武力的规定不影响国家在其管辖范围内采取措施以维护秩序的权利。国家可以用武力镇压暴乱、平叛起义，并惩罚叛逆

---

* 李文杰，男，山东青岛人，助理研究员，中国社会科学院法学研究所博士后研究人员。主要从事国际海洋法学方向的研究。

基金项目：中国博士后科学基金项目“《联合国海洋法公约》中的‘顾及性’规定研究”（2016M590173）；国家社会科学基金项目“我国海上维权执法权限和程序研究”（15BFX184）的资助成果。

[1] 本文以下重点研究的是涉外海上执法时的武力使用，特此说明。

[2] 《宪章》第2条第4款规定：“各会员国在其国际关系上不得使用威胁或武力，或以与联合国宗旨不符之任何其他方法，侵害任何会员国或国家之领土完整或政治独立。”

[3] Douglas Guilfoyle, Interdicting Vessels to Enforce the Common Interest: Maritime Countermeasures and the Use of Force, The International and Comparative Law Quarterly, 2007, 56 (1).

[4] See the case concerning Guyana v. Suriname, Award of the Arbitral Tribunal, 17 September 2007, available at http: // www. pca - cpa. org/ showpage. asp? Pag_ id = 1147, 2016 - 10 - 10 visited.

者，这不违反《宪章》第2条第4款”。❶ 因此，“禁止使用武力原则”对海上执法时使用武力这一行为并不适用。然而，即便“禁止使用武力原则”不能约束这种行为，并且通过国际条约和国际习惯的查询也可发现海上执法时合法使用武力的法律依据，❷ 但不能因此就当然推定一国在海上执法过程中可以无约束地滥用武力。虽然目前尚没有专门的国际公约对此行为进行规制，但根据一般国际法理论，当沿海国在海上执法使用武力时应当严格受到以下相关国际法原则的限制。

一、海上执法使用武力时需要遵守的国际法基本原则

（一）国家主权平等原则

《宪章》在第2条第1款提出“本组织系基于各会员国主权平等之原则”，即“国家主权平等原则”。关于此原则，王铁崖教授认为“其既包括主权，也包括平等”❸：①“主权”是指“国家具有的独立自主处理自己对内和对外事务的最高权力。❹ 例如，根据1982年《联合国海洋法公约》（以下简称《公约》）第107条、第110条、第111条、第224条的规定可知，沿海国在海上只能通过两类交通工具进行执法：军舰或军用飞机；其他有清楚标志可以识别的为政府服务并经授权的船舶或飞机。因此，基于“主权原则”，并非任何主体都可在海上进行执法包括使用武力。②根据邵津教授的观点，虽然“主权原则”十分重要，但这并非等于主权一定是绝对的，至少因为国家是国际社会的成员，在要求别国尊重自己主权的同时也有义务尊重别国的主权，这里的提法应是“互相尊重主权”。❺ 例如，《公约》第95条、第96条规定了军舰和由一国所有或经营并专用于政府非商业性服务的船舶在公海享有完全的豁免权；而按照《公约》第58条第1~2款的规定，公海制度在与专属经济区制度不相抵触的条件下也适用于专属经济区。这表明，该类船舶在他国专属经济区也享有豁免权。但这种豁免权是否“完全”？我国有学者认为，从专属经济区的法律地位和法

---

❶ 马尔科姆·肖：《国际法》，白桂梅、高建军、朱利江等译，北京大学出版社2011年版，第207页。

❷ 高健军：《海上执法过程中的使用武力问题研究》，《法商研究》2009年第4期。

❸ 王铁崖：《国际法》，法律出版社1995年版，第51页。

❹ 周鲠生：《国际法》，武汉大学出版社2009年版，第75页。

❺ 邵津：《国际法》，高等教育出版社2005年版，第31页。

律制度来看，这些船舶的豁免权相对公海应是不完全的。❶ 比照《公约》第30条、第31条的规定以及根据海洋环境保护和保全的条款，该类船舶若不遵守沿海国有关法律和规章或不遵守本公约的规定或其他国际法规则，沿海国可要求其离开；若使沿海国遭受任何损失或损害，船旗国应负国际责任。但基于这类船舶的特殊地位，当然不应对其动用武力。1988年《制止危及海上航行安全非法行为公约》第2条规定："军舰或国家拥有或经营的用作海军辅助船或用于海关或警察目的的船舶不适用于本公约。"因此，受到该原则的限制，海上执法时使用武力的对象应仅限于不具有豁免权的他国私人船舶和船员。

（二）和平解决国际争端原则

和平解决国际争端原则在《宪章》、1953年"和平共处五项原则"以及1970年《国际法原则宣言》等多处被提及，是国际法的基本原则之一。根据《维基百科全书》中对"和平"一词的释义，"和平"通常指没有战争或没有其他敌视暴力行为的状态，❷ 与"暴力"一词相对。《宪章》第1条第1款要求"以和平方法且依正义及国际法之原则，调整或解决足以破坏和平之国际争端或情势"；第2条第3款要求"各会员国应以和平方法解决其国际争端，避免危及国际和平、安全及正义"；第6章中则规定了和平解决国际争端的原则、方法和程序，❸ 特别是第33条第1项详尽规定了和平解决国际争端的方式。❹ 据此，《公约》在第279条规定了"用和平方法解决争端的义务"，即"各缔约国应按照《宪章》第2条第3项以和平方法解决它们之间有关本公约的解释或适用的任何争端，并应为此目的以《宪章》第33条第1项所指的方法求得解决"。非常明显，滥用执法武力无疑是一种违反和平解决国际争端原则的行为。

（三）国际合作原则

《宪章》在第1条第3款中将"促成国际合作，以解决属于经济、

❶ 赵建文：《海洋法公约对国家管辖权的界定和发展》，《中国法学》1996年第2期。

❷ 参见《维基百科全书》，http：//zh. wikipedia. org/wiki/% E5% 92% 8C% E5% B9% B3，访问时间：2016年10月19日。

❸ 邵津：《国际法》，高等教育出版社2005年版，第428页及以后。

❹ 《宪章》第33条第1款规定："任何争端之当事国，于争端之继续存在足以危及国际和平与安全之维持时，应尽先以谈判、调查、调停、和解、公断、司法解决、区域机关或区域办法之利用，或各该国自行选择之其他和平方法，求得解决。"

社会、文化及人类福利性质之国际问题”作为其宗旨；《国际法原则宣言》要求“各国无论在政治、经济及社会制度上有何差异，均有义务在国际关系之各方面彼此合作，以期维持国际和平与安全……”；1974年《各国经济权利义务宪章》要求“国际合作以谋发展是所有国家的一致目标和共同义务……要严格尊重各国的主权平等……”。据此，《公约》序言规定：“本着以互相谅解和合作的精神解决与海洋法有关的一切问题的愿望”；第74条第3款和第83条第3款亦均规定：在达成专属经济区或大陆架划界协议之前，“有关各国应基于谅解和合作精神，尽一切努力做出实际性的临时安排，并在此过渡期间内，不危害或阻碍最后协议的达成”；第123条则提出了“闭海或半闭海沿岸国的合作”要求。因此，若国家间已签有例如渔业合作等方面的协定，当发生纠纷之时，各方应秉承合作精神，依照协定的原则和内容进行交涉，而不得随意使用武力。尤其是当争端发生于国家间有争议的海域时，在权利界限没有最终划定之前，随意对他国船舶和船员使用武力属于“危害或阻碍最后协议达成”的行为。[1]

（四）善意履行国际义务原则

《宪章》第2条第2款规定：“各会员国应一秉善意，履行其依本宪章所担负之义务，以保证全体会员国由加入本组织而发生之权益。”1969年《维也纳条约法公约》第26条规定：“凡其有效条约对其各当事国有拘束力，必须由各该国善意履行。”善意履行国际义务也是国际法的基本原则之一，《公约》第301条规定：“缔约国应诚意履行根据本公约承担的义务并应以不致构成滥用权利的方式，行使本公约所承认的权利、管辖权和自由。”因此，例如在国家间所签订的渔业协定中有明确规定，在特定海域中禁止使用武力，则任何使用武力的行为不仅违反协定，而且违反“善意履行国际义务原则”。实践中，禁止任何一方在合作海域中对他方船舶和船员使用武力是渔业协定中一般均会出现的重要规定。例如，2000年《中越北部湾渔业合作协定》第12条第2款规定：“缔约一方如发现缔约另一方小型渔船进入小型渔船缓冲区己方一侧水域从事渔业活动，可予以警告，并采取必要措施令其离开该水域，但应克制：不扣留，不逮捕，不处

[1] 例如，在《中韩渔业协定》第14条和《中日渔业协定》第12条中均做出如下规定：“本协定各项规定不得认为有损缔约双方各自关于海洋法诸问题的立场。”

罚或使用武力”；[1] 再如，2000 年《中日渔业协定》和 2001 年《中韩渔业协定》第 7 条第 3 款中均有如下规定：“缔约各方应对在暂定措施水域从事渔业活动的本国国民及渔船采取管理及其他必要措施。缔约各方在该水域中，不对从事渔业活动的缔约另一方国民及渔船采取管理和其他措施。缔约一方发现缔约另一方国民及渔船违反协定中规定设置的中日（中韩）渔业联合委员会决定的作业限制时，可就事实提醒该国民及渔船注意，并将事实及有关情况通报缔约另一方。缔约另一方应在尊重该方的通报并采取必要措施后将结果通报该方。”

二、海上执法使用武力时需要遵守的一般海洋法原则

（一）和平利用海洋原则

《公约》第 56 条第 2 款规定：“沿海国在专属经济区内根据本公约行使其权利和履行其义务时，应以符合本公约规定的方式行使。”而其中所指“以符合本公约规定的方式”行使应包括哪些内容？本文认为，“和平利用海洋”无疑是需要谨守的首要海洋法原则。《公约》不仅在其宗旨中提到“认识到本公约对于维护和平、正义和全世界人民的进步做出重要贡献的意义”，而且在其正文中共出现了 18 处涉及“和平”字眼的规定。《公约》所倡导的是以“互相谅解和合作的精神解决与海洋法有关的一切问题”，尤其在《公约》第 279 条、第 280 条、第 281 条及第 283 条中更是具体规定了和平解决海洋争端的义务和方式。因此，即便是在无争议海域中行使管辖权，沿海国也应遵循“和平利用海洋”的精神，而有意通过暴力方式彰显本国权利无疑是非法的。

（二）权利与义务相结合原则

权利与义务相结合原则要求各国在开发利用海洋的同时，必须承担相应的义务。[2] “适当顾及”是《公约》的一项重要原则，沿海国均应当尊重他国的传统权利。[3] 而根据《公约》第 300 条规定：“缔约国应诚意履行根据本公约承担的义务并应以不致构成滥用权利的方式，行使本公约所承

---

[1] 例如，2003 年 9 月 23 日，在北部湾北部海域传统渔场正常作业的两艘中国渔船却遭到越南武装船只的追赶和枪击，其中一艘被抓扣。越南的这一行为即是对《中越渔业协定》的违反。

[2] 薛桂芳：《〈联合国海洋法公约〉与国家实践》，海洋出版社 2011 年版，第 23 页。

[3] 张卫华：《专属经济区中的“适当顾及”义务》，《国际法研究》2015 年第 5 期。

认的权利、管辖权和自由”，《公约》禁止缔约国“滥用权利”。无论“适当顾及”还是“禁止滥用权利”，本质上均属于“权利与义务相结合原则”的具体表现。以前者为例，在国家间争议专属经济区内，各国均可能依据《公约》而行使海洋管辖权，产生权利冲突的根本原因是相关国家处于特殊的地理位置以及《公约》对权利重叠问题规定得不充分。目前，国际上多数争议海域的法律地位在《公约》诞生之前应属公海，其中往往涉及一国的传统捕鱼区，当海域的权属出现争议且并未确定归属之时，任何争端国家在行使权利时都有义务“适当顾及”他国在该海域中的传统权利。

（三）公平利用海洋及其资源原则

公平利用海洋及其资源原则是指，国际法主体在平等条件之下，均具有合理利用海洋及其资源的权利。[1]《公约》不仅在其序言指出：“认识到有需要通过本公约，在妥为顾及所有国家主权的情形下，为海洋建立一种法律秩序，以便利……海洋资源的公平而有效地利用”，而且，在其正文中共出现了多达48处有关“公平”的规定。因此，在海上执法过程中，滥用武力本身就是对他国及其私人主体的不公平对待。例如，在争议海域中，一国有意通过使用武力而干扰其他争端国家行使权利，以求满足其独立开发这一区域的目的，本身就是对他国的不公。因为在该类海域中，争端各方之间本质上应是一种“你有权捞，我也有权捞”的关系；再如，许多国家目前正通过使用武力将他国船舶和船员进行暴力扣押，而且在扣押之后还附带超期羁押，例如，2014年5月6日，菲律宾在南沙半月礁附近海域非法扣押我国“琼琼海09063号”渔船，11名船员被押送至其西部巴拉望省的普林塞萨港市，其中9名船员直到2015年6月8日才获得释放。[2]渔船若在不长的鱼汛期内被长期扣留必将遭受重大损失，[3]而这种损失最终却是由渔民和船方个人承担，该行为对私人主体来说同样也是不公平的。

---

[1] 刘惠荣、韩洋：《北极法律问题：适用海洋法基本原则的基础性思考》，《中国海洋大学学报（社会科学版）》2010年第1期。

[2] 杨宁昱：“德媒关注菲律宾释放被非法判刑的9名中国渔民”，http：//www.cankaoxiaoxi.com/world/20150610/812279.shtml，2016年10月19日访问。

[3] M. H. Nordquist, S. Rosenne and L. B. Sohn（Ends），United Nations Convention on the Law of the Sea 1982：A Commentary，Vol. V，Martinus Nijhoff Publishers，1989.

三、海上执法使用武力时需要遵守的其他国际法原则

（一）合法行政原则

海上执法使用武力的根本目的应是保障有效执法，因此，若一国的执法行为存在非法性，则其附带使用武力的行为也当然无效。沿海国在使用武力前首先需要满足执法的“合法性”。《公约》虽然针对领海、毗连区、专属经济区、大陆架以及公海依次赋予了沿海国不同的海上管辖权，乃一国进行海上执法的权力来源，但其主要是起到确定权力界限的作用，一国在进行具体执法活动时仍主要依据国内立法，例如《公约》第58条第3款规定：“各国在专属经济区内根据本公约行使其权利和履行其义务时应遵守沿海国按照本公约的规定和其他国际法规则所制定的与本部分不相抵触的法律和规章。”国际海洋法法庭曾在1999年“塞加号案”中指出：“根据《公约》第58条第3款规定，沿海国和其他国家在《公约》下的权利和义务出自《公约》条款和与其相一致的国内法规，法庭应确定国内法规与《公约》条款的相符性”；[1]《美国海上行动法指挥官手册》第3.11.2.2部分中要求：“沿海国对没有豁免权的船只的司法管辖主要应考虑该船所在海域的法律地位和它所从事的活动性质。”[2]此外，虽然国家可依据其国内立法进行海上执法，但也须优先执行其所加入的国际协定。

（二）情势紧急原则

《公约》中并未明确海上执法时可在何种情形下使用武力，一般观点认为，外国船舶违法程度越严重，对沿海国的损害越大，沿海国在执法过程中使用武力的必要性就越大，合理性就越充分。[3]根据国际实践，一般要求必须出现“急迫的”“不可避免的”或“有相当的理由”等几种情形，本文将其统称为存在“情势紧急”的情况。例如，1995年《执行1982年12月10日〈联合国海洋法公约〉有关养护和管理跨界鱼类种群和高度洄游鱼类种群的规定的协定》（以下简称《种群协定》）第22条第1

---

[1] See the case concerning M/V “Saiga” Case (No. 2), Judgment of July 1, 1999.

[2] 美国海军部：《美国海上行动法指挥官手册》，宋云霞、尹丹阳、赵福林等译，海洋出版社2012年版，第61页。

[3] 孙传江、孙君：《略论军舰行使紧追权时的使用武力问题》，《西安政治学院学报》2009年第2期。

款 f 项规定："避免使用武力，但为确保检查员安全和在检查员执行职务时受到阻碍而必须使用者除外"；1999 年《日本海上保安厅法》第 20 条规定："在有相当理由足以相信无其他手段时，可以使用武器"；2003 年中国台湾地区《海岸巡防机关器械使用办法》第 5 条规定："巡防机关人员使用武器或器械，应基于急迫需要为之……"。1996 年，我国在签署《种群协定》时，也曾对其第 22 条第 1 款 f 项有关使用武力的规定发表过声明，提出"只有当经核实被授权的检查人员的人身安全以及他们正当的检查行为受到被检查渔船上的船员或渔民所实施的暴力危害和阻挠时，检查人员方可对实施暴力行为的船员或渔民，采取为阻止该暴力行为所需的、适当的强制措施"。

（三）程序正当原则

严格的程序可以有效限制武力滥用，鉴于该类武力的使用与海上执法密不可分，所以程序正当的要求应分为执法程序正当和武力程序正当两部分。

（1）执法程序正当。例如，《种群协定》第 21 条第 4 款规定："在根据本条采取行动以前，检查国应将其发给经正式授权的检查员的身份证明式样通告船只在分区域或区域公海捕鱼的所有国家"；《制止危及海上航行安全非法行为公约》第 8 条第 10 款（a）项和（e）项规定："在某一缔约国按照本条对船舶采取措施时……应确保船长得悉其登船意图……就本公约的具体执法而言，执法或其他经授权官员应提供适当的由政府颁发的身份证件，以备登船时供船长检查"；2008 年《越南海警法令》第 21 条规定："在执行任务时，越南海警的所有船只应悬挂越南国旗和海警旗帜。海警干部、战士应着海警服装和佩戴海警标志。"

（2）武力程序正当。英国奥康奈尔教授认为：一国在管辖水域内通过炮击抓捕外国船舶之前，必须首先使用国际承认的视、听信号等适当的警告命令，在无明显效果时可用空炮或越过船首进行射击，仍未得到回应时才可向船体射击。[1] 国际海洋法法庭认为："执法人员在进行有效射击之前至少需要发出 3 次信号，即停驶信号、警告性射击与实弹射击警告。"[2] 关

[1] O' Connel, The International Law of the Sea, Clarendon Press, 1984, Vol. Ⅱ, pp. 1071 – 1072.

[2] 高健军：《海上执法过程中的使用武力问题研究》，《法商研究》2009 年第 4 期。

于这3类信号：①停驶信号。《公约》第111条要求“追逐只有在外国船舶视听所及的距离内发出视觉或听觉的停驶信号后，才可开始”。由此可见，《公约》只承认两种信号，并且存在距离上的要求。实践中，视觉信号包括使用灯光或旗语等，而听觉信号则包括哨笛、警笛或语音警告等方式，例如，一国可通过高声呼叫、高音喇叭或高频电话进行喊话。[1] ②警告性射击。鸣枪示警便属该类信号，示警枪声并不构成武力，[2] 但其却极可能直接导致武力的使用，因此示警时应遵守严格的程序。例如，美国海岸警卫队在使用武力时便被要求严格执行以下警告程序[3]：警告射击至少应先以3次空炮射击后才得以实弹射击；应避免使用小口径武器作为警告射击；即使在有必要的情况下，也仅能使用来复枪而非手枪。[4]

（四）程度合理原则

2003年中国台湾地区《海岸巡防机关器械使用条例》第10条规定：“巡防机关人员应基于事实需要，合理审慎使用器械，不得逾越必要程度”；在“塞加号”案中，针对几内亚使用武力的行为，船旗国圣文森特及格林纳丁斯并未反对此项权力的行使，而是主张其在扣留和逮捕船舶时使用了过度或不合理的武力。[5] 因此，如何判断武力使用的程度是否合理？目前国际上有观点提出，可运用比例原则作为判断标准。[6] 我国学者也认为《公约》第225条和第293条第1款的规定实际上就是对使用武力比例原则的表述。[7] 实际上，除前述两条规定外，《公约》在其他规定中也同样暗示了这一原则，例如，《公约》第73条规定：“沿海国行使其勘探、开发、养护和管理在专属经济区内的生物资源的主权权利时，可采取为确保

---

[1] 吴强、赵胜汝：《海洋权益维护执法对策分析》，《海洋开发与管理》2004年第6期。

[2] 美国海军部：《美国海上行动法指挥官手册》，宋云霞、尹丹阳、赵福林等译，海洋出版社2012年版，第70页。

[3] 傅崐成编译：《弗吉尼亚大学海洋法论文三十年精选集》，厦门大学出版社2012年版，第1576页。

[4] 魏静芬：《海洋法》，中国台北五南图书出版公司2008年版，第53页。

[5] See the case concerning M/V “Saiga” Case (No. 2), Memorial Submitted by Saint Vincent and the Grenadines of June 19, 1998.

[6] 例如，《执法人员行为守则》第3条的评注（b）项规定，“各国法律通常按照相称原则限制执法人员使用武力，应当了解，在解释本条时，应当尊重各国的这种相称原则”，本文认为此处所指相称原则应为比例原则。

[7] 傅崐成、徐鹏：《海上执法与武力使用——如何适用比例原则》，《武大国际法评论》2011年第2期。

其依照本公约制定的法律和规章得到遵守所必要的措施”，其中“所必要的措施”便蕴含了比例性要求。因此，本文认为有必要通过该原则对武力使用程度的合理性进行审查。

一般情况下，比例原则需要相应满足关联性、必要性和比例性三个阶段的要求，而这三个阶段需依次递进审查并缺一不可：①关联性又称妥当性原则，指权力的行使必须能够实现目的或至少有助于目的的实现。[1] 关联性原则是比例原则的基础，其在审查行为合理性过程中发挥着重要的前提作用。②必要性原则又称最小伤害原则，指武力的使用必须在强度和规模上仅限于迅速阻止不法侵害所必要的最小范围，一旦不法侵害被阻止，即使用武力的目的已经达到，此时便必须停止。[2] 武力的选择范围一般包括格斗、警棍、刀具、捕绳、手铐、催泪弹、闪光弹、橡皮子弹、空包弹、水炮、水枪等。在存在多种选择的情况下，应依据情形紧迫程度的不同而选择等级不同的武器。例如，中国台湾地区《海岸巡防机关器械使用条例》中便根据情况紧迫程度的不同将武力使用分为四个等级。③比例性又称狭义的比例原则或均衡原则，是指在造成损害与追求的公益或其他目的之间做出衡量，超出即违反比例性要求。例如，海上执法一般是为了保护本国的经济利益，执法人员若在其生命并未处于暴力性危害等情况下而采取炮击、撞沉、射击要害部位等方式威胁或剥夺船员的生命时，将船员的生命与其所追求的目的相衡量，该行为明显违反比例性要求。

（五）保护人权原则

任何情况下，使用武力时都必须保护并尊重人权，[3] 理由如下：①相关国际规定的要求。例如，1948 年《世界人权宣言》第 3 条规定：“人人有权享有生命、自由和人身安全”；1966 年《公民权利和政治权利国际公约》第 6 条第 1 款和第 9 条规定：“不得任意剥夺任何人的生命。人人有权享有人身自由和安全”；《制止危及海上航行安全非法行为公约》第 8 条第 10 款（a）项规定：“在某一缔约国按照本条对船舶采取措施时应充分

---

[1] 杨临宏：《行政法中的比例原则研究》，《法制与社会发展》2001 年第 6 期。

[2] 宋云霞、石杨、玉帅、王瑞星：《海军非战争军事行动中武力使用及限制法律研究》，《军队政工理论研究》2011 年第 2 期。

[3] D. G. Stephens, The Impact of the 1982 Law of the Sea Convention on the Conduct of Peacetime Naval/Military Operations, 1999 California Western International Law Journal.

顾及不危及海上人命安全的必要性和确保以维护人类基本尊严的方式，按照包括国际人权法在内的适用国际法的规定对待船上所有人员。”此外，《公民权利和政治权利国际公约》第2条第1款亦提出：“本公约每一缔约国承担尊重和保证在其领土内和受其管辖的一切个人享有本公约所承认的权利，不分国籍等任何区别。”因此，对人权的保护是不分本国人与外国人的，任何使船舶沉没或有沉没危险的行为均违反保护人权原则。②相关国际组织决议的要求。例如，1979年《执法人员行为守则》第2条规定：“执法人员在执行任务时，应尊重并保护人的尊严，并且维护每个人的人权”；1990年《执法人员使用武力和火器的基本原则》第5条（a）项和（b）项规定：“对武力和火器的使用有所克制并视犯罪行为的严重性和所要达到的合法目的而行事。在不可避免合法使用武力和火器时……执法人员应尽量减少损失和伤害并尊重和保全人命。”

四、上述原则对我国分析相关事件的指导意义

近些年，有关国家在海上驱赶、抓扣我国船舶和船员的行动不断升级，甚至频繁打死打伤我国船员。据统计，2004—2007年，韩国共计扣留2037艘中国渔船。此期间被捕的中国船员达20896人，仅保释金就交了213.55亿韩元；[1] 2007—2011年，韩国共扣留我国渔船2200余艘，罚没渔民总资产1.64亿元人民币。[2] 在上述事件发生的同时多伴随着武力的使用，例如，1989—2010年，周边国家在南沙海域袭击、抢劫、抓扣、枪杀我渔船渔民事件达380多宗。[3] 而近来，如2016年3月14日发生了“鲁烟远渔010号事件”等。[4] 因此，有必要首先利用上述国际法原则对相关行为的合法性进行分析，然后再根据所得结果做出具有针对性的应对。在此，本文将选取以下几个典型案件着重进行分析：

（1）“辽营号事件”。2010年12月18日，一艘3000吨级的韩国巡

---

[1] 薛洪涛：“中国渔民频遭邻国抓扣源于海洋划界不明”，http://mil.news.sina.com.cn/2012-05-29/1140691742.html，2016年10月19日访问。

[2] 刘畅：“韩武力扣押三艘中国渔船，海警动用催泪弹”，http://news.xinhuanet.com/2011-10/24/c1221916322.htm，2016年10月19日访问。

[3] 崔木杨：“南海渔民90年代起频遭抓扣”，http://mil.news.sina.com.cn/2012-07-09/0808695157.html，2016年10月19日访问。

[4] 叶书宏：“一艘中国渔船在阿根廷附近海域被击沉”，http://news.xinhuanet.com/2016-03/16/c_1118348282.htm，2016年10月19日访问。

逻舰与63吨级的中国拖网渔船“辽营号”在海上相撞，渔船倾覆并造成1死亡1失踪的事故，而事发地点位于韩国群山市岛屿外120公里海域，属于《中韩渔业协定》的“暂定措施水域”内，且我国渔船在此水域持有进入许可证。因为事发位置处于双方协定的“暂定措施水域”，根据《中韩渔业协定》第7条第3款规定可知，在暂定水域，韩国无权针对我国渔船和渔民根据国际法采取措施，只有提醒渔船、渔民注意和通报的权力，更无权使用武力。因此，韩方的行为严重违反了善意履行国际义务原则。

（2）“橡皮子弹射击事件”。2012年10月16日，韩国“3009号”舰在全罗南道新安郡附近海域对我国渔船进行执法，而韩国海警在执法过程中使用橡皮子弹向我国船员射击并射杀1人。事后，韩国辩称，由于中方船员突然激烈反抗，警察因感觉人身安全遭到“严重威胁”而向无人处发射橡皮子弹。而事实上，经过尸检，我国渔民死亡的原因是心脏受到橡皮子弹的冲击而导致破裂。鉴于橡皮子弹的杀伤力，射击下身等非要害部位同样可起到维护执法的目的，韩方射击我国渔民心脏要害部位致其死亡的行为已经违背了比例原则中的最小伤害原则，即违反了程度合理原则的要求。

（3）“浙台渔运32066号”事件。2012年1月17日，在济州岛以南的韩国专属经济区海域内，韩国执法人员在没有鸣笛或发出停船警告的情况下强行登上我国“浙台渔运32066号”渔船。登船之后，韩国海警并没有直接对船舶是否进行过“非法捕捞”展开检查，而是对船上包括船长在内的13名中国船员进行野蛮毒打。本事件中，韩方是暗中登上我国渔船的，我方渔民并未发现军舰或有清楚标志可以识别的为政府服务并经授权的船舶，而韩国海警在登船之后也未展示其身份。因此，我国渔民具有充分的理由将突然登船且不展示身份的行为判定为海盗行为。因此，韩方使用武力之前的执法行为没有遵守法定程序，有违“程序正当原则”的要求。

通过上述分析不难看出，利用前文中所总结出的三类法律原则，并结合所发生事件的客观情况，便可以迅速有效地定位出一国在海上执法过程中使用武力行为的合法与否，包括这种行为具体违反了哪些国际法要求。因此，若要力求使分析结果达到客观合理，首先必须对相关事件的关键要素做到及时并正确的调查掌握。对此，本文认为应当着重从以下几个方面入手：①使用武力的主体与对象是否适合；②国家间是否签有相关国际协定；③国家间在事发位置是否存在海域争议；④执法主体是否具有合法的执法权力；⑤使用武力前的执法程序是否正当，以及使用武力时的程序是否正当；⑥武力的使用是否符合比例原则的要求；⑦在使用武力的过程中，是否存在不尊重人权乃至侵害生命的行为。

《巴黎协定》之国家自主贡献

张 力*

2015年年底的气候大会最终通过了历经四年谈判决定未来全球气候变化治理格局的《巴黎协议》。❶ 这是继1992年《联合国气候变化框架公约》（以下简称《公约》）、1997年《京都议定书》之后人类历史上应对气候变化的第三个里程碑式的国际法律文件。它打破了联合国气候变化谈判自2009年以来陷入的法律僵局，在总体目标、责任区分、资金技术等多个核心问题上取得进展，被认为是气候谈判过程中历史性的转折点。《巴黎协议》对2020年后各方减排行动做出了整体性安排，将“全球平均气温升高幅度控制在1.5℃以内”，确立了以国家自主贡献为核心基础的全球应对气候变化总体框架，其成为2020年后的全球气候治理格局。联合国秘书长潘基文甚至称其为“一次不朽的胜利”。❷

一、全球气候治理的历程

气候变化是全球面临的共同挑战，需要各国合作行动。《巴黎协议》是20余年《公约》进程下得到广泛支持的合作协议。全球气候治理的艰难历程经历了三个阶段的演进：一是京都时代的“自上而下”和强“共区原则”治理模式（1991—2012年）。二是哥本哈根时代的过渡式“自愿减排”和弱“共区原则”治理模式（2012—2020年）。三是巴黎时代的“自

* 张力，女，中国政法大学国际法学院教授，硕士研究生导师。

❶ 2015年12月12日，195个国家的气候谈判代表在巴黎气候大会上一致通过。2016年4月22日，170多个国家领导人齐聚纽约联合国总部共同签署。2016年11月4日生效。截至2016年11月30日，共有115个缔约方批准了《巴黎协定》。

❷ See UN News Centre, COP21: UN Chief Hails New Climate Change Agreement as ‘Monumental Triumph’, http: //www. un. org/apps/news/story. asp? NewsID = 52802#. Vm0TzNKl - DE.

下而上”和新“共区原则”治理模式（2020年以后）。[1] 全球气候治理体系经历的变迁见表1。

表1　全球气候治理体系经历的变迁

	《公约》	《京都议定书》	《巴黎协议》
原则	共同但有区别	发达国家减排指标	共同但有区别和各自能力
目标	温室气体稳定在防止气候系统受人为干扰水平 足以使生态适应	发达国家量化的减排指标（年限/量化）	减缓、适应、资金，并将温升控制在1.5～2℃以内 使资金流动（包括国内）符合减排适应
合作模式	原则规定 减缓责任	自上而下方式 发达国家目标/时间表（被动）	自下而上减缓许诺 自主贡献减缓合作（主动）
资金支持	发达国家向发展中国家提供	发达国家向发展中国家（附件2）	各国均应考虑应对气候变化的资金流动 发达国家协助发展中国家减缓和适应资金
透明机制	报告履行信息 附件1国家报告信息审查	发达国家承担报告与审查义务	定期报告全面行动与支持信息 各国均接受专家审查 参与多边交流 建议分析等
约束力	未规定量化责任 未建立遵约机制	建立自上而下量化减排目标，透明核算 遵约规则仅约束发达国家	建立“自下而上”自主贡献与“自上而下”规则相结合 程序上约束各国

《巴黎协议》是继续在《公约》的框架下，坚持公平、共同但有区别的责任和各自能力的原则，建立一种机制，包括自下而上制定国家自主贡献目标，自上而下盘点全球落实目标充分性，并促进加强力度。要求发达国家向发展中国家提供资金、技术和能力建设援助，全面考虑减缓、适应、资金、技术、透明度、能力建设各要素。国家自主贡献是《巴黎协

[1] 李慧明：《巴黎协定》与全球治理体系的转型，载《国际展望》2016年第2期。

议》的核心基础。

二、国家自主贡献的普遍约束力

《巴黎协议》确定了国家自主贡献在全球温室气体减排中的法律地位，在联合国气候变化大会的历史上第一次以法律形式确定了国家自主贡献作为2020年后全球温室气体减排的基本运行模式。

所谓国家自主贡献，是从不同国家的国情出发，根据共同但有区别的责任原则和各自能力原则，通过国家自主决定贡献的方式执行“自下而上”的减排义务，进而有效回避《京都议定书》确立的仅针对发达国家的“自上而下”的强制性减排义务所引发的全球减排义务分配难题。这种各国根据自己的国情、能力和发展阶段来决定应对气候变化的行动的减排模式，具有很强的包容性，可以动员所有国家采取行动。依据“共同但有区别的责任及各自能力”的原则，在全球集体行动领域首次实现了全成员参与减排自主贡献的新机制。

《巴黎协议》第3条规定：作为应对全球气候变化的国家自主贡献，所有缔约方将保证并通报第3条（国家自主贡献）、第4条（减排）、第6条（合作）、第7条（适应）、第8条（损失和损害）和第9条（资金）所界定的有力度的努力，以实现本协定第2条所述的目的（长期温控目标）。所有缔约方的努力将随着时间的推移而逐渐增加，同时认识到需要支持发展中国家缔约方以有效执行本协定。

《巴黎协议》的核心条款明确要求各缔约方应编制、通报并保持打算实现的下一次国家自主贡献，并且对于下一次的国家自主贡献，应该依据各自的国情，以尽可能大的力度逐步增加当前的国家自主贡献，即反映共同但有区别的责任原则和各自能力原则。国家自主贡献每五年通报一次，在通报国家自主贡献时，所有缔约方应根据1/CP. 21号决定和《巴黎协议》缔约方会议的全部相关决定，提供必要的信息，严格执行透明度安排，提供国家信息通报、两年期报告和两年期更新报告等资料，以利于国际评估、评审和国际协商、分析。[1]

从《巴黎协议》的内容看，对国家自主贡献的实施要求并不具特定性（未规定量化的减排目标），具体目标主要是由国家根据其不同国情和能力

---

[1] 见《巴黎协议》第4条第2款、第3款、第8款、第9款规定。

来决定。可以说是充分考虑国家的自愿和能力因素，因而被认为对所有缔约方只是提出了一些约束性、程序性条款，比如规定对国家自主贡献每五年进行一次通报并进行全球总结，要求所有缔约方的国家自主贡献逐步增加力度并反映其尽可能大的力度。但具体实施或实现最终要由国家自主决定。在国家自主贡献的实施或实现方面并不具有法律约束力。❶

《巴黎协议》确立国家自主贡献是全球气候治理艰难历程中的阶段性成果，是实现设定强化且更加具体的全球行动目标，建立不断提高各方行动力度的机制。必须承认和考虑国家间的差别，汲取“京都时代”的经验教训，因而没有也不能规定具体的国家实施规则，否则就有违“自主贡献”的初衷。但这并不能理解为“国家自主贡献”的规定不具有法律约束力。现有规定既给予各缔约方“自主决定”的灵活性，又通过建立“全球盘点”机制不断提高行动力度，以弥补“自下而上”承诺与实现温控目标要求之间的差距。而具体的实施规则会在后续的缔约方会议中逐步得到量化和完善。所有缔约方所提交的国家自主贡献必须严格遵守。其中，核算、透明度、遵约规则等机制使其不仅成为继《京都议定书》后第二个具有法律约束力的协定，还被赋予了比《京都议定书》更强化与全面的法律约束力。

三、国家自主贡献程度

《巴黎协议》在国家自主贡献是所有缔约国的义务的基础上，对于自主贡献程度分别做出规定，发达国家应当承担带头作用并努力实现全球温室气体绝对减排的目标；鼓励发展中国家根据国情，继续在减缓气候变化方面加强努力，进而逐渐实现绝对减排或限排目标；对于最不发达国家和小岛屿发展中国家，可编制和通报反映其特有国情的低碳化发展战略与行动计划。❷ 同时，在可持续发展和消除贫困方面，必须以协调和有效的方式向缔约方提供综合、整体和平衡的非市场方法，包括减缓、适应、资金、技术、能力建设、行动和透明度等方面的努力，以协助执行各自的国

---

❶ Center for Climate and Energy Solutions, “Outcomes of the UN Climate Change Conference in Paris,” December 2015, http: //www. c2es. org/docUploads/cop - 21 - paris - summary - 12 - 2015 - final. pdf.

❷ 见《巴黎协议》第4条第4款、第6款规定。

家自主贡献的计划。[1]

在资金支持方面，发达国家缔约方应为协助发展中国家缔约方减缓和适应两方面提供资金，以便继续履行在《公约》下的现有义务；应继续带头从各种大量来源、手段和渠道调动气候资金，并考虑发展中国家缔约方的需要和优先事项，鼓励其他缔约方进行资源提供或继续提供这种资助。[2]

在行动和资助的透明度方面，《巴黎协议》要求所有缔约方至少每两年提交一次温室气体排放的国家清单以及执行和实现国家自主贡献取得的进展，同时要求发达国家公布其向发展中国家提供的资金、技术转让和能力建设情况的信息。[3]

在协作履行或自愿合作执行国家自主贡献的计划方面，《巴黎协议》提出，有关缔约方如果基于自愿的原则采取合作的方法，并利用合作国家转让的减缓成果达成国家自主贡献目标，则应采用稳健的核算方法，确保合作方之间不会出现重复计算的问题。[4] 在具体行动方面，应尽快达到温室气体排放的全球峰值，同时认识到达到峰值对发展中国家来说需要更长的时间；此后利用现有的最佳科学方法迅速减排，以实现可持续发展，消除贫困；在平等的基础上，在21世纪下半叶实现温室气体源的人为排放与碳汇的清除之间的平衡。[5]

《巴黎协议》一方面决定逐步制定统一的关于国家自主贡献的指南，明确国家自主贡献的信息和时间框架；另一方面规定发达国家应当继续发挥表率作用，努力实现全经济绝对减排目标，而发展中国家则继续加强减缓努力，同时“鼓励”它们根据不同的国情逐步实现全经济绝对减排或限排目标。另外，要求所有缔约方在对国家自主贡献全球总结的基础上每五年通报一次，各方将依据盘点的成果对各自现行或者之后的国家自主贡献进行调整，并且明确了“不后退”的原则，确保不断加强各方行动力度。[6] 全球总结模式是为更加全面地考虑对气候变化的减缓和适应以及该协定的执行，顾及公平和科学利用而设立的，它将最终成为未来缔约方会议在考

[1] 见《巴黎协议》第6条第8款规定。
[2] 见《巴黎协议》第9条第1~3款规定。
[3] 见《巴黎协议》第9条第5款规定。
[4] 见《巴黎协议》第6条第2款规定。
[5] 见《巴黎协议》第4条第1款规定。
[6] 见《巴黎协议》第14条规定。

虑加强温室气体减排和对气候变化的适应方面的累积性总结，并为建立健全全球应对气候变化的制度安排奠定基础。

四、共同但有区别责任的调整

《巴黎协议》不再区分附件Ⅰ和非附件Ⅰ缔约方，即不再完全区分发达国家与发展中国家的责任与义务。但是仍坚持“共同但有区别责任原则”，只是与京都时代相比有了重大调整。“自下而上”的治理方式实质上是“共同但有区别责任原则”的最核心体现，即在“共同”提交国家自主贡献的义务下，各国根据自己的国情和能力“有区别”地做出自己的贡献。

《巴黎协议》序言明确指出：“履行将体现公平以及共同但有区别的责任和各自能力原则，考虑不同国情。”第4条第4款规定：“发达国家缔约方应当继续带头，努力实现全经济范围绝对减排目标。发展中国家缔约方应当继续加强它们的减缓努力，鼓励它们根据不同的国情，逐渐转向全经济范围减排或限排目标。”第6条也规定了不同国家自愿合作执行自主贡献的条款。而《公约》第3条的规定中讲到“在公平的基础上，并根据它们共同但有区别的责任和各自的能力……”。

从条文表述上看，《巴黎协议》接受共同但有区别责任原则并为该原则做了新的注解。不但强调区别不同的国情，更以自主贡献方式为区别责任的实质履行搭建平台。实际改变了共同但有区别责任原有的表述机理（发达国家强调共同责任是前提；发展中国家强调“但书优先”下的“区别责任”）。对共同但有区别责任的理解，从考虑历史责任为主演变为历史责任、各自能力、不同国情的综合认知。不变的责任原则，变化的治理模式，实现了全体缔约方一体采取减排行动的国际目标。

《巴黎协议》充分考虑到不同发展阶段国家对气候变化的立场与主张，最大限度地照顾各利益相关者的微妙平衡，以更加包容、更加务实的方式鼓励各方参与，这标志着国际气候变化制度进入新的发展阶段，传递出了全球将实现绿色低碳、气候适应型和可持续发展的强有力积极信号。这也正是全球气候变化谈判博弈的焦点“共同但有区别责任”的转型。[1]

---

[1] 参见李威：从《京都议定书》到《巴黎协定》：气候国际法的改革与发展，载《上海经贸大学学报》2016年9月第3卷第5期，第70页。

《巴黎协议》规定了《公约》全体缔约方一体采取减排行动的原则，同时规定了发达国家缔约方应当继续带头，努力实现全经济范围绝对减排目标。发展中国家缔约方应当继续加强它们的减缓努力，鼓励它们根据不同的国情，逐渐转向全经济范围减排或限排目标。❶ 更规定了不同国家自愿合作执行自主贡献的条款。❷ 上述规定为共同但有区别的责任原则做了新的注解。虽然不如京都机制确认的强制性减排机制在数据层面的约束力，但《巴黎协议》实现了全成员参与减排的国际目标，抵消了不同国家对共同但有区别原则的纷争，并通过国家信息通报和透明度原则的建立试图在遵约机制上有所进步。但是《巴黎协议》仍未就遵约形成强有力的规则，这使得未来各国履行承诺的随意性无法控制。❸

五、实施的前景

作为《巴黎协议》的重要核心基础，国家自主贡献机制的确立为全球应对气候变化迈出实质性的减排步伐搭建了总体框架，奠定了执行基础。“自下而上”的减排模式，使各国可以根据自身情况通过国际协商确定减排目标，具有很大的灵活性，也容易凝聚多方政治力量，在一定程度上可以促成气候谈判协议的达成。但这一模式通常是短期目标，缺乏与全球长期减排目标之间的联系。❹ 虽然《巴黎协议》的“定期盘点”作为履行和评价国际气候协定实施效果的方式，并作为强化各国国家自助贡献力度的主要工具，是国际环境法上的一大创新，调动了各国自主减排的自愿性和积极性，但其缺陷也不可忽视。协定要求各国定期提交“国家自主贡献”，但并未清晰界定其具体内容；各国自2023年起每五年对全球行动总体进展进行一次盘点，但也未详述盘点的具体形式。均依赖于各缔约方的资源减排方案、计划和行动，难以确保《公约》确定的2℃升温目标的实现。❺ 京都减排模式（自上而下）虽然在具体实践层面遭遇层层阻碍，但其却能

---

❶ 见《巴黎协议》第4条第4款规定。

❷ 见《巴黎协议》第6条规定。

❸ 参见李威：从《京都议定书》到《巴黎协定》：气候国际法的改革与发展，载《上海经贸大学学报》2016年9月第3卷第5期，第68页。

❹ 参见李海棠：《新形势下国际气候治理体系的构建——以〈巴黎协定〉为视角》，载《中国政法大学学报》2016年第3期（总第53期）。

❺ 参见曹明德：《中国参与国家气候治理的法律立场和策略：以气候正义为视角》，载《中国法学》2016年第1期。

综合考虑全球温室气体减排长期目标，具有比较严格的核查机制和遵约机制。

有评估表明，依靠国家自主贡献机制，到2030年全球可减排40亿~60亿吨二氧化碳，虽然估算中的减排成果与实现21世纪末全球变暖控温2℃的目标至少还有120亿吨的差距，[1] 但最终能否实现很大程度上取决于核查和遵约机制的确立。

估计2025年和2030年来自国家自主贡献的温室气体排放合计总量将不符合成本最低的2℃的情景，而在2030年预计会达到550亿吨水平，因此必须做出远远大于与国家自主贡献相关的努力。唯有如此，才能使排放量减至400亿吨，将全球平均气温升幅与工业化前的水平相比，维持在2℃以下。因此，国家自主贡献减排模式未来的演进将有待于国际社会的进一步努力和创新。[2]

《巴黎协定》已于2016年11月4日生效，比预计的时间更早，表明应对气候变化的行动正在加速落实，这将有助于实现可持续发展目标。同时，协定生效也让很多议题变得更加紧迫。这些议题包括为协定具体落实制定“规则手册”，以及如何通过国际合作、加大绿色资金规模来提高各国应对气候变化行动的速度和力度。

就国家自主贡献的测量方法而言，需要进一步探索建立国际碳排放责任核算体系，提升碳排放核算方法的可靠性，强化对数据透明度的监督、报告与核实程序，[3] 使相关缔约方能够切实履行可测量、可报告、可核查制度。

就国家自主贡献机制的国际合作而言，需要进一步加强发达国家对发展中国家的技术转移与资金援助，协助发展中国家尽可能地实现“有条件下”的减排目标。尽管合作已成为世界大部分国家应对气候变化的主要基调，但是发达国家与发展中国家在2020年前行动力度、资金支持等问题上依然存在分歧与摩擦，核心就是技术与资金援助，而本质则是本国的发展权与发展空间。发达国家能否切实履行向发展中国家提供资金支持承诺，

---

[1] 《联合国气候变化框架公约》秘书处：《关于国家自主贡献预案综合效果的综合报告》，2015年11月6日，http://unfccc.int/resource/docs/2015/cop21/chi/07c.pdf，2016年1月3日。

[2] 见2015年12月12日，巴黎气候大会上通过《巴黎决议》的主席提案的第17段。

[3] Xue B，Ren W X，“China's Uncertain CO_2 Emissions，” Nature Climate Change，Vol.2，No.11（2012），p.762.

也是全球成功应对气候变化的难点之一。早在2009年发达国家就做出承诺，到2020年实现每年向发展中国家提供1000亿美元资金支持的目标，但目前资金缺口仍然较大，发达国家也没有说明将如何兑现这项承诺，它们在2020年后提供资金支持的目标更有待明确。

联合国气候大会于2016年11月11日至18日在马拉喀什召开（包含《气候变化框架公约》第22届缔约方会议；《名古屋议定书》缔约方会议；《巴黎协议》第1届缔约方会议）。《巴黎协议》第1届缔约方大会讨论的议题主要涉及：《巴黎协议》实施细则后续谈判路线图和时间表；提高2020年前的行动力度，落实自己的承诺，为《巴黎协议》的实施奠定政治基础；发达国家对发展中国家的气候变化应对资金、技术和能力建设援助，特别是审议发达国家为发展中国家每年提供1000亿美元资金的落实情况；审议各国落实“国家自主贡献”的行动情况。会议通过了《关于实施巴黎协议相关事项的决定》和《巴黎协议缔约方的程序规则》[1]，为《巴黎协议》的实施迈出了可喜的第一步。

[1] 参见：马拉喀什会议相关文件 http：//cufccc. int/2860. php。

网络空间的主权属性与未来发展

徐书林*

通信技术的发展使得一个新的空间——网络空间得以产生。在网络空间中，人们获得了超乎现实的自由体验。有人甚至认为在网络空间中，政府将起不到任何作用，发展到后来，便提出网络空间中不存在国家主权，后来又演变出网络空间属于全球公域的理论。然而，随着网络空间问题的不断曝光，网络空间绝对自由的观点也遭到质疑。各主权国家纷纷对网络空间中的行为加以管制，国家主权在网络空间仍然发挥作用，而且这种影响正在加强。

一、网络空间

关于网络空间，目前并没有形成统一的定义，各个国家和组织都给出了自己的定义。

美国政府认为“网络空间是指相互依赖的信息技术基础设施组成的网络，包括互联网、电信网络、计算机系统以及在关键产业的嵌入式处理器和控制器；网络空间也指人们之间形成的信息和交互的虚拟环境”。❶其他国家也表达了类似的看法，德国认为“网络空间是全球范围内在数据层面链接的所有 IT 系统所形成的虚拟空间；网络空间的基础是互联网作为普遍的、可公开访问的联结以及传输网络，其可以由任意数量的数据网络进一

* 徐书林，男，四川成都人，北京邮电大学人文学院 2015 级硕士研究生，主要从事国际法和网络法方向的研究。

❶ The White House. Cyber Space Policy Review：Assuring a Trusted and Resilient Information And Communications Infrastructure [EB/OL]. [2009 -03 -25]. http：//www. whitehouse. gov/assets/documents/Cyberspace_ Policy_ Review_ final. pdf.

步补充和扩大”。❶ 英国政府则认为“网络空间是用于存储、修改和传达信息的数字网络所组成的交互式空间，其包括网络，也包括其他应用于商业、基础设施、服务等方面的信息系统”。❷

国际组织中，国际标准化组织认为“网络空间是由人、软件、服务在互联网上通过技术设备和与之相连接的网络所形成的复杂环境，其不以任何物理形式存在”。❸ 国际电信联盟认为网络空间是“由下列所有或部分要素创造或组成的物理或非物理的空间，这些要素包括计算机、计算机系统、网络及其程序、计算机数据、内容数据、流量数据以及用户”。❹

我国政府文件中尚未对网络空间进行定义，但也有学者表达了自己的看法。赵宏瑞教授主张从“逻辑、物理、用户、信息”等四大要素来定义网络空间。❺ 王春晖教授则认为“国家主权从原来的领陆、领空、领水等领域拓展到了网络空间”，❻ 即网络空间是国家主权的延伸区域。

由以上列出的各个国家、国际组织以及学者对网络空间的定义来看，其实各方对网络空间的特征并不存在太大分歧，从中大致可以得出网络空间具有以下三个特征：①网络空间由电子化的信息组成，即网络空间中的信息都以电子化的形式产生、存储及传输；②网络空间依托于现实中的实体设施而存在，包括服务器、电缆、信号塔、智能终端等；③网络空间是一个交互式而非封闭式的空间。

第一个特征构成了对网络空间主权最大的挑战。一般都认为在网络空间中，电子信息摆脱了有形载体而独立存在，其本身是无形的，可以借助

❶ Federal Ministry of the Interior. Cyber Security Strategy for Germany [EB/OL]. [2011 - 02 - 01]. http://www.cio.bund.de/SharedDocs/Publikationen/DE/Strategische - Themen/css _ engl _ download.pdf.

❷ U. K. CABINET OFFICE. The UK Cyber Security Strategy: Protecting and promoting the UK in a digital world [EB/OL]. [2011 - 11 - 01]. http://www.gov.uk/government/uploads/system/uploads/attachment_ data/file/60961/uk - cyber - security - strategy - final.pdf.

❸ ISO. Standing Document 6 (SD6): Glossary of IT Security Terminology [EB/OL]. [2014 - 10 - 16]. http://www.jtc1sc27.din.de/cmd? level = tpl - bereich&menuid = 64540&languageid = en&cmsareaid = 64540.

❹ ITU. ITU TOOLKIT FOR CYBERCRIME LEGISLATION [EB/OL]. [2010 - 02 - 01]. http://www.cyberdialogue.ca/wp - content/uploads/2011/03/ITU - Toolkit - for - Cybercrime - Legislation.pdf.

❺ 赵宏瑞．浅析“四维总体网络法治观”[J]．中国信息安全，2015 (7): 42.

❻ 王春晖．互联网治理四项原则基于国际法理应承全球准则——“领网权”是国家主权在网络空间的继承与延伸 [J]．南京邮电大学学报（自然科学版），2016，36 (1): 10.

网络、数据媒体等形式以多种方式存在或者传播，传播速度快，波及范围广，因此在大多数人看来这些信息体现出无界性。[1] “网络信息的性质要求其在可用的网络基础设施中寻找阻力最小（而不是距离最短）的路径。换句话说，一封电子邮件从一个城市的计算机发送给在同一个城市的收件人的计算机前，它可能已经经过了多个域外国家的网络基础设施的传播。”[2] 信息在传播时可以选择多种路径，而且复制性极强，一旦信息被传到网络中，那么该信息将几乎不可能被彻底抹掉，可以说网络空间信息的跨国性与复制性对意欲在网络空间行使主权的国家形成了极大的障碍。

然而，网络空间的第二个特征却恰恰表明虽然网络空间中的电子信息是无形的，但却产生于有形的设备中，无论是服务器、电缆、信号塔或智能终端，都存在于现实之中。换句话说，虽然电子信息是无形的，但是其来源却是有形存在的，这为国家主权的介入提供了可能。

网络空间的第三个特征也正是网络空间的核心，即互联互通。通过网络，信息高效传输，人们更加自由地表达与交流，看似无边的世界由此成为地球村。互联互通是网络空间的生命，其理应得到有效的保护。所以，未来网络空间政策的出发点也应当是维护甚至加强网络空间的互联互通。

二、国家主权

国家主权构成了当前国际秩序的根本基础，但在国际法上，主权的概念却一直是一个争议问题。

周鲠生教授认为，“主权之第一义是独立；所谓主权的国家，是谓国家之权不受他国支配者。而在附带的次一义，主权亦寓至尊，最高之意”。[3] 王铁崖教授认为：“主权是国家的根本属性，主权在国内是指最高权力，在国际上是指不依赖他国，不受任何其他国家的摆布。”[4] 维也纳大学教授菲德罗斯教授认为，“主权国家（在国际法的意义上）是一个完全

---

[1] 齐爱民，祝高峰．论国家数据主权制度的确立与完善［J］．苏州大学学报（哲学社会科学版），2016，01：10.

[2] Eric Talbot Jensen. Cyber Sovereignty：The Way Ahead［J］. Texas Intellectual Property Law Journal. 2015，50：279.

[3] 周鲠生．国际法大纲［M］．武汉：武汉大学出版社，2007：23.

[4] 王铁崖．国际法［M］．北京：法律出版社，1995：64.

的持久的人类社会，它有完全的自治，在它之上，除了国际法的世俗权威以外，没有任何的世俗权威，它通过一个有效的法律秩序而结合起来，并且它所具有那种组织，使它能参加国际法上的往来”。[1]

关于主权概念的争议远比上述内容复杂，但综合以上各中外学者的观点，国际法上的国家主权应具有以下特征：

（1）最高性。主权是一个国家的最高属性，国家对其领土内的一切人、物、行为拥有最高的统治权。主权的最高性以国家统治权的形式表现出来，主权国家可以通过使用立法、司法、行政等手段来实现其统治。

（2）独立性。国家在国际关系中是自主和平等的，每一个国家在体制上都独立于其他国家。具体而言，其是指国家有权独立自主地处理其主权范围内的事务，不受他国干涉。

（3）领域性。主权国家的效力范围是有限制的，只在其本国领土内才具有最高权威，领土也因此划分了主权国家可以行使管辖权的区域。在国家领域之外，主权国家的行为便受到限制，不再具有最高性，只能行使国际法所赋予的权利。

此外，还有学者提出主权具有合法性、权威性等特征。[2]

在此，需要特别注意的一点是，虽然主权是国家的本质属性这一点得到了大多数国家的认可，但主权的内容却不是一成不变的。从主权概念的提出到现在，其内容不断得到充实，已经从最初的政治主权发展为包含政治主权、经济主权、环境主权、文化主权等多维立体的结构。网络空间产生后，网络空间主权有望成为主权概念下的又一新领域。

同时，我们也应该认识到，主权正如其他权力，其不是一项绝对的权力。在全球化的形势之下，主权国家的权力受到了越来越多的限制，例如各领域的国际组织正在使主权国家的管理范围变窄。事实上，国家参与到全球化形势下的国际社会中，本身就要有所付出，通过加入国际组织，参加国际会议，签订国际条约等方式让渡部分主权，是符合国际法的。国际法上主权平等的概念就是各主权国家克制其对主权的行使，换言之，对别国主权的尊重的效果实际上就表现为对自身主权的隐忍。而这种隐忍背后是尊重国际社会的共同价值，加强国际社会的合作，实现全人类利益的理

---

[1] 阿尔弗勒德·菲德罗斯. 国际法（上册）［M］. 李浩培，译. 北京：商务印书馆，1981：234.

[2] 杨泽伟. 主权论——国际法上的主权问题及其发展趋势研究［M］. 北京：北京大学出版社，2006：8.

念。因此，在国际交往中，克制地行使主权的目的在于追求稳定的、互利共赢的国际秩序。而且，在诸多重要的国际组织中，国家始终是最重要的成员，并不能简单地就此认为主权国家的影响力受到了削弱。

三、网络空间的主权属性

国家主权的管辖范围通常限于一国国内及一国国民，而网络空间是一个虚拟空间，信息可以轻松地跨越国界进行传播，打破了边界限制，弱化了国家对信息传播的控制力，可以说“信息流动的跨国性同主权的疆界性是互联网对国家主权提出挑战的根本原因”。[1]

由此，有观点认为，网络空间不应受到政府监管，其自然也就不受国家主权的控制。这种主张的最极端表达见于约翰·佩里·巴洛在《网络空间独立宣言》中的如下表述：

工业世界的政府们！你们这些令人生厌的铁血巨人！我来自网络空间，思想的新家园。我代表未来，要求过时的你们离我们远点儿，我们不欢迎你们，在我们这儿，你们不再享有主权。[2]

尽管网络空间的自由很重要，也应该得到保护，但任何自由都不是绝对的，人类便是从最初原始社会的自由世界逐步进入越来越规范的时空的。网络空间也不例外。基于以下四个方面，网络空间必须处于主权国家的管控之下，其主权属性毋庸置疑。

（一）网络空间必须依托实体设施才能存在和发挥作用

上文已经提到网络空间的第二个特征在于其不是一个与现实世界毫无关联的空间，相反，其必须依托现实空间中的实体设施才能存在。服务器、信号塔、光纤、计算机等组成的物理结构成为网络空间的基础，而它们却无疑存在于一国领土之内，天然受到该国国家主权的管制。此外，网络空间本身也正在寻求现实世界的管理与监督，比如互联网名称与数字地址分配机构（Internet Corporation of Assigned Names and Numbers，ICANN）就是负责网络空间域名和 IP 地址的分配工作的国际组织。国际电信联盟负责分配和管理全球无线电频谱与卫星轨道资源，制定全球电信标准。

---

[1] 郭玉军．网络社会的国际法律问题研究［M］．武汉：武汉大学出版社，2010：15．

[2] John P. Barlow. A Declaration of the Independence of Cyberspace［EB/OL］．［1996－02－08］．http：//editions－hache. com/essais/pdf/barlow1. pdf.

（二）网络空间中的经济关系需要法律规制[1]

对于一个国家和该国国民而言，经济始终是最为关心的一个问题，经济问题是长期的一国治国理政的重点，也是一国各项政策制定的出发点之一。随着网络的应用越发广泛，建立在网络空间中的经济关系也急剧增长。如果网络空间不受国家主权的控制，那么任何建立在网络空间之中的金融关系将无疑是十分危险及脆弱的。事实上，任何企业在进行投资之前都必须考虑可能涉及的法律问题。网络空间同样如此，法律对所涉及的商业行为提出要求，但同时更是在保护商家的利益。因此，各国纷纷出台法律对网络空间中的经济关系进行管控。例如，1999年澳大利亚出台《澳大利亚电子交易法》；2010年英国议会通过《数字经济法》；2001年加拿大出台《电子交易法案》；美国分别于1999年和2000年出台《统一电子交易法案》和《统一计算机信息法案》；欧盟于2002年发布《电子商务指令》；中国于2005年出台《中华人民共和国电子签名法》，并正在进行《中华人民共和国电子商务法》的立法工作。网络空间的发展使得网络经济得以繁荣，网络经济在国民经济中占有越来越多份额的同时，其暴露的问题也说明对网络空间的无为而治并不可行。

（三）网络空间传输的内容具有现实意义

虽然网络空间理想化地允许信息自由流动，但这些信息都具有现实空间中的意义，其内容理应受到监管，电子化形式也早已被认定为应受法律规制的载体。例如，美国、英国都立法规定不得在网上传播儿童色情图片[2]，法国不允许在网上销售纳粹纪念品，多个国家都已立法保护公民在网络空间中不受诽谤言论的伤害。

（四）网络空间攸关国家安全

信息网络迅速发展的今天，现代国家的重要基础设施更多地依靠网络相连，在带来巨大便利的同时也使得包括美国、中国在内的诸多国家变得

---

[1] Patrick W. Franzese, Sovereignty in Cyberspace: Can It Exit? [J]. The Air Force Law Review. 2009, 64: 12, 30.

[2] 按照美国2003年通过的《网络儿童保护法》，如果一个美国恋童癖存储了600张以上儿童色情图片并在网上散播，还用这些图引诱小孩，被法办时最终很可能被判四百到六百年刑期。英国《1978年儿童保护法案》（适用于英格兰和威尔士）第1条第1款规定四种有关儿童不雅照的违法行为，而在1997年R. v. Fellows一案中，上诉法院认为计算机文件在《1978年儿童保护法案》的定义之内。

更容易受到伤害。2015 年 5 月 27 日，支付宝因为光纤被挖断，大规模服务中断，[1] 这只是依赖网络后的不良反应的一个缩影。更为严重的是，如果发生战争，对手可能会通过袭击关键基础设施来达到战争目的。2007 年 4 月，爱沙尼亚的重要机构遭黑客重创，达到了威胁国家安全的程度；2008 年 8 月，俄罗斯攻击并控制了格鲁吉亚的信息系统，使得格鲁吉亚的信息系统陷入大面积瘫痪的状态，为开展军事行动赢得巨大优势；2011 年利比亚战争期间，西方联军局部入侵了利比亚网络，对其通信及雷达系统进行了干扰；[2] 而 2016 年 4 月，美国军方公开表示将向“伊斯兰国”进行网络攻击，这被视作首场公开的网络战争。[3] 由此，网络空间安全攸关国家安全，放任网络空间自我发展将不仅无法保证网络空间的正常运转，更有可能对一国安全造成巨大威胁。主权国家出于维护本国的国家安全的目的，势必要介入网络空间的规制中。网络空间的不安全性是真实存在的，且这种不安全性并没有减缓的迹象，政府不可能置网络空间于无人监管的状态，相反，一国政府必须加强其控制来减少网络空间可能造成的负面影响，这是其国家责任的体现。

综上，网络空间的存在基础受到主权国家的管辖；在网络空间之上产生的经济关系也必须受到法律的监管才能健康发展；网络空间之中传输的信息具有现实世界的意义，因而成为现实世界中法律规制的对象；随着数字系统的广泛应用，网络安全已经关系到一国的国家安全，国家有责任对网络空间的行为进行干涉。

主权国家已经对网络空间施加了影响，而任何国家都不会也无法放弃这种影响，上述提到的主权国家在网络空间的种种行为就是国家主权在网络空间确确实实存在的证据。

2016 年 11 月 7 日，全国人大常务委员会终于通过了《中华人民共和国国家安全法》，在其第 1 条就明确提出要维护“网络空间主权”，但对网络空间主权并没有更多的阐释，不得不说这十分不利于我国关于网络空间主权的主张在国际上进行推广。

---

[1] 张瑶，叶健. 一根光缆“绊倒”网络巨头［N］. 人民日报，2015－05－29（12）.

[2] 李伯军. 论网络战及战争法的适用问题［J］. 法学评论，2013（4）：58.

[3] 王鑫元. 美国“网军”向“伊斯兰国”宣战［N］. 中国国防报，2016－04－15（04）.

四、网络空间不是全球公域

当前，存在一套与网络空间主权相反的理论，即网络空间属于全球公域。其否认网络空间的主权属性，主张国家主权不应对网络空间施加影响，而是应该交由与网络空间息息相关的用户、专家、企业等组成的“多利益攸关方”进行管理，其理论基础便是网络空间应保持高度自由。

（一）全球公域并不排斥国家主权

事实上，全球公域理论恰恰是无法排除国家主权的。

目前，虽尚不存在公认的全球公域定义，但却存在公认的全球公域地区，即公海、外太空和南极。通过将网络空间与目前公认的全球公域进行对比，可以得出全球公域所具有的网络空间不具备的两个特点：

（1）这些地区都由国际条约进行管理，而这些国际条约都不同程度地规定了非军事化。三个地区虽为全球公域，但并不是法外之地，在其之上都有生效的国际条约。公海之上有《联合国海洋法公约》，外太空有《关于各国探索和利用包括月球和其他天体在内外层空间活动的原则条约》（以下简称《外层空间条约》），南极地区有《南极条约》。而且，这三个条约都对该地区的“非军事化”问题进行了不同程度的规定，都强调必须出于和平目的利用该地区，军事化在公海和南极遭到禁止，而在外太空也受到很大限制。❶

（2）属于全球公域的部分都有专门的划定或定义。虽然全球公域没有统一的定义，但纵观三个条约，其都通过划定或定义区域对全球公域的范围进行了明确。《联合国海洋法公约》通过规定领海、专属经济区，将剩余地区视作全球公域。❷《外层空间条约》下，整个外太空（包括月球和其他天体）均成为全球公域。《南极条约》下，南纬60度以南地区（包括一

❶ 《联合国海洋法公约》第10部分规定，各国在行使公海自由时，应适当顾及其他国家行使公海自由的利益，而且行使公海自由应符合“公海应只用于和平目的”的原则。《南极条约》第1条规定“国家只能出于和平目的利用南极，一切具有军事性质的措施均予禁止（但不禁止为了科学研究或任何其他和平目的而使用军事人员或军事设备）”。《外层空间条约》第4条将“各缔约国必须把月球和其他天体绝对用于和平目的，禁止在天体上建立军事基地、设施和工事，禁止在天体上试验任何类型的武器以及进行军事演习”作为原则规定了下来。

❷ 《联合国海洋法公约》第86条规定，“公海”一章的规定“适用于不包括在国家的专属经济区、领海或内水或群岛国的群岛水域内的全部海域”。

切冰架）成为全球公域。❶

由此，我们从公认的全球公域中可以得出以下结论，全球公域并不意味着没有主权，而是一个全球共享主权的存在，只是在该区域内各个国家的主权都受到一定程度的限制，因此全球公域理论无法将国家主权从网络空间中排除出去。而如前所述，国家主权的克制是为了尊重他国国家主权以及追求稳定的国际秩序，无政府参与的网络空间无法达到这种效果，所以将网络空间视作全球公域是极其不恰当的。更进一步来讲，就当前各主权国家对网络空间的干预程度而言，已经不存在主权国家从网络空间中退出的可能性。

（二）网络空间不属于全球公域

笔者认为，不仅全球公域无法排除国家主权，而且网络空间本来就不属于全球公域。

将网络空间对照全球公域所应具有的特点相对比后，便会发现再将网络空间视作全球公域，会存在如下问题。

首先，网络空间中目前并不存在各个国家广泛参与的国际条约，较有影响力的《网络犯罪公约》虽已由大多数发达国家签订，但仍缺乏代表性，并已被证明其已不适应当下的国际环境。《网络犯罪公约》也曾对我国产生影响，但正如于志刚教授在《“信息化跨国犯罪”时代与〈网络犯罪公约〉的中国取舍——兼论网络犯罪刑事管辖权的理念重塑和规则重建》一文中指出的：“《网络犯罪公约》一度对于包括我国在内的各国网络犯罪刑事立法产生过积极影响，也吸引了诸多欧盟以外的国家陆续加入。但是，多年过去了，它在刑事实体法上未能跟上网络犯罪飞速发展的脚步，在刑事管辖权上也难以解决一些现实存在的疑难问题。从整体上判断，中国政府没有加入该《公约》的现实必要性，反而应当总结自己多年来积累的理论与经验，及时提出自己主导的制裁网络犯罪的国际公约草案，在国际法律规则制定和起草中发出中国自己的声音。”❷

其次，由于网络空间的发展，国家对网络空间的干涉越来越多，各国

❶ 参见《南极条约》第6条，“本条约的规定应适用于南纬60度以南的地区，包括一切冰架”。

❷ 于志刚．“信息化跨国犯罪”时代与《网络犯罪公约》的中国取舍——兼论网络犯罪刑事管辖权的理念重塑和规则重建［J］．法学论坛，2013，28（2）：94.

都在加强在网络空间中的军事力量，网络空间的军事化已经不可逆，而且一定的军事化对于应对网络攻击是必不可少的。

最后，和网络空间主权同样尴尬的地方在于，网络空间的开放性以及信息的跨国流动性使得全球公域的范围难以界定，将整个网络空间视作全球公域是不可能实现的，而如果要将部分网络空间视作全球公域，则有赖于全球公域理论的进一步解答。

（三）全球公域说的真实目的

笔者认为，网络空间的自由当然应该受到保护，这也是互联互通的要求，但这并不与网络空间主权相矛盾。在主权国家进入网络空间已经不可逆转的背景下提出全球公域理论，打着维护网络空间自由的旗号排除主权国家的干预看似十分“正义”，但实际上却大有文章。其目的无非是维持当前网络空间强弱分明的格局，使得强者恒强。

以 ICANN 为例，ICANN 一直标榜去政府化，排除主权国家的干预。在 2016 年 10 月 1 日前，美国政府一直都是 ICANN 的监管方，虽然美国媒体一般都否认美国在 ICANN 中享有特权，但是相关资料显示，美国表里不一。因为掌管着根域名服务器，美国可以随意将一个国家从互联网上“抹去”。美国于 2003 年终止伊拉克顶级域名（“. iq”）的申请和解析，将伊拉克从虚拟世界“抹掉”，2004 年 4 月使利比亚顶级域名“. ly”瘫痪，利比亚在互联网上消失了三天。❶ 种种迹象表明，虽然一直宣扬网络空间应该排除国家主权的干预，但主权国家却渗透在网络空间的方方面面。

同时，美国一直拒绝在联合国的主导下制定网络空间的相关国际条约，而是希望建立一个以欧美发达国家为中心的网络空间秩序。美国在其《网络空间政策评论报告》中提出，“美国需要制定一个网络安全战略，旨在塑造国际环境，并在如技术标准、法律规范等一系列问题上同志同道合的国家达成一致”。❷

五、网络空间主权的未来

网络空间主权与网络空间全球公域理论形成了旗帜分明的两方，实际

---

❶ 崔聪聪．后棱镜时代的国际网络治理——从美国拟移交对 ICANN 的监管权谈起［J］．河北法学，2014，32（8）：27－28．

❷ The White House. Cyber Space Policy Review：Assuring a Trusted and Resilient Information And Communications Infrastructure［EB/OL］．［2009－03－25］．

上就是以中国、俄罗斯为代表主张的“多边主义”模式和以美国、英国、德国等为代表主张的“多利益攸关方”模式。笔者认为，网络空间主权未来将向以下几个方向发展：

（一）新的网络空间国际规则的制定

网络空间的治理难点就在于其十分容易成为国际问题，在打击网络犯罪、防范网络攻击、追踪网络目标、执行司法裁判等方面必须依靠各国的合作才有可能完成。在网络空间主权的确立仍有待各国达成共识的前提下，最好的解决办法就是制定相应的国际规则。虽然欧美国家主张将现有国际规则直接适用于网络空间，但事实证明网络空间确有制定新的国际规则的必要，否则网络空间的诸多问题不会至今仍存在诸多争议。可以预见的是，由于网络空间问题的逐渐暴露，新国际规则的出现将无法避免。

然而由于目前存在两种完全不同的治理模式，在短期内恐难签署一个具有广泛代表性的或内容十分详尽的国际条约。鉴于此，笔者提出以下几种解决办法以供参考：第一，加强联合国的作用，以稳定的国际秩序为目标在联合国的领导下制定国际规则；第二，由有关国家签署双边、多边或区域性条约，使得网络空间主权问题首先在部分国家得到实现，再在此基础上不断扩大影响以最终达成具有广泛代表性的国际条约，形成适用于网络空间的国际规则；第三，在签署国际条约时，应首先着重于原则性问题，尽可能兼顾各方利益，做到求同存异。

（二）国家利益最终会成为主导

当初由于技术水平有限，各国家无法对海洋、外太空、南极进行干涉。之后，随着航海、航天技术的发展，国家对这些地区开始施加影响。对于网络空间，《代码2.0：网络空间中的法律》中提到，“对于网络空间的主张不仅在于政府不愿意规制，更在于政府不能够规制”。[1] 然而，这种将网络空间视作不受干预的绝对自由之地的想法早已退出主流。事实上，随着国家通信技术水平的进步以及对网络空间进行干预的意愿的加强，国家利益将最终战胜人们对于网络空间作为绝对自由之地的设想。“主权的

---

[1] 劳伦斯·莱斯格．代码2.0：网络空间中的法律［M］．李旭，沈伟伟，译．北京：清华大学出版社，2009：3.

本质内容是国家利益”[1]，国家当然会尽量维持网络空间的开放性与自由，但是所谓的开放性与自由必须是在不违背国家利益的前提下。

（三）国家实践将为具体的规则提供参考

国际习惯是国际法的一大法律渊源，“例如关于外交代表的规则、公海的规则，关于战争法和惩治海盗罪的一些规则，最初都是以国际习惯的形式发展起来的”。[2] 而国际习惯是各国在其实践中通过反复类似的行为而形成的具有法律约束力的行为规则。在关于网络空间主权的定义、内容、行使形式都还未能形成统一意见的当下，这些问题的明确都有赖于国家实践的进一步开展。因此，对于网络空间主权，一国若要推广自己的主张，那么该国的立法、司法、行政（特别是外交）须保持一致，参与国际会议也要注意表达的一致性，并积极推广本国关于网络空间主权的原则、框架，加快与有关国家签订国际条约。由此，在未来一段时间，各国在网络空间的行动将十分重要，如果类似 ICANN 力推的“多利益攸关方”形成国际习惯，国家主权的影响力势必受到影响。

（四）识别因素的确立[3]

在某个空间内，存在可以识别并追踪的因素是最基本的要求。海洋中，可以识别船只、潜艇等；外太空中，可以识别航空器、宇航员等；南极地区内，可以识别人类、考察站、设备等。然而在网络空间中，识别却成了一项难题。如今，通常可以追踪到指令来源国以及具体的服务器，但如果没有来源国的帮助将无法确定到具体的行为体。

识别因素的确立也是确定管辖权的重要依据，如果可以确立识别因素，那么相关的管辖权规定将有迹可循。

但这除了各国展开合作外，还有赖于技术的进步，这也充分说明了在网络空间这一复杂的虚拟环境中，法律必须和技术相结合才能发挥功效。

六、结　论

网络空间的主权属性是成立的，网络空间在理论上和事实上都无法将

---

[1] 张丽华. 主权博弈——全球化背景下国家与国际组织互动比较研究［M］. 长春：吉林大学出版社，2009：39.

[2] 邵沙平. 国际法［M］. 2 版. 北京：高等教育出版社，2013：31.

[3] Patrick W. Franzese, Sovereignty in Cyberspace：Can It Exit?［J］. The Air Force Law Review, 2009, 64：12, 30.

国家主权排除在外。然而，不同于现实空间中的国家主权问题，网络空间主权仍面临诸多困境，但可以明确的一点是，国家仍将是网络空间最具有影响力的行为体，换言之，国家行为仍将主导网络空间。

但是，对网络空间主权属性的认知仍有待各国达成共识，国家实践将成为非常重要的一种方式，最理想的方式是各国能够就此签订国际协议以确定网络空间中的诸多原则，包括识别因素的确立、国际合作的建立等。在当前签订全球性国际条约尚缺条件的情况下，要注重加强联合国的作用，并可以首先从双边、多边、区域性条约开始，逐步扩大影响力，且在具体条约中优先进行原则性规定，力求求同存异，争取更多国家加入。

恐怖主义罪行界定与刑事责任模式研究

——以黎巴嫩特别问题法庭为视角

赵 心*

一、国际社会界定恐怖主义的努力

1987年，联合国大会（以下简称"大会"）通过了第42/159号决议，认识到可以通过建立一个普遍认同的国际"恐怖主义"定义来加强打击恐怖主义斗争的有效性。这个问题最初被分配给联合国第六（法律）委员会，该委员会多年来起草了一些涉及恐怖主义具体罪行的公约，虽然这些公约都没有使用"恐怖主义"这一术语。当第六委员会在达成对恐怖主义的协商一致的定义方面没有取得进展时，大会于1996年设立了一个特设委员会，以制定一个处理国际恐怖主义的全面框架性协议。❶ 特别委员会首先制定了《制止向恐怖主义提供资助的国际公约》，❷ 该公约将恐怖主义定义为："①12项反恐怖主义条约所涵盖的任何活动；②旨在对平民或在武装冲突中不积极参加敌对行动的人员造成死亡或严重身体伤害的行为，其行为的性质是恐吓人口，或强迫政府或国际组织做出或不做出某种作为。"❸ 迄今为止，有129个国家批准了这项多边条约。这是最接近于国际

---

* 赵心，中国社会科学院法学研究所，博士后研究人员，助理研究员，法学博士。

❶ G. A. Res. 210, U. N. GAOR Ad Hoc Comm., 52" d Sess., Supp. No. 37, U. N. Doc. A/52/37 (1996).

❷ 国际恐怖主义行为的次数和严重性在很大程度上依恐怖主义分子可以获得多少资助而定，因而向恐怖主义提供资助是整个国际社会严重关注的问题。在此以前多边法律文书并没有专门处理这种资助，所以迫切需要增强各国之间的国际合作，制定和采取有效的措施以防止向恐怖主义提供资助和通过起诉及惩罚实施恐怖主义行为者来加以制止。在1999年12月9日第54届联合国大会上，通过了《制止向恐怖主义提供资助的国际公约》，补充了现有的国际相关文书在此方面的不足。该公约于2002年生效。中国已于2001年11月14日签署了该公约。

❸ G. A. Res. 109, U. N. GAOR, 54th Sess., at 3, U. N. Doc. A/RES/54/109 (2000).

社会广泛接受的恐怖主义的一般定义。

2001年“9·11”事件发生后，大会即立成立了一个工作组，以制定一项关于国际恐怖主义的全面公约。本着“9·11”袭击之后的合作精神，工作组成员就如下恐怖主义的界定达成了共识：

“恐怖主义是一种行为，旨在对任何人造成死亡或严重的身体伤害；或严重损害国家或政府设施、公共交通系统、通信系统或基础设施……其行为的性质或目的是恐吓人口，或强迫政府或国际组织为或不为某项行为”。❶

然而，马来西亚代表伊斯兰会议组织（the Organization of the Islamic Conference）提议增加以下例外情况：人民的斗争，包括反对外国占领、侵略、殖民主义、武装冲突旨在根据国际法原则实现民族解放和自决不应被视为恐怖主义犯罪。根据美国驻联合国代表团总法律顾问尼古拉斯·罗斯托（Nicholas Rostow）的说法，伊斯兰会议组织的建议旨在对被占领领土上的以色列采取行动，对克什米尔采取行动打击恐怖主义。❷ 最终双方都不愿意在这个问题上妥协，该议项被无限期搁置。

由于关于恐怖主义的一般定义的工作在大会再次停滞不前，联合国安全理事会介入。安理会根据《联合国宪章》第7章采取行动，通过了第1373号决议，该决议实质上将“制止向恐怖主义提供资助的国际公约”转变为所有联合国成员国的义务，要求成员国禁止向从事恐怖主义的个人和组织提供财政资助。❸ 然而，理事会决定不将《制止向恐怖主义提供资助的国际公约》中关于恐怖主义的定义纳入第1373号决议时，也没有给出通过恐怖主义的普遍定义的机会，而是将这一术语保留为未定义，允许每个国家根据自己的情况界定恐怖主义。此外，安理会设立了一个委员会（反恐怖主义委员会），以监督决议的执行情况，但委员会没有颁布一份恐怖分子或恐怖主义组织的名单，或禁止向其提供财政援助的名单。

---

❶ Measures to Eliminate International Terrorism: Report of the Working Group, U. N. GAOR 6th Comm. , 55th Sess. , Agenda Item 164, at 39, U. N. Doc. A/C. 6/55/L. 2 (2000), quoted in Surya P. Subedi, The U. N. Response to International Tenorism in the Aftennath ofthe Terrorist Attacks in America an! J the Problem of the Definition of Tenorism inInternational Law, 4 INTLLAWF. DUDROITINTL 159, 162 (2002).

❷ Nicholas Rostow, Before and After: The Changed UN Response to Terrorism since September lith, 35 CORNELLINTLL. J. 475, 488 (2004).

❸ S. C. Res. 1373, U. N. SCOR, 56th Sess. , 4385th mtg. , U. N. Doc. S/RES/1373 (2001).

安全理事会最近关于恐怖主义的声明是针对2004年10月在俄罗斯一所小学发生的血腥的恐怖主义攻击。在俄罗斯坚持下，安全理事会通过了第1566号决议，其中规定：“犯罪行为，包括针对平民的犯罪行为，意图造成死亡或严重身体伤害或劫持人质，目的是在公众或特定人群中引起恐怖状态，恐吓民众或迫使政府或国际组织为或不为某项行为，这些行为构成属于恐怖主义的国际公约和议定书范围内所定义的罪行，在任何情况下都不得以政治、哲学、意识形态、种族、族裔、宗教或其他类似性质，并呼吁所有国家防止这种行为，如果不加以防止，则确保这些行为受到与其严重性质相符的惩罚。”❶ 起初，这一条款似乎是对恐怖主义的一般性定义。但是，由于某种程度上采用了倾斜性的语言表达，而这是获得协商一致意见的需要，因此，该条款实际上只是重申没有任何理由犯下12项反恐怖主义公约所禁止的行为；这是在过去的大会和安全理事会的许多决议中所表达过的。因此实际上，该条款依然很难被认为对恐怖主义犯罪做出了明确的界定。

二、黎巴嫩特别法庭与恐怖主义罪

2007年联合国安全理事会成立的黎巴嫩问题特别法庭（STL）是世界上第一个对恐怖主义罪行具有管辖权的国际法庭，❷ 该法庭对被指控导致前总理拉菲克·哈里里（Rafiq Hariri）和其他22人遇害的2005年2月14日贝鲁特袭击事件的所有负责者进行审判。❸ 2011年1月17日，法庭检察官丹尼尔·贝勒马雷（Daniel Bellemare）向预审法官提交了一份起诉书。预审法官要求上诉分庭解决包括黎巴嫩刑庭适用的实体法、刑事责任有关的15个问题。作为回应，黎巴嫩刑庭上诉分庭于2011年2月16日做出了

---

❶ S. C. Res. 1566, U. N. SCOR, 59th Sess., 5053rct mtg., at 2, U. N. Doc. S/RES/1566 (2004).

❷ 根据安全理事会第1664（2006）号决议，联合国和黎巴嫩共和国通过谈判达成了设立黎巴嫩问题特别法庭协定。根据安全理事会第1757（2007）号决议，该决议所附文件的规定和《特别法庭章程》自2007年6月10日起生效。

❸ Statute of the Special Tribunal for Lebanon, appended to S. C. Res. 1757, U. N. Doc. S/RES/1757 (May 30, 2007). While the STL was initially envisioned as a court to be established by an agreement between Lebanon and the United Nations (as the Special Court for Sierra Leone had been), when the Lebanese Parliament failed to ratify the agreement through its domestic legislative process by the June 10, 2007 deadline, the Security Council adopted Resolution 1757 (2007), establishing the STL under its Chapter VII powers. See S. C. Mtg. Rec. 62nd Sess., 5685th mtg., U. N. Doc S/PV. 5685 (May 30, 2007).

一项具有里程碑意义的裁决。[1] 上诉分庭法官的一致裁决是由主审法官安东尼·卡塞斯（Antonio Cassese）签署的，他享有黎巴嫩刑庭上诉分庭的“法官报告员”之称。卡塞斯法官曾任佛罗伦萨大学国际法教授，曾担任前南斯拉夫国际刑事法庭（ICTY）（以下简称前南刑庭）庭长。他为前南刑庭上诉分庭写的意见是自1949年“日内瓦公约”通过以来国际人道法、国际刑法最重要的发展。例如，卡塞斯法官在担任前南刑庭庭长期间，法庭上诉分庭在历史上第一次认为个人刑事责任不仅适用于国际性武装冲突期间，而且适用于在非国际性武装冲突中犯下的战争罪。[2] 此外，卡塞斯法官还发展了共同犯罪团体责任（joint criminal enterprise liability）的新概念，后来卢旺达国际刑事法庭、塞拉利昂特别法庭和柬埔寨特别法庭采用了这种概念。[3] 作为黎巴嫩特别法庭上诉分庭的主审法官，卡塞斯再次利用了这一历史性的机会，大胆推进国际刑法的发展，试图对恐怖主义犯罪进行界定。

三、恐怖主义罪的界定

关于恐怖主义罪，迄今为止争议最多的问题就是关于恐怖主义罪定义的问题，在黎巴嫩刑庭上诉分庭的决议中最关键的问题也是恐怖主义罪适用何种定义的问题。虽然《黎巴嫩问题特别法庭规约》（以下简称《规约》）中规定法庭将适用黎巴嫩国内法所界定的恐怖主义罪，但上诉分庭认为，黎巴嫩刑庭有权在国际条约和习惯法的协助下对恐怖主义罪适用的黎巴嫩国内法进行解释。[4] 这是一个偏离了《维也纳条约法公约》第32条所反映的条约解释的传统做法，其中法庭将适用《规约》条款的“普通意

---

[1] Interlocutory Decision on the Applicable Law: Terrorism, Conspiracy, Homicide, Perpetration, Cumulative Charging, Special Tribunal for Lebanon Appeals Chamber, Case No. STL－11－01/I (Feb. 16, 2011), available at http://www.stltsl.org/x/file/TheRegistry/Library/CaseFiles/chambers/20110216_ STL－11－01_ R176bis_ F0010_ AC_ Interlocutory_ Decision_ Filed_ EN.pdf [hereinafter Interlocutory Decision].

[2] Prosecutor v. Tadic, Decision on the Defense Motion for Interlocutory Appeal on Jurisdiction, Case No. IT－94－1－AR72 (Int' l Crim. Trib. for the Former Yugoslavia Oct. 2, 1995).

[3] Prosecutor v. Tadic, Judgment, Case No. IT－94－1－A (Int' l Crim. Trib. for the Former Yugoslavia July 15, 1999) [herein－after Tadic, Appeals Chamber, Judgment]; Michael P. Scharf, Seizing the Grotian Moment: Accelerated Formation of Customary International Law in Times of Fundamental Change, 43 Cornell Int' l L. J. 440, 441 (2010).

[4] Interlocutory Decision, 45, 62.

义”，除非案文被发现是不明确或模糊的，或导致明显荒谬或不合理的解释。由于《黎巴嫩问题特别法庭规约》明确规定，法院将根据黎巴嫩国内法对恐怖主义罪进行界定和审判。根据传统做法，诉诸辅助性解释手段只有在法院裁定有关方面与黎巴嫩国内法存在不一致或模糊时才能适用。与上述传统方法不同的是，上诉分庭决议中说明，“上诉庭所采取的解释方法与明白时不需解释（in claris non fit interpretation）的法律箴言并不冲突，脱离背景的解释会背离文本的真实意思”。❶ 上诉分庭采用了一种“符号学”（Semiotics）的解释方法，❷ 这种解释方法首先做出这样一种假设：诸如“恐怖主义”这样的术语不是历史上特定的词汇，其含义随着时间的推移会发生改变，同时随着社会发展变迁而发生变化。❸ 正如黎巴嫩上诉分庭的说明，这种解释方法承认随着社会、时间推移而改变的现实，并且认为法律的解释应随之发展并与之同步。❹

因此，上诉分庭认为，在“黎巴嫩承担的国际义务的背景下对黎巴嫩法律进行解释是适当的，在没有非常明确的法律条款的情况下，推定这种法律解释方法是符合《黎巴嫩问题特别法庭规约》的”。❺ 这种解释方法使得上诉分庭可以根据习惯国际法来确定是否存在恐怖主义罪的定义。为此，上诉分庭认为，“尽管许多学者和专家认为，由于对某些问题的观点存在明显分歧，目前没有出现可被广泛接受的恐怖主义罪的定义，但是如果更仔细地审查恐怖主义罪在世界范围内的演变历史，会发现实际上已逐渐出现了对恐怖主义的广泛界定”。❻ 根据对国家实践和“内心确信”(opinion juris)的审查，上诉分庭认为，习惯国际法对恐怖主义的定义包括以下三个关键要素：“①犯罪行为（如谋杀、绑架、劫持人质、纵火等），或威胁进行这种行为；②意图在民众中传播恐惧(通常会危害公共安全)，或直接或间接地胁迫国家或国际当局采取某些行动或不采取行动；③行为

---

❶ Interlocutory Decision, 19.

❷ Semiotics (from the Greek semeion, meaning “sign”) was developed by Charles Peirce in the nineteenth century as the study of how meaning of signs, symbols, and language is constructed and understood. See Charles Sanders Pierce, Collected Papers of Charles Sanders Peirce: Pragmatism and Pragmaticism 5 (Charles Hartshorne & Paul Weiss eds., 1935).

❸ Michael P. Scharf, International Law in Crisis: A Qualitative Empirical Contribution to the Compliance Debate, 31 Cardozo L. Rev. 45, 50 (2009).

❹ Interlocutory Decision, 21.

❺ Interlocutory Decision, 19-20.

❻ Interlocutory Decision, 83, 102.

涉及跨国因素。”[1] 上诉分庭认为，根据黎巴嫩国内法以及习惯国际法的法律渊源，对恐怖主义进行界定时，攻击使用的具体手段并非是构成恐怖主义罪或仅仅是谋杀罪的决定性因素。[2] 换言之，使用步枪或手枪进行攻击，虽然可能本身并不会对一般民众造成危险，但仍然属于黎巴嫩刑庭的管辖权范围，这与黎巴嫩国内判例法恰好是相反的。[3]

这是历史上第一次，国际法庭有权根据习惯国际法确认恐怖主义罪的一般定义。鉴于国际社会尚未就恐怖主义罪的一般定义达成共识这一传统观点，该决定几乎肯定会引发关于黎巴嫩刑庭的结论是否正确的争议。由于这一决定是由一个国际法庭发布的，并由一位享有盛名的法学家所签署，所以这项决定本身可能被视为“历史性的时刻”，使在国际法上对恐怖主义进行界定成为现实。如果是这样，这项决定将对国际社会几十年来为制定一个可广泛接受的恐怖主义定义所做的努力产生重大影响。[4] 无法就一般定义达成协商一致的意见，国际社会在过去30年中取得了进展，通过10多项单独的反恐怖主义公约，将劫持人质、劫持飞机、海上破坏、攻击机场、攻击外交官和政府官员、袭击联合国维和部队成员、使用炸弹或生化武器、使用核材料、为恐怖组织提供财政支持等恐怖主义行为纳入国际条约中，规定了“起诉或引渡”的国家义务。[5] 通过将十多项反恐怖主义公约列入联合国大会和安全理事会反恐怖主义决议的序言条款，确认恐怖主义行为犯罪行为和非法行为，联合国已经将这些公约所禁止的行为界定为习惯国际法上的犯罪行为。然而，这些反恐怖主义公约的覆盖面仍然是不足够的。例如，这些公约所禁止的行为不包括暗杀商人、工程师、记者、教育工作者等，条约只是将对外交官和公职人员的袭击列为禁止行为。而且，并没有覆盖针对客运火车或公共汽车、供水或发电厂的除爆炸物以外的其他手段的攻击或破坏活动，仅仅覆盖了对飞机或远洋客轮进行袭击的活动。此外，条约并不包括大多数形式的网络恐怖主义活动。而且，不涉及身体伤害的精神损害，即使在公共场所放置假炸弹或通过邮件

---

[1] Interlocutory Decision, 85.

[2] Interlocutory Decision, 147.

[3] Interlocutory Decision, 59, 138, 145.

[4] Michael P. Scharf, Defining Terrorism as the Peacetime Equivalent of War Crimes: Problems and Prospects, 36 Case W. Res. J. Int' l L. 359, 360 - 361 (2004).

[5] Interlocutory Decision, 364 - 365.

发送伪造炭疽也可能是对公共人口的实际攻击，并且也会导致损害。[1] 值得注意的是，黎巴嫩刑庭上诉分庭指出，习惯国际法规则可以解释为对国家施加的一项义务，以起诉那些根据习惯国际法犯下恐怖主义行为的人。[2] 这将包括弥补十几项反恐怖主义公约覆盖面以外的漏洞。

此外，联合国安全理事会第1373号决议禁止资助恐怖主义，但没有对禁止行为给出明确的界定，[3] 上诉分庭对恐怖主义罪的一般界定可能有助于更有效地执行这一重要决议。

（一）对《黎巴嫩问题特别法庭规约》的解释

在对《规约》进行解释时，法庭的任务是确定规则的适当含义，以便尽可能充分、公正地实现其起草者的意图；特别是法庭必须使似乎不一致的法律规定保持一致。这项任务应根据1969年《维也纳条约法公约》（以及相应的习惯国际法规则）第31条第1款规定的一般原则，条约解释必须符合善意原则（in good faith），根据条约的条款在其上下文中，以及根据条约的目的和宗旨做出一般意义上的解释。鉴于《规约》，这一原则要求在进行条约解释时必须以使法庭能够更好地实现其公平和有效司法为目标。然而，如果这一原则被证明是无用的，则应选择更有利于嫌疑人或被告人的权利的解释，利用有利于被告的刑法的一般原则作为解释标准。与其他国际刑事法庭不同的是，其他国际刑事法庭都是根据《规约》对其管辖范围内的罪行适用国际法，而黎巴嫩特别法庭的法官的主要任务是在法庭管辖权的范围内适用黎巴嫩国内法。

因此，法庭的任务是在行使其主要管辖权时适用国内法，而不是像大多数国际法庭通常做法那样，只有在行使其附带管辖权时才适用。根据国际判例法，一般来说，法庭将适用黎巴嫩法院的司法解释和黎巴嫩国内法，除非这种解释或适用是不合理的，或者可能导致明显的不公正，或者不符合国际法一般原则，则适用对黎巴嫩具有约束力的国际法规则。此外，当黎巴嫩法院对有关法律规则采取不同或相互冲突的看法时，法庭可以对该法律进行解释，使其更为适当，并符合国际法规则。

---

[1] Interlocutory Decision, 365.

[2] Interlocutory Decision, 102.

[3] S. C. Res. 1373, U. N. SCOR, 56th Sess., 4385th mtg., U. N. Doc. S/RES/1373 (2001).

（二）黎巴嫩特别法庭对恐怖主义罪的认定

黎巴嫩特别法庭根据对黎巴嫩具有约束力的国际条约、国际惯例、习惯国际法，对适用黎巴嫩国内法的恐怖主义犯罪进行界定与法律解释。根据黎巴嫩国内刑法，恐怖主义罪的客观要素如下：①不构成“刑法”其他条款下的犯罪行为；②使用“可能危害公共安全”的手段。这些手段在说明性列举中指出：爆炸装置、易燃材料、有毒或燃烧物质、传染性或微生物制剂。根据黎巴嫩判例法，这些手段不包括如下未列举的工具，如枪、机枪、左轮手枪、炸弹或刀等。恐怖主义的主观因素是具有造成恐怖状态的犯罪意图。虽然《规约》第 2 条规定黎巴嫩特别法庭适用黎巴嫩国内法，但法庭为了更好地解释黎巴嫩国内法，国际法也应作为法律渊源。在这一方面，可以考虑两套规则：黎巴嫩已经批准的《阿拉伯反恐公约》（the Arab Convention against Terrorism）与和平时期关于恐怖主义的习惯国际法规则。《阿拉伯反恐公约》要求缔约国在防止和制止恐怖主义方面进行合作，并为此目的对恐怖主义进行界定，同时使每一缔约国有权根据本国国内法实行镇压恐怖主义的措施。将黎巴嫩法律与《阿拉伯反恐公约》中“恐怖主义”的概念进行比较，会发现两个概念具有两个共同要素：①共同的客观要素；②要求具有散布恐怖或恐惧的犯罪意图。然而，《阿拉伯反恐公约》的定义比黎巴嫩法律的定义范围更加广泛，因为它不要求以特定的手段、工具来实施恐怖主义行为。在其他方面，《阿拉伯反恐公约》中恐怖主义概念又更为狭窄，要求恐怖主义行为须是暴力犯罪，并且排除了在民族解放战争期间的行为。

根据相关国际条约、联合国决议以及各国的法律和司法惯例，黎巴嫩上诉分庭认为，有令人信服的证据表明，和平时期的习惯国际法规则中已经演化出了恐怖主义罪，其基本要素主要有：①具有犯罪意图（dolus）的犯罪行为；②具有传播恐惧或胁迫权威的特殊意图（dolus specialis）；③实施犯罪行为；④所实施的恐怖主义行为涉及跨国因素。仍然有少数国家坚持恐怖主义定义的例外，这些国家可以被视为持久反对者。将黎巴嫩刑法所界定的恐怖主义罪行与习惯国际法所规定的恐怖主义罪行进行比较，习惯国际法中关于界定执行恐怖主义行为的手段范围方面更为广泛，不限于国际法规则：①只限于和平时期的恐怖主义行为；②它需要一种潜在的犯罪行为和意图实施该行为；③包涵跨国因素。在充分尊重黎巴嫩法院关于审理恐怖主义犯罪案件的判例时，法庭也需要考虑到恐怖主义犯罪的独特性、严重性与跨国性，安全理事会认为这些案件是特别严重的国际恐怖主义行为，正因如此才应设立国际法院。因此，为了认定这些犯罪事实，法庭有理由至少在一方面适用黎巴嫩刑法关于恐怖主义罪的定义同时，应该适用比黎巴嫩判例法更广泛的国际法规则。虽然黎巴嫩法院认为必须存在刑法中所列举的一种手段实施恐怖主义攻击，但黎巴嫩刑法本身就表明了所列犯罪行为的清单是说明性的，而不是详尽无遗的，因此也可能包括诸如手枪、机械枪支等，视情况而定。唯一必要要素是，用于进行恐怖主义攻击的手段可能造成公共危险，或者通过使旁观者受到伤害，或以报复方式，或使政治不稳定的方式进一步发动暴力。对黎巴嫩法律的这种解释更好地解决了当代恐怖主义的多种犯罪方式的问题，并使黎巴嫩法律与对黎巴嫩具有约束力的相关国际法更加一致。因此，法庭采用的解释方法不违背合法性原则（nullumcrimen sine lege），其合法性鉴于以下原因：①这种解释符合黎巴嫩法律明确界定的罪行；②特别是鉴于《阿拉伯反恐公约》和黎巴嫩批准的其他国际条约，黎巴嫩对这些国际条约也发布了官方通报；③因此被告人可以合理地预见犯罪所要承担的刑事责任。

总而言之，根据上述原则，法庭适用的恐怖主义罪的界定包括以下内容：①恐怖主义犯罪行为的存在；②采用可能危害公共安全的手段或方式；③犯罪者具有造成恐怖状态的意图。考虑到恐怖主义犯罪界定的要素不需要基础罪行（underlying crime），导致死亡的恐怖主义行为的犯罪者在对恐怖主义行为负刑事责任外，死亡是一种加重处罚的情形。此外，如果犯罪者具有对该罪行所必需的犯罪意图，则犯罪者也可以并且独立地对该犯罪行为负责。

（三）在黎巴嫩特别法庭适用的恐怖主义概念

最终在上诉庭裁决中认为，法庭必须适用黎巴嫩法律所界定的恐怖主义罪行。在习惯国际法与黎巴嫩刑法中，对恐怖主义犯罪的规定有两个重大差别：一方面，在习惯国际法中，基本行为（underlying crime）必须是一种犯罪，这意味着除了恐怖主义罪行所需的特殊意图外，犯罪者还必须拥有犯罪所需的犯罪意图。相反，根据黎巴嫩法律，1958 年 1 月 11 日颁布的刑事法律第 6 条规定：死亡、财产损害等犯罪结果构成恐怖主义犯罪的加重情节。因此在提交法庭的案件中，检察官只能证明除了“造成恐怖状态”的特殊意图之外，其基本行为也是具有犯罪意图的。另一方面，根据黎巴嫩刑法，用于实施恐怖主义行为的手段必须是具有危害公众安全的主观要素。过去一些黎巴嫩法院对能够造成公共危险的手段类型进行了狭义的解释。根据对黎巴嫩具有约束力的国际法和根据所提交案件的具体情况，黎巴嫩特别法庭对“可能造成公共危险的手段”采用了较宽泛的解释。

《黎巴嫩问题特别法庭规约》明确提到了《规约》仅适用黎巴嫩刑法。因此，法庭在适用恐怖主义行为概念时应考虑黎巴嫩刑法第314条。然而，在解释黎巴嫩刑法第314条和其他有关规定时，不得忽视对黎巴嫩具有约束力的国际法。❶ 黎巴嫩刑法第314条应按照国际法解释，因此规定了恐怖主义犯罪的如下构成要素：①有意识地实施犯罪行为；②采用可能造成公共危险的手段❷；③具有造成恐怖状态的意图。

考虑到在法庭适用的恐怖主义概念的构成要素不需要故意杀人罪等基本罪行，导致死亡的恐怖主义行为的犯罪者将负刑事责任（假定符合上述讨论的其他要素），根据1958年刑事法律第6条，死亡是加重处罚的情形。此外，犯罪者独立地对基本犯罪行为负责，例如杀人或企图杀人。必须根据该罪行的要素审查其对基本犯罪的责任，特别是确保犯罪者具有直接或间接意图。简而言之，被告对恐怖主义罪行和基本犯罪，例如故意杀人或企图杀人罪的责任，必须单独评估。

（四）其他属于黎巴嫩特别法庭管辖范围的罪行

法庭应适用关于故意杀人、企图杀人与共同谋议罪的黎巴嫩国内法。由于这些犯罪主要是国内刑法中规定的罪行，而在国际法下并没有相关规定（国际法中的共同谋议罪仅仅是种族灭绝罪的一种刑事责任模式），因此上诉分庭将不会根据国际刑法对这些罪行进行评述。根据黎巴嫩刑法，故意杀人罪的构成要素主要有如下五点：①存在损害他人生命的行为或者故意疏忽致他人死亡的情形；②导致某人死亡；③行为与死亡结果之间的关联关系；④明确知道其行为的危害结果（包括该行为针对的受害人，并

---

❶ On the international customary definition of terrorism, see paragraph 85; on the definition of terrorism contained in the Arab Convention, see paras. 65 – 67.

❷ In particular, the Appeals Chamber notes that whether certain means are liable to create a public danger within the meaning of Article 314 should always be assessed on a case-by-case basis, having regard to the non-exhaustive list in Article 314 as well as to the context and the circumstances in which the conduct occurs. This way, Article 314 is more likely to be interpreted in consonance with international obligations binding upon Lebanon.

采取可能导致死亡的手段）；⑤意图，无论是直接的还是间接的。预谋是一种加重处罚的情节，而不是犯罪的一个要素，可以适用于故意杀人行为有可能发生的案件中。根据黎巴嫩法律，意图杀人的要素如下：①采取了意图实施犯罪行为的初步行动（开始执行犯罪）；②犯罪的主观意图；③在犯罪目的达到之前不会自愿放弃该罪行。根据黎巴嫩刑法，共同谋议罪的构成要素如下：①两人或两人以上；②缔结或加入协议的人；③旨在犯下危害国家安全罪（共同谋议的目的必须是恐怖主义行为）；④就实施犯罪的手段达成协议（因为共同谋议罪实施恐怖主义必须满足第314条的“手段”要素）；⑤犯罪意图的存在。

四、恐怖主义罪的刑事责任模式

黎巴嫩刑庭上诉分庭裁决的具有潜在重大影响的第二个方面，主要涉及适用的刑事责任模式的问题。上诉分庭认为，黎巴嫩法庭是在继承和借鉴前南斯拉夫刑事法庭和卢旺达刑事法庭等国际法庭和其他混合型法庭的经验和教训的基础上建立的，是一种混合型的特别法庭，其特征在于由国际法官、国际检察官和罪行发生地的法官、检察官共同组成，对发生于特定时间、特定国家的特定国际犯罪进行审判。[1] 上诉分庭进一步指出，根据《黎巴嫩问题特别法庭规约》第3条（责任原则）来源于“特设法庭”（ad hoc）规约，这反映了特设法庭在习惯国际法中的地位。[2] 因此，上诉分庭认为，黎巴嫩刑庭可以适用国际刑法中的刑事责任模式，包括共同犯罪的团体责任（JCE），这在其他国际法庭中已有先例。[3] 在上述诉讼中，上诉分庭批评国际刑事法院对共同犯罪者的替代定义（称为“犯罪模式”），并说明与共同犯罪的团体责任不同，上诉分庭认为这是不符合习惯国际法的。[4]

共同犯罪的团体责任有三种形式：

（1）基本形式：将所有共同被告人根据共同设计行事并具有相同的犯罪意图的情形归责于个人刑事责任，即使每个共同执行者在团体内发挥的

[1] 王秀梅：《黎巴嫩特别法庭初探》，载《河南省政法管理干部学院学报》2008年第6期，第1页。

[2] Interlocutory Decision，206.

[3] Interlocutory Decision，211－249.

[4] Interlocutory Decision，255，256.

作用不同。这种形式的共同犯罪所需的犯罪意图是所有成员犯下某种罪行的共同意图。

（2）系统形式：特点是存在有组织犯罪制度，例如存在集中营的情形。这种形式的共同犯罪所需心理要素是对虐待制度的个人认识，以及旨在推进这种共同的协调一致的虐待制度的意图。

（3）扩展形式：将个人刑事责任归于涉及犯罪的共同目的的个人刑事责任，其中一个犯罪者实施一种行为，虽然在共同计划之外，但实施该行为的自然和可预见的结果是为共同目的服务的。这种形式的犯罪意图或者是犯罪者的共同犯罪意图，或者至少是被告意识到犯罪可能是由于执行的结果而犯罪的可能性的犯罪行为，而被告在进行犯罪行为时自愿承担风险。[1]

这三种形式的共同犯罪中，第三种形式是最饱受争议的，因为辩护律师和一些学者认为这是一种联合犯罪的形式。也许因为这个原因，上诉分庭试图限制其在黎巴嫩刑庭的适用。虽然注意到黎巴嫩国内法中有与第三种形式的共同犯罪类似的责任原则，[2] 上诉分庭认为，第三种形式的共同犯罪责任形式不适用于黎巴嫩刑庭审判中的恐怖主义罪行，因为第三种形式的共同犯罪责任形式中含有鲁莽（doluseventualis）标准，而恐怖主义是一种具有特定意图的犯罪行为。[3] 在上述结论中，上诉分庭承认这违背了前南国际刑庭和卢旺达国际刑庭的做法，允许根据《联合国宪章》的第三种共同犯罪责任形式，种族灭绝罪具有迫害的具体犯罪意图[4]。黎巴嫩刑庭还允许根据对特定意图犯罪的指挥官责任原则下的定罪，即使指挥官仅仅达到疏忽标准，即如果指挥官知道或应该知道下属的行为，对于他们的罪行，没有采取行动预防或惩罚措施，则指挥官对下属行为负责。[5] 对于恐怖主义罪，上诉分庭宣称，“更好的办法是将二级罪犯视为助手和协助，而不是要求其具备恐怖主义罪的全部要素”。[6]

最后，在黎巴嫩刑庭上诉分庭裁决之前，共同犯罪团体责任原则上只

---

[1] Tadic, Appeals Chamber, Judgment, supra note 4, 196, 228.

[2] Interlocutory Decision, 231.

[3] Interlocutory Decision, 248, 249.

[4] Interlocutory Decision, 249.

[5] Prosecutor v. Oric, Judgment, Case No. IT - 03 - 68 - T, 294, (Int'l Crim. Trib. for the Former Yugoslavia June 30, 2006).

[6] Interlocutory Decision, 249.

适用于战争罪、危害人类罪与种族灭绝罪，但卡塞斯法官认为，战争罪、危害人类罪、种族灭绝罪、酷刑与恐怖主义等国际罪行具有共同的特点，即它们经常表现为集体犯罪，因为它们是由众多人、一定程度的军事性质、准军事部队的一致行动，并且在大多数情况下根据共同政策行事。当犯下这种罪行时，极难确定每个个别参与者对犯罪团体或集体犯罪所做的具体贡献……共同犯罪的团体责任的概念是指一种刑事责任模式，它似乎特别适合于涵盖共同犯罪计划中所有参与者的刑事责任。[1] 根据上述援引，黎巴嫩上诉分庭认为共同犯罪责任模式的第一种与第二种适用恐怖主义罪行，很可能将被视为国际法院对全世界恐怖主义罪行案件适用原则的重要先例。

（一）黎巴嫩特别法庭对刑事责任模式的认定

《黎巴嫩问题特别法庭规约》第2条要求法庭适用关于“犯罪参与”（作为责任模式）、“共同谋议”“非法结社”“没能报告犯罪行为”（作为犯罪行为本身）的巴黎嫩法律。第3条规定了国际刑法中适用的各种刑事责任模式：犯罪、共谋、组织或指挥他人实施犯罪、为犯罪组织做出贡献、优先责任、执行上级命令。黎巴嫩国内刑法或国际刑法相关规则可适用于责任模式。预审法官和审判分庭必须逐案评估在适用黎巴嫩法律和国际刑法之间是否存在实际冲突。如果没有冲突，则应适用黎巴嫩法律；如果有冲突，那么应适用更有利于被告的法律体系。

1. 共犯

根据国际刑法和黎巴嫩法律，恐怖主义罪的构成要素实际上是犯罪者实施了被禁止的恐怖主义行为；当犯罪者是两人或两人以上时，所有实施共同犯罪行为或者共同实施同一犯罪行为的人称为共犯。黎巴嫩刑法中承认对“共同实施”的更广泛范围的解释，在黎巴嫩特别法庭中认定为“参与具有共同目的的犯罪团体”。

2. 同谋（协助与教唆）

在很大程度上，黎巴嫩刑法的“同谋”概念和国际法中“协助和教唆”概念重叠，但是仍然有两个重要的例外：①黎巴嫩法律明确列出了同谋提供协助的客观手段，而国际法只要求“大量协助”，而不对协助可采取的形式施加任何限制。②根据黎巴嫩法律，同谋的刑事责任要求被告知

[1] Antonio Cassese, International Criminal Law 189 - 191 (2d ed. 2008).

道犯下的罪行，与犯罪者一起达成犯罪协定，并同意进一步实施犯罪行为；相反，国际法只要求同谋者具有进一步协助犯罪行为的情形存在。一般来说应适用黎巴嫩“共谋”的概念，因为有利于保护被告权利，因此符合合法性原则（nullumcrimen sine lege）。

3. 参加具有共同犯罪意图的团体

这里产生的主要问题是黎巴嫩法律中关于共犯、共谋、唆使等所设想的各种责任模式是否以及在何种程度上与习惯国际法中规定的共同犯罪团体责任的概念重叠或协调一致。这两个法律体系需要一个共同的主观要素——必须具有犯罪意图或鲁莽的心理要素（doluseventualis）。因此，黎巴嫩法律和国际刑法在刑事责任模式方面存在重叠的地方，即要求所有参与者都具有共同的犯罪意图，尽管每一个参与者在实施犯罪行为的过程中可能发挥不同的作用。这两个法律体系在惩罚共同犯罪中的那些参与者方面也是重叠的，尽管他们没有商定实施“额外”犯罪，但是他们可能知道并确实知道这种犯罪可能发生的后果并自愿承担风险。然而，根据国际刑法，这一概念不能适用于需要特别意图的其他罪行（如恐怖主义）。预审法官和上诉分庭将必须逐案评估在适用黎巴嫩法律与实施共同犯罪的国际犯罪观念之间是否存在任何实际冲突。如果没有冲突，则应适用黎巴嫩法律。如果存在冲突，那么适用有利于被告的法律体系。特别是，由于黎巴嫩法律允许因针对他人的恐怖主义行为被定罪，即使该被告只对该恐怖主义行为的最终结果负刑事责任，国际刑法中共同犯罪团体责任的概念也应适用于这种特殊情况。

（二）恐怖主义犯罪中的数罪并罚问题

黎巴嫩问题特别法庭中对恐怖主义犯罪的界定在很大程度上受黎巴嫩法律和国际刑法的约束。两者都规定了恐怖主义犯罪中包含多种罪行，并允许多重控诉，这类似于我国刑法中的“牵连犯”“吸收犯”“想象竞合”。然而根据黎巴嫩刑法或国际刑法，没有明确规定是否优先采用累积或替代性控罪。因此，预审法官在确认起诉书时应非常审慎，法庭认为只有在指控罪行的不同要素使这些罪行真正分开时才允许累积起诉。特别是，当一种罪行包括另一种罪行时，法官应该总是选择前者进行定罪量刑，而非后者。同样，如果根据一般性条款和特别规定对该犯罪行为进行规定，法官应始终优先适用特别规定。预审法官也应该以向辩方提供最大清晰度为目标。因此，除非这些罪行的构成要素使其完全区分开来，否则不应增加被告的额外责任，应该以有利于被告的方向进行适用与解释。这种方法不但能够提高诉讼程序的效率，同时可避免对辩方造成不必要的负担，从而促进法庭以公平有效的方式实现司法公正的最终目标。总而言之，根据黎巴嫩法律，恐怖主义共同谋议、恐怖主义、故意杀人罪行可累积起诉，即使基于相同的基本行为，因为它们不需要不相容的法律要素，而且将这种行为定为犯罪实质上是为了保护不同的价值观，❶ 因此，在大多数情况下，更合适的做法是对这些罪行进行累积而不是交替，也就是进行数罪并罚。

五、结语：界定“恐怖主义犯罪”，维护国际和平与安全

无论从实践性还是从理论性角度来说，在国际法中界定恐怖主义都是一种必然趋势。恐怖主义这一术语包含了在许多社会中被广泛谴责的反社会、不道德、不人道和政治暴力现象。如果刑法旨在保护社会价值观，对不合理的暴力行为表达民众的反感，并谴责不道德的行为，恐怖主义一词就具有象征性，包含许多这样的价值判断。通过联合国机构和其他国际组织证明的国家实践为恐怖主义犯罪的界定提供了国际法基础。虽然每个论点都存在概念上的问题，总的来说，它们为界定恐怖主义犯罪提供了一般原则性的法理基础，以便保护重要的国际社会共同的价值观和利益——国际和平与安全。如果恐怖主义被认为是国际和平与安全的重要威胁，则对其的界定必须限于能够取得这种结果的行为。例如，由于其跨国或多国筹备或影响因素、国家当局的参与，这些都可能损害重要的国际社会价值或利益。因此，对恐怖主义的界定不能完全排除一国之内的恐怖主义，因为某些国内恐怖主义行为同样可能损害国际和平与安全。

---

❶ As the ICTY Appeals Chamber pithily put it in Delalic' et al: “Reasons of fairness to the accused and the consideration that only distinct crimes may justify multiple convictions, lead to the conclusion that multiple criminal convictions entered under different statutory provisions but based on the same conduct are permissible only if each statutory provision involved has a materially distinct element not contained in the other. An element is materially distinct from another if it requires proof of a fact not required by the other.” Delalic' et al, Appeals Judgment, 20 February 2001 (“Delalic' AJ”), para. 412. See also ICTY, Kupres`kic' TJ, para. 685; ICTY, Jelisic', Appeals Judgment, 5 July 2001, para. 82.

当维和部队成为国际犯罪受害者：国际刑事法庭的司法实践及其对维和法律制度的影响

梁 卓*

冷战结束以后，联合国主导的维和行动（Peacekeeping Operation/Peacekeeping Mission）迅速增多，成为国际法学研究密切关注的对象。据联合国官方统计，从1948年第一次维和行动实施以来，“联合国已部署了69个维持和平行动，其中56个是1988年以来开展的。近些年，共有数十万名军事人员和数万名联合国警察以及来自超过120个国家的文职人员参加了联合国维持和平行动”。[1] 中国作为联合国安理会五大常任理事国之一，积极履行维护世界和平的国际法义务。截至2016年4月，中国已派遣共3042名维和人员参与维和行动。[2]

随着维和行动的大规模开展，维和部队越来越多地卷入到纷繁复杂的地区局势中，往往不幸地成为国际犯罪的受害者。联合国维和行动副秘书长勒罗伊（Le Roy）曾直言不讳道：“很清楚，在过去的几年里，联合国人员经常成为攻击目标。”[3] 举例来说，中国维和人员在近期遭到攻击的事件就不断发生着。2016年7月，“中国赴南苏丹维和步兵营1辆装甲车10日被一发炮弹击中。中国维和人员已有2人牺牲、2人重伤、3人轻伤”。[4]

---

* 梁卓，中国政法大学国际法学院国际法学2014级硕士研究生。

[1] 联合国网站：“维持和平的历史”，http://www.un.org/zh/peacekeeping/operations/history.shtml，最后访问时间：2016年8月10日。

[2] 联合国会员国截至2016年4月为维和行动派遣人数统计表可参见联合国网站：http://www.un.org/en/peacekeeping/contributors/2016/apr16_1.pdf，最后访问时间：2016年8月10日。

[3] Peace and Security Section of the United Nations Department of Public Information, United Nations Peace Operations 2009: Year in Review, 2010, p. 7.

[4] 《中国两名维和人员在南苏丹牺牲 中方对维和人员遇袭深感震惊》，载《人民日报》海外版2016年7月12日。

在这不久之前，“一名中国维和人员在5月31日晚发生在马里北部加奥联合国维和人员营区的遇袭事件中牺牲，另有4名中国维和人员受伤”。[1] 据统计，迄今为止，“来自约120个国家的超过3326名联合国维持和平人员为这项崇高的使命献出了宝贵的生命”。[2]

各国际刑事法庭很久之前就启动了对危害维和部队案件的调查和起诉，并从2008年开始陆续做出判决。这一司法实践是值得称道的，它宣告了危害维护部队却有罪不罚的时代的终结。然而这一司法实践同时也对维和行动原有法律制度的进一步塑造和发展产生了一定的影响。在传统上，维和法律制度坐落于诉诸战争权（jus ad bellum）和战时法（jus in bello）两大法律分支交汇的灰色地带，国际刑事司法对这一领域的介入使得其中尚存争议的法律问题进一步复杂化，这主要表现在其对概念的解释和概念之间关系的分析上。综合来看，国际刑事法庭对维和法律制度的解释聚焦于对三个问题的考察——维和行动的基本原则、维和行动与执行行动的关系以及维和部队的法律地位，这些问题无疑构成国际刑事司法在解读维和法律制度时遇到的最具争议的三个问题。本文立足于各国际刑事法庭的已有判例，对国际刑事法庭对上述三个环环相扣的问题的解释进行考察，结合维和法律制度的内容本身批判性地分析国际刑事法庭法律解释上的合法性和合理性，并针对这一司法实践对已有的维和法律制度所产生的影响提出笔者个人的看法。本文所称的维和行动与维和部队，仅指联合国主导的维和行动和派遣的维和部队。

一、国际刑事法庭对危害维和部队罪行的司法实践概览

本文所称的“危害维和部队罪行”是对维和部队成为国际犯罪受害者情形的类型化描述，它并非国际刑法中一个独立的罪名。国际法委员会1996年二读通过的《危害人类和平与安全罪法典草案》曾经将“危害联合国人员和有关人员罪行”作为一项习惯法上的核心国际犯罪，规定它是“故意和有计划或大规模地对参与联合国行动的联合国人员和有关人员实行的任何下列罪行以期防止或妨碍该项行动履行其任务构成危害人类和平及安全罪

---

[1] 《一名中国维和人员在马里遇袭牺牲》，载《光明日报》2016年6月2日。

[2] 联合国网站：“维持和平的历史”，http：//www. un. org/zh/peacekeeping/operations/history. shtml，最后访问时间：2016年8月10日。

行：（a）对任何此类人员实行谋杀、绑架或对其人身或自由的其他攻击行为；（b）对任何此类人员的办公房地、私人住所或交通工具实行有可能危害其人身或自由的暴力攻击”。[1] 维和部队显然属于“参与联合国行动的联合国人员和有关人员”，因此按照国际法委员会的观点，应当被纳入到“危害联合国人员和有关人员罪行”的罪名下进行惩治。但是，现存的所有国际刑事法庭的规约中都不包含“危害联合国人员和有关人员罪行”，基于罪刑法定原则，国际刑事法庭只可能在危害维和部队的罪行发生后，依据其规约中的战争罪、危害人类罪或者灭绝种族罪等罪名管辖这一罪行。

相比战争罪、危害人类罪或者灭绝种族罪等罪名下的其他罪状，危害维和部队罪行具有以下特点：其一，犯罪发生的环境特殊。危害维和部队罪行发生在维和行动过程中，多数情况下伴随着武装冲突的背景。维和行动是联合国主导的行动中的一种，[2] 确定联合国的某项行动是不是维和行动决定着参与行动的人和物能否享有作为维和部队的特殊保护。其二，犯罪对象的地位特殊。作为犯罪受害者的维和部队是国际法中的一类特殊客体，它不仅包括仅在授权范围内使用武力的维和人员，还包括维和人员所使用的武器、设备等物体。对维和部队法律地位的界定将决定着维和部队受到国际刑法保护的范围。基于这两点特殊性，国际刑事法庭在司法实践中，都是将危害维和部队罪行作为单独的议题加以处理。

目前，正在审理或已审理过危害维和部队罪行的国际刑事法庭有：卢旺达问题国际刑事法庭（以下简称“卢旺达法庭”）、前南斯拉夫问题国际刑事法庭（以下简称“前南法庭”）、塞拉利昂问题特别法庭（以下简称“塞拉利昂法庭”）和国际刑事法院。基于它们的规约在属物管辖权方面的不同表述，下文将这些法庭分为两类讨论。

（一）卢旺达问题国际刑事法庭和前南斯拉夫问题国际刑事法庭

《卢旺达法庭规约》和《前南法庭规约》均未将危害维和部队作为单

---

[1] ILC, “Report of the International Law Commission on the work of its forty-eighth session” (6 May -26 July 1996) UN Doc A/51/10, pp. 50 -51.

[2] 联合国官方提供的《维持和平行动部队地位协定范本草稿》第 15 条和《联合国与提供联合国维持和平行动人员和装备的会员国之间的协定范本草稿》第 4 条都肯定了联合国维和行动对联合国的附属地位。See UN GA 45/594, Annex (9 October 1990) UN Doc A/45/594, para. 15; UN GA46/185 (23 May 1991) UN Doc A/46/185, para. 4。

独的罪状在任何一个法庭享有管辖权的罪名下加以列举，但两个规约都规定了法庭对危害人类罪的管辖权，[1] 也分别赋予了卢旺达法庭和前南法庭对“违反日内瓦公约共同第3条和第2附加议定书”和“违反战争法规或惯例”的战争罪的管辖权。[2] 因此，实践中卢旺达法庭与前南法庭都以上述条款为基础将危害维和部队罪行纳入危害人类罪或战争罪加以惩治。

在1994年卢旺达大屠杀中，10名比利时维和人员在解除武装后被带离首相官邸，他们随后分批遭到杀害。[3] 卢旺达法庭为此已经在两起案件中对5名应为此事件负责的被告进行了定罪：在“巴格索拉案（Bagosora Case）”中，审判分庭认定，对维和人员的谋杀构成基于族裔和政治原因对平民人口广泛和有系统的攻击，属于危害人类罪；[4]“对生命施以暴力”属于严重违反日内瓦公约共同第3条和第2附加议定书的战争罪。[5] 在上诉判决中，上诉分庭减轻了被告巴格索拉的责任，但仍维持审判分庭认定的两项罪名。[6] 在“恩丁迪利伊马纳案（Ndindiliyimana Case）”中，审判分庭认定4名被告对维和人员的谋杀既构成危害人类罪，也构成战争罪。[7] 在上诉判决中，上诉分庭认定其中两名被告不为危害人类罪负责，一名被告不为战争罪负责。[8] 此外，在“恩杜亚哈卡案（Ntuyahaga Case）”中，检察官指控被告恩杜亚哈卡对维和人员的谋杀属于危害人类罪和战争罪，“对其生命施以暴力”属于战争罪[9]，但该案随后被撤诉。[10]

---

[1] 参见《卢旺达法庭规约》第3条和《前南法庭规约》第5条。

[2] 参见《卢旺达法庭规约》第4条和《前南法庭规约》第3条。

[3] See The Prosecutor v. Théoneste Bagosora et al.（Judgement and Sentence）ICTR－98－41－T, T Ch I（18 December 2008），［hereafter ‘Bagosora Case, Trial Chamber Judgement’］, paras. 21－22.

[4] See Bagosora Case, Trial Chamber Judgement, para. 2186.

[5] See Bagosora Case, Trial Chamber Judgement, para. 2245.

[6] See Théoneste Bagosora & Anatole Nsengiyumva v. The Prosecutor（Judgement）ICTR－98－41－A, A Ch（14 December 2011）, para. 742.

[7] See The Prosecutor v. Ndindilyimana et al.（Judgement and Sentence）ICTR－00－56－T, T Ch II（17 May 2011）, paras. 2090, 2142.

[8] See The Prosecutor v. Augustin Ndindiliyimana, François－xavier Nzuwonemeye & Innocent Sagahutu（Judgement）ICTR－00－56－A, A Ch（11 February 2014）, p. 151.

[9] See The Prosecutor v. Bernard Ntuyahaga（Indictment）ICTR－98－40－T,（28 September 1998）, pp. 30－31.

[10] See The Prosecutor v. Bernard Ntuyahaga（Decision on the Prosecutor's Motion to Withdraw the Indictment）ICTR－98－40－T, T Ch II（28 September 1998）.

前南法庭审理了两起与攻击维和部队有关的案件。在“卡拉季奇案(Karadžić Case)”中，被告卡拉季奇被控在1995年曾以共同犯罪组合(Joint Criminal Enterprise)的方式参与劫持200名联合国维和人员与军事观察员为人质，以强迫北约放弃针对波斯尼亚塞族军事目标的空袭。❶ 审判分庭在2016年的判决中认定，被告的这一行为构成劫持人质，是“违反战争法规或惯例”的战争罪。❷ 目前该案正在经历上诉程序。“姆拉迪奇案(Mladić Case)”同样部分以1995年对维和部队的劫持事件为背景，被告姆拉迪奇被控“与他人一起计划、煽动、命令且/或帮助和教唆劫持联合国军事观察员和维和人员为人质”,❸ 构成战争罪。❹ 目前，前南法庭还未对该案实体问题做出判决。由于这两起案件中被告都是将维和部队劫持为人质而未实施其他罪行，因此他们都只为此行为被判或被控战争罪。

（二）塞拉利昂问题特别法庭和国际刑事法院

与卢旺达法庭和前南法庭的情况不同，塞拉利昂法庭与国际刑事法院的规约都明确将“攻击”维和部队规定为战争罪。《国际刑事法院罗马规约》（以下简称《罗马规约》）第8条第2款（b）（iii）项（适用于国际性武装冲突）与第8条第2款（e）（iii）项（适用于非国际性武装冲突）均规定法庭对如下行为具有管辖权：“故意指令攻击依照《联合国宪章》执行的人道主义援助或维持和平行动的所涉人员、设施、物资、单位或车辆，如果这些人员和物体有权得到武装冲突国际法规给予平民和民用物体的保护。”❺《塞拉利昂法庭规约》第4条b款的表述与《罗马规约》完全一致，只是未对适用的武装冲突类型进行限定。❻ 但是，该款只是对“攻击”维和部队的特殊规定，无法涵盖整个以维和部队为对象的犯罪，毕

---

❶ See Prosecutor v. Radovan Karadžić (Public Redacted Version of Judgement Issued on 24 March 2016) IT-95-5/18-T, T Ch (24 March 2016), para. 3 (iv).

❷ See Prosecutor v. Radovan Karadžić (Public Redacted Version of Judgement Issued on 24 March 2016) IT-95-5/18-T, T Ch (24 March 2016), para. 5951.

❸ Prosecutor v. Ratko Mladić (Prosecution Submission of the Fourth Amended Indictment and Schedules of Incidents) IT-09-92-PT, (16 December 2011), para. 82.

❹ See Prosecutor v. Ratko Mladić (Prosecution Submission of the Fourth Amended Indictment and Schedules of Incidents) IT-09-92-PT, (16 December 2011), p. 37.

❺ 参见《罗马规约》第8条第2款（b）（iii）项和第8条第2款（e）（iii）项。

❻ 参见《塞拉利昂法庭规约》第4条b款。

竟，按照前文1996年《危害人类和平与安全罪法典草案》的定义，危害维和部队罪行应包含攻击、谋杀、绑架等多种行为。

2000年5月，数百名在塞拉利昂执行维和任务的维和人员遭到了来自当地武装团体“革命联合阵线”（Revolutionary United Front）的攻击，其中很多人遭到绑架。[1] 2009年，塞拉利昂法庭的审判分庭在“施沙尔案（Sesay Case）”中查明，3名被告均对“故意指令攻击”维和部队负责，其中两名被告对“对人的生命、健康与人身或精神健康施以暴力，尤其是谋杀”负责，但3名被告均不对作为危害人类罪的谋杀和作为违反日内瓦公约共同第3条和第2附加议定书的劫持人质负责。[2] 在随后的上诉判决中，上诉分庭大体维持了审判分庭的判决，仅减轻了一名被告的责任。[3] 除《塞拉利昂法庭规约》中规定攻击维和部队构成战争罪的第4条b款外，法庭对该案中危害维和部队罪行的审判还建立在第2条a款、第3条a款和c款之上，罪名还包括危害人类罪。[4] 此外，塞拉利昂法庭在2003年的“科罗马案（Koroma Case）”中基于同一事实和相同的条款，以相同的罪名起诉了被告科罗马，[5] 但目前被告仍然在逃。

国际刑事法院迄今为止共调查和起诉过两个涉及维和部队作为受害者的案件——“阿布·加尔达案（Abu Garda Case）”和“班达案（Banda Case）”，但前者因预审分庭不予确认指控，[6] 后者因被告仍然在逃，均未进入实体审理阶段。但无论如何，预审分庭在这两个案件中是否确认指控

---

[1] See The Prosecutor v. Issa Hassan Sesay et al. (Judgement) SCSL-04-15, T Ch I (2 March 2009), [hereafter ‘Sesay Case, Trial Chamber Judgement’], para. 44.

[2] See Sesay Case, Trial Chamber Judgement, pp. 677-687.

[3] See The Prosecutor v. Issa Hassan Sesay et al (Judgement) SCSL-04-15-A, A Ch (26 October 2009), p. 478.

[4] See Sesay Case, Trial Chamber Judgement, pp. 677-687. 《塞拉利昂法庭规约》第2条a款对应作为危害人类罪的谋杀；第3条是对“违反日内瓦公约共同第3条和第2附加议定书”的犯罪的规定，a款规定了“对人的生命、健康与人身或精神健康施以暴力，尤其是谋杀”，c款规定了“劫持人质”。参见《塞拉利昂法庭规约》第2条a款、第3条a款和c款。

[5] See The Prosecutor v. Johnny Paul Koroma (Indictment) SCSL-03-I, (7 March 2003), pp. 14-15.

[6] See The Prosecutor v. Bahr Idriss Abu Garda (Decision on the Confirmation of Charges (Public Redacted Version)) ICC-02/05-02/09, PT Ch I (8 Febraary 2010), [hereafter ‘Abu Garda Case, Pre-Trial Chamber Decision’], para. 236.

的决定[1]在《罗马规约》的语境下对危害维和人员犯罪进行了分析，仍具有重要的参考价值。“班达案”中，国际刑事法院预审分庭确认了检察官的全部3项指控，虽然罪名只包括战争罪，但涉及的条款除了《罗马规约》第8条第2款（e）（iii）项，还有第8条第2款（c）（i）项和第8条第2款（e）（v）项。[2]

综上所述，尽管规约的具体条款及表述有所不同，目前各国际刑事法院均将危害维和部队罪行当作危害人类罪或战争罪加以惩治。国际刑事法庭未将危害维和部队罪行视为灭绝种族罪——多数国际刑事法庭均享有管辖权的另一种核心犯罪[3]，这是可以理解的。因为从理论上讲，受害者是否具有维和人员身份并非灭绝种族罪要考虑的问题。“灭绝种族系指蓄意全部或局部消灭某一民族、人种、种族或宗教团体”，[4] 由于维和人员来源国的广泛性，维和部队难以当然构成这四类团体，因此惩治灭绝种族罪需要认定的是受害者个人是否属于上述四类团体，受害者是否具有维和人员身份不会对这一认定有任何影响。

二、对维和行动基本原则的解释

（一）联合国对“维和行动”的理解

危害维和部队罪行发生在维和行动实施期间，因此在讨论这一犯罪时应当首先界定什么是“维和行动”。《联合国宪章》（以下简称《宪章》）在制定时并未预见到随后可能出现的维和实践[5]，因此“《联合国宪章》没有定义‘维和’，也没有提及此术语”。[6] 即使至今距离联合国第一次维和行动已将近70年，国际法上具有拘束力的法律文件中也未出现“维和行

---

[1] See Abu Garda Case, Pre-Trial Chamber Decision; The Prosecutor v. Abdallah Banda Abakaer Nourain (Corrigendum of the “Decision on the Confirmation of Charges” (Public Redacted Version)) ICC - 02/05 - 03/09, PT Ch I (7 March 2011), [hereafter ‘Banda Case, Pre-Trial Chamber Decision’].

[2] See Banda Case Pre-Trial Chamber Decision, pp. 5, 163. 《罗马规约》第8条第2款（c）（i）项和第8条第2款（e）（v）项分别规定“对生命与人身施以暴力，特别是各种谋杀、残伤肢体、虐待及酷刑”和“抢劫即使是突击攻下的城镇或地方”构成战争罪。参见《罗马规约》第8条第2款（c）（i）项和第8条第2款（e）（v）项。

[3] 参见《卢旺达法庭规约》第2条、《前南法庭规约》第4条和《罗马规约》第6条。

[4] 参见《防止及惩治灭绝种族罪公约》第2条。

[5] 参见孙君、龚耘主编：《军事法学导论》，华中科技大学出版社2014年版，第271页。

[6] Abu Garda Case, Pre-Trial Chamber Decision, para. 69. See also Sesay Case, Trial Chamber Judgement, para. 221.

动”的定义。[1] 尽管如此，通过联合国秘书长关于维和行动的多次报告不难发现，作为维和行动领导者和实施者的联合国对维和行动的理解始终是建立在对维和行动基本原则的讨论之上的。联合国秘书长在1958年的一份研究报告（以下简称“1958年秘书长报告”）中提出了维和行动的三项基本原则：其一，同意。“在联合国大会请求建立联合国紧急部队在一国领土上驻扎或运作前，必须有该国政府的同意”。其二，不偏不倚。维和部队“被授权就国际政治问题保持其中立性”。其三，仅在自卫时使用武力。维和部队“有权在自卫时开火。他们绝不主动使用武器，但可以对对他们实施的武力攻击开火还击”。[2] 这可视为是对维和行动基本原则的经典表述。

时至今日，三项基本原则仍然得到联合国的认可，[3] 但是冷战结束后的维和实践也给这些原则带来了新的挑战，这集中体现在联合国秘书长1995年的一份报告（以下简称“1995年秘书长报告”）中：“近期的行动中有三个方面尤其导致维和行动被迫放弃当事方的同意，以被认为不公正的方式表现和/或在除自卫外使用武力，那就是在持续不断的冲突中保护人道行动的任务、在指定的安全区保护平民人口以及以比其准备接受更快的速度迫使当事方实现民族和解。”[4] 报告进而分析了联合国在索马里和波斯尼亚的维和行动，认为它们背离了传统维和行动的基本原则，引发了重重困难甚至失败。[5] 事实上，实践中对维和行动基本原则的背离在今天已经催生出了一种新型的维和理论——“强势维和”（robust peacekeeping）[6]：

---

[1] 事实上，这并非因为国际社会对维和行动的漠视，而是因为一方面，“定义维和就像给一个概念强加了一件紧身衣，而此概念的灵活性使其成为在世界组织的安排中最成问题的工具”；另一方面，“根源于国家对在其领土上行动的每支军事力量的同意而不在《宪章》第7章的条款之中”，所以在实践中基于一般国际法上的同意理论即可实施。See Shashi Tharoor, The Changing Face of Peace-Keeping and Peace-Enforcement, 19 Fordham Int'l L. J. (1995), p. 414; Christopher Greenwood, International Humanitarian Law and United Nations Military Operations, 1 Y. B. Int'L Humanitarian L. (1998), p. 10。

[2] See UNGA 3943 (9 October 1958) UN Doc A/3943, paras. 15, 70, 149.

[3] See e. g. United Nations Department of Peacekeeping & Operations Department of Field Support, United Nations Peacekeeping Operations: Principles and Guidelines, 2008, p. 32.

[4] UNGA&SC 50/60 - 1995/1 (3 January 1995) UN Doc A/50/60 - S/1995/1, para. 34.

[5] See UNGA&SC 50/60 - 1995/1 (3 January 1995) UN Doc A/50/60 - S/1995/1, para. 35.

[6] 2000年的《联合国和平行动问题小组的报告》多次指出当代的维和行动已经变得“强势”（robust），意味着联合国对这一新型实践的正式承认。该报告使用的与此相关的用语包括“强势理论”（robust doctrine）、“强势维和力量”（robust peacekeeping forces）、“强势武力姿态”（robust force posture）、“强势交战规则”（robust rules of engagement）等。See UNGA&SC 55/305 - 2000/809 (21 August 2000) UN Doc A/55/305 - S/2000/809。

“基于安理会授权，联合国维和行动在战术层面使用武力，对抗其活动对平民造成威胁或对和平进程产生风险的掠夺者（spoilers），以保卫其使命。”❶ 强势维和并不完全符合1995年秘书长报告提到的“三个方面”，因为至少它仍需要取得当事方的同意，但它允许维和行动在当事方之间有所倾向，并授权使用武力以保卫使命。强势维和的出现使得维和行动基本原则的内涵产生了一定的变化，有了解释上的多种可能性。

（二）国际刑事法庭对“维和行动”基本原则的解释及其影响

罪行法定原则要求“刑法规范必须总是向个人提供关于什么是犯罪行为、什么不是的充分通告”。由于规约中明确提及了“维持和平行动”，国际刑事法院和塞拉利昂法庭难以在不对这一术语做出任何解释的情况下对危害维和部队罪行予以惩治。❷ 两个国际刑事法庭对“维和行动”的解读同联合国一样建立在对其三项基本原则的解释之上。由于这些原则在传统维和行动与强势维和行动中的内涵不尽相同，因此法庭在法律解释的过程中必须有所取舍，这就为在司法判例层面上澄清并确认这些原则提供了契机。

国际刑事法院和塞拉利昂法庭分别在“阿布·加尔达案”和“施沙尔案”中对“维和行动”基本原则做了较为详细的解释。❸ 两个法庭首先承认，维和行动是建立在某些基本原则之上的：“三项基本原则作为决定一项已有的行动是否构成维和行动是被接受的，也就是（1）当事方同意；（2）不偏不倚；（3）除自卫外不使用武力。”❹ 随后，两个法庭对这三项基本原则的内涵分别做了说明。

1. 当事方同意

关于当事方的同意，国际刑事法院认为，“东道国的同意是维和行动

❶ United Nations Department of Peacekeeping & Operations Department of Field Support, United Nations Peacekeeping Operations: Principles and Guidelines, 2008, p. 98.

❷ 相反，由于规约中没有提到“维和行动”，卢旺达法庭和前南法庭似乎认为自己没有解释这一术语的法律义务，而事实上它们也并未对该术语进行任何解释。因此，塞拉利昂法庭在判决中指出，“还没有判例按照《联合国宪章》定义‘维和行动’”。See Sesay Case, Trial Chamber Judgement, para. 221。

❸ 国际刑事法院在“班达案”中“重申了‘阿布·加尔达案’决定中多数法官的法律解释……”，因此本文不再单独提及该案中的法律推理过程。See Banda Case, Pre-Trial Chamber Decision, para. 61。

❹ Abu Garda Case, Pre-Trial Chamber Decision, para. 71. See also Sesay Case, Trial Chamber Judgement, para. 225.

得以驻扎在其领土上的先决条件，因此这一同意必须被取得。在实践中，也寻求主要冲突方的同意”。❶ 相比之下，塞拉利昂法庭未提到东道国同意的必要性，只是强调“在实践中，维和部队将被按照主要冲突方的同意来部署”。❷ 两个法庭都认为，“在非国际性武装冲突中，同意可从交战各方处获得，并非出于法律义务，而在于确保维和行动的有效性”。❸

在这里，国际刑事法庭对同意给予方有三个不同的称谓：“东道国”（host state）、“主要冲突方”（main parties to a conflict）和“交战各方”（warring parties）。对于东道国的同意，国际刑事法院认为出于法律义务必须取得，塞拉利昂法庭的态度则不清楚；对于主要冲突方的同意，两个国际刑事法庭都未提到“应当寻求”，只是强调“在实践中”是要寻求的，言下之意似乎认为不存在寻求主要冲突方同意的法律义务；对于交战各方的同意，两个法庭都明确指出没有寻求他们同意的法律义务。由此可见，国际刑事法庭虽然选择“当事方”（parties）一词而非1958年秘书长报告中的“该国政府”（government of the country），但事实上并未对同意的给予方做出比“东道国”更为宽泛的解释，因为它们认为对于东道国以外当事方的同意在法律上是可有可无的。

然而，1958年秘书长报告成型于半个世纪之前，不可能要求它考虑到当代维和实践所面临的问题，特别是冷战后大量爆发的非国际性武装冲突给维和行动带来的挑战。在非国际性武装冲突中，一国政府的同意有时是难以获得的。例如，索马里从1991年陷入长达13年的军阀混战和无政府状态，直到2004年过渡政府成立。❹ 联合国安理会1992年通过的授权建立联合国索马里维和部队的794号决议实际上并未经过索马里政府的同意，因为后者在当时根本不存在。❺ 如果按照国际刑事法院的看法，那么联合国在索马里行动中的人员和物体将因缺少东道国的同意而不具有维和部队这一特殊的保护性身份。

2008年出版的《联合国维和行动：原则与指南》（以下简称《2008年

---

❶ Abu Garda Case, Pre-Trial Chamber Decision, para. 72.

❷ Sesay Case, Trial Chamber Judgement, para. 226.

❸ Abu Garda Case, Pre-Trial Chamber Decision, para. 72; Sesay Case, Trial Chamber Judgement, para. 226.

❹ 参见《索马里：75万人面临饥荒威胁》，载《人民日报》海外版2011年9月8日。

❺ 该决议虽然强调安理会是在“响应索马里提出的紧急呼吁，但并没有对这一点给出任何事实依据”。See UNSC Res 794 (3 December 1992) UN Doc S/RES/794。

指南》）代表了联合国对维和行动的最新立场，它指出，“在履行使命的过程中，联合国维和行动必须持续地运作，确保其没有丧失主要当事方的同意”。[1] 该书仅以当事方同意作为标准，而并未提到东道国的同意。可见，为适应维和形势的发展需要，目前联合国的官方立场认为同意的给予方应当由一国政府扩大解释为主要当事方。因此，国际刑事法庭对同意原则的解释无疑是一种限缩解释。这种解释大大缩小了维和行动的范围，使有的即使具备其他当事方同意但缺少东道国同意的联合国行动也不具有维和行动的地位。

2. 不偏不倚

关于维和行动的不偏不倚原则，国际刑事法院和塞拉利昂法庭都采纳了2000年的《联合国和平行动问题小组的报告》中的观点，强调“公正性（impartiality）不能同中立或不行为（inactivity）相混淆”。[2]“这种行动的公正性在于恪守《宪章》的原则和以这种原则为基础的任务目标。这种公正性不等于中立性，或等于在任何时候对所有各方一视同仁，那种做法有时可能等于姑息”。[3] 塞拉利昂法庭还援引了《2008年指南》，提出“维和行动不应当容忍当事方违反和平进程事业或国际规范或原则的行为”。[4]

1958年秘书长报告在论及不偏不倚原则时使用的是“中立”（neutrality）一词，[5] 表明在当时维和行动追求的是一种形式正义，即保持中立的姿态；而从两个国际刑事法庭援引的文件来看，目前维和行动已从形式正义转向到了对实体正义的追求，“公正性”要求维和部队站在破坏国际法的一方的对立面执行维和行动。国际刑事法庭的这种解释与强势维和理论相符，相当于以司法判例的形式确认了不偏不倚原则这种新的内涵。

3. 除自卫外不使用武力

关于维和行动中的使用武力，国际刑事法院与塞拉利昂法庭都承认，

---

[1] United Nations Department of Peacekeeping & Operations Department of Field Support, United Nations Peacekeeping Operations: Principles and Guidelines, 2008, p. 32.

[2] Abu Garda Case, Pre-Trial Chamber Decision, para. 73. See also Sesay Case, Trial Chamber Judgement, para. 227.

[3] Abu Garda Case, Pre-Trial Chamber Decision, para. 73, n. 106; UNGA&SC 55/305 - 2000/809 (21 August 2000) UN Doc A/55/305 - S/2000/809, para. 50. See also Sesay Case, Trial Chamber Judgement, para. 227.

[4] Sesay Case, Trial Chamber Judgement, para. 227; United Nations Department of Peacekeeping & Operations Department of Field Support, United Nations Peacekeeping Operations: Principles and Guidelines, 2008, p. 33.

[5] See UNGA 3943 (9 October 1958) UN Doc A/3943, para. 149.

"维和人员只被授权在自卫中使用武力"。[1] 然而对于"自卫"的范围大小，塞拉利昂法庭采取了较为激进的立场，它声称，"这些行动中的自卫的概念已经演化到包括'抵抗以强力手段阻止维和行动履行其基于安理会授权的职能的尝试'，这已经是固定下来的法律了"。[2] 在这里，塞拉利昂法庭拒绝了1958年秘书长报告中将自卫限制于对对维和部队本身的攻击予以还击的狭义观点，将其扩大到了包含对阻止维和行动完成使命的行为的还击，即保卫使命。对于这种扩张解释，国际刑事法院未置可否。

塞拉利昂法庭对"自卫"的解释也反映了《2008年指南》支持强势维和理论的立场，[3] 然而，这一论断本身问题重重。从字面上来看，将自卫扩大适用于维和人员并未真正遭受攻击的情况似乎超出了该术语本身应有的含义。有学者指出，"那一法律只在自卫是为了保护生命受到迫近危险时的本人或其他人的生命时将自卫作为辩护理由提供"。[4] 事实上，即使将自卫扩大适用于保护财产的尝试都已经充满争议，[5] 更何况将它扩大到保卫使命。从后果上来讲，这种扩张解释是非常危险的，它将极大地混淆维和行动与另一种联合国行动——执行行动的关系，从而导致法律适用上的混乱。下文将对此予以说明。

三、对维和行动与执行行动关系的界定

（一）《联合国宪章》体系下的维和行动与执行行动

联合国秘书长在1992年的一份报告中将"维和行动"与一些相关概念——"预防性外交"（preventive diplomacy）、"调停"（peacemaking）以

---

[1] Sesay Case, Trial Chamber Judgement, para. 228. See also Abu Garda Case, Pre-Trial Chamber Decision, para. 74.

[2] Sesay Case, Trial Chamber Judgement, para. 228.

[3] United Nations Department of Peacekeeping & Operations Department of Field Support, United Nations Peacekeeping Operations: Principles and Guidelines, 2008, p. 34.

[4] Antonio Cassese et al., Cassese's International Criminal Law, 3rd ed., Oxford University Press, 2013, p. 212.

[5] See Antonio Cassese et al., Cassese's International Criminal Law, 3rd ed., Oxford University Press, 2013, pp. 212-213, n. 13。《罗马规约》中的自卫可作为排除刑事责任的理由，但这种自卫限于"防卫本人或他人，或者在战争罪方面，防卫本人或他人生存所必需的财产，或防卫完成一项军事任务所必需的财产"。参见《罗马规约》第31条第1款（c）项。这可视作是对狭义"自卫"概念的一种有限扩张。

及“缔造和平”（post-conflict peace-building）进行了区分。[1] 遗憾的是，由于当时冷战后的维和实践才刚刚起步，报告未能将“维和行动”与安理会为维护世界和平按照《宪章》第7章授权采取的武力执行行动进行清楚地界分，只是指出后者“有时会超出维和部队的使命和维和部队提供国的预期”，因此“建议安理会预先考虑使用和平执行部队（peace-enforcement units）的清楚确定的情形以及他们指定的职权范围”。[2] 其实，维和行动与执行行动的区分是最重要的，而它与上述其他几个概念的区别则显而易见。因为从表面上看，维和行动与执行行动都是在冲突持续过程中派遣、部署和使用联合国部队，如不加以详细考察，仅从外观上很难将二者区别开来。

笔者认为，在传统维和实践上，维和行动与执行行动的差异主要有以下几点：首先，法律基础不同。前文提到，维和行动的法律基础被认为是国际法上的同意原则，而执行行动则以《宪章》第7章为依据。根据《宪章》，联合国“各会员国将维持国际和平及安全之主要责任，授予安全理事会”，[3]“安全理事会应断定任何和平之威胁、和平之破坏或侵略行为之是否存在，并应做出建议或抉择依第41条及第42条规定之办法，以维持或恢复国际和平及安全”。[4] 据此，安理会“得采取必要之空海陆军行动，以维持或恢复国际和平及安全。此项行动得包括联合国会员国之空海陆军示威、封锁及其他军事举动”。[5] 即使仍然坚持维和行动法律基础存在于《宪章》之内的学者也承认，维和行动并非以《宪章》第7章为依据。[6] 其次，实施前提不同。维和行动以取得主要当事方同意为实施前提，而执行行动作为一种使用武力只需以安理会授权为依据，与同意无关。[7] 安理会授权使用武力是《宪章》中禁止使用武力原则的例外之一，无须考虑主

[1] 预防性外交是在冲突爆发之前解决争端；调停侧重于促使冲突各方达成和平协议；缔造和平旨在于防止冲突重新爆发；而维和行动是联合国军事、警察与民间力量的实地部署，用于阻止冲突与实现和平。See UNGA 47/277（17 June 1992）UN Doc A/47/277, paras. 20－21。

[2] See UNGA 47/277（17 June 1992）UN Doc A/47/277, para. 44.

[3] 参见《宪章》第24条第1款。

[4] 参见《宪章》第39条。

[5] 参见《宪章》第42条。

[6] See Noelle Higgins, The Protection of United Nations & Associated Personnel, 2 J. Humanit. Assist.（2003）, p. 3.

[7] See United Nations Department of Peacekeeping & Operations Department of Field Support, United Nations Peacekeeping Operations: Principles and Guidelines, 2008, pp. 34－35.

要当事方是否同意。再次，中立性不同。维和行动要求维和部队应在冲突各方中保持政治中立，而执行行动则针对“和平之威胁、和平之破坏或侵略行为”，具有天然的偏向性，它将支援受害的一方而反对违反国际法的一方。❶ 最后，使用武力的限制不同。维和行动仅允许维和部队在自卫时使用武力，而执行行动则没有这种限制，安理会通常授权联合国部队“使用一切必要手段”，显然包括使用进攻性的武力。❷

传统维和行动与执行行动的界限可谓泾渭分明，然而新出现的强势维和理论却使得二者的差异在几个方面被缩小了。其一，在法律基础上，安理会在授权设立（强势）维和行动的决议中也往往强调是“根据《联合国宪章》第7章采取行动”的。❸ 其二，在中立性上，正如前文所说，（强势）维和行动中维和部队也被允许反对破坏国际法的一方，尽管联合国仍坚称这仍在不偏不倚原则的范围内。在以上两点上，目前的维和行动与执行行动已无实质差别。由此看来，在今天，维和行动与执行行动的区分只能以同意原则和使用武力的范围作为标准。国际刑事法庭在审判中也采取了这种做法。

（二）国际刑事法庭对维和行动与执行行动关系的界定及其影响

国际刑事法庭在审理危害维和部队罪行时需对维和行动与执行行动关系进行界定，因为这一罪行只发生在维和行动的过程中。在“阿布·加尔达案”和“施沙尔案”中，国际刑事法院与塞拉利昂法庭分别都认可维和行动与执行行动存在区别，且后者不在本罪的范围之内，❹ 不过在二者具体的区分标准上，前者选择了使用武力的范围，而后者使用了同意原则。国际刑事法院指出，“二者的区别在于，维和行动仅可在自卫时使用武力，而联合国安理会根据《联合国宪章》第7章建立的所谓和平执行行动有授

---

❶ 例如，安理会第678号决议按照《宪章》采取行动，“授权同科威特政府合作的会员国，除非伊拉克……完全执行上述各决议，否则可以使用一切必要手段……”。该次执行行动的采取显然是对科威特的支持和对伊拉克的反对。See UNSC Res 678（29 November 1990）UN Doc S/RES/678。

❷ See e. g. UNSC Res 678（29 November 1990）UN Doc S/RES/678.

❸ See e. g. UNSC Res 1509（19 September 2003）UN Doc S/RES/1509；UNSC Res 1528（27 February 2004）UN Doc S/RES/1528；UNSC Res 1545（21 May 2004）UN Doc S/RES/1545；UNSC Res 1769（31 July 2007）UN Doc S/RES/1769；UNSC Res 2098（28 March 2098）UN Doc S/RES/2098.

❹ See Abu Garda Case, Pre-Trial Chamber Decision, para. 74; Sesay Case, Trial Chamber Judgement, para. 230.

权或被授权在为了实现其目标时超越自卫使用武力”。[1] 塞拉利昂法庭则提出，“与维和行动相反，执行行动不依赖于当事国的同意，而依赖于安理会在第7章下的有约束力的权威”。[2]

从前文所说的传统维和行动与执行行动的区别来看，两个国际刑事法庭所使用的标准似乎都是正确的。然而，结合它们之前对维和行动基本原则的解释就会发现，以使用武力作为区别维和行动和执行行动标准的可能性已经被塞拉利昂法庭对“自卫”的扩张解释破坏掉了。有趣的是，塞拉利昂法庭似乎注意到了这一点，因此在这里避免选择使用武力标准来区分维和行动和执行行动，以免使判决陷入前后不一致的境地；而国际刑事法院由于并未明确承认塞拉利昂法庭的扩张解释，所以仍有选择使用武力的范围以区分二者的余地。

如前文所述，塞拉利昂法庭将“自卫”的概念扩大到了不仅包括维和人员对自身所受武力攻击的还击，还包括为保卫使命而使用武力。这里的困难在于：“允许部队采取积极措施保卫其目的与允许他们执行它并无差别。”[3] 一旦保卫使命可以等同于执行使命，那么这时“自卫”和执行行动中的主动使用武力的界限就混淆不清了：二者均是在维和人员未遭受攻击的情况下使用武力，且二者都是为了执行联合国交付的使命。这正应验了一位学者早先对维和法律制度的评论，“存在一种风险，一旦允许维和部队在保卫其目的而非仅保卫其人员时使用武力，那么行动就变成了执行行动”。[4] 塞拉利昂法庭的判决采纳了强势维和理论的一个重大缺陷，[5] 导致

[1] Abu Garda Case, Pre-Trial Chamber Decision, para. 74.

[2] Sesay Case, Trial Chamber Judgement, para. 230.

[3] Nigel D. White, The UN Charter and Peacekeeping Forces: Constitutional Issues, 3 International Peacekeeping (1996), p. 53. See also Trevor Findlay, The Use of Force in UN Peace Operations, Oxford University Press, 2002, p. 358. See also Katherine E. Cox, Beyond Self-Defense: United Nations Peacekeeping Operations & the Use of Force, 27 Denv. J. Intl L. & Polý (1999), pp. 255 -256.

[4] Nigel D. White, Keeping the Peace: The United Nations and the Maintenance of International Peace and Security, 2nd ed., Manchester University Press, 1997, p. 242.

[5] 对强势维和理论缺陷的批评可详见 Thierry Tardy, A Critique of Robust Peacekeeping in Contemporary Peace Operations, 18 International Peacekeeping (2011), p. 152。

维和行动与执行行动在使用武力方面几乎不再有差别。❶

至此，似乎唯一能清晰区别维和行动与执行行动的标准就是同意原则。虽然国际刑事法庭坚持维和行动中必须取得同意的立场的确能在多数情况下将维和行动同执行行动区别开来，但是随着当代实践的发展，在某些情况下同意原则难以发挥区分作用，因为执行行动不考虑当事方是否同意并不意味着完全排斥这种同意。新的实践表明有时执行行动同样需要以当事方的同意为前提。❷ 在这些情况下，维和行动与执行行动在同意方面的区别就被抹杀了。

笔者认为，由于执行行动自身的新发展，同意理论不再是区分维和行动与执行行动的黄金法则，对二者的区分仍然需要以使用武力的范围为主，因为这是传统上二者最为明显的差别。若要有效区分维和行动与执行行动，必须坚持1958年秘书长报告对“自卫”所做的狭义解释，即维和人员只“可以对对他们实施的武力攻击开火还击”，而将强势维和理论提供的保卫使命排除在自卫的范围之外。塞拉利昂法庭的论证当然有一定的实践根据，毕竟，“联合国在传统上就将自卫权解释得非常宽泛，以便不仅使使用武力保护联合国和其关联人员及财产免受攻击合法化，也使作为履行部队使命在武装抵抗中使用武力合法化”。❸ 但是，塞拉利昂法庭通过司法判例认可这种实践的法律效力的做法却显得非常草率。虽然一方面它

❶ 当然，有观点仍然坚持强势维和行动与执行行动在使用武力方面的区别，即强势维和行动是在“战术层面（tactical level）”上使用武力，而执行行动是在“战略层面（strategic level）”上使用武力。See United Nations Department of Peacekeeping & Operations Department of Field Support, United Nations Peacekeeping Operations: Principles and Guidelines, 2008, p. 34; Corinna Kuhl, The Evolution of Peace Operations, from Interposition to Integrated Missions, in Dr. Gian Luca Beruto (ed.), International Humanitarian Law, Human Rights and Peace Operations, 31st Round Table on Current Problems of International Humanitarian Law, Sanremo, 4 – 6 September 2008, p. 74。然而，这些观点通过使用武力的目的以及是否获得同意来这区分两个术语的做法“在实践中不可能得到保障”。See Thierry Tardy, A Critique of Robust Peacekeeping in Contemporary Peace Operations, 18 International Peacekeeping (2011), p. 162。

❷ 新近的国家实践发展出了“在同意下的干涉”（consensual intervention），其中，安理会在决定是否实施军事干涉时也会考虑当事方是否同意干涉。当然，这种同意并不来源于全部的当事方，至少作为执行行动对象的当事方是不可能同意干涉的。See Eliav Lieblich, International Law and Civil Wars: Intervention and Consent, Routledge, 2013, p. 1.

❸ Christopher Greenwood, Protection of Peacekeepers: The Legal Regime, 7 Duke J. Comp. & Int'l L. (1996 – 1997), p. 198. 联合国早在1973年就将这种广义的“自卫”写入对维和行动的授权中，提出“自卫包括抵抗对方以强制手段阻止它执行安全理事会所交付的责任的行为”。See UNSC 11052/Rev. 1 (21 October 1973) UN Doc S/11052/Rev. 1。

在名义上仍然坚持维和行动与执行行动的区分，没有允许维和部队主动使用武力；另一方面它却通过对“自卫”的扩张解释在事实上消解了二者的界限，致使授权“自卫”能够达到与授权主动使用武力几乎相同的后果。

塞拉利昂法庭对“自卫”的解释带来了两个方面不利的法律后果：其一，可能违反罪刑法定原则。罪刑法定原则正如《罗马规约》第22条第2条表述的那样：“犯罪定义应予以严格解释，不得类推延伸。含义不明时，对定义做出的解释应有利于被调查、被起诉或被定罪的人。”❶ 基于塞拉利昂法庭的解释，（强势）维和行动与经过当事方同意的执行行动几乎成了可互换的概念，那么国际刑事法庭在将来的案件中更难区分二者，很可能将执行行动中危害联合国部队的行为也纳入危害维和部队罪行之中加以惩治，这一方面显示出这一犯罪的要件模糊，另一方面是在把该罪类推适用到执行行动上，而这两点都违反了罪刑法定原则的要求。如果要坚持罪刑法定原则，法庭则需要将案件的事实背景解释为执行行动，以使之有利于被告，但是这样做又会构成对犯罪不合理的放纵。总之，国际刑事法庭将陷入两难。其二，影响对维和部队的法律保护。维和行动不应与执行行动相混淆，联合国人员在二者中享有不同的法律地位和保护水平，通常来说维和行动的保护程度更高。例如1994年《联合国人员和有关人员安全公约》和1996年《危害人类和平与安全罪法典草案》中的“危害联合国人员和有关人员罪行”就被明确规定不适用于执行行动。❷ 如果将二者等同，将无形中大大削弱国际法对维和部队的保护。1995年秘书长报告指出，“模糊二者的差别可能破坏维和行动的生存能力（viability）并危及其全体人员”。❸ 这一论断清楚表明，维和行动与执行行动的区别并非是文字游戏，而是会深刻影响到参与这些行动的个体。这一点在下文中将继续讨论。

---

❶ 参见《罗马规约》第22条第2款。

❷ 《联合国人员和有关人员安全公约》第2条第2款规定，“本公约不适用于经安全理事会根据《联合国宪章》第7章授权作为执行行动、有任何参与人员作为与有组织的武装部队作战的战斗人员，并适用国际武装冲突法的联合国行动”。《危害人类和平与安全罪法典草案》第19条第2款包含了几乎完全相同的规则。参见《联合国人员和有关人员安全公约》第2条第2款；ILC, “Report of the International Law Commission on the work of its forty - eighth session” (6 May - 26 July 1996) UN Doc A/51/10, p. 51。

❸ UNGA&SC 50/60 - 1995/1 (3 January 1995) UN Doc A/50/60 - S/1995/1, para. 35.

四、对维和部队法律地位的考察

（一）维和部队法律地位与国际人道法

维和部队在国际法上有着特殊的法律地位，因此在惩治危害维和部队罪行的过程中，还需要确定维和部队属于国际犯罪的哪一类受害者。对于危害人类罪，应判断维和人员是否属于"平民人口"，或是其他类型的受害者；❶ 对于战争罪，则应判断维和人员和物体在国际人道法上具有怎样的地位，在国际性武装冲突中维和人员属于战斗员还是平民。前南法庭"马尔蒂奇案"中指出，"《1949年8月20日日内瓦四公约关于保护国际性武装冲突受难者的附加议定书》（以下简称《第一附加议定书》）第50条包含的平民的定义反映了适用于规约第5条的平民的定义……"这表明，危害人类罪中"平民人口"的定义与国际人道法上"平民"的定义可被等同视之。因此，判断维和部队是否属于危害人类罪中的"平民人口"也可从判断其是否属于战争罪中的"平民"入手。

在《第一附加议定书》中，国际人道法的区分原则要求"冲突各方无论何时均应在平民居民和战斗员之间和在民用物体和军事目标之间加以区别"。❷ 因此，对于人员来说，战斗员可成为直接攻击的对象，除非成为"失去战斗力的人"；平民则不能成为直接攻击的对象，除非他们"直接参加敌对行动"。对于物体来说，"攻击应严格限于军事目标""民用物体不应成为攻击或报复的对象"。❸ 国际人道法对"平民"与"民用物体"均采取了消极方式加以定义："简言之，平民是不属于战斗员范畴的任何人。"❹"民用物体"则是指不属于军事目标的物体，而"军事目标只限于由于其性质、位置、目的或用途对军事行动有实际贡献，而且在当时情况

❶ 各国际刑事法庭规约均规定，危害人类罪发生在针对平民人口的攻击中。参见《卢旺达法庭规约》第3条、《前南法庭规约》第5条、《塞拉利昂法庭规约》第2条和《罗马规约》第7条。但在司法实践中，危害人类罪的受害者被理解为不只包含平民人口，也可能包含其他人员，比如失去战斗力的人（hors de combat）。

❷ 参见《第一附加议定书》第48条。

❸ 参见《第一附加议定书》第41条第1款、第51条第3款、第52条第1款和第2款。

❹ Frits Kalshoven & Liesbeth Zegveld, Constraints on the Waging of War: An Introduction to International Humanitarian Law, 4th ed., Cambridge University Press, 2011, p. 101. 另见《第一附加议定书》第50条第1款。

下其全部或部分毁坏、缴获或失去效用、提供明确的军事利益的物体”。[1]在非国际性武装冲突中，虽然国际人道法条约并未使用上述术语，但就人员而言，存在“不实际参加战事之人员”[2]。根据卢旺达法庭的解释，这一术语与“一切未直接参加或已停止参加敌对行动的人”是同义词，因此包括了平民和失去战斗力的人；[3] 就物体而言，区分民用物体和军事目标属于习惯法规则。[4] 总而言之，战斗员与平民、民用物体与军事目标的地位在同一时间点上是相互排斥的，但也是可以相互转化的。判断维和部队的法律地位应以这些规则作为依据。

（二）国际刑事法庭对维和部队法律地位的考察及其影响

对维和部队法律地位的考察分为对维和人员和对维和部队物体的地位的考察。各国际刑事法庭对这一问题的论述大体包括维和人员的平民地位、维和部队物体的民用物体地位以及维和人员在自卫中使用武力的后果三个部分。

1. 维和人员的平民地位

在“巴格索拉案”中，卢旺达法庭认定维和人员属于非战斗员：“考虑到他们作为联合国维和人员的地位和他们被缴械，分庭确信受害人不能被认为是战斗员。”[5] 值得注意的是，卢旺达法庭避免了直接承认维和人员是平民，“考虑到……他们被缴械”这一用语似乎是在暗示维和人员是由

---

[1] 参见《第一附加议定书》第52条第1款、第2款。

[2] 参见《1949年8月12日改善战地武装部队伤者病者境遇之日内瓦公约》第3条、《1949年8月12日改善海上武装部队伤者病者及遇船难者境遇之日内瓦公约》第3条、《1949年8月12日关于战俘待遇之日内瓦公约》第3条和《1949年8月12日关于战时保护平民之日内瓦公约》第3条。

[3] See The Prosecutor v. Jean – Paul Akayesu (Judgement) ICTR – 96 – 4 – T, T Ch I (2 September 1998), para. 629. 事实上，虽然卢旺达法庭的“巴格索拉案”、国际刑事法院的“阿布·加尔达案”和塞拉利昂法庭的“施沙尔案”都认定其背景均非国际性武装冲突，但法庭仍使用了“战斗员”和“平民”这对术语，尽管严格来讲这对术语并不存在于非国际性武装冲突之中。See Bagosora Case, Trial Chamber Judgement, para. 2230; Abu Garda Case, Pre-Trial Chamber Decision, para. 56; Sesay Case, Trial Chamber Judgement, para. 977。为方便表述起见，本文之后所说的“战斗员”和“平民”也包括非国际性武装冲突中与之对应的那类人。

[4] See ICRC, Customary International Humanitarian Law, Volume I: Rules, Cambridge University Press, 2005, pp. 25 – 29.

[5] Bagosora Case, Trial Chamber Judgement, para. 2175.

于被缴械而成了失去战斗力的人。[1] 卢旺达法庭在该段判决中还引用前南法庭的论断，称失去战斗力的人不能被包含在平民的范畴之内。[2] 在这里，卢旺达法庭的观点含混不清：如果认为维和人员不是战斗员，那么按照国际人道法，他们应当是平民；如果认为维和人员属于失去战斗力的人，那么他们就不是平民，只不过不能再被当作攻击的目标而已，在被缴械之前，他们属于可被攻击的战斗员。

在“阿布·加尔达案”中，国际刑事法院虽然讨论了国际人道法对平民的保护，但有趣的是，在结论部分它并未明确指出维和人员属于平民，而只是承认他们有免受攻击的权利：“参与维和行动的人员享有免受攻击的权利，除非在这样的时间里他们直接参加敌对行动或与交战有关的活动。”[3] 令人疑惑的是，国际刑事法院认为维和人员直接参加“交战有关的活动”会导致其丧失免受攻击的权利从而成为合法的攻击目标。这一结论虽缺乏法律依据，却也表明国际刑事法院眼中维和人员所受的保护似乎小于国际人道法对平民的保护，因为即使是直接参加了“交战有关的活动”的平民，在国际人道法上也属于不应被攻击的对象。

在“施沙尔案”中，塞拉利昂法庭较为清楚地肯定了维和人员的平民地位，指出，“禁止攻击维和人员并不代表一种新犯罪……可被视作是对国际人道法中一般的和基本的禁止攻击平民和民用物体的详细说明”。[4] 可见，塞拉利昂法庭将维和人员和维和部队物体分别对应为平民和民用物体。

总体来看，各国际刑事法庭都肯定维和人员基于其特殊身份在武装冲突中应享有某种保护，但它们对维和人员是否具有平民地位问题的回答有着微妙的差别：卢旺达法庭没有排除维和人员作为战斗员的可能性；国际刑事法院认定维和人员具有少于平民的免受攻击的权利；只有塞拉利昂法

---

[1] 类似地，有学者认为1995年波黑战争中被劫持的维和人员也属于失去战斗力的人。See Daphna Shraga, The Secretary-General's Bulletin on the Observance by United Nations Forces of International Humanitarian Law: A Decade Later, 39 Isr. Y. B. Hum. Rts.（2009）, p. 361。

[2] 根据国际红十字委员会出版的《习惯国际人道法》一书，前南法庭的这一观点是正确的，“平民”与“失去战斗力的人”应当被区分。See ICRC, Customary International Humanitarian Law, Volume I: Rules, Cambridge University Press, 2005, p. 306。

[3] Abu Garda Case, Pre-Trial Chamber Decision, para. 83.

[4] Sesay Case, Trial Chamber Judgement, para. 215. See also Abu Garda Case, Pre-Trial Chamber Decision, para. 218; UNSC 2000/915（4 October 2000）UN Doc S/2000/915, para. 16.

庭较为明确地肯定了维和人员的平民地位。笔者认为，判断维和人员是否具有平民地位仍需回到国际人道法上，即平民是指不属于战俘或冲突一方武装部队的人。❶ 一方面，维和部队显然不属于战俘；另一方面，虽然维和部队属于武装部队，但国际法还未承认维和部队是冲突的一方。❷ 尽管国际刑事法庭判决各异，但赋予维和人员高于战斗员的保护的倾向性是一致的，这相当于以司法判例的形式在一定程度上认可了国际人道法上的如下论断："把通常由职业士兵组成的维和部队视为平民，因为他们不是冲突一方的成员，并认为只要他们没有直接参加敌对行动，他们就有权获得赋予平民的免受攻击的同样保护。"❸ 据此推断，维和人员也应属于危害人类罪中的平民人口。

2. 维和部队物体的民用物体地位

如上文所述，塞拉利昂法庭将维和部队物体视作民用物体。国际刑事法院也肯定了这一立场，并给出了它们作为军事目标所要满足的条件："在非国际性武装冲突背景下的维和行动所涉设施、物资、单位或车辆不应被视作军事目标，因此应当被授予民用物体的保护，除非在这样的时间里它们的性质、位置、目的或用途对某一冲突方的军事行动有实际贡献，而且在当时情况下其全部或部分毁坏、缴获或失去效用提供明确的军事利益。"❹

在维和部队物体的民用属性上存在的争议不太多。不过应当注意的是，维和部队物体的性质具有从属性，受到维和人员地位的影响，因为如果维和人员直接参加敌对行动，那么理论上他们所使用的物体基于对军事行动的贡献将不容易被认定为民用物体。当然，目前的国际司法实践还尚未涉及这一问题。

---

❶ 参见《第一附加议定书》第50条第1款。

❷ 与其他国际刑事法庭避免回答这一问题的做法不同，前南法庭在"卡拉季奇案"中明确指出，"联合国及其关联的维和部队不是冲突的一方"。

❸ ICRC, Customary International Humanitarian Law, Volume I: Rules, Cambridge University Press, 2005, p. 112. See also Ola Engdahl, Protection of Personnel in Peace Operations: The Role of the 'Safety Convention' Against the Background of General International Law, Martinus Nijhoff Publishers, 2007, p. 117; Michael Bothe, Peacekeeping, in Bruno Simma et al. (eds.), The Charter of the United Nations: A Commentary, Vol. I, Oxford University Press, 2002, p. 695; Michael Bothe, War Crimes, in Antonio Cassese et al. (eds.), The Rome Statute of the International Criminal Court: A Commentary, Vol. I, Oxford University Press, 2002, p. 411.

❹ Abu Garda Case, Pre-Trial Chamber Decision, para. 89.

3. 维和人员在自卫中使用武力的后果

与在维和人员平民地位认定上的模棱两可相比，在自卫中使用武力的问题上，各国际刑事法庭一致认为这一行为不会更改维和人员受到国际人道法保护的地位。卢旺达法庭称，“其中一个比利时人能够在攻击期间获得武器并将之用于自卫的事实不会更改他们的地位”[1]，并称“受害者……并未积极参加敌对行动”。[2] 国际刑事法院指出，“如果此类人员只是在行使他们的自卫权时使用武力，该保护不会终止”。[3] 塞拉利昂法庭同样认定，“维和行动的人员被授予保护，只要他们不直接参加敌对行动——并因此成为战斗员——在指控罪行发生的时候……与所有平民一样，如果这些人员只在行使他们的个体自卫权时使用武力，他们的保护不会终止”。[4] 不过，如前文所述，塞拉利昂法庭主张的是广义的“自卫”概念，既包括维和人员对自身所受武力攻击的还击，也包括为保卫使命而使用武力。虽然这一点并未被其他国际刑事法庭明确认可，塞拉利昂法庭还是强调，“维和人员在履行其使命的过程中自卫而使用武力，倘若限于这种用途，便不会更改或减小维和人员被给予的保护”。[5]

虽然许多学者都认可维和人员在自卫中使用武力不会导致其失去保护的观点，[6] 但由于实践中维和人员的自卫已发展出广义与狭义之分，因此二者应当分别讨论。维和人员在自卫中使用武力是否导致其失去保护的问题，关键在于考察自卫这一使用武力形式与国际人道法上“直接参加敌对行动”的关系，只有当自卫不属于直接参加敌对行动时，维和部队才不会因为自卫而由平民转化为不合法战斗员从而失去保护。

---

[1] Bagosora Case, Trial Chamber Judgement, para. 2239. See also Bagosora Case, Trial Chamber Judgement, para. 2175.

[2] Bagosora Case, Trial Chamber Judgement, para. 2240. 不过，这里所称的“积极参加敌对行动”在字面上并不等同于国际人道法上的“直接参加敌对行动”。

[3] Abu Garda Case, Pre-Trial Chamber Decision, para. 83.

[4] Sesay Case, Trial Chamber Judgement, para. 233.

[5] Sesay Case, Trial Chamber Judgement, para. 233.

[6] See e. g. Michael Cottier, Article 8 para. 2 (b) (iii), in Otto Triffterer & Kai Ambos (eds.), Commentary on the Rome Statute of the International Criminal Court: Observers´Notes, Article by Article, 2nd ed., Beck/Hart/Nomos, 2008, p. 336; Evan T. Bloom, Protecting Peacekeepers: The Convention on the Safety of United Nations and Associated Personnel, 89 Am. J. Int'l L. (1995), p. 625; Christopher Greenwood, Protection of Peacekeepers: The Legal Regime, 7 Duke J. Comp. & Int'l L. (1996 - 1997), p. 198.

国际人道法条约中不存在“直接参加敌对行动”的定义，国际红十字委员会在《国际人道法中直接参加敌对行动定义的解释性指南》一书中提供了这一概念的基本要件：损害下限（threshold of harm）、直接因果关系（direct causation）和交战联系（belligerent nexus）。❶ 该书随后分析道，“个人自卫或保卫他人免受国际人道法所禁止之暴力行为所造成的损害缺乏交战联系……因此，在这种情况下使用必要和相称的武力不能被视为直接参加敌对行动”。❷ 国际红十字委员会显然使用的是“自卫”的狭义概念，即仅指对人员人身、生命的自我防卫。据此，狭义的自卫只要满足必要和相称的原则就不会被视为直接参加敌对行动。

对于包括保卫使命在内的广义的自卫，国际红十字委员会没有论及。根据前文的分析，保卫使命与执行使命在本质上没有区别，事实上是允许维和部队使用攻击性的武力。假设使用进攻性的武力执行使命不属于直接参加敌对行动，那么这将极大地动摇国际人道法的平等适用原则。“如果审判分庭主张保卫使命不削弱维和人员受保护的地位是正确的，那么一名武装的维和人员使用攻击性武力以保卫使命将继续从平民保护中受益——从而在国际法上使得武力的目标以武力做出回应变得不合法。这将违反武装冲突法平等适用于冲突各方的假定”。❸ 于是，只要能解释为保卫使命，即使维和部队未遭到攻击，维和人员也有权使用武力，而对维和人员的武力进行还击的行为则构成危害人类罪或战争罪。而且更加荒诞的是，执行行动中的以自卫的名义使用进攻性的武力执行使命也应被排除出直接参加敌对行动之外，因此此种情况下联合国部队应被视作失去战斗力的人甚至是平民。但是在理论上，在执行行动中攻击联合国部队也从未被认为构成国际犯罪。❹ 而且事实上也没有人会期待在联合国执行行动中与联合国部队交战的国家，例如朝鲜半岛局势中的朝鲜、科威特局势中的伊拉克会不将联合国武装人员当作对方的战斗员对待。将保卫使命的自卫排除出直接

❶ See ICRC, Interpretive Guidance on the Notion of Direct Participation in Hostilities under International Humanitarian Law, 2009, p. 46.

❷ ICRC, Interpretive Guidance on the Notion of Direct Participation in Hostilities under International Humanitarian Law, 2009, p. 61.

❸ James Sloan, Peacekeepers under Fire: Prosecuting the RUF for Attacks against the UN Assistance Mission in Sierra Leone, 9 LAPE (2010), p. 286

❹ See ILC, "Report of the International Law Commission on the work of its forty-eighth session" (6 May - 26 July 1996) UN Doc A/51/10, p. 51.

参加敌对行动的假设会导致国际人道法的不平等适用，进而破坏当事方对国际人道法的遵守，因为在此情况下遵守规则不仅意味着无法正常开展军事行动，而且将毫无悬念地被联合国部队击败。因此笔者认为，为保卫使命而使用武力应当被认定为直接参加敌对行动，使维和人员由平民转化为不合法战斗员❶。相应地，此时他们所使用的物体也更应倾向于被纳入允许攻击的军事目标。

总之，塞拉利昂法庭关于允许维和部队为保卫使命而使用武力的解释将给维和法律制度造成莫大的冲击，威胁着维和部队的人员和物体在国际人道法上受到平民和民用物体保护的地位，它将促使维和部队卷入武装冲突，从而成为合法攻击的目标，这与维和行动本身的宗旨以及国际人道法对维和部队的保护理念是背道而驰的。

五、结　论

国际刑事法庭对危害维和部队罪行的审判是新兴的国际刑事司法介入传统国际法领域的典型体现，对维和行动原本的法律框架有着深刻的影响。综合来看有以下四点：首先，国际刑事法庭倾向于认可强势维和理论。虽然强势维和理论受到诸多批评，但国际刑事法庭仍肯定了这一实在法规则的某些方面。其次，国际司法实践加深了维和行动与执行行动的混淆。虽然只有塞拉利昂法庭将“自卫”的概念加以扩大，但其他国际刑事法庭未能提出与之相反的论证，导致目前维和行动与执行行动的界限只能依靠同意原则微弱地维持。再次，国际司法实践延续了对维和人员法律地位的争议。学术界对维和人员法律地位的讨论原本就已众说纷纭，国际司法实践未能起到一锤定音的作用，反而制造出更多不相一致的地方，令人遗憾。最后，国际司法实践削弱了国际人道法对维和部队的保护。在保卫使命的“自卫”中，维和人员、维和部队物体有可能被当作战斗员和军事目标对待，从而成为合法的攻击目标，而这是十分危险的。

---

❶ 有学者评论道，“当‘维和部队’被授权使用本质上达到使用进攻性的武力一样程度的武力时，排除其平民保护的权利似乎是合理的”。See Michael Cottier, Article 8 para. 2 (b) (iii), in Otto Triffterer & Kai Ambos (eds.), Commentary on the Rome Statute of the International Criminal Court: Observers′Notes, Article by Article, 2nd ed., Beck/Hart/Nomos, 2008, p. 337. See also José Doria, Attacks on UN and Regional Organizations Peacekeepers: Potential Legal Issues before the International Criminal Court, 5 Int'l Stud. J. (2008), p. 68.

由此可见，国际刑事法庭的司法实践虽然以司法裁判的形式解决了维和法律制度中的一部分争议，但同时也延续了一部分已有的争议甚至制造出新的争议，这将深刻地影响维和法律制度在今后的发展轨迹。这一司法实践一方面折射出维和法律制度内容本身的复杂性，另一方面也表明国际刑事司法对传统国际法领域中有关现象的讨论还不够成熟。虽然笔者主张在适度采纳当代实践的基础上，逐步回归维和行动传统的法律框架以寻求维和法律制度在国际法上的独立性，但国际刑事法庭的判决既已做出，就无否认其法律效力的余地，学术界只能以批判的视角继续关注维和实践的发展，并期待其自身能够回应和解决这些争议。作为国际法的实践部门，国际刑事法庭的作用不仅仅是查明事实、定罪量刑那么简单，它们也肩负着推动国际法发展的重任。国际刑事法庭在历史上所提出的一系列具有开创性的论断无不引导着国际法多个领域的发展。因此，它们也应当充分认识到自身作为国际法的实施者与捍卫者的角色，充分考虑到判决可能给国际法相关制度带来的影响，从而推动国际法治的进步与国际法的稳定发展。

武力反恐中的若干国际法问题

何　蔼

自20世纪60年代以来，恐怖主义作为国际上的热点问题越来越引发国际社会的关注，特别是在舆论媒体不加选择地宣传下，恐怖主义问题已经深入到普通人的头脑当中。国际社会针对各种类型的恐怖主义也开展了大量的打击活动，而“9·11”事件将恐怖主义与反恐怖主义斗争推入了高潮，美国的两次反恐战争将武力反恐的概念推向了众人的视野。美军的武力反恐是在冷战后期的基于美国第138号国家安全指引正式形成的概念，其国防政策中先发制人的战略也是在第138号令的政策基础上形成的。对于武力反恐，我们首先要明晰两个概念问题，即武力和恐怖主义。对于武力，《联合国宪章》虽在其原则中强调各会员国在其国际关系上不得使用威胁或武力，但是对于武力的定义仍然没有明确界定，武力即武力攻击，在国际法理论上对于定义存在各方面的问题，其中包括：武力攻击的实施者是否须是国家；对预见性的武力攻击是否能够构成使用武力自卫的依据；武力攻击侵害的客体是否只能是国家的领土完整和政治独立等。在本文中对于武力攻击采用《奥本海国际法》的定义，即“武力攻击包括一国的正规部队跨越国际边界的直接攻击，并包括一国派遣或代表该国派遣武装团队或雇佣兵到另一国的间接攻击，如果他们在另一国内进行武力行为，其严重性使这种行为由正规部队进行时就构成武力攻击；但是不包括对反对派提供武器或后勤、财政或其他支持的援助行为”。而对于是否能实施预先性的武力攻击，笔者认为，必须等到实际的危害结果马上就要发生才能采取自卫的要求是不合理的，但是单纯地强调预先性攻击很可能导致武力的滥用。而《奥本海国际法》认为，应当根据事实情况判断。“当威胁的严重性和先发制人的行动有真正必要而且是避免严重威胁的唯一方法时，才可以采取预防性自卫措施”。笔者认为这个界定是合理的。而对于恐怖主义的定义问题，由于各国利益的不同，国际社会仍没有一个普遍的共识。在荷兰学者亚历克斯·施米德最著名的著作《政治恐怖主义》一书中，列举了至少100多种对于恐怖主义的定义，这还只是学者定义的一种，国际上还存在着反恐公约对此的界定、国际文件的界定以及各国相应国内法的界定。本文对于恐怖主义的定义引用在2010年“关于国际恐怖主义的全面公约草案”的版本中，其第2条第1款规定：“本公约所称的犯罪，是指任何人以任何手段非法故意致使：①人员死亡或人体受到严重伤害；或②包括公用场所、国家或政府设施、公共运输系统、基础设施在内的公共或私人财产或环境受到严重损害；或③本条第1款第2项所述财产、场所、设施或系统受到损害，造成或可能造成重大经济损失，而且根据行为的性质或背景，行为的目的是恐吓某地居民，或迫使某国政府或某国际组织实施或不实施某一行为。”对于武力反恐，由于国际上多将恐怖主义视为一种国际罪行，如何认定武力反恐以及武力反恐中可能涉及的国际法问题，是国际法学界仍然存在争议的问题。笔者在此仅将个人对于武力反恐中的国际法问题的几点思考予以阐述，共同交流。

一、武力使用的前提性条件

武力反恐的最根本特征就是使用武力的问题，面对第二次世界大战以来所确定的禁止使用武力以及武力相威胁的原则，如何合法使用武力是确定武力反恐的前提性条件，也是后期各类问题讨论的基础。在笔者看来，武力反恐中武力使用的前提性条件有以下四种：

（一）联合国安理会实施或授权实施的行动

联合国作为目前国际上最重要的国家间组织，是处理各国国际关系的重要机构，在维护国际社会和平与安全上发挥着重要的作用。关于联合国的武力使用的规定，主要体现在《联合国宪章》第7章中，其第39条、第40条、第41条、第42条中规定联合国安理会若断定有和平之威胁、和平之破坏或侵略行为的存在，可采取相应程度的行动。笔者认为，如果恐怖主义的危害程度已经对国际社会的和平与安全造成了重大威胁，或者是造成了大的人道主义灾难，抑或是其他联合国认为应当实施武力进行打击的情形时，安理会是有权实施武力反恐行动或是授权其他主体实施行动的，这样的权力来自国际社会的授予以及对联合国作用的体现，是不存在争议的。

（二）区域机关的执行行动

一个国家必定生存在一个相对较小的地域范围内，其与该区域内的国家的关系总是在其国家对外关系中处于优先位置的，区域机关作为一个区域内用以协调相关国家关系的重要机构，发挥着越来越重要的作用。对于区域机关可以采取武力行动的依据，《联合国宪章》第52条第1款规定，“本宪章不得认为排除区域办法或区域机关、用以应付关于维持国际和平及安全而宜于区域行动之事件者”。但有一点需要注意的是，从《联合国宪章》第8章的规定来看，其执行也是在联合国之宗旨和原则的框架下，并且《联合国宪章》第53条规定“如无安全理事会之授权，不得依区域办法或区域机关采取任何执行行动”。所以区域机关即使可以采取武力进行反恐，但是其整个过程必须符合《联合国宪章》的宗旨和原则，不能超出这个范围，否则就会形成武力滥用，而北约等组织目前就存在超越权限使用武力的问题，这从宪章的角度来看是非法的。

（三）受托反恐

受托反恐主要适用于这一类情形，即某一国的合法政府对于其境内的恐怖组织已无可奈何，无法实施有效打击的情形下，请求第三国政府进行武装力量的援助，以帮助其打击恐怖主义。就这种情形来说，第三国的武力使用是当然合法的，因为其并没有主动入侵某一国家，而是受托去协助打击恐怖主义，类似于志愿军或是雇佣军的性质，所以受托反恐也是武力使用的合法性前提条件。

（四）行使自卫权

《联合国宪章》第51条规定，“联合国任何会员国受武力攻击时，在安全理事会采取必要办法，以维持国际和平及安全以前，本宪章不得认为禁止行使单独或集体自卫之自然权利”。这是国家使用武力的合法性条件之一，但是对于是否可以对恐怖组织实施武力进行打击的情形，国际上存在着很大的争议。首先，目前国际社会对于恐怖主义仍然没有一个共同的定义，国际条约中多数以国际犯罪行为进行界定。其次，自卫权只能在反击一个国家的攻击时才能行使，恐怖主义组织不是一个国家的政府，而是一个非国家团体。最后，只有对国家的领土完整和主权的独立构成武力威胁时才可使用武力进行自卫，而恐怖主义活动通常只会构成对国家利益的损害，其程度是否能引起自卫权的行使也是存在很大疑虑的。笔者认为，还是应该从一种现实的角度来看，因为只限制国家的权力而不保护其合法利益显然是不合理的，也不会是一个长久的存在机制。就《联合国宪章》第51条的规定来看，只有国家受到了武力攻击，才会有自卫权的存在，既然国家在国际社会中应该当作一个类似于人这样的主体来看，那么就不应该限制其天然的自由，合法自卫就是天然存在的自由。所以，如果恐怖活动已经达到了武力的层次，对国家造成了重大的损失，那么该国对恐怖组织进行武力打击活动是应当予以肯定的。

二、武力反恐行动中主体的法律地位

武力反恐行动中的主体主要包括武力使用方，即反恐部队；武力使用的对象，即恐怖组织。确立好二者的法律地位，对于在整个行动中把握法律界线问题是非常重要的。

（一）反恐部队的法律地位

就反恐部队而言，根据前文对于武力使用前提性条件的不同划分，对于反恐部队的法律地位也可以通过这种划分予以界定。首先，就联合国所采取或授权的行动而言，其合法性来源于联合国大会的决议，是国际社会普遍讨论后决定实施的武力行动，因此，反恐部队的地位就与联合国维和部队的地位类似，但是由于其可以使用武力，所以其地位应该更高，因为其所代表的利益是维护人类和平与安全，在他国实施反恐行动时可能享有一定程度上不受当时国家当局管理的地位，而其具体的法律地位应该通过联合国大会根据具体情形通过文件形式予以界定。其次，就通过区域机关或区域办法采取的武力反恐行动来说，由于相应的办法和机关也是区域内的国家自行协商组建的，因此对于武力反恐中相应区域组织所采取行动的合法性也来源于区域内各国的协商，而相应部队的地位问题自然是通过区域内所形成的共同纲领或者宣言之类的文件进行规定，但是此规定应该符合联合国的宗旨和原则。再次，对于受托反恐的情形，第三国是在接受当事国委托之后进行的反恐行动，二者之间的关系应当是类似于民事法律关系中的合同关系，但是由于受托方毕竟是在他国的领土上使用武力，所以其在当事国的法律地位，应该说是不同于民事法律关系中的平等主体，具体对于反恐部队的界定，笔者认为可以借鉴关于在他国演习时二者签订的地位协定予以界定，具体来说反恐部队的地位还是由当事双方各自进行确定。因为实际情况不同，二者签订的地位协定也可能不同。最后，就自卫所采取的武力反恐行动来说，如果一个国家通过自卫的方式对另一国的恐怖组织实施武力，对于进入该国的反恐武装，笔者认为可以分为两种情形来讨论：一是如果另一国并不对恐怖活动承担国家责任；二是另一国对于该国恐怖组织所造成的危害承担国际责任。就前者来说，恐怖组织的所在国类似于受害国，其自身也是想要打击该恐怖组织的，在此种情况下，通过行使自卫权进入该国的反恐部队的地位可以由两个国家协商界定，或者转化为委托反恐的情形，再或者是采用类似于区域内的双边解决办法予以界定。就第二种情况来说，行使自卫权的国家很可能将恐怖组织及其所在国同时视为自卫的对象，进而对该国实施武力，正如美国发动的阿富汗战争一样，不仅打击了基地组织，还推翻了阿富汗的塔利班政权。就这类情况来说，笔者认为其反恐部队的地位可以适用《陆战法规和惯例公约》中关于“在敌国领土的军事当局”的规定，因为从行使自卫权的一方来说其已经将对方国家视为敌人，其程度也等同于战争，并且战时的相应法规也算比较健全，有利于维持当地秩序。

（二）恐怖组织的法律地位

恐怖组织无疑是武力反恐行动中最重要的主体，作为恐怖活动的实施者以及武力反恐所针对的对象，恐怖组织在武力反恐中的地位界定十分重要。但是由于国际社会关于恐怖主义定义的不统一，所以考虑恐怖组织的地位时也存在疑惑，如果将恐怖主义活动界定为国际犯罪，那么恐怖组织就是犯罪团体，而对一个犯罪团体能否采取武力问题，答案显然是偏向否定的。即使是联合国授权的行动，如果对于作为犯罪团体的恐怖组织来说，其地位也是类似于刑法中的犯罪嫌疑人的地位，相应的各项权利应该得到保护。而如果将恐怖主义活动定义为可对国际社会的和平与安全产生重大威胁的行为，那么恐怖组织就是国际社会使用武力的对象，对其打击将会更大，并且作为国际社会所要消灭的对象，其所享有的权利也较少。因此，对于恐怖组织来说，既然可以使用武力这一层次的打击力度，那么对于其法律地位应当给予相应的保障，这也是出于一种对等的原则，即如果国际社会认可武力反恐的合法性存在，那么恐怖组织就处于武力使用对象方的地位，其也有自己的合法权利，并不能因其所实施的行为而否定其在武力行动中的法律地位。比如，针对目前新产生的IS这样的组织，由于其宣布成立了国家，虽然没有为国际社会所承认，但是实际控制了一部分领土，在一定程度上已经不能仅仅当作一个非国家团体，而可以将其视为上升到了恐怖主义国家的地位，各国对其实施了类似于空袭以及导弹袭击等武力措施，因此出于一种对等原则，在武力打击的过程中，其地位也应该予以明确，笔者认为应属于武装冲突法中敌对国家的地位，这样对于双方来说都是比较容易进行行为认定等后期可能采取的一系列行动的。

三、关于武力反恐中涉及的法律适用的问题

在国际法发展到今天，任何行动的开展都需要具有法律基础，这是行动合法的保证，武力反恐亦然如此。对于武力反恐的法律适用问题，笔者有以下几点思考：

（一）行动过程是否适用武装冲突法

武装冲突法是解决各国间武装冲突的法律选择，其主要目的是解决军事行动需要与法理正义之间的关系。其范围主要包括海牙体系和日内瓦体系。海牙体系主要是关于作战手段与方法及中立的制度，日内瓦体系主要是关于平民与受难者保护的制度。对于武力反恐中能否适用武装冲突法的规定，国际上也没有统一的定论，但是就武力反恐来说，一方面，由于其可以使用武力，在行动过程中肯定会涉及作战的手段与方法问题以及对于作战区域的平民和受难者的保护问题。就以美国开展的两次反恐战争而言，其在武力使用的程度、规模、作战手段等各个方面均已达到了武装冲突法的规定，而就目前最新的国际社会对于 IS 的打击来说，很多国家都派出了空军部队进行空袭，而且俄罗斯还对 IS 进行了导弹攻击，就这些作战手段来说，就使得武力反恐在一定程度上已经上升为武装冲突。另一方面，虽然国际社会对于恐怖主义定义、武力反恐等问题仍然没有统一认识，但是各国出于自身的利益所开展的武力反恐的行动普遍性的存在，在行动中由于武力所带来各种武装冲突法上的如死难者和流离失所的平民等问题，为了最大限度地减少行动所能造成的损害，本着人道主义的目的来说，在武力反恐中比照适用武装冲突法，就目前的形势来说，无论是出于国际社会秩序的维护及人权的考虑，还是对武力行动合法性的维护，都是具有重大实践意义的。

（二）对于恐怖主义分子审判的法律适用问题

就国际社会的最普遍观念来说，任何不法分子不得不经正规审判机构

的审判而被定罪处罚。而对于武力反恐后的恐怖分子及相应人员的审判来说，适用什么样的法律、存在什么样的审判机构以及由谁来执行判决，这些都是后期需要考虑的问题。就恐怖分子来说，由于恐怖主义的定义问题，致使其地位问题无法得到解决，使得目前国际上对于恐怖分子审判的问题无法达成共识。而在美军所开展的行动中，为了获取恐怖活动的情报或是出于其他的目的，其大多数将恐怖分子私自审判、关押、审讯。美军在国外有着大量的私设的监狱等关押机构，其中关押着大量的恐怖主义分子。笔者认为就目前国际上对于恐怖主义的态度来说，如果是联合国采取的行动，应当将俘虏的恐怖分子当成国际罪行的实施者进行审判，应当交由国际法院或国际刑事法院依据反恐国际公约和相应的国际法来进行审判；如果是委托他国进行反恐后所擒获的恐怖分子，对于恐怖分子的审判当然应该由委托方按照本国法律进行，这是其国家内部的事务；如果是某一国通过自卫权开展武力反恐行动所俘虏的恐怖分子，该国应该同恐怖组织所在国、恐怖分子的国籍国（因为恐怖组织中存在大量外国人员，正如IS中目前存在大量欧洲公民一样）进行协商来确定对恐怖分子的管辖，进而确定审判过程中的法律适用问题；如果是通过区域办法或区域机关开展的武力反恐行动，这个审判过程应该由区域内的国家共同协商确定，但是应该优先考虑恐怖组织所在国政府的管辖权，除非该政府实在没有可以审判或执行的稳定条件，否则不能剥夺该国的属地管辖权。

（三）对《联合国宪章》的坚守

70年前，世界主要国家为了不使后代再次遭受世界大战带来的伤害，来自50多个国家的代表在旧金山签署了《联合国宪章》，它是联合国的基本大法，既确立了联合国的宗旨、原则和组织机构设置，又规定了成员国的责任、权利和义务，以及处理国际关系、维护世界和平与安全的基本原则和方法。遵守《联合国宪章》、维护联合国威信是每个成员国不可推脱的责任。前任联合国秘书长潘基文曾指出，《联合国宪章》的宗旨是永恒的，必须始终作为国际社会的行动指南。但是现实是，自“9·11”事件以来，以美国为首的西方国家和以北约为代表的区域组织在武力反恐的道路上越走越远，将其“先发制人的自卫”的思想不断发展，使其在打击恐怖主义的行动中对武力的使用越来越不加限制，并且在武力反恐的掩盖下大肆推行其霸权主义政策，为了其自身的利益通过反恐战争的旗号将战火烧到任何其想插足的地方，使人们不免会产生这样的疑问：曾经被作为国家手段之一的战争权是否会重新出现？经历了多次战争和两次世界大战才确立起来的“禁止使用武力或武力相威胁”的原则是否已经被淡忘？这是一种十分危险的情形，如果武力反恐越来越按照各国自身的利益行使而不遵守《联合国宪章》的话，很可能会将世界各国再次带向战争的深渊，就宪章的规定来看，无论是自卫权的行使还是区域办法的适用，联合国的宗旨和原则都是各成员国必须遵守的，宪章是任何行动开展所必需的依据，这是维护国际社会和平的底线。因此，无论何种武力反恐行动的开展，对于《联合国宪章》的坚守是任何国家和区域组织所必须遵守的，必须在行动的全部过程中都牢记联合国的宗旨、原则，这才是行动合法性最坚实的保障。

跨国公司国际刑事责任前瞻

宋佳宁*

国际社会对于跨国公司国际刑事责任的追究时间还并不长，算上第二次世界大战之后国际军事法庭对于欧洲和日本公司的审判才只有短短不到70年的时间。在这个过程中，国际刑法学界和实务界经历了从认识跨国公司巨大的经济实力和其对于人类社会所能产生的巨大影响力（包括正面的和负面的影响力），到开始学习如何应对跨国公司所带来的负面作用的阶段。与60多年前相比，人们对于跨国公司国际刑事责任在国际法层面和国内法层面的认识和理解已经发生了翻天覆地的变化。这些都与国际法学界学者们的不懈努力，以及国际刑事司法审判机构的积极参与是分不开的。但究竟应如何追究跨国公司国际犯罪行为仍存在些许问题和挑战。

一、国际法层面发展现状及存在的问题

（一）概述

2004年，时任英国首相托尼·布莱尔（Tony Blair）曾经提到，“对我们的安全最好的防卫在于我们的价值观的广泛传播。然而，若没有一个承认这些价值观的（制度）框架，我们的价值观的传播将难以为继。如果说这是一个全球性的威胁，那么它需要一个全球性的对策，基于一套全球性的规则”。[1] 这句话对于解决国际刑法中跨国公司的国际刑事责任问题非常具有启示作用。不可否认，第二次世界大战结束至今，国际刑法理论通过大量司法实践得到了巨大的发展。一直以来，国际社会也一直没有放弃通

---

* 宋佳宁，天津工业大学人文与法学院。基金项目：本文系国家社会科学基金青年项目“潜规则的经济学分析研究”（项目编号5CJL006）阶段性成果。

[1] 菲利普·桑斯著，单文华、赵宏、吴双全译：《无法无天的世界：当代国际法的产生与破灭》，人民出版社2011年版，第1页。同时参见，Financial Times, 19 October 1998, p. 24。

过建立一个全新的“全球性规范”来实现管控跨国公司的理想。目前，国际刑法已经从早期的只承认国家元首、政府首脑等高级官员的个人刑事责任，发展到开始在个别领域出现向跨国公司刑事责任转化的趋势。

随着经济全球化的不断发展，世界各国已经充分认识到跨国公司给国际社会所带来的正面和负面影响。因此，国际社会就如何减少或消除跨国公司侵犯人权行为的措施也层出不穷。诚然，在当今国际法范畴内，国家仍是主要的从事推动、保护和实现基本人权的义务承担者，但包括《世界人权宣言》在内的主要国际人权条约都呼吁个人和所有“社会组织”应尽力遵循国际法基本原则和保障尊重人权和自由及个人基本权利的有效实现。因此，在坚持积极引进外国直接投资，发展自身经济的同时，绝大多数国家也开始注重对于跨国公司及其高管人员从事的国际犯罪行为的追究。这在国际刑法层面最明显的表现就是，国际刑法学界和实务界似乎开始将其管辖对象向以跨国公司为主体的公司法人倾斜的趋势。通过研究目前相关国际和国内司法判例可知，当今国际社会主要通过追究跨国公司员工的共谋行为及高级管理人员的上级责任来弥补目前国际法在此领域的不足。在国际法的其他领域，以联合国为首的一些国际性组织或非政府组织在对跨国公司的行为规范中也起到了一定的作用。这些解决措施的发展现状以及存在的问题为本文讨论的重点。

（二）国际性跨国公司“行为规范”发展现状及存在的问题

目前国际社会存在为数不少的由国际组织发起的涉及规范跨国公司行为的一般性规范，如经济合作与发展组织（OECD）的《跨国公司行为指南》。其中，一些规范专门行业行为的国际性倡议也屡见不鲜，如《安全与人权自愿性原则》等。大多数国际或区域组织制定的相关规范都涉及主要国际人权公约的基本原则，同时也存在一些国际组织“因行业制宜”，结合不同行业的生产经营特点出台的符合该特定行业的行为规范。

这些国际性行为规范对于规范跨国公司行为有一定的促进作用。一方面，这些国际性文件对于国际社会、跨国公司及各国民众都具有很大的教育意义。它们使得政府、公司和消费者三方真正认识到跨国公司行为所能产生的严重后果。同时，一些国际人权组织所公布的“行为规范”报告在呼吁跨国公司对于基本人权、劳工权利、环境保护等问题予以尊重的基础上，还揭露了不少跨国公司侵犯基本人权的暴行。这些暴行给了人们很大的冲击，至少从消费者角度来说，可以促使他们“用脚投票”，在选择服务或产品时远离那些并不尊重人权或不重视当地环境保护的跨国公司。20世纪90年代，欧美消费者因李维斯（Levi's）公司侵犯发展中国家劳工基本人权和劳工权而发起的大规模商品抵制活动就是消费者“用脚投票”的范例。这样的冲击是任何跨国公司都不想见到的。另一方面，这些“行为规范”文件有助于督促跨国公司始终以尊重基本人权为底线进行生产经营活动，并根据本行业特点来践行此类国际组织规范的要求，做到国际法对于保障人权的基本要求。部分跨国公司行为规范中有专门针对不遵守规范行事的跨国公司的“惩罚”机制，尽管这些所谓的“惩罚”机制大多没有太大的强制效力，但这种来自于著名国际组织的“点名批评”（name and shame）或多或少能够对跨国公司的生产经营活动产生一定的威慑作用。

然而，这些国际性“行为规范”普遍存在一个本质缺陷，即其“软法”性质。因此，此类行为规范均不具备为跨国公司行为创设法律义务的能力。[1] 由于这些国际性“行为规范”所规定的内容并不具有法律强制性，因此跨国公司并不会因为违反相关行为规范条款而受到严厉的惩罚。而成为这些“行为规范”的一员，既可以向整个世界彰显该跨国公司“尊重人权”的经营理念，还不会为其生产经营活动带来过多“负担”。这些都为跨国公司积极加入此类“行为规范”提供了强大的动力，也从根本上扭曲了国际性组织制定此类跨国公司行为规范的初衷。人们逐渐发现，尽管越来越多类似的国际性跨国公司行为规范不断出台，参与其中的跨国公司的数量也呈逐年递增趋势（最著名的联合国“全球契约”，参与的跨国公司的数量已经超过3000家），相关规范内容也几乎涉及跨国公司生产经营活动的所有领域，但却并未能够大幅度减少跨国公司参与国际犯罪活动的数量。一些已经加入多部国际性行为规范的跨国公司仍然在世界的某个角落与当地政府相勾结，从事着掠夺当地自然资源或侵犯当地民众基本人权的勾当。这些现实都迫使当前国际法学界和人权组织开始转变思路，对于这些跨国公司行为规范的实际效用进行重新评估。

（三）相关国际条约存在的问题和挑战

如上所述，单纯依靠一些国际组织所制定的跨国公司自愿性“行为规范”是无法彻底解决目前普遍存在的跨国公司国际犯罪问题的。近年来，

[1] Patrick Macklem, “Corporate Accountability under International Law: The Misguided Quest for Universal Jurisdiction”, International Law Forum du droit international, Vol. 7, 2005, pp. 281, 283.

学界也开始认识到，这种缺乏条约实施机制或违约惩治机制的国际性文件的实施效果确实乏善可陈。一些跨国公司即使加入或签署了某项公约，但在侵犯人权问题上表现得“有恃无恐”的行为并不少见。为应对国际组织制定的“行为规范”所存在的本质缺陷，国际法学者将其研究重点转移到具有法律效力的国际条约上。涉及规制跨国公司国际犯罪问题的国际条约（包括国际刑法条约）由此而生，并广受关注。

尽管当前国际刑法仍未正式承认国际刑事司法审判机构对于跨国公司的刑事管辖权，但从20世纪80年代开始，国际社会以跨国公司为主体的国际刑事条约已经出现并在其专业领域发挥着重要的作用。与上述具有“软法”性质的国际组织制定的国际性文件相比，从对跨国公司行为的规范效果上来看，国际条约因具有一定程度的法律强制性及较好的实施机制，其对于跨国公司的行为更具有约束性。

国际法发展到今天，对于“条约必须遵守”这条国际法最为古老的传统的尊重已经成了国际社会的共识。由于这些国际公约或条约主要的缔约方是一国政府，因此条约内容主要采取“转化”或“纳入”[1]的方式，通过进入缔约国国内法律体系来贯彻实施。这对于督促缔约国本国在国外的跨国公司的活动，以及位于驻在本国的他国跨国公司的活动具有更强的法律强制力。也正是因为这一优势，促使学者们开始思考是否能够制定专门针对跨国公司行为规范的国际条约以更好地实现对跨国公司行为的管控。

尽管从表面上看，通过制定专门的国际条约来约束跨国公司的行为似乎能够“一劳永逸”地解决目前面临的诸多问题，然而，从实际操作角度思考，这种想法并不可行。原因在于：国际条约或公约在执行力方面确实大大强于国际组织制定的“行业规范”，但国际条约也因其自身特点而存在一些不易克服的缺陷。从国际条约的制定程序角度来说，一件国际条约，特别是国际人权条约的制定需要经历相当长的谈判协商阶段，部分条约甚至需要几十年的时间才能达到条约制定时所规定的生效条件。一般来说，一件国际条约关注的问题范围越广、内容越复杂、争议越大，这段谈判协商的时间就会越长，而跨国公司的国际刑事责任问题正属于此种类型。仅以《联合国土著人民权利宣言》（Declaration on the Rights of Indige-

[1] 所谓转化，是指将条约规定为相应的国内法形式，间接适用。所谓纳入，是指将条约一般性地纳入国内法，在国内法中直接适用。一般情况下，在国内采取何种方式适用条约，是由各国根据条约的性质和有关规定自由决定的。

nous Peoples)[1] 为例，该宣言中仅涉及“跨国公司与人权问题”中的一小部分内容，[2] 即在部分条款中强调“开发、利用或开采矿物、水或其他资源的项目前，应本着诚意，通过有关的土著人民自己的代表机构，与土著人民协商和合作，征得他们的自由知情同意”“不得强迫土著人民迁离其土地或领土”“土著人和土著人民有权充分享受适合的国际和国内劳工法所规定的所有权利”等问题。对于这些问题的谈判，就足足花了26年的时间。更不用提目前跨国公司国际刑事责任问题中存在的诸多更具争议的话题，如跨国公司的国际法主体资格问题、跨国公司的国际刑事主体资格问题、跨国公司高管的上级责任及公司员工的共谋行为的认定标准等。上述问题大多已经历了数十年的讨论，却仍未在国际社会达成共识。

退一步讲，如果将条约制定的时间忽略不计，仅从相关国际条约需要规定的内容来看，要在短时间内建立一个全球性跨国公司行为规范的人权标准及国际刑法规范也是并不实际的。虽然各国际组织已经为不同行业的跨国公司制定了各自的行为规范，但应当看到的是，这些行为规范所规定的内容与所针对的跨国公司的行业背景有很大联系。即，处于不同行业的跨国公司的行为规范强调的重点具有较大的差别。比如，对于主要从事采掘业的跨国公司来说，其行为规范必然涉及对于当地自然资源的保护以及有限采掘的问题、禁止与当地专制政府或非政府武装相勾结等问题；对于从事劳动力密集型活动的跨国公司（如服装制造业等），相关行为规范则更为关注对于劳工权利的保护等；对于新兴高新技术产业，则主要强调禁止向专制政府提供为其从事侵犯人权行为所“私人定制”的高科技软件等行为。如何将差别如此之大的行为规范体系纳入一个统一的全球性体系，确实存在很大的技术性问题。而如果在该国际条约中仅仅使用较为宽泛性的语言，做出一些框架性或宣言性的规定，似乎并没有必要花大力气去专门制定该条约。即使制定出来，此种国际性条约的执行效果可能还需出台更具体的补充机制才能最终实现。

---

[1] United Nations Declaration on the Rights of Indigenous Peoples, A/61/L.67 and Add. 1, 2007, Feb. 10, 2015, http://undesadspd.org/IndigenousPeoples/DeclarationontheRightsofIndigenousPeoples.aspx.

[2] 《联合国土著人民权利宣言》第10条：“不得强迫土著人民迁离其土地或领土。”第17条：“土著人和土著人民有权充分享受适合的国际和国内劳工法所规定的所有权利。”第32条：“各国在批准任何影响到土著人民土地或领土和其他资源的项目，特别是开发、利用或开采矿物、水或其他资源的项目前，应本着诚意，通过有关的土著人民自己的代表机构，与土著人民协商和合作，征得他们的自由知情同意。”

（四）国际刑事司法实践中的问题和挑战

1. 国际刑事法院

在联合国系统下，由于主权国家仍是国际法层面义务的主要承担者，联合国内部尚未出现专门用于监控“跨国公司行为与国际犯罪活动”的投诉机制（complaint procedures）。同样，包括国际刑事法院在内，当今国际特别刑事司法审判机构也均无权对跨国公司的国际犯罪行为追究其刑事责任。可以说，国际社会在国际刑法层面确立跨国公司国际刑事责任的最佳司法救济场所应为国际刑事法院。主要原因在于：一方面，国际刑事法院作为当今国际社会唯一的对于国际犯罪具有管辖权的国际性常设性刑事法庭，其判决的权威性是有目共睹的。因此，如果能够将国际刑事法院作为跨国公司国际犯罪行为的审判机构，对于案件判决之后的执行问题以及对于跨国公司今后行为的威慑力是可以想象的。另一方面，国际刑事法院检察官（Prosecutor）具有“主动启动法院机制”的权力，[1] 可以“自行根据有关本法院管辖权内的犯罪的资料展开调查”（The Prosecutor may initiate investigations proprio motu on the basis of information on crimes within the jurisdiction of the Court.）。因此，可以适度缓解跨国公司母国或其东道国“不愿或不敢”通过国内法来制裁跨国公司大规模侵犯基本人权的现象。

然而，由于在国际刑事法院建立之初，部分国家对于将公司法人这一主体纳入国际刑事法院的管辖范畴提出疑虑，认为这样做可能存在“开了适用《罗马规约》追究国家责任的后门的可能性”而采取强烈抵制态度。[2] 因此，法国代表在罗马会议上提出的“公司法人也应承担国际刑事责任”的提案最终流产。此外，罗马会议未将公司法人纳入《罗马规约》的另一个主要原因是，《罗马规约》制定之时，与会国认为，国际社会“缺乏跨

---

[1] 《罗马规约》第15条：“（一）检察官可以自行根据有关本法院管辖权内的犯罪的资料展开调查。（二）检察官应分析所收到的资料的严肃性。为此目的，检察官可以要求国家、联合国机构、政府间组织或非政府组织，或检察官认为适当的其他可靠来源提供进一步资料，并可以在本法院所在地接受书面或口头证言。（三）检察官如果认为有合理根据进行调查，应请求预审分庭授权调查，并附上收集到的任何辅助材料。被害人可以依照《程序和证据规则》向预审分庭做出陈述……”相关资料参见：http：//www.un.org/chinese/work/law/Roma1997.htm，2014－03－24。

[2] 张颖军，《从纽伦堡审判到国际刑事法院——国际刑事司法的法人责任研究》，《武汉大学学报（哲学社会科学版）》2008年第6期，第849页。

国公司国际刑事责任的国际标准”。[1] 一方面，罗马会议召开之时，与会国家代表对于是否在其国内法中承认公司的刑事责任问题存在相当大的争议。当时，一些国家甚至在其国内法内尚不承认公司具有承担刑事责任的主体资格。另一方面，一部分国家的国内刑法并不承认法人的刑事责任，而对于那些已经在其国内法中承认“公司法人能够犯罪”的国家来说，根据其国内法中所规定的责任形式的不同（民事责任、刑事责任及侵权责任），又可以分为不同的责任承担方式。正是基于上述分歧，在《罗马规约》制定之初，国际社会并未就公司的国际刑事责任问题达成一致意见。

罗马会议召开至今，16 年过去了。尽管基于《罗马规约》的限制，当今国际刑事法院仍无权对公司法人行使刑事管辖权，但该法院却对涉及跨国公司犯罪的国际刑事案件采取了相当大的“变通之法”，即分别适用《罗马规约》第 25 条和第 28 条中关于“帮助和煽动行为”及“其他上级责任”条款，对涉案跨国公司高级管理人员的犯罪行为进行追究，并可因此而对与跨国公司行为有关的国际犯罪行为予以裁判。近几年来，国际刑事法院也开始在其司法审判活动中阐述法院关于涉及跨国公司高管的上级责任及公司员工的共谋行为的构成要件的认识。这都被认为是国际刑事法院开始加强对跨国公司国际犯罪的惩治力度。然而，国际刑事法院自身资源紧缺，面对巨大的案件压力，尽管国际刑事法院检察官办公室（Office of the Prosecutor）多次公开重申其对于跨国公司参与的国际犯罪行为的关注和调查的决心，但从目前发展现状来看，国际刑事法院仍将其审理案件的重点集中在那些直接参与犯罪的个人或首脑身上。同时，鉴于国际刑事法院能够受理的案件数量有限，再加上涉案跨国公司工作人员在国际犯罪中尽管存在帮助或煽动等共谋行为，但多处于辅助地位且远离实际犯罪地点，这些问题都更加提升了国际刑事法院检察官在相关案件中的举证压力，也使得检察官办公室并未将对于此类人群的处理放在“优先处理”的行列。[2]

2. 其他国际刑事司法审判机构

当今国际刑事司法审判机构在处理涉及跨国公司国际犯罪问题时也面

---

[1] M. Kremnitzer, “A Possible Case for Imposing Criminal Liability on Corporations in International Criminal Law”, Journal of International Criminal Justice, Vol. 8, 2010, p. 917.

[2] Reinhold Gallmetzer, “Prosecuting Persons Doing Business with Armed Groups in Conflict Areas: The Strategy of the Office of the Prosecutor of the International Criminal Court”, Journal of International Criminal Justice, Vol. 8, 2010.

临着同国际刑事法院相同的困境。一方面，近些年来，各主要国际刑事司法审判机构都在涉及跨国公司侵犯基本人权的案件中表现积极，并就该问题中的核心点或难点，结合自身实际情况，提出了不少具有新意的观点或看法。这些观点或看法对于跨国公司国际刑事责任问题的发展和认识具有非常重要的实践意义。以上表明，这些国际刑事司法审判机构自身并不排斥追究跨国公司的国际刑事责任，目前无法实现这一愿望的原因仅是由于相关规约规定的限制而使得它们缺乏对公司法人的管辖权。另一方面，跨国公司大规模侵犯人权的行为已经十分严重，一些公司甚至已经开始牵涉进一国内战或国内的政治斗争之中。鉴于跨国公司的驻在国或母国并不具有直接惩罚跨国公司的主观能动性，通过国际刑事司法审判机构对于涉案公司负责人或相关行为人的直接犯罪行为或间接共谋行为予以起诉，似乎是目前国际社会唯一能够做到的“没有办法的办法”。尽管对于个人刑事责任的追究，在对受害人损害赔偿的实现程度上明显无法与财力雄厚的跨国公司相比，但根据目前国际刑法理论的规定，也只能做到这一点。这种现状不仅是受害者的无奈，也是国际刑事司法实践机构与国际刑法学者的无奈。

就国际刑事司法审判机构对于跨国公司高管或员工犯罪行为的追究现状来说，也存在一些问题和挑战。首先，国际刑法理论界对于“上级责任”及“共谋行为”的构成要件及界定标准规定还不明确。由于缺乏具体的理论支撑，这些国际刑事司法审判机构只能通过总结前人的判例及法官个人对于相关原则的理解来审理相关案件。法官理论水平和对于理论问题理解上的差异，使得目前各国际刑事司法审判机构在涉及跨国公司高管上级责任原则及公司员工共谋行为中的一些核心问题的理解均存在差异，这对于最终确立一个明确的统一的标准造成了一定程度的阻碍。其次，在司法实践中，大多《法庭规约》条款中的规定较为概括，有的甚至没有将民事主体同军事主体区分规定。鉴于涉及跨国公司犯罪案件的犯罪主体均为民事个人，这就使得检察官在适用相关条款时，出现举证责任过重的现象。而在现实生活中，跨国公司自身非常复杂的内部人事结构以及职位调动制度，更增加了检察官指控某一负责人或员工有罪的难度。这些都在很大程度上限制了国际刑事司法审判机构的检察官起诉跨国公司高管或员工从事国际犯罪活动的能力。

二、国内法层面发展现状及存在的问题

20世纪初，德国著名作家托马斯·曼[1]曾在其长篇小说《魔山》(*The Magic Mountain*, Der Zauberberg, 1924) 中写过这样一句话，“令人注目的是，最常得到遵守的规则往往是那些与既得利益阶层的经济利益相一致的规则；而对于那些不太受欢迎的规则，他们则倾向于视而不见”。[2] 这句话用来形容跨国公司与其驻在国或母国的国内法律规范之间的关系再合适不过了。研究表明，在很多国家，一国政府国内法律法规在面对跨国公司对于其本国国民基本人权的侵害时是基本无效的。[3] 产生这种现象的原因，可以从跨国公司驻在国角度和母国角度来进行分析：从跨国公司驻在国角度来说，一方面，一些发展中国家或不发达国家本身并不具备相应的完善的法律、法规体系，因此，对于跨国公司国内法律机制的管控力也明显不足；另一方面，在那些存在相应法律法规机制的国家，由于这些国家大多在经济上比较或非常依赖跨国公司的直接投资，为保证自己经济的稳定发展，这些国家的政府一般也并不愿意对跨国公司在其本国的行为“说三道四”。从跨国公司母国的角度来说，为防止本国公司在国际竞争中处于劣势地位，大多跨国公司的母国也不愿为这些跨国公司在国外的行为做出太多约束。

尽管采用国内法机制调控跨国公司的行为还存在上述“短板”，但从目前的发展现状来看，适用国内法机制可能是最为有效的规范跨国公司行为的途径之一。在国内法的一个层面，即民法或侵权法层面，涉及跨国公司犯罪的专门法律规定及判例并不少见。从目前发展现状来说，适用国内法管控跨国公司行为目前发展最好、效果也不错的领域即为侵权法领域。在这个领域中，最值得一提的当属美国《外国人侵权索赔法案》(ATS) 及其联邦法院判例。正是《外国人侵权索赔法案》的存在，极大地推动了20世纪90年代以来兴起的外国受害者在美国联邦法院针对跨国公司在他国侵犯基本人权暴行的起诉浪潮。也正因为如此，也使得美国学者和司法

[1] 托马斯·曼（Paul Thomas Mann，1875—1955），德国作家，1929年获得诺贝尔文学奖。

[2] 菲利普·桑斯著，单文华、赵宏、吴双全译：《无法无天的世界：当代国际法的产生与破灭》，人民出版社2011年版，第87页。

[3] International Network for Economic, Social & Cultural Rights, Joint NGO Submission: Consultation on Human Rights and the Extractive Industry, 2005, p. 6.

实务人员能够在跨国公司国际刑事责任、跨国公司共谋行为及上级责任原则等问题上拥有更多的实践经验。与此同时，美国司法实务界也并未放弃这一绝好机会，凭借他们雄厚的法学理论基础，这些美国联邦法官在诸多案例中对于跨国公司国际刑事责任中多个核心问题的精妙法理分析，已经成为世界各国国际法学者争相学习的经典文本，也在很大程度上激起了国际刑法学界对于跨国公司国际刑事责任问题的研究热情。在实际生活中，大量涉及跨国公司侵犯基本人权的案件的出现，也使得众多跨国公司开始真正重视其在他国的生产经营活动是否符合国际法、国际人权法的基本要求，并在其实践活动中加强对相关问题的管理。

国内法的另一个层面即国内刑法层面，运用一国国内刑法规制跨国公司的行为在当地政府重视水平、法律法规的多样性、实施强制性程度等方面都存在一定优势。但从整体来看，从国内刑法层面规制跨国公司行为，即适用一国国内刑法来处理跨国公司的国际犯罪问题也存在这样或那样的挑战与困难。首先，不同国家对于公司法人刑事责任的处理标准与原则存在很大差别。有时一些国家刑法适用“代理责任”，即法院主要关注公司员工的犯罪行为，因此并不强调对于公司本身刑事责任的追究。而另一些国家则更注重对公司行为本身违法性的研究，对于真正从事犯罪活动的公司员工或高管的行为却并不重视。[1] 这种现象时常发生。此外，并非所有国家都承认公司法人的刑事责任（尽管随着近些年来国内刑法理论的发展，属于这一阵营的国家已经很少）。[2] 其次，在实践中，大多数涉及跨国公司犯罪的地区地处战争冲突区或不发达地区。[3] 一般认为，这些国家或地区自身的司法基础相对薄弱。一方面，这些国家或地区缺乏必要的设施、资金和法律专业人才；[4] 另一方面，此类地区也被国际社会公认为缺

---

[1] Celia Wells and Juanita Elias, “Catching the Conscience of the King: Corporate Players on the International Stage”, Philip Alston (ed.), Non-State Actors and Human Rights, Oxford University Press, 2005, pp. 143-147.

[2] Wolfgang Kaleck and Miriam Saage-Maab, “Corporate Accountability for Human Rights Violations Amounting to International Crimes: The Status Quo and its Challenges”, Journal of International Criminal Justice, 2010, Vol. 8 (3), pp. 715-716.

[3] Anita Ramasastry, Mapping the Web of Liability: The Expanding Geography of Corporate Accountability in Domestic Jurisdictions, 2008, Jan. 16, 2015, http://198.170.85.29/Anita-Ramasastry-commentary.pdf.

[4] Jelena Pejic, “Accountability for International Crimes: From Conjecture to Reality”, International Review of the Red Cross, Vol. 84, 2002, p. 31.

乏法治及独立审判活动。[1] 再加上跨国公司通常被视为一国经济发展的重要支柱，因此这些国家并不情愿追究跨国公司的刑事责任。[2] 除此之外，跨国公司母国政府一般也倾向于“放任”其跨国公司在国外的行为，以保障与东道国良好的外交关系以及防止本国在国际经济活动中遭受“不公平对待”。总的来说，东道国薄弱的政府管理、法律基础以及跨国公司母国对其行为监管的不到位，共同造成了单纯适用一国国内法以期对跨国公司犯罪行为的追究并不能完全实现。因此，经过将近50年的努力尝试，在纽伦堡、东京、海牙、阿鲁沙区（坦桑尼亚），一种广泛的共识已经形成，即在一些情况下，国内法院“无法，或者说不愿意”对涉及跨国公司的最为严重的罪行提出起诉。[3]

尽管存在诸多问题，最近越来越多的国家已经将惩罚跨国公司国际犯罪行为纳入其国内刑事立法管辖范畴。在大多情况下，此类国内刑法典均适用于所有公司法人。[4] 澳大利亚现行刑事法规定跨国公司应对国际犯罪承担相应责任。[5] 早在1995年，当时的《澳大利亚刑事法》第8章就将国际犯罪纳入澳大利亚国内法，包括种族灭绝罪、危害人类罪及其他战争犯罪（包括奴役、酷刑、强奸及种族隔离等）。其中，该刑事法也将“帮助和煽动行为”纳入公司犯罪行为之中。[6] 在英国，人们也开始就跨国公司或其子公司参与国际犯罪行为所应承担的责任问题思考新的出路。[7] 一般而言，基于“属地原则”，一国国内法完全有权力规范在其国内进行生产

---

[1] FAFO, Business and International Crimes: Assessing the Liability of Business Entities for Grave Violations of International Law, 2004, p. 22.

[2] FAFO, Business and International Crimes: Assessing the Liability of Business Entities for Grave Violations of International Law, 2004, pp. 22 –23.

[3] 菲利普·桑斯著，单文华、赵宏、吴双全译：《无法无天的世界：当代国际法的产生与破灭》，人民出版社2011年版，第45页。

[4] 例如英国、挪威、加拿大及法国的刑法典。

[5] Rachel Nicolson and Emily Howie, “The Impact of the Corporate Form on Corporate Liability for International Crimes: Separate Legal Personality, Limited Liability and the Corporate Veil—An Australian Law Perspective”, Paper for ICJ Expert Legal Panel on Corporate Complicity in International Crimes, 2007, p. 2.

[6] The International Criminal Court (Consequential Amendments) Act 2002 (Cth).

[7] Rachel Nicolson and Emily Howie, “The Impact of the Corporate Form on Corporate Liability for International Crimes: Separate Legal Personality, Limited Liability and the Corporate Veil—An Australian Law Perspective”, Paper for ICJ Expert Legal Panel on Corporate Complicity in International Crimes, 2007, p. 2.

经营活动的跨国公司。同时，由于一国刑事法是该国法律系统中最能体现国家强制力的统治工具，依此逻辑，适用国内刑法来追究跨国公司的国际犯罪活动必然比具有普遍“软法”性质的国际组织制定的“行为规范”的惩罚力度要大得多。而按照这种思路，是否就可以说从国际法层面对于跨国公司国际刑事责任的追究就不再必要了呢？答案是否定的。因为尽管国内层面追究跨国公司刑事责任的条件已经完全具备，但在现实中，单一国家在很多情况下都不能成为其国民的“最好的同盟”。[1] 同时，由于此种案件通常会涉及公司跨国交往及行为，而一国的法律规则或标准并不能完全适用于此类案件之中。因此，跨国公司的国际刑事责任问题也并不适合单纯从国内法层面予以解决。

应该说，不管受害方选择国内刑事法律程序还是民事或侵权法律程序来追究跨国公司的国际刑事责任，都会面临诸多法律上和事实上的挑战和困境。各国现存的法律原则和规则在处理相关问题时也并不完善。2013年，一些国家对于其国内法中涉及跨国公司国际刑事责任司法救济途径的修改引起了国际社会（尤其是国际刑法学界）的普遍担忧。2013年，国际法学家委员会专门就此问题向人权理事会提交报告。[2] 报告的起因是，2013年4月，美国联邦最高法院在柯欧贝案（Kiobel v. Shell Co.）中裁定《外国人侵权索赔法案》不再具有域外效应，也就在某种程度上表明美国联邦最高法院对于适用ATS追究跨国公司侵权责任的态度：即《外国人侵权索赔法案》已经不再对跨国公司在美国之外的国家或地区的国际犯罪行为予以管辖。这就使得受害者适用国内法控告跨国公司侵犯人权行为的途径进一步减少。[3] 这一裁决一经发布就引起国际法学界、人权组织及司法实务界人士的强烈反弹。鉴于美国是世界上拥有跨国公司最多的国家，美国联邦最高法院的这一判决基本关上了受害人在美国本土向跨国公司海外不法行为寻求司法救济的大门。更令人担忧的是，此类行为并非仅仅发生在美国。2012年11月，加拿大最高法院也曾做出对被害人对铁毡矿产公

---

[1] Lynn Verrydt, “The Quest for International Criminal Liability with regard to Corporations”, A Master's Thesis Submitted in Partial Fulfilment of the Requirements for the Degree of Master in Law, Ghent University (2011 – 2012), p. 24.

[2] International Commission of Jurists, Written Statement’ Submitted by the International Commission of Jurists, A Non-Governmental Organization in Special Consultative Status, A/HRC/23/NGO/12, 2013.

[3] Kiobel v Royal Dutch Petroleum Co, Case No. 10 – 1491, 2013 (U. S. Apr. 17, 2013).

司（Anvil Mining）[1] 拒绝上诉的决定。毫无疑问，鉴于受害方在国内司法系统寻求司法援助所存在的种种困难，近期各国出现的各种倒退现象可能会导致被告方在面临跨国公司国际犯罪行为时陷于“无处申冤”的局面。而这一“倒退”现象也使得本来发展一片光明的跨国公司国际刑事责任问题蒙上了一层阴影。

[1] Anvil Mining Ltd. c. Association canadienne contre lÍmpunité, 2012 QCCA 117, Feb. 9, 2015, http://canlii. ca/t/fpr75.

安理会制裁决议实施中人权保护的司法审查

——从“卡迪案”到“阿尔-杜立弥案”的演进

王蕾凡*

一、问题的提出

自20世纪90年代，尤其是“9.11”事件之后，安理会通过了一系列制裁恐怖主义的决议。这些决议直接针对被认定为与恐怖主义有关联的个人和组织，如冻结其名下资产，禁止旅行和获得武器。这类目标明确的制裁被誉为“聪明制裁”。❶ 相比之前对整个国家或地区的制裁，它避免了伤及大规模无辜的民众。由于安理会自身缺乏实施决议的机制，这些制裁决议需要依赖成员国通过国内法来实施。《联合国宪章》（以下简称《宪章》）第25条规定成员国有义务执行安理会具有约束力的决议；❷ 并且在《宪章》第103条要求“当联合国成员国的《宪章》义务与其他国际协议的义务发生冲突时，《宪章》义务优先”。❸

“聪明制裁”机制实施中，首先由安理会依据各国及地区组织提供的信息，列出制裁个人和组织的综合名单；然后，成员国依据制裁决议及综合名单在其管辖范围内对被制裁的个人和组织实施制裁措施。通常，被制裁的个人和组织没有申诉、质证和答辩的机会，甚至无法获知自己被列入制裁名单的确切理由和证据。这对一些已被诸多国家宪法保护的个人基本

---

* 王蕾凡，中国人民大学法学院国际法专业博士生。

❶ 顾婷：安理会反恐“聪明制裁”之困境及其出路，《法学》2011年第10期，第118页。

❷ 《联合国宪章》第25条：“联合国成员国同意接受和执行安理会依据本《宪章》做出的决议。”

❸ 《联合国宪章》第103条。

权利，如公正审判、诉诸法院及获得有效司法救济等带来严重的威胁。这些个人基本权利在《世界人权宣言》（第8条）、《公民权利和政治权利国际公约》（第14条）、《美洲人权条约》（第25条）、《欧洲人权公约》（第6条、第13条）及《非洲人权和民族权利宪章》（第7条）等国际人权公约和文件上都有明确的规定。

尊重人权是第二次世界大战后国际法进入新阶段所确立的一项基本原则。[1] 反恐制裁实施措施对人权的威胁引起了各方关注。2005年"世界高峰会宣言"中，联合国大会呼吁安理会尽快建立"公正和清晰"列入或移出制裁的程序。[2] 联合国人权事务高级专员指出安理会对个人和组织制裁的影响可视为具有"惩戒性"（punitive），需要通过司法裁决确认或司法审查程序。[3] 作为回应，安理会对"聪明制裁"机制进行了一系列改善。[4] 2006年，安理会通过1730号决议，要求国家在向制裁委员会提议个人和组织列入综合名单时，必须提交"一份陈述"，尽可能详细地说明列入理由。[5] 同时，在联合国秘书处设立一名由秘书长指定的"协调人"，直接接受个人和组织向制裁委员会提交的移出名单申请。2008年，安理会通过1822号决议，要求制裁委员会对个人和组织列入制裁给出理由说明，且个人和组织的所在国或国籍国应将列名及其后果通知相关个人和组织。[6] 2009年，安理会对移出程序做了进一步改革，依据第1904号决议设立了"监察员"制度，替代之前的"协调人"，监察员由联合国秘书长和制裁委员会协商后任命，其负责接受来自成员国和个人的移出申请，并与申请人直接对话，听取其答辩，对移出证据进行评估，最终就移出制裁事宜向制裁委员会提交一份综合报告，包括对移出制裁提出建议。[7] 但是这些措施没有改变制裁列入及移出程序的政治外交实质。众所期待的对安理会制裁决定进行"独立而公正"的司法审查程序仍未建立起来。

---

[1] 安东尼奥．卡塞斯：《国际法》第1版，蔡从燕译，法律出版社2009年，第80页。

[2] UNGA Resolution 60/1, para. 109.

[3] Report of the United Nations High Commissioner for Human Rights on the Protection of human rights and fundamental freedoms while countering terrorism, A/HRC/12/22, 2 September 2009, para. 42.

[4] 孙昂：联合国制裁机制的正当程序——以"1267制裁机制"的改革为例，《国际法研究》2015年第6期，第36-50页。

[5] SC Res. 1735 (2006), para. 5.

[6] SC Res. 1822 (2008), para. 12.

[7] SC Res. 1904 (2009).

目前，在联合国层面对安理会制裁决议进行司法审查是不太可能的。国际法院在“纳米比亚咨询意见”中已表示：“毫无疑问，国际法院对联合国有关机构所做的决定没有司法审查或上诉审查的权力。”在具体案件审理过程中，为了确定安理会决议所产生的法律后果，国际法院可以对相关决议中存在的异议进行审查，这仅是一种附带审查。安理会不是国际法院的当事方，即便国际法院在判决中认定安理会决议不合法，该判决对安理会也不会产生直接法律约束力。那么，国内法院或区域法院能否在其管辖范围内对安理会制裁决议实施措施的合法性进行司法审查呢？如果可能，这种司法审查应遵行什么标准？

近几年，关于国内法院或区域性法院对安理会制裁实施措施是否有权进行司法审查仍存在很大争议。[1] 依据欧盟法律制度中保障个人基本权利的条款，多位被制裁的个人和组织已对欧盟及成员国实施安理会制裁决议的措施提起了诉讼。面对争议，欧洲法院和欧洲人权法院也审理了一系列此类案件，并在判决中阐释了其对此类措施进行司法审查的标准。[2]

本文通过分析具体案例，首先展示欧洲法院和欧洲人权法院对安理会制裁决议的实施措施进行司法审查的标准的演变过程；然后对这些案例中涉及的一个核心法律问题，即成员国《宪章》义务优先原则与保障个人基本权利义务之冲突的根源以及可能解决途径进行评析。

二、卡迪案：欧洲法院从拒绝审查到全面审查

1998 年，恐怖组织袭击了美国在肯尼亚和坦桑尼亚的使馆之后，安理会通过第 1267（1999）号决议，对阿富汗塔利班相关个人和组织实施制裁，决议要求各国冻结其名下资产，禁止旅行及获得武器。2000 年 12 月 19 日，安理会通过第 1333 号决议，将这一制裁范围扩展到与本·拉登相关个人和组织，包括基地组织。安理会成立专门的制裁委员会，负责列出被制裁个人和组织名单及监督实施。

同时，为增强这一制裁机制的透明度，2002 年安理会制定了“基地制

---

[1] 顾婷：安理会反恐“聪明制裁”之困境及其出路，《法学》2011 年第 10 期，第 120 页。

[2] 这一系列的案例包括本文讨论的案件以及国内法院审理的：Ahmed and others v. HM Treasury：Untied Kingdom Supreme Court；Abdelrazik v. Canada：Federal Court of Canada。

裁委员会指南”，增设了被制裁人基本支出和维持生活的人道主义豁免。[1] 但是这一制裁机制仍存在诸多问题，引起了多起被制裁人向国内法院和欧洲法院起诉安理会制裁决议实施措施合法性的案件。[2]

（一）卡迪案Ⅰ

2001 年，本案申请人卡迪被列入安理会第 1267 号决议制裁名单，欧盟理事会（Council of the European Union）依据该决议制定了实施措施，并据此冻结了申请人的财产。[3] 申请人向欧洲初审法院申请废止这一措施，理由是该措施侵犯了其基本权利（公平听证权、财产权及有效司法审查权）。[4] 2005 年，初审法院驳回了申请人的诉求。法院认为申请人要求废止措施是为了执行安理会的制裁决议。依据《联合国宪章》第 103 条，成员国履行安理会决议的义务优先于任何其他国际协议下的义务，包括作为欧盟理事会、欧共体及《欧洲人权公约》成员国的义务。[5] 考虑到联合国和欧盟法律秩序之间的关系，法院认为自己无权对安理会做出制裁决议的事实和证据是否支持欧盟实施措施进行审查，也无权对欧盟实施安理会决议的措施是否符合比例原则进行司法审查。法院认为除非违反强行法，安理会制裁决议在国内法院享有司法豁免。[6]

2008 年，欧洲法院做出了不同于初审法院的判决。它认为欧盟基于法治，任何成员国及欧盟机构的行为都需要与《欧共体条约》一致。该条约要求所有欧盟的行为必须尊重基本人权，这是欧洲法院审查所有在欧盟范围内行为之合法性的基础，履行安理会反恐制裁决议的措施没有理由免受

---

[1] SC Res. 1452 (2002).

[2] See E de Wet, “From Kadi to Nada: Judicial Techniques Favouring Human Rights over United Nations Security Council Sanctions” (2013) 12 Chinese JIL 787, 789 - 790.

[3] Council of European Union, Common Position 2001/154/CFSP concerning additional restrictive measures against the Taliban.

[4] Yassin Abdullah Kadi v. Council of the European Union and Commission of the European Communities, Case T - 315/01（以下简称“卡迪案Ⅰ”）.

[5] Yassin Abdullah Kadi v. Council of the European Union and Commission of the European Communities［2005］ECR II3649, Judgment, Court of First Instance, 21 September 2005, para. 181.

[6] Yassin Abdullah Kadi v. Council of the European Union and Commission of the European Communities［2005］ECR II3649, Judgment, Court of First Instance, 21 September 2005, para. 288. 欧洲法院（European Court of Justice, ECJ）1989 年设立一个初审法院（Court of First Instance, renamed as “General Court of the EU” in 2009），负责由自然人和法人直接提起的诉讼。欧洲法院只是复审法院。如果当事人对初审法院的决定不服，可以上诉至欧洲法院。欧洲法院对上诉案件，可以做出支持、推翻或改判，或返回初审法院重审。

司法审查。法院认为其可以从基本权利的角度对欧盟行为的合法性进行全面审查，包括落实安理会制裁决议的措施。[1] 法院指出《联合国宪章》没有对成员国履行安理会决议义务施加特定的模式，而是给予成员国以符合其国内法秩序的方式履行其义务的选择自由。对于欧盟实施安理会决议措施的审查并不是挑战安理会决议在国际法中的优先效力。本案中，法院裁定欧盟相关机构有义务与申请人就被列入制裁名单的理由进行沟通并为申请人提供申辩的机会。欧盟理事会在冻结财产的措施中没有为申请人提供任何司法救济，违反了申请人的基本权利，因而该措施对申请人无效。法院要求欧盟理事会在三个月内对申请人的权利侵害提出救济措施。[2]

（二）卡迪案 II

"卡迪案 I"复审判决做出之后，安理会制裁委员会向欧盟成员国代表提供了申请人被列入制裁名单的一份理由概述，欧盟理事会将该概述转交给申请人并允许其在规定时间内提出申辩。随后，理事会调整了制裁措施，申请人仍被列在调整后措施的制裁名单上。申请人再次起诉到欧洲初审法院，初审法院援引了欧洲法院对"卡迪案 I"的复审意见，确认了法院对安理会制裁决议实施措施侵害被制裁人基本权利问题进行司法审查的立场。判决中，法院明确只要制裁委员会没有为被制裁人提供有效的司法审查保护，法院对实施安理会制裁决议措施的有效审查就应包括对制裁委员会及其制裁证据的实体性审查。[3] 法院认为"全面审查"不仅涉及有争议的实施措施，还涉及该措施所依据的证据和信息。[4] 法院裁定欧盟履行安理会制裁决议新的措施对申请人仍无效。

欧洲委员会、欧盟理事会、英国及北爱尔兰等21个欧盟成员国向欧洲

---

[1] Yassin Abdullah Kadi and Al Barakaat International Foundation v Council and Commission [2008] ECR I6351, Judgment, Court of Justice (Grand Chamber), 3 September 2008, para. 278.

[2] Yassin Abdullah Kadi and Al Barakaat International Foundation v. Council of the European Union and Commission of the European Communities, [2008] ECR I-6351 (3 September 2008), para. 326-327。此案之后，申请人通过安理会第1904（2009）号决议及第1989（2011）号决议的"监察员"制度递交了移出制裁申请。2012年12月5日，申请人从制裁名单上移出，终止对其资产冻结、禁止旅行和获得武器的制裁措施。参见"基地"制裁委员会公布：http://www.un.org/press/en/2012/sc10785.doc.htm。

[3] Yassin Abdullah Kadi v. European Commission, Judgment of the General Court, paras. 127-129, 30 September 2010，以下简称"卡迪案 II"。

[4] Yassin Abdullah Kadi v. European Commission, Judgment of the General Court, paras. 132-135. 30 September 2010.

法院集体提出上诉，要求欧洲法院澄清初审法院在“卡迪案Ⅱ”中提出的对实施安理会制裁措施进行“全面审查”的标准。[1] 欧洲法院组成大法庭审理了此案，确认（i）欧洲法院具有对欧盟所有行为依据基本权利进行审查的权利，包括本案涉及的欧盟履行国际法义务而对基本权利进行限制的措施；（ii）依据《欧共体条约》，欧洲法院对所有欧盟行为合法性审查都是基于该条约保障的基本权利的“全面审查”。这些基本权利包括申请人的辩护权及有效司法保护权。欧盟对这些基本权利的限制必须是为了欧盟认可的公共利益，且所采取的限制措施与实现的正当目的之间必须符合比例原则。[2] 法院对这些权利是否被侵犯的审查，将依据个案的具体情况进行分析，包括分析限制措施的本质、实施的背景及其法律对有关问题的规定。[3] 法院强调欧盟相关机构有向欧洲法院证明被申请人列入制裁名单具有合理理由的义务，而不是要求申请人自己提出相反的证明。[4] 欧洲法院驳回了欧盟理事会、欧洲委员会及诸国的上诉，维护初审法院对欧盟实施安理会反恐制裁决议措施进行“全面审查”的主张。

“卡迪案”两次审理中，欧洲法院对“全面审查”标准的适用范围和程度阐述都很宽泛。随后，欧洲人权法在其审理的两起针对瑞士实施安理会制裁决议措施的合法性问题案件中阐释了更为具体的司法审查标准。

三、纳达案与阿尔－杜立弥案：欧洲人权法院的“协调解释”及避免“武断”审查标准

（一）纳达案

本案申请人纳达在被列入安理会第1267号决议制裁名单时，居住在四周被瑞士环绕的意大利领土上。[5] 为实施安理会制裁的决议，瑞士限制其

[1] European Commission and the Council of the European Union v. Yassin Abdullah Kadi, Judgment, Court of Justice, Joined Cases C－584/10 P, C－593/10 P and C－595/10 P, 8 July 2013（“Kadi CJEU II”）.

[2] Kadi CJEU II, para 101.

[3] Kadi CJEU II, para 102.

[4] Kadi CJEU II, para 121.

[5] Nada v. Switzerland, Appl. No. 10593/08, ECtHR Judgment［Grand Chamber］, 12 September 2012（以下简称“纳达案”）。

进入和通过瑞士长达六年。申请人向欧洲人权法院起诉瑞士政府没有为其提供申诉的机会，限制出行的制裁措施严重影响了其在《欧洲人权公约》（以下简称《公约》）第8条下享有的私人及家庭生活，包括寻求合适医疗的权利。❶ 瑞士政府提出了三点抗辩理由：（i）履行安理会第1267号决议的义务优先于其他国际条约的义务；（ii）瑞士不应当对履行安理会制裁决议的措施承担责任，因为瑞士对安理会制裁决议的措施没有自由裁量权；（iii）成员国履行安理会制裁决议的措施不应在法院审查范围之内。

法院首先考察了本案中瑞士作为联合国成员国履行安理会制裁决议的义务与《公约》下的义务之间的冲突。法院指出《宪章》第1条明确联合国成立的目的在于“促进和鼓励尊重人权和基本自由”。第24条（2）规定安理会在维护国际和平与安全任务时“行为要与联合国的目的和原则一致”。❷ 据此，法院提出解释安理会制裁决议的内容时应先推定“安理会无意对成员国施加使其违反人权基本原则的义务”。当安理会决议文意模糊时，法院必须选择与《公约》要求最一致的“协调解释”，避免义务之间的相互冲突。鉴于联合国在促进和鼓励尊重人权方面的重要作用，如果安理会有意让成员国采取与其他国际协议下的义务冲突的特殊措施时，它应用明确而清晰的语言表示出来。回到本案中，法院指出安理会第1390（2002）号决议明确要求成员国采取禁止被制裁人“进入或通过其领土”限制人权的措施。法院认为瑞士对申请人采取“禁止进入或通过其领土”的措施有合法依据，且该措施具有阻止犯罪、打击国际恐怖主义及保障瑞士国家与公共安全的正当目的。

法院接着分析了瑞士对申请人采取限制措施的必要性。法院认为原则上《宪章》为成员国将安理会决议内容转化为国内法措施的模式留出了一定的选择空间。❸ 虽然安理会在第1390（2002）号决议中明确要求对被制裁人实施“禁止进入或通过领土”，但是也明确“实现司法程序之需要进入或通时，这项禁止不适用”。❹ 安理会在决议中敦促所有国家“在适当情

---

❶ 1959年依据《欧洲人权公约》第19条设立的机构，1998年改革，允许成员国公民、民间团体和非政府组织直接向法院起诉。欧洲人权法院的审理结果为终审判决，成员国必须执行，欧洲委员会部长理事会负责监督。目前瑞士不是欧盟成员，但是《欧洲人权公约》的缔约国。

❷ Nada v. Switzerland, para 101.

❸ Nada v. Switzerland, para. 176.

❹ SC Res. 1390（2002）, para 74.

况下”通过立法或行政措施执行制裁措施。[1] 法院认为这一表述为成员国在执行该决议的措施上提供了灵活性，尽管这一空间“确实有限，但无论如何是真实存在的”。[2] 法院进一步提出一项措施被认为“合适”和“必须”意味着对基本权利造成更少伤害且也能实现同样目的的其他可能性不存在。[3] 在判断成员国的实施措施是否“合适”和“必须”时，必须考察该国是否充分考虑到了申请人的特殊情况，并在国家自由裁量的范围内尽可能使制裁措施适应申请人个人情况。[4] 法院认为安理会第1390（2002）号制裁决议做出的时候，国际恐怖主义的威胁确实特别严重，但是多年之后维持甚至加强对申请人这些措施就必须有令人信服的理由。[5] 2005年，瑞士就停止了对申请人的刑事调查程序，且没有发现申请人与国际恐怖主义有联系，但直到2009年才向安理会制裁委员会递交调查结果，支持将申请人移出制裁名单。法院认为瑞士政府应当更早与制裁委员会沟通，使申请人尽早被移出制裁名单。法院裁定瑞士在执行安理会决议时没有充分考虑到申请人的情况，特别是申请人居住地的地理环境、措施实施的期限及申请人的国籍、年龄和健康情况，使得对申请人实施的限制措施与其要实现的目的之间不相称。因而，瑞士违反了《公约》第8条下的义务规定。[6]

（二）阿尔-杜立弥案

伊拉克人侵科威特之后，安理会通过第1483号（2003）号决议，要求成员国将萨达姆·侯赛因政府及高级官员直接或间接控制的财产冻结、没收并转移到“伊拉克发展基金”，用于重建伊拉克。[7] 为履行安理会的决议，瑞士启动了冻结申请人在瑞士境内财产并转移到“伊拉克发展基金”的程序。[8] 申请人向瑞士政府提出将自己移出制裁名单的申请，瑞士政府通过其在安理会的代表向制裁委员会转交了申请。该程序在随后一段时间内毫无进展。瑞士政府决定将冻结的申请人名下财产转移到“伊拉克发展基金”。申请人向瑞士联邦法院提起申诉，认为瑞士没收其财产的程序违

[1] SC Res. 1390（2002），para 74.

[2] Nada v. Switzerland, para. 180.

[3] Nada v. Switzerland, para. 183.

[4] Nada v. Switzerland, para. 185.

[5] Nada v. Switzerland, para. 186.

[6] Nada v. Switzerland, para. 197.

[7] SC Rec. 1483（2003）.

[8] 瑞士于2002年9月10日加入联合国。

反《欧洲人权公约》第6条规定的个人诉诸司法的权利。与欧洲初审法院在“卡迪案I”中的判决相似，瑞士联邦法院认为其无权审查申请人提出的申请，因为《宪章》下的义务优先于其他任何国际协议的义务，且瑞士在实施安理会制裁决议时没有自由裁量权。[1]

申请人向欧洲人权法院起诉了瑞士。[2] 瑞士政府在“纳达案”的抗辩理由基础上，新增加了两点理由：（i）个人诉诸司法的权利不是绝对的，欧洲人权法院已经认可因国家及联合国豁免可以限制该权利。[3]《宪章》第103条规定的义务优先性应当与国家豁免同样作为限制该项权利的一项正当理由，两者的目的都是维护国际和平和安全。（ii）安理会已设立移出制裁的申请程序。尽管它并不能完全符合或等同司法审查，但已为申请人提供了合适的人权保护机制。英国和法国政府作为第三方介入，支持瑞士政府上述抗辩。[4]

法院采用了在“纳达案”中提出的“协调解释”推理模式，首先推定“安理会无意对成员国施加使其违反人权基本原则的义务”法院认为如果安理会决议没有清楚或明确的语言表示成员国在国内层面执行安理会决议时可以对个人的基本权利进行限制或排除，成员国采取的实施措施就必须与《公约》相一致。同时，法院指出安理会在第1483（2003）号决议或第1518（2003）号决议中都没有明确阻止瑞士法院对在履行安理会制裁措施中的人权保护问题进行审查。[5] 法院强调欧洲公共秩序中最基本的要素

---

[1] Tribunal Federal, BGE 2A. 783/2006, para. 9. 2.

[2] Al-Dulimi and Montana Management Inc. v. Switzerland, Application No. 5809/08, Judgment, Strasbourg, 21 June 2016. 第一申请人 Al-Dulimi 是侯赛因政府情报部门的财务主管，第二申请人是依据巴拿马法律成立的一家公司，Al-Dulimi 担任其执行总裁（以下简称“阿尔－杜立弥案”）。

[3] Al-Adsani v. the United Kingdom [GC], No. 35763/97, ECHR 2001 - XI; Stichting Mothers of Srebrenica and Others v. the Netherlands (dec.) No. 65542/12. ECHR 2013.

[4] 英国政府认为《人权公约》的解释和适用不能孤立于整个国际法体系，《公约》制定者在其序言就明确“参加欧洲理事会并不影响成员国在联合国及其他国家组织或联盟下的合作”。正是联合国体系的存在及其对世界和平和安全的维护，才使人权得到尊重和保护。联合国宪章及安理会决议下义务的优先性是当今整个国际法体系的支柱。制裁决议第1483（2003）号下的义务明确，成员国没有自由裁量的余地，必须优先执行。法国政府认为本案与之前对安理会制裁决议案不同，因为第1483（2003）号决议对制裁的措施和制裁名单上的个人及组织做了明确的规定，成员国在执行决议时没有自由裁量的余地。即使对申请人财产的冻结和没收依据的是政府法令，但这是成员国在国内层面执行安理会决议必需的措施，成员国政府对此没有决策和评估的自由裁量权。国内法院对该措施进行司法审查而废除该措施，会导致成员国无法履行其《宪章》规定的义务，干预了联合国基本任务的实现。

[5] Al-Dulimi and Montana Management Inc. v. Switzerland, para. 143.

是法治原则，而“武断”是对该原则的背离。对严重影响《公约》保障的个人基本权利的措施，成员国法院应当进行充分的审查以避免“武断”的情况出现。当然，鉴于这些实施措施的本质和目的，法院要尽力在确保尊重人权和维护国际和平和安全之需要之间进行平衡。[1]法院承认自己无权对安理会行为的合法性做出判断，但是当一个国家因为履行安理会制裁决议而对《公约》保障的个人诉诸司法权利进行限制时，法院就需要对相关安理会决议的内容及适用范围进行审查，以确定其与《公约》相一致。回到本案，法院认为瑞士应为申请人提供真正的机会向法院提交证据，对申请人被列入制裁及移出制裁的争议进行审查，以避免“武断”决定。否则，瑞士就侵害了《公约》保障的个人诉诸司法权利。[2]

法院指出《公约》第6条规定的诉诸司法权利不是绝对的，应在法治的框架下理解。国家为了正当的目的，可以采取与实现该目的相称的限制措施。[3]法院认为没收申请人的财产是出于正当的目的，但是瑞士所采取的措施与实现正当目的之间不符合比例原则。申请人多年来都无法通过司法程序起诉其财产没收的措施，这在一个民主社会是很难被接受的。法院强调目前安理会制裁机制仍未给个人和组织提供令人满意的司法保护。安理会设立的“协调人”程序不能取代成员国层面合适的司法审查或在一定程度上弥补司法审查的缺失。[4]成员国有义务在履行安理会制裁决议的过程中为申请人提供诉诸法院的保护。法院裁定瑞士在本案中违反了《公约》第6条下的义务规定。[5]

四、评　析

上述案件中，欧洲法院和欧洲人权法院都认定欧盟及其成员国在实施安理会制裁决议措施时有义务为被制裁的个人和组织提供有效的司法救济。欧洲法院强调基于欧盟法治，法院有权对欧盟所有行为进行以个人基本权利为导向的审查，包括欧盟履行安理会制裁决议的措施；而欧洲人权法院更机智地引入一个推定，即“安理会无意施加使成员国违反人权基本原则的义务”。

[1] Al-Dulimi and Montana Management Inc. v. Switzerland, para 146.

[2] Al-Dulimi and Montana Management Inc. v. Switzerland, para 151.

[3] Al-Dulimi and Montana Management Inc. v. Switzerland, para 129.

[4] Al-Dulimi and Montana Management Inc. v. Switzerland, para. 153.

[5] Al-Dulimi and Montana Management Inc. v. Switzerland, para. 84.

据此，在对安理会制裁决议进行解释时，欧洲人权法院通过“协调解释”使成员国履行安理会制裁决议的义务与《公约》的义务一致。在推理过程中，法院显得有些犹犹豫豫，一直避免决定《宪章》第103条规定的优先原则是否具有优先或限制《公约》义务的效力，但法院最终表达的信息很明确：法院绝不接受没有充分程序保障的制裁措施对受《公约》保障的个人基本权利的限制，包括成员国履行安理会制裁决定的措施。这一标准仍有不确定的因素（如在什么情形下构成“武断”），但它已为国内法院审查安理会制裁决议实施措施的合法性问题提供了一定的规范框架和论证脉络。

欧洲人权法院的判决比欧洲法院的判决具有更广泛的影响力。它对《公约》47个成员国（包括27个欧盟成员国），其中包括3个安理会常任理事国均具有约束力。这两个法院的判决将成员国置于一种尴尬的境地：一方面，法院的判决使其实施安理会制裁决议的措施因侵害被制裁基本权利而无效，阻碍其履行安理会制裁决议的义务；另一方面，它们对引起被制裁人基本权利受到限制的安理会制裁决议及列入和移出程序并没有直接改变的权力。这一尴尬境地可能促使成员国更积极地在联合国层面推动安理会制裁机制的改革，尤其是制裁中对个人基本权利的保障。

成员国履行安理会制裁决议的义务与保障个人基本权利义务之间的关系是上述案件中的一个核心法律问题。欧洲法院和欧洲人权法院在判决中均对这一问题进行了分析，且采取了略微不同的处理方式。下文将对此问题做具体分析。

（一）《联合国宪章》义务优先原则

《宪章》第103条规定了成员国履行《宪章》义务的优先原则。实践中，国际法院在多起案件中对第103条规定给予了确认。例如，“尼加拉瓜案”中，国际法院声明《宪章》及联合国机构做出的具有约束力的决定（包括安理会依据第7章做出具有约束力的决议）下的义务优先于任何其他国际协议下的义务，无论该协议是在《宪章》之前或之后签订或是否是纯区域性的。[1] “纳米比亚案”中，国际法院声明“安理会依据《宪章》

[1] Nicaragua v. United States of America, ICJ Reports 1984, p. 392, § 107: "... Furthermore, it is also important always to bear in mind that all regional, bilateral, and even multilateral, arrangements that the Parties to this case may have made, touching on the issue of settlement of disputes or the jurisdiction of the International Court of Justice, must be made always subject to the provisions of Article 103 of the Charter."

第25条做出的决定，所有成员国都需遵行，包括在安理会上反对该决议的成员国以及非安理会理事国的成员国。如果不这样，将损害安理会在《宪章》下的主要职能和权力。"❶"利比亚案"中，国际法院声明"作为联合国成员，依据《宪章》第25条，利比亚和英国有义务接受和执行安理会的决议……并且依据《宪章》第103条，当事国在那方面义务优于他们在其他国际协议下的义务。"❷

国际法委员会同样认为："第103条没有指出《宪章》优先，而是指出履行《宪章》规定的义务优先。该义务包括《宪章》本身规定的义务及联合国机构具有约束力决定中的义务。最重要的例子就是依据第25条成员国对安理会在第7章下做出决议的接受和执行。"❸对于不同协议下义务之间的冲突，国际法委员会倡导进行"系统协调"解释。❹

（二）欧洲法院及欧洲人权法院对《宪章》义务优先原则的适用

从"卡迪案"到"纳达案"与"阿尔－杜立弥案"，欧洲法院和欧洲人权法院对《宪章》义务优先原则的适用直接影响了其判决中使用的审查标准。归纳起来，两个法院对《宪章》义务优先原则的适用有三种类型：

1. 严格遵行

"卡迪案Ⅰ"中，欧洲初审法院严格秉持《宪章》义务优先原则。法院在判决中援引了国际法院在"尼加拉瓜案"中的意见，认为成员国依据《宪章》第25条履行安理会决议的义务优先于任何其他国际协议下的义务，包括它们作为欧洲理事会、欧共体及《欧洲人权公约》成员国的义务。❺并且，法院认为《欧共体条约》第307条也要求该条约不影响成员

❶ Legal Consequences for States of the Continued Presence of South Africa in Namibia (South West Africa) notwithstanding Security Council Resolution 276 (1970) (ICJ Reports 1971, p. 54, § 1167).

❷ Questions of Interpretation and Application of the 1971 Montreal Convention arising from the Aerial Incident at Lockerbie (Libyan Arab Jamahiriya v. United Kingdom), Provisional Measures (ICJ Reports 1992, p. 15, § 39).

❸ Fragmentation of international law: difficulties arising from the diversification and expansion of international law, 2006. para. 331.

❹ Fragmentation of international law: difficulties arising from the diversification and expansion of international law (2006), para. 37.

❺ Yassin Abdullah Kadi v. Council of the European Union and Commission of the European Communities [2005] ECR II3649, Judgment, Court of First Instance, 21 September 2005, para 181.

国在《宪章》下的权利和义务。[1] 虽然这些条约针对成员国，法院认为欧盟有义务不阻碍其成员国履行《宪章》下的义务。[2] 因为欧盟在行使其权利时也必须遵守国际法，《宪章》条款同样对欧盟具有约束力。[3] 基于欧盟法治原则，法院对其所有行为的合法性具有司法审查权，但本案中对初审法院的司法审查存在来自国际法及《欧共体条约》规定的结构性限制，法院没有权利审查欧盟履行安理会决议义务之措施的合法性。对该措施的合法性审查，尤其是依据欧盟法所保障的基本权利的条文进行审查，意味着法院间接地对安理会制裁决议的合法性进行审查。[4] 法院强调无论基于国际法或欧盟法，它都没有权力审查安理会制裁决议及实施措施合法性的问题（涉及强行法除外）。[5]

欧洲法院在“卡迪案I”复审中，否决了初审法院基于《宪章》义务优先原则而给予欧盟实施安理会制裁决议措施司法豁免的判决。欧洲法院坚持欧盟任何行为都要接受法院依据《欧共体条约》所保障的个人基本权利的司法审查，任何与尊重人权不相符的措施在欧盟都是不能被接受的。[6] 法院强调“任何国际协议都不能强加有悖于《欧共体条约》中宪法原则的义务，欧盟所有行为必须尊重基本权利”。[7] 欧洲法院明显地弱化了《宪章》优先原则对该案的约束力。

2. 协调解释

“纳达案”及“阿尔－杜立弥案”中，欧洲人权法院采取了更为机智

---

[1] Article 307 EC：“The rights and obligations arising from agreements concluded before 1 January 1958 or, for acceding States, before the date of their accession, between one or more Member States on the one hand, and one or more third countries on the other, shall not be affected by the provisions of this Treaty.” 当时签署该条约的国家在1958年1月1日前都是联合国成员国。

[2] Yassin Abdullah Kadi v. Council of the European Union and Commission of the European Communities [2005] ECR II3649, Judgment, Court of First Instance, 21 September 2005, para. 197.

[3] Yassin Abdullah Kadi v. Council of the European Union and Commission of the European Communities [2005] ECR II3649, Judgment, Court of First Instance, 21 September 2005, para. 203.

[4] Yassin Abdullah Kadi v. Council of the European Union and Commission of the European Communities [2005] ECR II3649, Judgment, Court of First Instance, 21 September 2005, para. 215.

[5] Yassin Abdullah Kadi v. Council of the European Union and Commission of the European Communities [2005] ECR II3649, Judgment, Court of First Instance, 21 September 2005, para. 221.

[6] Yassin Abdullah Kadi and Al Barakaat International Foundation v Council and Commission [2008] ECR I6351, Judgment, Court of Justice (Grand Chamber), 3 September 2008, para. 284.

[7] Yassin Abdullah Kadi and Al Barakaat International Foundation v Council and Commission [2008] ECR I6351, Judgment, Court of Justice (Grand Chamber), 3 September 2008, para. 285.

的解释技巧，避免成员国履行安理会制裁决议的义务与《公约》的义务直面冲突。一方面，法院想保护被制裁个人的基本权利，另一方面，法院又不愿偏离《公约》长期以来被视为国际法框架下一部分因而受制于《宪章》义务优先原则的逻辑。最终，法院选择"协调解释"来处理成员国履行安理会制裁决议义务与保障个人基本权利义务之间的张力。法院强调保护人权本身是联合国成立的目的，且安理会在实施第7章职能时也必须尊重人权。

"纳达案"中，法院首先推定"安理会无意对成员国施加使其违反人权基本原则的义务"。据此，法院认为成员国《宪章》义务和《公约》义务的张力是可以通过"解释协调"的，无须适用《宪章》第103条解决规范冲突的条款。❶"阿尔－杜立弥案"中，法院援引了"纳达案"中的推定，进一步认为成员国《宪章》义务和《公约》义务并不冲突，从而直接回避了《宪章》第103条对本案的约束力问题。既然安理会和成员国都必须尊重人权，法院以保障基本权利为导向审查成员国实施安理会制裁措施，避免"武断"限制被制裁人的基本权利就顺理成章了。

3. 等效保护

"阿尔－杜立弥案"中，Pinto de Albuquerque等四位法官虽然同意法院结论，但对第103条优先原则的适用问题提出了不同意见。他们认为《宪章》不是国际宪法，尽管有第103条的优先性规定，仍不能因此使与《宪章》义务存在冲突的其他国际条约义务失去效力。而且，第103条本身应受到两个方面限制：一是内在限制，即要求义务本身必须是有效的，越权或违反《宪章》目的之义务不能适用该条款；二是外在限制，即违反强行法的义务，不能适用此条款。❷

同时，这几位法官主张欧盟已经建立起了一个自治的法律秩序，《公约》保障的个人基本权利在欧盟法律秩序中是宪法性权利。❸当安理会制裁决议实施措施侵害了《公约》保障的个人基本权利，而在联合国又缺乏"独立而公正"的司法审查时，成员国就应当确保国内法院有权审查申请

---

❶ Nada v. Switzerland, para. 197.

❷ Concurring Opinion of Judge Pinto De Albuquerque, joined by Judge Hajiyev, Pejchal and Dedov, paras. 5－6.

❸ 2007年12月13日，欧盟27国签署《里斯本条约》，从而使得《欧盟基本权利宪章》对各国具有约束力，欧盟公民的权利再次得到加强。

人被列入或移出制裁的事项并确保法院获得充分的证据以做出裁定。[1] 这种“等效保护”（equivalent protection）的主张与欧洲法院在“卡迪案I”与“卡迪案II”复审判决中主张依据以欧盟法律保护的个人基本权利对安理会制裁决议实施措施进行全面审查在实质上毗邻，都是以欧盟人权保护“区域自治”理念来排除《宪章》第103条优先原则的效力。[2]

在相当长一段时间里，针对安理会制裁措施的诉讼案件将继续存在。安理会层面上对制裁措施的改革会缓解这一矛盾，但是在很大程度上，这一现象是由于国际法对个人权利义务规制的失衡所导致的。

（三）国际法上个人权利义务的失衡

长期以来，个人都是从属于一个以领土为基础的政治共同体——国家，由此并产生一系列相互的法律权利和义务。如果国际法直接对个人施加了某种义务或限制，可又没提供相称的司法保护，个人的权利与义务就会失衡。正如卡塞斯所指出，目前个人在国际法上只拥有“有限的地位”。[3] 他们承担的义务针对的是国际共同体所有其他成员；但他们却不拥有针对国际共同体中所有其他成员的权利。安理会制裁名单的列入或移出直接影响相关个人的基本权利，在国际法层面却没有提供与国内相当的个人诉诸司法的保护机制，造成对个人施加限制的国际组织和个人之间的权利与义务不相称。[4]

从这个角度上看，欧洲法院和欧洲人权坚持对安理会制裁决议直接影响却又缺乏同一层面司法保护的个人提供国内法院司法救济是可以理解

---

[1] Concurring Opinion of Judge Pinto De Albuquerque, joined by Judge Hajiyev, Pejchal and Dedov, para. 65.

[2] “等效保护”概念由欧洲人权法院在Bosphorus Hava Yollari Turizm ve Ticaret Anomin Sirketi v. Ireland,（[GC]. No. 45036/98, ECHR 2005 - VI）中提出，此后在诸多判决中被引用。适用该标准时，法院首先需要鉴别基于某一国际协议施加给成员国的义务（作为或不作为），该成员国在其管辖范围内没有自由裁量权；其次，法院对《公约》及该国际协议规定的人权及相应的保护机制做等量比较，这样的比较是基于一个可反驳的推定——《公约》兼容直至有关国际协议规定的法律秩序存在明显不足的情况下进行。在本案中，Sicilianos法官反对适用“等效保护”，认为《宪章》第103条设立了国际法秩序的“等级结构”，如果法院认为成员国履行安理会制裁决议的义务与保障《公约》个人基本权利的义务不构成冲突，“等效保护”就无须适用；如果成员国履行安理会制裁决议的义务与保障《公约》个人基本权利构成冲突，应当适用《宪章》第103条优先原则。

[3] 卡塞斯：《国际法》，法律出版社2009年版，第200页。

[4] 卡塞斯：《国际法》，法律出版社2009年版，第315页。

的。虽然这样做会“威胁国际法秩序的完整性和为保护国际公共利益所做决策的有效性”。[1]但是，法院将保护个人基本权利免受制裁过程中“武断”决定的责任归咎于实施安理会制裁的国家（《国家责任》第41条），至少为受制裁影响的个人和组织提供了在国内或区域层面的司法救济。很明显，法院这样做的一个目的就是给成员国施加压力，促使它们通过外交手段推动在联合国层面对制裁机制的改革。当然，国内法院或区域法院提供的司法审查本身作用是有限的，对被侵害个人的保护也仅限于在法院管辖范围内。

五、结　语

欧洲司法机构从严格秉持《宪章》义务优先原则，到对《宪章》义务优先原则做灵活的解释，甚至进一步发展到等效保护原则，以保障个人基本权利的司法审查标准演变历程，体现了欧洲司法机构日益强化其人权保护“区域自治”的理念。学者认为这是对《宪章》基本原则的严重挑战，是“遵守安理会制裁决议的国际义务让位于欧盟内部人权保护义务”的转变。[2]从传统国际法的结构上看，这种看法和担忧具有一定合理的基础。但是从人权保护的角度看，尊重人权本身也是联合国的目的和安理会的义务。

虽然欧盟“区域自治”确实是对以《宪章》为基础的现代国际治理的挑战，至少到目前为止，这一挑战也可以视为欧洲司法机构与联合国机构在完善制裁机制上一次具有“建设性”的对话。面对安理会制裁决议越来越多地直接对个人基本权利进行限制，成员国变成了执行限制措施的中介，而在联合国层面又没有与被制裁的个人和组织相称的司法保护的情形，欧洲法院和欧洲人权法院要求成员国在履行安理会制裁决议的过程中为被制裁的个人和组织提供有效的司法保护，毫无疑问，这对保障人权具有积极作用。同时，这一作用又是有限的。例如，这两个法院只能审查这些限制措施在国内或欧盟范围内侵害个人基本权利的问题，而无权审查安理会决议内容及其在其他区域内实施的合法性。从根本上改变被制裁人在

[1] 顾婷：安理会反恐“聪明制裁”之困境及其出路，《法学》2011年第10期，第124－126页。

[2] 季华：论《联合国宪章》第103条面临的挑战——以2013年欧洲初审法院两起案件为视角，《云南大学学报（法学版）》2016年第1期，第82页。

国际法上限制与权利失衡的处境，需要在国际立法层面对相关国际组织与个人权利义务设置进行结构性调整。

这一系列案件及其欧洲司法机构在判决中的立场反映了当前欧洲对联合国及其《宪章》义务的反思。由于目前国家对个人权利义务规制的失衡，在相当长一段时间，成员国仍会在履行安理会制裁义务与保障个人基本权利义务之间挣扎、调整和自我平衡。联合国大会号召成员国："在打击恐怖主义将个人和组织列入制裁名单的国内程序上，在充分遵守国际义务的同时，要确保法治，包括足够的人权保障。"[1] 这一目标的实现需要时间和各成员国的共同努力。

[1] UN General Assembly Resolution A/RES/68/178, 28 January 2014.

论非意愿少数者的人权保护

贺泳杰*

近些年来，民族、种族和宗教之间的紧张局势逐步升级，已经威胁到有关国家的经济、文化、社会和政治制度及领土完整。❶ 民族冲突也好，难民危机也罢，这些问题的产生，表面上归因于国家内部反动的或者错误的民族、种族、宗教政策，以及帝国主义、殖民主义的遗祸或者霸权主义、后殖民主义的干预，但究其问题实质，都与不同的民族、种族之间、不同的宗教信仰之间、不同文化之间的包容程度、平等程度相关联，是自由与平等权被侵犯的结果。❷ 这就使得有关少数者人权保护的问题再一次摆在我们面前，并受到越来越多的重视。要探讨少数者，首先我们就不得不面对关于如何定义“少数者”这一学界和实务界均未达成一致的问题。因为这一定义关系到人权保护客体的范围，并构成解析保护少数者法理的理论基础和逻辑起点。但本文关注的重点并不在于“少数者”定义本身，而是在“少数者”定义的基础上，进一步解析非意愿少数者的人权保护问题。这一问题目前还未得到足够的研究，对于该问题的分析可以丰富和完善对于少数者人权保护的理论。本文在逻辑结构上将先对“少数者”的定义进行一个大致的分析，然后在此基础上探讨何为非意愿少数者，非意愿少数者是否值得保护，如果值得保护，那么给予非意愿少数者像给予普通少数者同样分量的保护是否会产生问题。本文将在具体理论分析的基础上，对这些问题进行一一解答。

---

* 贺泳杰，外交学院2015级国际法专业硕士研究生。

❶ 徐显明主编，张爱宁、班文战副主编：《国际人权法》，法律出版社2004年版，第337页。

❷ 张爱宁：《国际人权法专论》，法律出版社2006年版，第444页。

一、什么是非意愿少数者

要讨论什么是非意愿少数者，首先必须分析什么是少数者这一上位概念。“少数者”这一看似简单的名词，在法学意义上却有着非常丰富的内涵。

（一）少数者的概念分析

由于少数者生活所处环境的多样性以及这一名词的高度抽象性，对于这一概念的定义至今没有得到整个国际社会公认的权威表述，很多学者的表达也莫衷一是，也没有一个普遍性的国际公约对其进行规定。因此，对于这一概念的定义需要在整理借鉴国际组织或者权威学者的不同表达的基础上，形成一个较为客观合理的表述，以作为本文论证的逻辑起点。

1. 国际社会对于“少数者”概念的不同定义

1948年的《世界人权宣言》对于少数者没有任何特别的规定，直到1966年联合国《公民权利和政治权利国际公约》（以下简称《公约》）的第27条才对其有所涉及，该条款规定，“在那些存在着人种的、宗教的或语言的少数人的国家中，不得否认这种少数人同他们的集团中的其他成员共同享有自己的文化、信奉和实行自己的宗教或使用自己的语言的权利”。从该条款的规定上来看，似乎并没有具体规定究竟什么才是少数者，只是从特征范围上谈及了人种的、宗教的或语言的三个种类。为此，联合国防止歧视和保护少数小组委员会任命弗朗西斯科·卡波托蒂（Francesco Capotorti）为特别报告员，就实施《公约》第27条的规定进行研究，在其题为《属于民族、宗教和语言上的少数人群体的人的权利研究》的最后报告中指出，“少数者是指这样一些群体，其在数量上与其所属国家的其他人口相比处于劣势，不具有主导地位，其成员，作为居留国的国民，具有种族、宗教或语言上的特征，并以此区别于其他人口，并表现出（即使是含蓄的）保有这些特征的一致意识。”[1] 该定义尽管在理论上和实践中得到了广泛的引用，并在客观上和主观上归纳出了少数者的概念特征，但需要注意的是，卡波托蒂的这一定义将少数者限定为某一国的国民，对于这一身份的限制有无必要是存在争议的，因为除了政治权利只适用于一国公民外，其他经济、社会权利的享有不能因为其没有公民身份而不被保障。

---

[1] 张爱宁：“少数者权利的国际保护”，载于《外交学院学报》2004年3月总第75期，第65页。

其实，防止歧视和保护少数小组委员会在20世纪50年代初就曾经向联合国人权委员会提出过《关于“少数者”一词定义的决议草案》，并在其中将少数者的定义建立在三个因素之上，即（1）“少数者”一词只包括人口中那些居于非支配地位的群体，他们拥有并希望保持其明显不同于人口中的其他人的稳定的种族、宗教或语言的传统或特征；（2）这种少数者应当达到适当的数量，从而使得他们自己能够保持这些传统或特征；（3）这种少数者必须忠于其所属国家。但是这一草案在提交人权委员会讨论时没有能获得通过。

这一草案的定义对少数者的非支配性、独特性、数量性以及忠诚性等特征进行了强调，有其科学的一面，但也有一定的不足，比如对于数量的要求不尽合理，尽管少数者之所以被称为“少数”，正是因为其在人口数量上与多数人相比处于劣势，但是不能像草案中定义的那样，对其数量的下限有一定的要求，如果达到100个人可以被定义为少数者，那么对于50个人来说，更应该是少数者，这才是符合逻辑的理解。当然，草案的定义是出于减轻国家负担的角度考虑，但这样的考虑不应该成为客观性定义的例外因素；同时，出于人权保护的法理，也不能因为某个群体人数过少就不再加以保护，相反，这样的人群恰恰更需要加以保护。当然，作为一个群体，也不能说一两个人就组成了一个群体，也必须满足一个群体最基本的数量特征。此外，草案定义对于少数者忠诚义务的要求也值得考量，忠实于国家是每一个公民普遍的义务，既然少数者也是一国的公民，那么忠诚义务对于他来说就没有任何特殊性可言了。

此后，与上述卡波托蒂一样，同作为联合国防止歧视和保护少数小组委员会成员的朱利·德斯切涅斯（Jules Deschenes）在1985年受小组委员会之托，起草了《关于“少数者”一词的定义的建议书》。其中，朱利在卡波托蒂定义的基础上又提交了如下定义：“一国公民的群体，在该国构成数量上为少数并处于非支配地位；他们在种族、宗教或语言上的特征与该国的多数人口不同，具有一种由生存的集体意志（即使是含蓄的）所激发的彼此之间的一致意识，其目的是在事实上和法律上实现与多数人的平等。”❶

---

❶ 张爱宁：“少数者权利的国际保护”，载于《外交学院学报》2004年3月总第75期，第65页。

这一定义与前述定义最大的不同就在于多了一个“目的上的追求平等”，在其他要素上均与卡波托蒂的定义差别不大。对于这一目的来说，有人提出了批判。他们认为，对于平等的追求是任何人都会有的诉求，这不是只有少数者特有的。既然如此，将这一目的作为构成要素之一放进少数者的定义中就是不合适的。可以说这一批判有一定的合理性，但是如果将少数者追求平等的目的放在一定的前提下来考察的话，那么这一构成要素就成为少数者所独有且必需的了。对此，首先可以从相反的一个角度来进行理解。尽管说任何人包括少数群体成员都会有对于平等的追求，但是如果说一个少数群体作为非支配者来说，连其与多数群体的平等诉求都放弃了，就很难说他还有着对自身群体的一种自我认同。其次，平等包括多个层面，既有个人平等，也有群体平等。对于个人来说，是的，每个人都会有平等的诉求；但是，对于群体来说，这里的平等诉求就只能属于少数群体了，因为多数群体占据社会的主导地位，这样的优势地位使得他们无须也无价值去追求平等。那么，由此可以得出结论，追求平等可以并应该作为少数者的一个独有构成要素，并且是主观方面的构成要素，被放进其定义中。

2. 本文对于如何定义“少数者”的理解

通过对以上概念的梳理，可以发现，“少数者”实际上是一个相对概念，多与少都必须通过两个或两个以上的客体之间相比较才能得出，因此，要定义“少数者”，就必须将其与“多数者”相比较，从而得出结论。为此，可以将这一定义归纳为：与一国境内其他人口相比，少数者是由于出生而自动具有或由于选择权的行使而认同某种较为稳定的种族、族群、宗教或语言上的特征，在数量上处于劣势，并不具有支配地位，自我认同其群体特征，并追求与多数者的平等的群体。

但是，从客观上来讲，以上所有的定义都是出于解释《公约》第27条的角度来进行的。可以将这样的定义称为公约定义，或者说狭义上的“少数者”定义。从广义上来说，一国境内的少数者不仅只是在特征上体现为种族、宗教或语言的群体，事实上，只要是在数量规模上处于劣势，并有可能因为其特征的不同而遭到一国境内的占主导地位的多数成员的歧视或不平等对待的群体都可以构成“少数者”。这些“少数者”可能是社会中的弱势群体，如残障人士、难民，也可能不是，如同性恋者（也被称为性少数），但无论如何，他们因为自己的某些区别于他人的特征而使得自己成为社会中的“少数”。为此，可以将广义的“少数者”定义为：因为在特征上区别于社会中的多数成员，从而在数量上处于劣势，不占有支配地位，并追求自由和平等的群体。这样的群体可以具有种族、宗教、语言、身体及性取向等方面的特征，但无论如何不能将妇女、儿童这样的弱势群体包括进来，因为他们在人口数量上并不具有“少数”的特征。

当然，将少数者的定义限定在狭义的层面是出于公约保护范围的角度来考虑的。残障人士也好，同性恋者也罢，在国际社会都已有相应的专门国际文件对其权利进行保护，而《公约》语境下的“少数者”就应该是仅为保障种族、宗教和语言上的少数服务的，因为在该公约的范畴下，保障的不是经济、社会权利，而是政治、公民权利，它所保护的群体在诉求上有平等参与国家治理的体现。为此，从本文立意的角度出发，在此分析探讨的少数者是狭义上的少数者。

3. 少数者的构成要素

尽管国际社会还没有一个普遍接受的少数者的定义，但有一些共同的要素是作为少数者所必需的，那就是客观上的群体特征、数量规模、非支配地位，以及主观上的自我认同和追求平等自由。具体分析如下：

（1）客观要素。

①在群体特征上表现为民族、宗教或语言上与多数群体的差异。这是少数者最为主要的构成要素，正是这一要素的体现，使得少数者区别于一国境内的其他人口，从而将广义少数者中的残疾人、难民、同性恋者等群体排除在外，同时也就将其与诸如妇女、儿童等其他弱势群体区别开来。

②在数量规模上处于劣势。这里的劣势是基于一个国家整体的人口规模而言的，可能将一国某个地区人口数量占多数的群体放在全国就成了绝对的少数。此外，在此需要提出的问题是，这里的数量规模有无上限或者下限要求。对于设置下限不合理的分析已经在本文评述防止歧视和保护少数小组委员会对少数者的定义时进行了相应的探讨，在此不再赘述；而对于上限来说，笔者认为，少数者这一概念的内涵就客观地要求其在数量上少于多数人口群体，那么可以认为，这里的上限就是少于多数人群。

③在地位上处于非支配的劣势。也就是说，少数者在政治、经济、文化或社会生活及其他重要方面不处于统治地位，也正是因为这一劣势，使得少数者可能受到多数者的歧视或打压。同时，这一要素也就把那些虽然在数量上居于少数，但在地位上处于支配优势的群体排除，从而不作为少

数者进行保护，并且也没有将这种强势群体加以保护的必要。南非就是这样一个典型的特例，在该国境内，明显处于少数的白人形成了对绝大多数黑人的统治政权，这就完全没有保护该国“少数者”的必要了。

（2）主观要素。

①对于群体特征的自我认同。这就是说，少数者在主观上对自己的群体特征有一个非常明确的认识和归属感，并渴望保有该种特征，简单地说就是少数者的自我意识和保有愿望。这种自我认同既可以通过明示表达，也可以通过默示表达，实际上在一个多数人群主导的社会中，过分强调明示表达可能反而是不恰当的。有关群体长期以来一直保持着其显著的群体特征这一客观事实本身就已经默示将少数者自我认同的主观要素表达了出来。

②追求与多数者的平等。正如本文前面部分讨论特别报告员朱利·德斯切涅斯给出的定义时那样，追求与多数者的平等必须作为一种群体的价值追求放在少数者概念的主观构成要件中，只有这样才算是完整地定义了少数者这一概念，具体理由前文已经分析，在此不必赘述。

（3）政府的承认是否构成判断少数者的构成要素。

有人提出，对于一个群体是否构成少数者，除了主客观要素构成的判断之外，尚需要经过国家的承认，方可在国家的法律上得到保护。应该说，政府的承认不应当构成少数者判断的标准，就像人权作为天赋的权利，法律对其只是一种确认一样，少数者的客观存在与否只能根据主客观构成要素来进行事实判断，而不能取决于国家法律对其是否承认。正如曼弗雷德·诺瓦克在其《民权公约评注》中所说的那样：“明确的承认最多可以被看作是一个少数者群体事实上存在的一个附加证明，但是我们无论如何也不能从某一个少数者群体没有得到国家承认这一事实中推断出这一少数者群体不存在这一结论。”❶

通过以上分析，可以认为，尽管普遍接受的定义难以达成，但通过构成要素的比照就基本上可以完成对于少数者概念的内涵和外延的判断。

（二）非意愿少数者的构成分析

在以上对于少数者的分析当中，主观要素值得关注。因为在大多数人

---

❶ 曼弗雷德·诺瓦克：《公民权利和政治权利国际公约评注》，毕小青、孙世彦主译，生活·读书·新知三联书店2003年版，第484页。

看来，少数者在客观上的群体特征、数量规模和非支配地位才是决定少数者区别于多数群体的关键，也因此认为主观要素可有可无。其实这主要是由于主观要素存在于少数者群体成员的经验与认识中，因而具有一定的隐蔽性和潜在性导致的。但是他们对于少数者的认定及其存在与发展同样十分重要，因为那些在客观上明显不同于其居住国人口中的多数人的群体，如果没有这种群体归属感和保持其群体特征的共同愿望的支撑，那么随着时间的推移，就会逐渐丧失其作为少数者的特有的身份。[1] 为此，在肯定了主观要素之后，就可以进一步分析非意愿少数者的定义了。

1. 非意愿少数者的定义

在少数者的主观要素中，最为重要的一点就是对于群体特征的自我认同。笔者认为，自我认同除了通过自我意识和保有愿望表现之外，还可以通过行使属于少数者的选择权[2]来进行表达。也就是说，一个人可以有自愿选择是留在少数群体还是同化到多数群体之中的权利，只要是出于其自愿，那么无论是少数者还是多数者，都不能妨碍其自由选择的权利。但是，如果一个自愿被多数者同化的少数者因为他人的阻止而不是自我意识和愿望而留在了少数人群中，这就形成了非意愿少数者。

2. 非意愿少数者的构成要素

由上述概念可以看到，构成非意愿少数者就必须满足如下的条件：

（1）非意愿少数者本身首先是一个少数者，无论是基于其出生还是信仰或语言上的少数。

从非意愿少数者的字面上，就可以看出，其首先是一个少数者，只是属于少数者中非意愿的那一类。因此，作为非意愿少数者，也就前提性地满足了所有少数者的构成要素。为此，以上对于少数者的概念分析对其都能适用。

（2）要承认非意愿少数者的存在就必须承认少数者具有被同化的可能性。

基于信仰和语言而获得的少数者身份可以被同化，这较易理解，因为人有宗教信仰的自由，可以选择信教或不信教，也可以选择信仰这个宗教或那个宗教。同时，《世界人权宣言》也规定，改变宗教是人的一项基本

---

[1] 曼弗雷德·诺瓦克：《公民权利和政治权利国际公约评注》，毕小青、孙世彦主译，生活·读书·新知三联书店2003年版，第481页。

[2] 徐显明主编，张爱宁、班文战副主编：《国际人权法》，法律出版社2004年版，第343页。

权利。但是基于种族原因而获得的少数者身份能否被同化？这一问题存在一定的讨论余地。

首先，种族上的少数者一般都是基于其出生的血统而自动成为其群体中的一员的，一般来说，他们都在人种上或民族上与多数群体存在一种差异性。而这种差异性或是根据其遗传的身体特征，或是根据其地理区域的因素，或是由于历史遗留下来的原因而保持的稳定的、永久的差异。因此可见，基于这样的差异性而产生的少数者是不能改变的，他们肯定不能够像一些政治或经济团体那样，人们可以通过自愿的行为选择参加或退出这种团体，而这正是少数者群体区别于普通政治经济团体最大的特征。

但是，由于地域的迁徙、文化的交互影响以及人口的不断流动，总会有一些作为种族上少数者成员的人因为对其他群体文化上的认同或是与其他群体的成员通婚等而自愿脱离其原来的群体，有的甚至除了其遗传的身体特征之外，已经完全具有了其他群体的生活习俗、文化传统和语言习惯。其实这样的一个过程就是我们所谓的同化。作为一个多民族的国家，中国历史上的同化也在不断地上演着。甚至可以说汉族本身就是一个多民族融合而成的民族，从有记载的周朝时期存在的狄人、戎人，到后来的鲜卑、柔然、匈奴、胡人以及大部分的蒙古人、满人、羌人，至少有上百个民族融合进了汉族。这和汉族自身强大的同化力有关，因为汉族自古不排斥其他民族的融合，也不排斥汉族人与其他民族通婚，同时发达的思想体系和文字体系也是原因之一。这就说明种族之间存在着同化的可能性，其实早期的种族部落就是在历史进程中不断地组合重构而形成今天的种族格局的。

那么，分析到这里，是不是就可以认为种族上少数者的种族特征的稳定性和永久性与其可同化性是相矛盾的呢？笔者认为，这种种族特征的稳定性和永久性是相对而言的，不可改变性也是相对而言的。

其一，之所以说它稳定、永久，是与一些政治经济性团体相较而言的，因为这样的种族特征是可以在一定的历史阶段较长期地存在的，经得起历史的考验，而一些政治经济性团体是可能会随着社会格局的变化而风云变幻的。

其二，不可改变也是基于一个群体的大多数而言的，因为只有一个群体的主体部分保持了其独立的种族特征，这个群体才会持续存在；如果群体的大多数人甚至全部都被同化，那么这个种族也只得在历史上消失。因此，一个群体极少数的成员选择同化到其他群体，并不会影响到这个群体的不可改变性。

其三，同化也是渐进的，这个过程不可能一蹴而就，也正是因为如此，才使得各个种族群体之间维持了一定时间上和空间上的差异性，也就使得一个种族具有了一定的稳定性、永久性和不可改变性。

（3）非意愿少数者的非意愿性。

上面说的是少数者与非意愿少数者两者的共性，现在具体讨论一下作为非意愿少数者的特性，也就是其非意愿性，这一特点是区别于普通少数者的最根本的不同。

非意愿少数者之所以成为非意愿，是因为他本来愿意被多数者同化，但是由于他人的阻止而不是自我意识和愿望而留在了少数人群中。因此可以看到，这里的非意愿是由愿意被同化的前提、外界阻止的原因和仍然留在少数群体中的结果三个因素构成的。以下逐一分析：

①前提是愿意被同化。正如前文所述，无论是种族、宗教还是语言上的少数者，他都可能会因为各种原因而被另一个群体所同化。在这里值得一提的是，就同化本身的意义而言，都是少数群体被多数群体所同化，这也就是说这里的另一个群体一般都是与其现实所在群体相对应的那个多数群体。但是不得不承认的是，也可能会存在少数群体中的一个成员在心理上产生了对于另一个少数群体的认同感，从而更希望加入到另一个少数群体的情况，对于这种情况不能将其称为同化。当然，也不可否认的是，在这种情况下同样也可能会出现非意愿少数者，因为非意愿少数者产生的根本原因在于其被不情愿地留在了自己不愿认同的群体内，而与其愿意认同的那个群体究竟是多数者还是少数者无关。因此，尽管同化一词仅指多数对少数的同化，但在对于非意愿少数者的讨论中，笔者认为这个群体可以是多数者的群体，也可以是另一个少数者群体。

②原因是来自外界的阻止。来自外界的阻止是和少数者内心的意愿相抗衡的，内心的意愿是其内部的主观因素，而外界的阻止是来自外部的客观原因，但这里的客观原因不是像自然灾害那样的不可抗力因素，而是非意愿少数者本人所不能左右的因素。

这些来自外界的阻止可以是多数者群体不愿意接纳该少数者所导致的，也可以是少数者群体人为地不允许其成员退出该群体的原因所导致，还可以是国家政策因素上的阻碍。无论为何，这些阻碍因素都违背了少数者愿意被同化的意识和愿望，它们是非意愿少数者无法同化到其他群体的原因。

③结果是被非情愿地留在了自己的少数群体之中。通过以上原因导致的结果就是被非情愿地留在了自己的少数群体之中，这是违背其意愿的结果，这就使得该少数者虽然表面上仍然是这个少数者群体的身份，但其内心已经没有了对于该群体的自我认同。这从某种程度上甚至可以说是对于该少数者权利的一种侵犯，至于是什么权利，该权利又是否构成一项人权，将在下一部分具体讨论。

（4）非意愿少数者的选择权。

①选择权的理论分析。从最普遍的意义上来看，在约束可能的行为中做出选择的权利就是选择权。也就是说，在一个可能性的空间范围内，权利主体可以依据自身的需求获取某一种可能性，从而排除其他可能性的自由。

实际上，任何权利，作为个人的一种权利，其本身就含有自己可以行使这种权利，也可以不行使或放弃这种权利的含义。推而广之，任何方面的个人权利，都是具有一定程度的个人选择性，都是一种选择权。如同个人的选举权，一方面个人拥有选举权是神圣的，任何人不得剥夺。但是另一方面，个人又是可以放弃这种权利的。否则的话，个人就成了这个权利的“权奴”了。❶ 其实，除了选举权之外，在权利领域中还有很多不同的选择权，如民事诉讼中的程序选择权、被告人刑事简易程序的选择权以及教育选择权、工作选择权和消费者自主选择权等。现在最为主流的观点认为，人权的核心是生存权。表面听起来确实很有道理，因为如果一个人没有生存权，那么他的其他权利也就全都无法享受了。但是，如果我们从人权情况最坏的奴隶社会、封建社会，以及希特勒法西斯统治下的德国去研究，发现其人民都有基本的生存权，只不过生活的质量有好有坏而已。在奴隶社会，奴隶世世代代为奴，别无选择；在封建社会，包办婚姻不得不从；在纳粹德国，一切服从元首的指挥，更是无选择的自由可言。所以，我们只能说，人权的基础是生存权，但人权的核心应该是自由权、平等权和选择权这三驾马车。进一步分析如下：

---

❶ 王洪春：《人权视野下的个人健康权与选择权》，载于《医学与哲学（人文社会医学版）》2008 年第 3 期。

从本质上来看，选择权与平等权异曲同工。平等权与自由权所包含的各种具体权利不同，它主要强调的是一种对权利享有的平等状态，其所考虑的是比较个体和个体之间的区别和差异，并探讨这种差异是否“合理”。平等虽然也是个人权利，但它取决于和他人境况的比较，因而是一种“人际”权利。同时，平等权也并不是自由权以外的一种“额外”的权利，而是权利的一种保障形式。[1] 而对于选择权来说，它同样不含有自由权所包括的各种具体权利，但它所强调的是在各种具体权利之间或权利的客体之间的比较选择。如果说平等权是一种“人际”权利的话，那么我们就可以说选择权是一种“权际”权利，是通过权利之间或权利客体之间的比较或差异的认同感而做出的倾向性结果。这在根本上来看，选择权同样不是类似于自由权那样的权利，它应该是对于自由或是民主的一种保障形式。其实，更进一步甚至可以说，选择权就意味着自由，而政治上的选择权就意味着民主。因此，我们可以说，选择权也是一种需要加以保障的人权，有了它的存在，才能在平等的基础上更加全面地保障自由。

②非意愿少数者的选择权。具体到非意愿少数者这一类人来讲，他们有自己的选择空间范围，即自己的少数者群体、多数者群体以及其他少数者群体，在这样一个空间范围内，当一个少数者成员产生了对于某一选择空间的认同时，他就会产生同化到该选择目标群体的需求，也就是说非意愿少数者也有其自身的选择权。如果他的选择权得到了保障，那么就应该获得被同化的自由，但因为他人阻挠，自由未获保障。从这一角度来看，可以认为非意愿少数者的存在就是其选择权被剥夺、被侵犯的结果。这也是下一部分需要详细分析的内容之一。

二、保护非意愿少数者的必要性

权利之所以需要获得保障，是因为人的某些自由或能力对于人的社会生活而言是至关重要的。[2] 同样地，对于少数者的成员来说，其作为人的某些自由或能力对于其社会生活而言同样是至关重要的。众所周知，人类社会发展至今，已经形成了一些最为根本的价值理念，无论是自由还是平等，它们都应当作为少数者人权保护的价值前提而存在，也就是说，保护

[1] 参见张千帆：《宪法学导论》，法律出版社2008年版，第489－490页。

[2] 张千帆：《宪法学导论》，法律出版社2008年版，第496页。

少数者的人权之所以成为必要，就是因为对其基本权利的保障不但没有违背这些普世价值，反而推进了这些价值理念的发展，这就是我们为什么要保护少数者人权的根本原因。

但是，对于非意愿少数者有无保护的必要值得思考。“从权利保护的角度看，当一个少数人群体或其成员主观上没有族群认同的意识和维护其族群特性的意愿时，从法律上保护这种差异性本身就不具有合理性意义。但是，如何维护少数人群体认同并与此同时保护个人自由，从法律技术上看是一个十分复杂的问题”。[1] 不过，话说回来，如果一个少数群体中的成员已经丧失了自我认同意识的归属感，那么从构成要素上判断，他就已经不再符合少数者的定义，从而不再属于少数者的范畴了，那么是否也就意味着非意愿少数者丧失了对其再提供作为少数者保护的必要了呢？为此，对于非意愿少数者的保护就出现了许多问题，并且也因此撼动了主观要素在少数者构成中的必要地位。因为对于一个概念范畴的法律定义就是为了确定法律的保护范围，那么在出现了不符合定义的构成要素，但却需要法律保护的客体时，就应该考虑是否应当扩大定义的范围了。对此需要具体分析。

（1）非意愿少数者作为少数者保护的必要性。

应该说，首先需要肯定的是非意愿少数者当然值得保护，因为这样的非意愿少数者在客观上仍然对外表现出了少数者的特征，他仍然可能因为这一特征的体现而受到歧视或不平等待遇。但是，要讨论非意愿少数者作为少数者这一身份来保护的必要性的时候，就先需要考虑分析以上提出的主观要素在少数者的构成中是否必要的问题。因为如果主观要素仍然必要，那么非意愿少数者就已经不能成为少数者了；反之，如果主观要素不必要，那么又会出现“少数者”这一定义不全面的问题。这也就是说，要么非意愿少数者不属于少数者，要么“少数者”定义不合理，需要将其概念扩大化。应该说，主观要素在很多情况下是通过客观要素表现出来的，对于非意愿少数者来说，就可以出于法律保护的必要而通过其表现的客观特征而推定其具有主观要素而提供保护。我们不能因为非意愿少数者的存在而任意排除少数者定义构成中的主观要素，因为作为主观要素的自我认同可以说构成了少数者保护的法律基础，必须将其作为构成要素必不

---

[1] 周勇：《少数人权利的法理》，社会科学文献出版社2002年版，第15页。

可少的一部分。

通过以上分析可以看到，其一，非意愿少数者可能因为其少数者客观特征的表现而受到歧视和侵害。也就是说，这是非意愿少数者因为少数者身份的原因而可能受到的侵害；其二，因为侵害的原因来自少数者身份，那么非意愿少数者也就有了作为少数者进行保护的必要性；其三，将其作为少数者来进行保护也是较为恰当和对应的。

（2）保护非意愿少数者本身的必要性。

除了少数者的身份特征外，非意愿少数者本身也享有其作为人的一种选择权。正如前所述，这样的选择权是一种需要加以保障的人权，有了它的存在，才能更加全面地保障自由。为此，讨论保护非意愿少数者本身的必要性，也就意味着讨论保护非意愿少数者选择权的必要性。

其实，非意愿少数者本身就是因为其选择权遭到否定后而产生的，否则就不会有非意愿少数者存在了。所以说，我们认为首先选择权有被侵害的可能性；其次，非意愿少数者的选择权也在事实上已被侵害；再次，侵害的结果可能导致非意愿少数者一系列的自由权得不到维护；最后，也就使得其可能会进一步受到身份上的歧视。这些都是需要保护非意愿少数者本身的原因，也就是保护的必要性。此外，实际上可以说，应当尽量较少甚至防止非意愿少数者的产生，因为非意愿少数者本身就是一个侵害结果，要保护他就是要保护自由选择权。自由选择权得到了保护，自然也就不会再有所谓的非意愿少数者了。非意愿少数者还存在着的这一实际情况就说明了选择权被侵害的现状。存在侵害，就存在提供保护的必要性。

三、非意愿少数者的保护方式

对于少数者来说，那些对其社会生活而言至关重要的自由或能力，不但应当包括那些作为人应该享有的普遍性权利，还应当包括作为少数者应该享有的特殊性权利。这就决定了对其权利保护的二重性，即“一重保护是根据平等原则和不歧视原则，确保少数者能够与多数人一样平等地享有各项基本人权和自由；另一重保护是根据有关少数者的具体情况，确保少数者享有某些特殊权利，以期达到少数者能够在事实上与多数人一样平等地享有各项基本人权和自由的目的。”[1]

[1] 张爱宁：《国际人权法专论》，法律出版社2006年版，第444页。

然而，具体到非意愿少数者，如果说对于少数者的权利保护具有二重性，那么就可以将对非意愿少数者适用的保护方式总结为权利保护的二阶层体系。具体而言，首先非意愿少数者作为一种侵害结果的状态，必须先要保障其选择权的实现。如果选择权得到保障，那么非意愿少数者就将不复存在，也就不需要进一步谈保护的问题了。但是，如果选择权遭到侵害，那么非意愿少数者作为少数者的一种，就必须享有适用于少数者的那些保护措施，也就是说少数者权利保护的二重性同样适用于非意愿少数者。这就是非意愿少数者的二阶层权利保护，即在第一阶层保障其选择权得到最大程度最为充分地实现，如果不能实现，再在第二阶层适用少数者权利保护的二重性。也就是说，对于非意愿少数者的权利保护是分阶段进行的。

（一）保护非意愿少数者的第一阶段——保护非意愿少数者的选择权

保护非意愿少数者最重要的阶段是对其选择权的保护，如果这一阶段的工作做好了，就不再需要进行下一阶段的进一步保护了，当然如果该少数者又意愿性地同化到了另一少数群体则另当别论。但无论如何，对于少数者选择权的保护至为关键。保护非意愿少数者的选择权可以通过以下方式进行：

第一，将理论上的选择权认可为有强制执行力的法律上的选择权。这首先需要在立法上对选择权有一个定位，使其成为一种可以作为诉讼主张的权利得以司法救济。

第二，从政府角度出发，要为非意愿少数者的被同化创造条件，如在身份登记方面要为非意愿少数者提供变更登记的服务，而不是设立各种障碍进行阻挠，尽管政府承认并非构成判断少数者的构成要素，最多只是对于少数者的一种附加证明，但不得不说，政府的承认为非意愿少数者的身份变更在外观上提供了一种外在的判断。

第三，从个人角度出发，那些阻止非意愿少数者被同化的其群体本身的成员或是多数群体的成员必须尊重其选择权。这不但要从意识上培养起他们对于他人选择权的尊重，更要法律的配合，对于这种不尊重施加消极后果，以迫使在他律的约束下使选择权的尊重得到保障。

（二）保护非意愿少数者的第二阶段——少数者权利保护二重性的适用

如上所述，当选择权得不到保障时，非意愿少数者就会继续存在，同时，非意愿少数者既然作为少数者的一员而存在，那么就可能会受到和其他少数者一样受到的侵害，因此，对其权利的保护完全适用少数者的二重性权利保护方式，以下具体分析。

1. 少数者享有与多数者一样的平等保护权

在谈及少数者权利保护的问题时，平等权在这里表现得尤为突出。因为在这里所涉及的是不同群体之间的比较，少数者可能会因为其不同的民族特征等而受到与多数者不相同的待遇，并且常常由于少数者非主导性的社会地位而导致这种不同待遇常常是不利于其自由权的良好实现的。这个时候，就可以认为出现了与宪法价值相违背的歧视。这里的歧视可能表现为明显歧视，也就是法律直接在文字上表达了不同民族的差别待遇；也可能表现为隐含歧视，即法律在表面上规定了各民族不分大小一律平等，但对某些民族隐含着歧视目的或效果，在适用过程中，可能会被解释为不利于民族平等的条款；还可能表现为适用歧视，这就是说法律规定对于少数者来说，既没有字面歧视，也没有目的歧视，但适用过程中出现了歧视。

为了纠正这些歧视现象，我们就必须首先在立法上赋予少数者与多数者同样的机会去争取自己的利益，做到机会平等；其次，宪法对于基本权利的确认，必须没有民族群体的差异，一律平等确认，做到在字面上和目的、效果解释上不会出现任何歧视；再次，在权利实现的过程中，也不能区别对待，必须以相同的方式对其加以实现，以达成程序性平等；最后，在权利救济的方式上，也必须以公平的手段达至一种公平的结果，真正做到实际的平等。这才是符合人类文明理念的价值取向。应该说，平等的价值理念正是公平原则的另一种体现，它要求少数者群体及其成员也应享有同样的利益和机会，对于出现的不公平进行必要的补救是符合社会正义的要求的。

但是，在平等保护少数者的过程中，由于其民族特性等的特殊表现，又产生了一些新的不平等，它们在社会生活中构成了一种实质性歧视，这就需要进一步对平等的理论进行更为深入的探讨。

2. 形式平等与实质平等之间的博弈

前一部分的论述是一种形式上的平等，应该说，形式平等就是平等概念的本质属性。但是，这在用来探讨少数者双重性权利保护的第二重保护时，遇到了阻碍。形式上的平等尽管能够阻止表面歧视、隐含歧视以及适用歧视，但它却永远阻止不了实质性歧视。有的时候，恰恰是对形式平等的固守，才导致了实质性的不公。这个时候就需要追求一种实质上的平等，以作为平等原则的一种补充，对形式平等导致的不公正进行弥补。弥补的方式，简单来说，就是在形式平等所享有的权利的基础上赋予少数者更多的权利，以实现实质性的平等。因为对于少数者来说，可能是历史的原因，也可能是现实地位的原因，还可能是地理区位的原因，导致了其贫穷落后的现状。在现实地位上，少数者规模处于劣势，因此通常无法在一国境内占据主导。也因此，在历史上，少数者经常受到多数群体的歧视和打压，甚至将其驱赶至土地贫瘠、环境恶劣的蛮荒之地。这也是导致现今少数者通常生活在内陆边疆地域的原因。诸如种种都是致使少数者在当今社会成为经济弱势、文化落后群体的原因。为此，在法律中，仅赋予少数者与其他所有人同样应该享有的人权还是不够的，这反而会加深少数者群体的贫穷落后，形成新的不公。因此，实质平等就要求为这些少数者提供特殊的保护，以确保少数者权利的公平实现。对于特殊保护到底应该如何实现，在下一部分中具体分析。

3. 特殊保护的法律机制——“纠偏行动”

在讨论“纠偏行动”之前，必须说明另一个名词，即“立法归类”(legislative classification)。法律经常会通过归类，对符合归类特征的个人给予某种特殊奖励或惩罚，从而对在归类之内和之外的人们产生不同影响。[1]例如，法律可能规定，只有超过18周岁的公民才有权参加选举，这里对18周岁年龄的限制就是一种立法归类。有害的立法归类会因为违反法律平等保护而在实行宪政的国家可能会受到违宪审查。除了有害的立法归类之外，还有一种立法归类反其道而行之：为了弥补与纠正法律歧视在历史上给妇女、有色人种或其社会其他阶层造成的贻害，立法或行政机构在规定雇用、录取或交易过程中，决定给这些阶层带来特殊优惠。做出这些特殊优惠的方案或措施的社会项目被统称为“纠偏行动”(affirmative action)。[2]其实，从本质上来说，纠偏行动就是一种偏向弱势群体的立法归类，其做出如此偏向的理由很简单，那就是弥补与纠正历史上的法律歧视，其结果在于补强弱势群体，使他们能够与社会中的其他群体站在同一平台进行较量。

美国最高法院在1920年的一则案例中指出：“归类必须合理而非任

---

[1] 张千帆、曲相霏：《宪政与人权指南》，中国人民大学出版社2012年版，第15页。

[2] 张千帆：《宪法学导论》，法律出版社2008年版，第625页。

意，且必须基于和立法目标具有正当和实质关系的某种区别，从而使所有处境类似的人都获得类似处置。对于处境并非类似的人，立法可以基于合宪目标加以合理区分。”❶ 尽管纠偏行动是基于实质性平等需要而产生的，但无论如何，在本质上它还是属于一种立法归类。即便是有益的立法归类，也不能改变立法归类是一种较为危险的做法的事实。就像宪法中规定的平等原则一样，法律不得基于种族、国籍或性别的原因而歧视，那么从法律上说，这样的歧视既不能针对少数人，也不能针对多数人。社会平等一般可分为三种：起点平等、规则平等、结果平等，实现真正意义上的起点平等和结果平等都是不可能的，唯一可以做到的，只能是规则平等。而纠偏行动政策相当于对竞赛场上规则平等的原则进行了修改。❷ 为此，如果要确保纠偏行动在正义的界限内发展，就必须将其限定在一定的条件下进行，即纠偏行为作为一种争议性的机制，必须在适用范围确定、适用方式恰当、适用程度有限以及适用目的合宪且审查标准明确的条件下，方可作为合法适当的公共政策在社会进行推进。

四、反向同化的问题

除了以上论述之外，如果从反向思考，当多数群体中的成员自愿同化到少数者之中时，也需要提出两个疑问，那就是是否可以进行这样的反向同化，以及对于这样的成员有无保护的必要。

(1) 反向同化是否存在？

如前所述，同化一般都是多数群体对于少数群体的同化，如果将这一过程的方向反过来，即多数群体的成员愿意到少数群体中时，就形成了反向同化。当然，如果这是多数者成员行使其选择权，并且出于对某一少数群体特征心理认同的结果，应当说，反向同化可以得到认可。此外，还存在多数群体成员的父母一方是多数者而另一方是少数者的情况，这时，可能该成员随了多数者一方的民族，而随着其成长，可能更加认可其父母中少数者一方民族，从而愿意同化到该少数者群体之中。对于这样的情况，应当完全值得肯定，因为血统的联系更加坚固了其意愿选择权的基础，这

❶ 张千帆、曲相霏：《宪政与人权指南》，中国人民大学出版社2012年版，第15－16页。

❷ 周青风：《美国宪政中的纠偏行动——兼谈中国平等保护问题及平等保护中的政府角色分析》，中国政法大学硕士学位论文，第18页。

比单纯的反向同化更值得肯定。

但是，现实当中也存在多数群体的成员为了享受作为少数者的一些特殊优惠政策，而“自愿”成为少数群体的一员，并经由政府主管部门变更其种族或民族的登记的情况。这样的情况是应该反对的，因为该反向同化并非出自心理认同的自愿，其自愿的前提来自于为享受作为少数者的一些特殊优惠，并非出于对少数者群体特征的认可。政府部门对于此种反向同化的阻止是合情合理的。

此外，值得一提的是，反向同化并不涉及非意愿少数者，因为如果反向同化被阻挠没能成功，那么该成员就保留在了多数者群体中，此时，他只能被称为非意愿多数者；如果反向同化成功，他成了某一少数者的一员，此时，他就是自愿性的少数者，也就不存在非意愿的情况了。

（2）对于非意愿多数者保护的必要性。

对于非意愿多数者来说，他在本质上属于多数群体的一员，当然无须对其提供像少数者权利保护二重性那般的保护，但是他享有如普通人那样的人权保护毋庸置疑。在此套用上述非意愿少数者权利的二阶层保护体系，尽管非意愿多数者的第二阶层权利保护受到了否定，但对于其第一阶层的选择权还是存在保护必要的。当该多数者成员合理行使其选择权，而又被外来的因素阻挠时，是有必要对该选择权进行保障的，保障方式如同前文关于非意愿少数者的选择权保护方式。

五、结　论

本文论述到此，基本将涉及非意愿少数者的所有问题进行了较为全面的分析。非意愿少数者因为自愿被多数者同化，但由于被他人阻止而不是出于自我意识和愿望而留在了少数人群中而形成。这一群体存在的本身就是一种选择权遭到外界因素否定和侵害的结果，要对其进行保护就必须提供一种两阶层的全面保护，即首先保障其选择权，如果这一阶层的保护无效，则在第二阶层为其提供作为少数者应当享有的特别保护。应当说，对于非意愿少数者权利保护的最终目的在于对其选择权的保障，以最终实现消除非意愿少数者存在的现象，这才是符合人权价值要求的做法。

“环境难民”的国际法律地位及其保护问题探究

刘　昕*

不久前，新西兰发生的8.0级地震让我们不禁联想起2004年印度洋发生的里氏9.0级地底地震。由地震引发剧烈的海啸，导致了灾难性的结果。超过27万人丧生，数百万人流离失所，无家可归，从而被迫迁移。然而这些受到自然灾害影响而被迫迁移的人群却无法按照国际社会对于难民的救助标准而获得救助。这种现象并非少数，除自然灾害外，人为环境破坏、海平面上升等现象使得“环境难民”的问题愈演愈烈。面对日益严重的“环境难民”问题，全球近200个国家和地区几乎谁都无法回避，我们必须考虑，如果某一天有无法预计的人群受环境影响而开始无家可归，四处流浪，那又该怎么办？

一、“环境难民”的法律地位争议

（一）“环境难民”的现状

20世纪40年代，随着全球气候变暖以及环境日益衰退的现状日益严重，各国政府和国际社会开始逐渐留意到由环境因素引起的人口被迫迁移或流离失所的现象呈急速上涨的趋势。太平洋岛国图瓦卢是环境难民中最典型的例子，由于受到温室效应影响，海平面持续上涨，图瓦卢国内11000人被迫舍弃世代居住的家园，与新西兰签订协议。英国环境学家Norman Myers称，“气候难民”（climate refugee）已经成为当今人类社会最严重的危机之一。[1]

* 刘昕，单位：外交学院。

[1] Norman Myers. “Environment Refugees an Emergent Security Issue”. In 13th Economic Forum Prague, 2005: pp. 23 – 27.

根据相关数据报道及专家学者估测，全球“环境难民”的人数在1988年已经达到将近1000万，到1989年仅一年时间，人数增长到1200万，到1993年，人数已经达到1700万。联合国难民署（UNHCR）在1999年发布的“环境难民”人数飙升到2500万，红十字国际委员会在2001年的《世界灾难报告》中也提到，全球“环境难民”的人数高达2500万，到2009年，UNHCR的统计结果已经达到了3600万。可见，全球“环境难民”正在以迅猛的势态急速增长。根据联合国的预测，到2020年，全球“环境难民”的数量将达到5000万，政府间气候变化委员会更是预估到2050年时，“环境难民”的数量将会达到1.5亿人次。

全球“环境难民”主要容易分布在地震、飓风、海难等自然灾害多发地，以及干旱、土壤侵蚀、沙漠化等环境退化严重的国家。Norman Myers在他2005的文章中分析了全球易受环境灾害而发生人口迁移的地区。他写道：“气候移民主要来自发展中国家，并且在这些国家，环境对难民的影响已经超越了贫困和战争。”

（二）“环境难民”与“环境移民”的争议

当今对于难民的一般定义是根据联合国1951年《难民地位协定书》和1967年《关于难民地位的议定书》规定的，难民指由于害怕“因种族、宗教、民族、属于某一特定社会群体或政治观点而受迫害”，所以居住国外而不能或不愿返回本国的人。这种受政治迫害的流离失所者构成了“政治难民”这一群体，对其进行救援的基础在于对人权保护的人道主义性质，更多的学者和国际机构把难民法纳入国际人道主义法和国际人权法的范畴。但是，自然灾害造成的逃荒者和面临政治迫害的逃难者有着本质区别，只有后者才是法律上有权获得庇护的难民。[1]

“环境难民”的概念是由世界观察研究院的Lester Brown首次提出的。自此开始，究竟是“环境难民”还是“环境移民”就成了学术界争论的焦点。1985年，联合国环境署（UNEP）的研究员Essam El-Hinnawi于1985年首次对“环境难民”进行了定义：“由于显著的环境崩溃导致人们的生活质量受到严重影响，甚至生存受到威胁，从而不得不选择迁移的人（这

---

[1] 转引自：王铁崖、李浩培主编．中国国际法年刊．北京：法律出版社，1988．

种迁移可以是短暂的，也可以是永久的）。”❶ 随后，英国环境学家 Norman Myers 在总结了几十年对于环境变化与人口迁移研究的基础上，将“环境难民”总结为：“由于干旱、土壤侵蚀、荒漠化、过度砍伐森林等环境问题，结合人口压力、贫穷等社会经济问题，从而致使其生计问题不能得到保障的人。”两位学者都采取了将传统公约难民的概念扩大以容纳进环境气候因素的做法，目的是给受环境变化影响而迁移的人们寻求更多的人道主义帮助与保护。支持这一观点的学者们提出，通过对“环境难民”确立明确的定义，能够增加决策者以及政府部门针对“环境难民”制定应急措施的准确性，有利于减轻环境变化导致的社会经济损失问题，从而能够给予因环境因素而不得不迁移的人们更加充分的救助。❷

还有一些学者不赞同将受环境气候因素迁移的人群纳入难民的范畴中，而应该确认其“环境移民”的身份。他们认为如果将难民的定义扩大，实际上造成的结果将使现行难民保护制度“缩水”。Jeanhee Hong 就指出：“倘若把所有环境流离失所者纳入 1951 年难民公约的难民定义中，国际社会将被难民充斥而无法控制。”❸ 此外，还有学者从环境迁移复杂性方面来反对“环境难民”的说法。Anthony Oliver-Smith 认为，使用环境难民一词容易让人产生误解，使人们认为自然环境的变化是导致迁移的原因，而其实这一系列的环境变化归根究底都是人类活动所造成的。❹ 从实际操作上来讲，国际社会和相关国际组织缺乏相应的能力，如果将“环境难民”纳入难民体系中，那么将意味着难民署要承担巨大的财政压力，它需要从本就十分有限的难民救助经费中挪出一大部分来帮助超过现在两倍数量的难民。

2007 年，UNHCR 在官方修订难民概念上采取了比较谨慎的态度，它提出了环境迁移人（environmentally displayed persons）的概念，并将其定义为：由于不利的环境、生态和气候变化，导致人们的生命、生活以及自

❶ G. Kibreab, “Environmental Causes and Impact of Refugee Movements: a Critique of the Current Debate”, Disasters, Vol. 21, 1997, pp. 20 – 38, p. 30.

❷ John A. Kelmelis, “Arctic warming ripples through Eurasia”, Eurasian Geography and Economics, 2011, 52 (1): 56 – 78.

❸ Jeanhee Hong, “Refugees of the 21st Century: Environmental Injustice”, Cornell Journal of law and Public Policy, 2001: 340.

❹ 参见：税伟. 生态移民国外研究进展［J］. 世界地理研究，2012，21（1）：150 – 157.

身财产受到严重威胁，从而被迫离开原来生存地的人。[1] 同时它也提出，如何确保因气候环境变化直接或间接造成的流离失所人员得到有效的保护，其福利得到恰当的保障，确保他们找到解困的长久之计，这些问题应得到国际社会的优先关注。[2] 在实践中，难民署也将环境恶化视为难民署关注人群[3]的产生原因之一，这一规定彰显了难民署支持保护"环境难民"的人道主义精神，但是对于"环境难民"发挥的实际作用却微乎其微。

（三）"环境难民"的归属

"环境难民"在国际法中的地位难以确立，是导致"环境难民"保护困境的主要原因。也的确是因为无论是将"环境难民"纳入难民的体系，还是仅仅保持其普通移民的地位，都有利弊得失。支持"环境难民"一派从如何更好地保护人权，减少对人权侵害现象的发生作为理论支撑点。但是这种观念难以得到国际社会的广泛支持，主要在于其没有考虑到国际社会的现状，仅仅从理论角度出发，难以真正得以实践。主张"环境移民"一派则是更多地从实际上考虑如何更好地保护多群体的利益，包括不同的国家主体、国际组织等与难民相关的利益主体。这种观念更加符合实际操作也更易得到国际社会的认可，但是其并没有办法解决"环境难民"的难题，而且抛弃人权的做法也更加容易受到社会的批判，因为尊重人权是解决难民问题的一项必要条件。[4]

笔者认为，虽然将"环境难民"纳入难民的保护行列中符合人权保护发展的趋向，但是目前可能无法实现，仅能保持其普通移民的法律地位。究其原因，根本在于目前国际社会对政治难民的保护体制不完善。2015年，欧洲面对巨大的难民流，最后无计可施，只能逐步采用收紧的难民政策，用围栏将难民挡在国家边境外。所以，目前即使将"环境难民"纳入难民的保护行列中，可能也无法得到难民的庇护。

从实际操作上来讲，要想重新定义难民，需要以联合国为首的国际组织重新组织谈判。可以料想，参与谈判的主权国家为了缩减保护难民的国

---

[1] Susan Charnley. Environmentally-Displaced Peoples and the Cascade effect : lessons from Tanzania [J]. Human Ecology, 1997, 25 (4): 593 -618.

[2] 2008 年《联合国难民事务高级专员的报告》导言第 4 段。

[3] 联合国难民署关注的人群是由联合国大会授权难民署向不符合法定难民定义，但是处境应当受到国际社会关注的人提供援助。

[4] 联合国. 人权概况介绍第20号：人权与难民. 联合国日内瓦办事处人权中心，2001：1 -2。

家义务，更愿进一步缩小难民的概念范畴。因为各主权国家没有法律上的动机承认“环境难民”为难民，也没有动机提供援助，更不用说庇护了。[1]并且，目前国际社会并没有形成完善统一的难民甄选制度，若一味地将“环境难民”纳入难民的保护范畴中，将会使生态系统破坏和恶化地区的人群混同自然灾害引发被迫逃离家园的人群一致地涌入发达国家和环境优越地区寻求庇护。因此，在没有完善的难民甄选制度做保障的前提下，将“环境难民”纳入难民保护范畴将是一件无比冒险的做法。

二、“环境难民”的保护路径

“环境难民”目前主要涉及三个层面的保护：法律法规、国际组织和主权国家。

（一）“环境难民”的法律保护依据

目前，国际社会并没有针对性的国际法律规范来保护“环境难民”，但是我们还是可以在一些相关法律中找到保护“环境难民”的依据，主要分为以下三大部分。

第一，四大基本人权法为保障。《联合国宪章》《世界人权宣言》《公民权利和政治权利国际公约》和《经济、社会和文化权利国际公约》这四大文件对于人权的保护可以看作是对“环境难民”保护的最基本的保障。在《联合国宪章》第55条和第56条中，对缔约国加以创设保护人权的义务，即：联合国有义务努力促进人权及自由得到全人类的尊重，在人权和自由面前，人们不应因种族、语言、性别或者宗教的不同而受到区别对待。《世界人权宣言》在其第3条中指出：每个人都有权利享有生命权，自由和安全不受侵犯。在《公民权利和政治权利国际公约》中，其第9条规定指出了人权的保护基础，并肯定了人权的不可侵犯性；第13条规定了人享有离开任何国家或返回其本国的权利。《经济、社会和文化权利国际公约》对人权保护的规定则更为具体。本文中关于“环境难民”的保护涉及基础的人权保护，即对于“环境难民”的生命健康权、自由权等问题的保护可以依照四大人权法作为保障。

---

[1] Stephen Castle, “Environmental Changes and Forced Migration: Making Sense of the Debate”, Working Paper No. 70, http://www. preparing for peace. org/castles environmental change and forced migration. htm.

第二，《国际环境法》为根源。“环境难民”问题，追根究底在于环境，因此想要解决“环境难民”问题，就要从根基上减少“环境难民”的产生。依据《国际环境法》，加强国际社会保护环境问题的责任，是解决问题的起源。《国际环境法》产生于国家之间，通过条约、协定与习惯法等规则的形式存在并得以适用和执行，因此通常只对缔约国产生效用，但是在国际社会中被广泛认可的基本原则则成了保护环境的重要基础，包括：主权原则和不损害国家管辖范围外的环境原则、国际合作原则、可持续发展原则、预防原则及共同但有区别的责任原则。这五项基本原则在国际社会中也得到了广泛的运用。比如《生物多样性公约》和《气候变化框架公约》中就对资源开发的主权原则和不损害国家管辖范围外的环境原则做出了明确规定；《斯德哥尔摩宣言》原则24和《里约宣言》原则27确认了各国就国际环境保护必须进行合作的义务。[1] 因此，解决“环境难民”的根源问题在于依据《国际环境法》的相关规定和原则解决环境问题。

第三，其他公约、规定为辅助。1972年联合国人类与环境会议通过的《斯德哥尔摩宣言》首次将环境与人权联系起来，指出“自然环境或者人类环境，是人享有基本人权的必要组成部分”；同时宣告“在能保证尊严的环境中，人享有自由、平等和充足的生活条件的基本权利，并为后代提供良好的环境”。1969年非洲统一组织通过了《非洲统一组织关于非洲难民问题的公约》，其规定难民的定义包括那些由于外来侵略、占领，或者在原国籍国的严重扰乱公共秩序的事件离开属于自己的家园的人。此规定将难民定义扩大，在“环境难民”出现以上规定情形下，可以将其包含在内。1984年的《卡塔赫纳宣言》，其中的规定更加明确，其关于难民的概念是“由于大范围普遍性的暴力、外国侵略、国内冲突等原因致使发生大范围的人权践踏或者其他严重破坏自然环境和社会公共安定和谐的事件，因为惧怕人身安全、自由甚至生命受到伤害，而选择逃离原居住地的人们”。而1960年通过的《圣约瑟宣言》中，环境难民的概念则更明确和突出。此宣言号召相关国家推动区域内关于处理环境保护问题而涉及的难民。这些公约和规定都在一定范围内成了保护“环境难民”的辅助条约。

“环境难民”目前只是根据文中提到的相关法律和软法保护对象延伸而来，并没有作为单独的定义出现在任何具有法律效力的国际文件中，其

[1] 邵津．国际法［M］．北京：北京大学出版社，2011：221。

法律地位和权利也并没有具有强制法律效力的条约法保护，使得“环境难民”没有一个强有力的公法保护依据。

（二）“环境难民”的国际组织保护

联合国难民署是联合国委托指导和协调世界范围内保护难民和解决难民问题的专门国际组织，难民署章程中确定的“难民署关注的人”虽然没有明确包含“环境难民”，但是难民署的援助行动远远超过了《章程》的规定。实际上，难民署也对于不发达国家中受到环境退化影响而造成伤害的人给予了大力的支持和保护，并协调国家和其他组织予以援助。[1] 另外还有联合国人道主义协调办公室负责各种突发事件和自然灾害的人道主义援救工作。联合国开发计划署拥有世界上最大的促进人类可持续发展提供技术援助的多边资源。世界粮食计划署通过食物援助来满足紧急需要，对难民提供救济，还有世界卫生组织、国际移民组织等相关国际组织可以提供相关方面的协助。

但是，国际组织的保护存在很大缺陷，主要在于联合国难民署无法给予“环境难民”切实有效的保护。1975 年第 30 届联合国大会通过的第 3454 号决议中确认联合国难民署的活动是帮助“难民和流离失所者”。[2] 类似地，1981 年联合国难民署国际保护小组委员会在关于委员会职能的第 22 号结论中，通过了“保护大规模流动形势中的寻求庇护者”的主题。[3] 在“流离失所者”和“寻求庇护者”随着大规模人口流动事件出现后，各国采取“简便程序”原则，即对符合“流离失所者”和“寻求庇护者”要求的人自动取得庇护，而不再进行个人审查。但是，根据联合国难民署发布的全球难民趋势年度报告，截至 2015 年年底，全球被迫流离失所的人数已增至 6000 多万人，仅 3 年时间，就比 2012 年报告中列出的 4520 万增长了近 1500 万人。[4] 而在 2011 年，持久难民[5]就已经创纪录地达到了 720 万。如果进一步扩大需救济的对象，将“环境难民”纳入其中，不仅不能

---

[1] Ms. Nicola Hill: Report of the United Nations High Commissioner for Refugees, questions relating to refugees, returnees and displaced persons and humanitarian questions, 2009. 12. 12.

[2] 联合国难民署．联合国关于联合国难民署的决议和决定，1986：81。

[3] 联合国难民署．联合国难民执委会关于难民国际保护的结论，1986：10。

[4] 郝斐然．全球难民数近 6000 万创二战以来新高 中东成重灾区。http://news.xinhuanet.com/world/2015-06/20/c_127934521.htm，2015.06。

[5] “持久难民”是指那些沦为难民身份超过 5 年、返回母国基本无望的难民群体。

为其提供必要的保障，也会降低对传统公约难民的保护。

根据联合国网站的消息，2013 年难民署为全球各地数千万难民、流离失所者和无国籍者提供人道主义援助的行动预算总额约为 52.7 亿美元。但由于约 2% 的预算由联合国拨款，余下的 98% 靠各国认捐，难民署一直处于经费紧张状态。即使将如此高额的资金全部投入保护难民，也无法为传统难民提供足够的食物和住所，更不用说“环境难民”了。

根据《新京报》的报道，德国地方政府估计仅仅在市政层面，平均每个难民每年就要花费 1.2 万 ~1.3 万欧元，仅在 2015 年一年中，难民危机就将耗费 100 亿欧元，这远远超出了欧盟规定的每名难民每年可获得 6000 欧元补助的标准。此外，难民地位的申请往往历时较长，拿美国来说，申请人要经过美国国安部公民及移民服务局和司法部移民复审行政办公室的双重审查，时间可长达 52 个月，这其中的人力、物力对于政府来说无疑是笔巨大的开支。[1] 承认难民的存在不仅意味着要为难民安排长期安置的土地，还要设立管理难民的机构，但是难民管理机构的工作人员在环境专业知识和资源方面又往往力所不及。而难民署因受到国家主权和国家内部事务不容干涉的限制，也无法充分发挥专业指导作用。[2]

（三）“环境难民”的主权国家保护

主权国家通常易于保护国内的流离失所者，但是对于国际上的“环境难民”保护往往处于“回避”状态。主要原因还是在于“环境难民”的地位问题，使得没有充分的理由和法律依据来促使各国加强对“环境难民”保护的积极性。

国际组织和主权国家对于“环境难民”的现有保护都是有限的，但是要想将“环境难民”纳入难民保护行列，仍然是不符合实际要求的。

据此，即使将“环境难民”纳入难民的行列，也无法实现对其完整的保护，这也就是学术界一直对“环境难民”问题争论不休的关键原因所在。一面是人权的谴责，一面是实际的困境，使得“环境难民”问题搁置不前，但是对于难民的保护却迫在眉睫，还有愈演愈烈的趋向，因此如何

---

[1] TRAC Immigration, Asylum Law, Asylum Seekers and Refugees: A Primer, 2006, http://trac.syr.edu/immigration/reports/161/.

[2] David S. North, Estimates of the Financial Costs of Refugee Resettlement: The Current System and Alternative Models, U.S. Commission on Immigration Reform, 1997: p. 18.

解决目前的困境以及减少未来的难民潮压力是目前需要关注的重点问题。

三、我国应对“环境难民”问题的思路之建议

（一）根据国际难民法基本原则订立《环境难民保护条例》

国际难民法中明确了尊重和保障人权原则，国家首要责任原则，国际团结合作原则，不歧视、不惩罚原则，临时庇护和适当待遇原则。这些原则都彰显了法律对难民问题的人权性、国家主权性、国际性和人道性要求，能够给予难民广泛但并不细致的帮助。根据国际难民法中的基本原则给予“环境难民”基本人权保障是对其保护的基础。目前，要想即刻将“环境难民”纳入难民的行列是不切实际的，但这种选择却是未来的趋向。

我国目前并没有专门的难民立法和确定难民身份的程序。[1] 因此笔者认为，我国首先应当由相关部门协调整合既成法与填补立法空白，根据国际难民法中确立对难民的基本原则来拟就《环境难民保护条例》来保护“环境难民”，使“环境难民”的保护问题有法可依。但是毕竟保护条例的确立也不是一蹴而就的，需要时间协商解决，因此还需要确立短时性的保护方式，以应对急发状况。

（二）加强与联合国难民署的合作

联合国难民署在普通难民中的困境使其很难在“环境难民”中发挥更多的作用。近年来，联合国难民署在难民的工作中面临着巨大的压力，2015 年的欧洲难民潮事件让欧洲很多国家苦不堪言，面对大批入境的难民，欧洲各国希望难民署能够将更多的难民妥善安置，但是难民署保护力量有限，也只能不断地呼吁欧洲各国承担更多的责任。然而欧洲面临如此巨大的难民人流，只能逐步采用收紧的难民政策，用围栏将难民挡在国家边境外。形成这样的境地，我们更应该思考，国际社会应当如何加强与难民署的合作来解决难民问题给全球带来的危机。

笔者认为，当出现“环境难民”危机时，我国作为一个发展迅速的发展中国家，需要与联合国难民署合作确立一套较为完整的难民报告和甄别制度。将本国范围内产生或接收的难民，包括难民的数量、基本情况以及救助的困难等情况报告给难民署，保证难民署有最先知情权，可以给出专

---

[1] 张原．浅论环境难民的法律保护［J］．活力，2016（11）：35－35。

业的分析和建议，也方便难民署展开救助工作。同时，难民署需要加强难民的甄别制度，通过细致的分析和提前预测与干预来解决难民问题。Camillo 说过：应当形成环境变化导致的潜在迁移人群对应的政策干预。他指出，应当首先辨别和标注出那些可能因为环境变化而发生迁移的热点区域，监测这些热点区域移民的变化情况，追踪与预测区域的移民趋势；然后根据监测与分析的结果，调整该区域的相关发展政策，以适应环境的需求，最大程度保证区域的恢复能力与可持续发展；最后绘制潜在移民图，以保证更加准确地预测环境难民的数量，并缓解由迁移带来的危机。[1] 这种做法虽然可能耗费大量的人力物力，但是便于难民署形成长久有效的保护措施。只有当形成严密有序的难民甄别系统时，才能准确地保护难民的权利，也才能救助更多需要帮助的难民。

（三）重视国际环境法的实施，减少“环境难民”产生

“环境难民”产生的原因多样，但归根结底还是环境因素发挥了主导作用。因此，改善本国环境，减少极端气候以及人为环境破坏等现象的发生率是我国应该关注的焦点。但是全球气候问题牵涉到不同国家的利益问题，解决起来并不像解决地区环境问题一样单一，因此需要加强国际环境法中的“共同但有区别的责任”原则，比如在气候变化方面呼吁发达国家应当完成《京都议定书》中确定的减排指标，帮助发展中国家提高自身对气候变化的应对能力。同时我国应该发挥大国力量，促使更多的主权国家加入到国际环境条约中来。最后，笔者认为，我国应当选择《里约宣言》第 15 条中确立的原则：“遇到严重不可逆转损害的威胁时，不得以缺乏科学充分确定证据为理由，延迟采取成本效益的措施防止环境恶化。”由于环境恶化结果发生的滞后性和不可逆转性的特点使得这条原则在防止“环境难民”问题上显得尤为重要，应当长期适用于我国的经济社会发展过程中。

四、结　论

“环境难民”问题是一个逐年发展严重的问题，“环境难民”的数量成

---

[1] Camillo Boano, Roger letter and Tim Morris. Environmentally displaced people: Understanding the linkages between environmental change, livelihoods and forced migration [OL]. http://www.conflictre-covery. rg/bin/rsc_ Dec2007. pdf.

倍增加，令国际社会堪忧。但是目前为止，“环境难民”的国际法保护仍然处于空缺状态，无法得到传统难民的保护和帮助。虽然在现实情况中，传统难民令一些发达国家自顾不暇，难民署为主的国际组织又缺乏资金和强有力的控制，“环境难民”难以纳入难民的保护行列。但是我们相信，随着国际社会的不断发展，对人权保护的不断提高，这将是未来发展的必然。因此应当着眼于眼前的困难，从基础解决难民的困境，从而增加保护“环境难民”的余力。放眼未来，就应该提供更加科学规范的难民分类程序，并从根本解决日益严重的环境问题。面对“环境难民”问题，当前国际社会应该团结一致，统一立场，加强环境保护，救助“环境难民”。

浅析“不推回原则”在欧盟面临的困境

张傲霜

近两年，难民的庇护问题成为全球关注的热点，国际事务和国际人道主义的合作也显得尤为重要，难民危机的爆发，给整个国际社会带来了前所未有的压力。叙利亚、南苏丹和中非的难民危机对联合国难民事务高级专员署（以下简称“难民署”）来说也是巨大的挑战。如此巨大的难民迁移，使得《都柏林条约》几乎不可能实现，由于难民问题无法及时得到很好的解决，由联合国难民署援助的难民人数已超过900万，一年之内难民的人数就增加了580万，尽管我们一直在讨论应当得到庇护和保护的对象，也强调并试图确保接收国积极地推行“不推回政策”，但自2013年年底以来，不断流入的叙利亚难民不断在挑战着欧盟成员国的接收能力和接收意愿。除了德国以外，欧盟其他成员国开始越来越少地接收紧急情况下逃离的难民。欧盟作为非洲和中东寻求庇护者的主要目标，这些未解决和新出现的难民危机无疑给欧洲国家造成了巨大的压力。

难民保护和庇护政策已成为目前欧洲各界人士热议的话题，如何保护这些难民、如何安置和消化这些难民是目前以及未来欧洲难民问题的重点。当前欧洲庇护原则和迁移理论与国际难民法是有差异的，欧洲人权法院（ECHR）依据国际和区域性原则的做法被认为是有问题的。根据法庭的判决，它要求成员国应当将更多的注意力放在边境管理上，完善边境管理制度，而将“不推回原则”放在次要的位置。有个别判决就显著说明了这一点。在M. S. S诉比利时和希腊的案例中，对“不推回原则”的违背以及缺乏对个别庇护申请进行审查已被欧洲人权法院认为是链迁移的一个部分。

一、国际难民法和联合国难民保护原则

国际法是由处于国际社会中的国家以及地区的实践确立的法律框架，

国际法的主要目的是规范主权国家之间的活动，除了国家、国家组织以外，个人在一定条件下也可能成为国家法的主体。当然，个人作为国际法的主体这个法律实体的功能是有限的。此外，国际法也有助于加强国际关系准则，在一开始，主权国家创造了国际法及其相关领域的内容，有约束力的国际条约成为今天国际法的主要渊源，国际机构对于违反国际法的行为有管辖权。临时和永久国际法庭是有区别的，强调联合国大会（以下简称“联大”）是唯一的有超国家权力制定国际法和人权改善建议的机构。作为最基本的原则，在批准国际条约的过程中，国际法对其签署国具有约束力，因此，主权国家必须按照他们所签订的国际条约的规则行事，这就是所谓的国际法律系统（ILS）。[1]

在国际法律体系中，难民保护主要被界定为国际公法的一部分，国际难民法是关于难民保护和庇护的规范，由国际条约和习惯法组成，国际难民法的基础是由难民署1951年《关于难民地位的公约》（以下简称《难民公约》）及其补充和1967年《关于难民地位的议定书》（以下简称《难民议定书》）组成的，当今国际社会的大多数国家，包括所有欧盟成员国在内，都已签署和批准了这些关于关于难民的法律文书，并且也遵循了相应的规定，但在某些特殊情况下，由于缔约国双方对条约有不同的保留，通过这种部分批准的方式，使得这些国家并没有完全接纳联合国和国际难民法规则，《难民公约》和《难民议定书》的基本目的是为接收难民、为难民提供庇护的国家提供一个国际框架。《难民公约》明确了难民保护的三个基本问题，即：首先明确了难民的定义、严格界定了那些需要被保护的难民的主体身份；其次，提出并阐明了“不推回原则”；最后说明了国家接受难民的待遇问题。根据国际难民法，难民的托管和保护是整个国际社会的共同责任，因此，所有签署难民条约和人权条约的欧洲国家都宣布他们愿意在紧急情况下采取行动保护和庇护难民的行动。[2]

在1951年《难民公约》中，以下这些人是没有资格获得难民保护的：

（1）犯下严重罪行的人，主要是反和平、反人类的犯罪。

（2）寻求庇护者之前曾有过非常严重的非政治犯罪行为。

---

❶ 马新民：《政治难民不驱回原则研究》，载《比较法研究》，1993年第3期，第226页。

❷ 李明奇、廖恋、张新广：《国际难民法中的不推回原则》，载《学术交流》2013年4月第4期，第55页。

（3）违反了联合国的基本规定或原则。[1]

当不存在上述例外情况的时候，欧洲和其他缔约国是有义务接受难民的，并禁止将难民自动驱逐。出于对1951年《难民公约》惯例的延续，以及对各种因素的综合考虑，1951年之后的国际性或区域性难民条约也都对遣返及相关问题予以了关注。[2] 正如上文所提到的，1951年《难民公约》已经明确了缔约国对确定享有难民资格的人有保护和不推回的义务，依照国际惯例禁止“逼回”或遵循“不推回原则”要求，该原则要求任何国家在面对难民（或避难寻求者）的时候，都不得以任何方式将其驱回到其生命或自由可能会受到威胁的领土的边界，在任何情况下都应该避免将难民自动驱回。《联合国反对酷刑公约》（UNCAT）即《禁止酷刑和其他残忍、不人道或有辱人格的待遇或处罚公约》（以下简称《反对酷刑公约》）第3条明确规定禁止各缔约国驱逐、遣返或引渡任何人到“有充分理由相信其于该国将受到酷刑”的国家，委员会更进一步说明此种禁止驱逐、遣返或引渡的国家不仅是可能会对该人施以酷刑的国家，还可能包含可能将驱逐、遣返或引渡至上述国家的国家。《反对酷刑公约》是第一个强调不能将难民驱逐回可能使其受折磨的难民来源国的条约。在《世界人权宣言》和《难民公约》的基础上形成的《反对酷刑公约》，不仅可以在人权领域作为指导，也可以视为是难民公约和难民议定书的补充条约。同时，《反对酷刑公约》作为一个有约束力的国际人权条约，还有一个重要的作用，因为目前还有许多国家不是《难民公约》和《难民议定书》的缔约国，在这种情况下，《难民公约》和《难民议定书》中涉及的“不推回原则”就对非缔约国没有约束力，在实践中，这些非缔约国就可能违反“不推回原则”。然而，就以美国为例，它虽然没有加入《难民公约》，但美国作为《世界人权宣言》和《反对酷刑公约》的签署国，美国仍然不得不遵守由联合国制定的难民协议。国际人权条约也是对联合国条约的补充和支持，可以使各国更好地理解它们的义务，并尽可能不违背这些条约的规定。“不推回原则”最初来源于习惯国际法中的“庇护原则”，因此，作为习惯法，它并非只是对签署1951年《难民公约》和1967年《难民议定书》的国家有约束力，而是对世界上的各个主权国家都有约束力。同时，

---

[1] UNHCR（1951）Convention Relating to the Status of Refugees，Prohibition of Expulsion or Return（“Refoulement”）. Chapter V.，Article 33，Geneva.

[2] 甘开鹏：《重庆工商大学学报（社会科学版）》，载2010年2月第27卷第1期，第99页。

我们又通过国际人权条约将其作为国际难民保护的基本原则来加以确立，那么全世界所有国家都有义务遵循这一原则，美国也不例外。

二、难民机构的发展

现代国际关系在非常早期的阶段就已经清楚地表明，为了确保国际法律文书的有效实践，就必须建立相关的国际机构。早在1921年，国际联盟时代就设立了“难民事务高级专员公署”，选举挪威人弗里德约夫·南森为难民事务高级专员，帮助俄国难民；1931年成立的“国际南森难民署”作为国际联盟领导下的一个自治机构，于1938年解散；1943年，同盟国创立了“联合国善后救济总署”，帮助数百万人返回本国或原居住地；1951年联合国难民署成立，其重要作用之一就是确保《联合国难民公约》的主要原则在各签署国得以实施，为此，联合国难民署对各国对公约的实践状态进行了监督，在必要的时候也会对违法案件进行干预，但联合国的职能以及手段毕竟是有限的，主要还是通过软法，因此，联合国对于各成员国的约束和监管还是存在较大困难和障碍的。正如上面已经讨论过的，通过加入和批准主要的国际难民条约，许多国家已经接受保护世界难民这样的责任和义务，但这些国家还必须确保条约的适当解释和适用。根据1951年《难民公约》和1967年《难民议定书》的规定，缔约国，包括欧盟的所有成员国，都必须与联合国难民署合作，接受联合国难民署的监督，这也强制性地要求所有缔约国承认《联合国难民公约》所有的规则，也要求缔约国将难民保护的原则纳入其本国的国家法律制度中，至少应当将1951年《联合国难民公约》的内容纳入其国内法和国家庇护标准当中，同时要加强“不推回原则”的贯彻和落实。然而，尽管欧盟作为一个政治体有其整体的政策，但欧盟各成员国本身作为主权国家有各自不同的法律制度和难民政策。例如，在欧盟内部，法国就将《联合国难民公约》的相关规定纳入了其国内法之中，而德国则需要更进一步的国家立法。尽管所有1951年《联合国难民公约》和1967年《难民议定书》的缔约国都有义务保证公约及议定书的实施，但联合国难民署并没有向这些国家施加压力，缔约国都自由地按照自己的方式来实施这些规则，因为尽管国际机构和国际组织的能力和影响力在逐渐提高，但民族主权国家仍然是国际关系的核心。

三、安全国家列表

安全国家列表作为欧洲庇护理论的一部分，第一安全国和安全第三国是由欧洲在讨论协议违反“不推回原则”的过程中形成的，所谓的安全国家被认为是欧盟成员国，并且原则上被认为对难民的迫害程度是非常低的，难民不会被自由驱逐。通常说来，对“安全国家”或“不安全国家”难民的认定都是需要在非常明确的情况下，以快速的程序、快速的方式来进行认定。为了排除在这种情况下出现严重的问题，欧盟首先需要明确哪些国家是它们认为的“安全国家”。换言之，欧洲国家需要以一种主观的方式来进行认定，显然，哪些难民来源国被认为对难民是有严重迫害的，如果一个难民来自一个他们认为是安全的国家，那么这个国家就可以立即将该难民送回其祖国。这些协议的主要问题是，这个判定一个国家是否安全的系统是无法对个别特殊情况进行审查的，即使一个国家被认为不存在威胁安全的紧急情况，这个国家在政治和经济上也是相对稳定的，也仍然不能排除施以迫害的可能性，换言之，我们会产生疑问，这些被认为是安全的国家真的安全吗？这些安全国家名单可能对国际法以及“不推回原则”造成严重的危害。按照上文所述，难民的保护是全世界国家共同的责任，理论上，它们应当对庇护申请进行逐一审查，即使某个国家被认为是安全的，在个别情况下也应当避免自动筛选。对难民的认定不应当仅以来自非安全国家为标准，而应当综合考虑个体的多项因素，《联合国难民公约》第一条就给“难民”下了定义。安全国家名单还有一个问题就是确定安全国家名单的主体是各个主权国家，但不同国家的安全国家名单是有差异的。例如，截至2004年，德国和法国认为加纳是一个安全的国家，但芬兰和瑞典以及欧盟委员会却不认为加纳是一个安全的国家。高度发达的西方国家和欧盟成员国通常被认为是安全的国家，它们因为其稳定的政治和经济发展状况以及较好的民主制度而被认为不具有被迫害的基础，且没有不人道和有辱人格的行为。但非洲和其他一些发展中国家就被认为有不安全的风险，这样的一个标准必然有其不合理的地方。不同成员国如何定义“安全”，定义安全的标准又有多少主观的成分，有多少政治和经济因素的考量，这些都会对安全国家理论的客观性和公正性造成影响，而这对某些不受欢迎地区的难民来说也是不公平的。对于联合国而言，如何定义“安全国家的名单”这一概念是最重要的，这是贯穿整个安全国家理论的核心问题，即使在一般情况下，联合国不认为这个理论在实践中违反了国际难民法，但这个理论背景仍然是有问题的。[1]

四、安全第三国的概念

《都柏林条约》为欧盟内部安全第三国的实际应用提供了法律依据，该条约第19条规定了将难民从一个成员国转移到另一个国家的标准。[2] 转让的第一个安全的国家在适用相关法律上应当是正确的。《都柏林条约》第19条强调，转让应当在6个月以内进行，有特殊情况的，需在12个月内完成，否则，第一个安全国就要承担第二个安全国的责任。[3]

2003年，都柏林体系建立了关于成员国之间进行难民迁移合作的理论框架，这个条约也被认为是欧洲对安全第三国这一理论进行实践的官方法律框架。都柏林体系促进了成员国之间的合作，也构成了国家间难民迁移和转移的基础。

都柏林体系的建立，设定了以下两个主要标准：

（1）“庇护申请”是受到限制的，即一个难民在欧盟地区不能提交多个庇护申请。

（2）“难民是在轨道上的”，所以寻求庇护者至少可以获得一个欧盟成员国的庇护。

安全第三国的概念在欧洲难民协议中起着非常重要的作用，这种限制性措施起源于20世纪80年代，目前在欧洲难民理论框架内仍然有着重要的作用。诚然，并不是每个成员国都接受这个特殊的协议，但在涉及难民在欧盟成员国之间转移的合作时，《都柏林条约》仍然是处理难民问题的一个主要工具。在对难民进行庇护的问题上，《联合国难民公约》第31条使用了“刻不容缓”一词，这是一个非常有力的词，在1967年《难民议定书》中也有相类似的表达紧迫性的词语。这表明，从国际社会普遍认为

---

[1] EUROPEAN DATABASE OF ASYLUM LAW（www）Belgium：Constitutional Court partially annuls the Belgian law that restricted appeal rights of asylum seekers from “safe countries of origin”. Available from：http：//www. asylumlawdatabase. eu/en/content/belgium – constitutional – court – partially – annuls – belgian – law – restricted – appeal – rights – asylum.

[2] 方华：《难民保护与欧洲治理中东难民潮的困境》，载《西亚非洲》2015年第6期。

[3] 伍慧萍：《难民危机背景下的欧洲避难体系：政策框架、现实困境与发展前景》，载《德国研究》2015年第4期第30卷。

难民在到达最终的庇护国之前，不应当在其他安全国家花费更多的时间。关于《难民公约》第31条唯一的一个问题是，第一安全国家的概念对国际难民法而言是一个巨大的挑战。[1] 以都柏林系统为基础，建立的“安全第三国”是指，假定难民从一个国家逃离，这个国家是他的国籍国，他在那里受到了迫害。国家B是一个欧盟以外的国家或欧盟的一个成员国，在理论上，国家B为这个难民提供了基本的保护，是第一个提供庇护的国家。当这个难民在正式向国家B申请庇护的过程中，他被转移到与国家B有合作关系的国家C，然后再来决定哪个国家更适合保护这位难民。许多欧盟成员国会假定国家C是“第一安全国”，因为在那里难民得到了及时的救助，而“安全第三国”因为时间上的滞后性导致其没有充分尽到庇护难民的责任。另一个因素是转移难民过程中的安全问题，当安全第三国是欧盟成员国以外的国家时，一些国家因为缺乏转移难民的经验，而导致在难民在转移过程中受到其本国的迫害，很难最终被送达到国家C，或者即使难民被送到国家C，也因为在转移过程中的一些变化而导致该难民可能会被驱逐出境，从而被迫回到其曾遭受迫害的原籍国。

对联合国而言，把难民从一个欧盟国家转移到另一个国家的前提是另一个国家必须是可以为难民提供保护的地方，这也是最具挑战性的事情。而安全第三国的概念是提供保护的其他地方。这两个概念并不是完全兼容的同义词。联合国难民署并没有明确禁止把难民转移到安全第三国的做法，但它同时也强调，难民转出国应当充分考虑难民个人的需求，因此应当避免立即驱逐的做法，同时也应当谨慎地应用“安全第三国”理论。

在前面所提到的M. S. S诉比利时和希腊的案件中，M. S. S先生于2008年以伊朗难民的身份抵达希腊，在希腊他停留了一周的时间，他没有在希腊提交庇护申请，但他将他的信息提交到了欧盟申根国家信息系统中，希腊作为第一安全国，已经为他提供了一定程度上的保护。之后，他离开希腊，通过法国再到达比利时，到达比利时之后，因为他在比利时没有正式的身份证明文件，进而无法向比利时提交庇护申请。比利时就试图将M. S. S先生驱逐回希腊，而希腊又有可能将他遣返回他自己的原籍国。M. S. S先生以在希腊没有得到适当保护并且担心被驱逐回原籍国为由依据

---

[1] 黄云松：《国际难民法之殇：欧洲共同庇护制度中的“都柏林主义”》，载《法学研究》2014年第6期。

欧洲人权公约向欧洲人权法院提起了诉讼，法院做出判决，认为比利时不得将他送回希腊，比利时当局暴露了其庇护程序方面的问题，比利时没有意识到将申请人送回希腊可能存在的风险，主观地假设难民在被遣送回希腊后不会被驱逐回原籍国。在这个案件中，欧洲人权法院的主要观点集中在难民的自我意愿上，认为M. S. S作为一个寻求庇护者，他会被希腊驱逐的可能性是很低的。[1]

该案例实际上涉及安全第三国和难民转移的混合问题。希腊允许难民离开比利时，但比利时没有自动驱逐难民，而是想到将他送回第一安全国，而这之后他可能会被驱逐回原籍国。法院强调，1951年《联合国难民公约》的成员国都有义务遵循“不推回原则”，法院在其判决中强调，仅通过假设推定国家B不会将难民驱逐回原籍国是不充分也是不适当的。在实践中，国家必须经过审查，特别是对于希腊，因为希腊是一个一直在强调未能对个人难民申请进行审查并且有自动驱逐政策的国家。

五、结　论

本文旨在比较国际难民法和联合国难民原则与欧盟及其成员国难民转移的理论与实践，主要探讨了欧盟对“不推回原则”的违反和侵害。欧洲庇护理论作为国际难民法的一个重要组成部分，专注于难民问题，欧洲所有签署国也必须遵守其规定。但遗憾的是，因为主权国家可以以自己的方式自由地将国际条约纳入国内法中，而欧盟及其成员国只是部分地将1951年《联合国难民公约》和1967年《难民议定书》的原则纳入其国内法，而联合国作为国际机构的能力又是有限的，尽管通过建立欧洲难民保护框架，联合国难民署有了一个相对比较独立的位置，但欧盟成员国已经在实施自己的关于难民的协议。此外，欧洲人权公约不能被视为国际难民法的一部分，因为其影响和约束力是很有限的。

都柏林系统下的安全国家名单、安全第三国概念和难民的转移在符合国际法律原则方面都已受到了诸多的质疑。对联合国和欧洲人权法院而言，坚持“不推回原则”本身就是一个艰巨的任务。对于安全国家名单和安全第三国，联合国难民署并没有明确禁止在国家之间进行合作，对难民

---

[1] EUROPEAN COURT OF HUMAN RIGHTS（2011）Case of M. S. S. v. Belgium and Greece, Judgement. Grand Chamber, Application no. 30696/09, Strasbourg, 21st of January.

进行转移的可能性，然而，联合国难民署也强调，在实践中，各主权国家应进行严格的单独审查。此外，自动驱逐难民在任何欧洲协议中都被认为是违法的，然而，这些理论在严格意义上也并不能被认定为违反了“不推回原则”。在链转移的理论背景下，欧洲人权法院的判例较以往的做法也逐渐有所变化，在一定程度上也允许驱逐回原籍国的情况发生。这也代表了欧盟难民政策与国际难民法之间的分歧。但我们必须意识到，欧洲的难民理论和实践做法不可能完全违背“不推回原则”这一强行法规范，尽管联合国已经意识到欧洲的这些理论可以作为违反“不推回原则”的强大基础。此外，尤其是在近两年大量难民涌入欧洲的大环境下，难民对欧洲的社会稳定、经济发展等都造成了较大的影响，欧盟与联合国难民署及其监管协议的合作和配合就更加有限了。

总之，欧洲对难民理论的重新定位，如安全国家名单、第三安全国家概念以及难民的转移可能会破坏部分国际难民法。在实践中，欧洲的这些理论也会导致对“不推回原则”这一强行法规范的违背。通过链转移，“不正式推回”被应用于实践。此外，联合国本身也并没有被赋予强硬的措施和手段来保护自己的难民协议和原则。在难民问题上，欧盟与联合国的理论框架有着重大的差异，国际难民法所规定的义务在未来的国家实践中将面临更大的挑战。

土耳其-欧盟难民交换协议视角下国际法“不推回原则”的含义及适用研究

牛怡芳*

随着欧盟难民危机愈演愈烈，欧盟曾制定一系列措施拟缓解，包括2016年3月18日于欧盟和土耳其间达成的“解决难民危机‘九点协议’”，即欧盟-土耳其难民交换协议。根据该协议，3月20日之后非法入境希腊的难民或移民将会被欧盟遣返至土耳其，欧盟每从希腊遣返一名非法难民至土耳其，土耳其将会“交换”一名合法难民给欧盟，交换数量上限为7.2万人。[1] 协议实施后，从土耳其经爱琴海“入境”欧盟的难民数量呈直线下降趋势，而从利比亚经地中海“入境”欧盟的难民数量却明显增多并创下新高。为管控海陆入境欧盟的难民，欧盟计划在公海协助培训利比亚海军及海岸警卫队，期望由此切断非法难民进入欧盟的海上路线。[2]

对于上述欧盟的难民危机对策，笔者主要产生了以下三点思考并进行了考察：

第一，对待难民入境欧盟所引发的危机，欧盟首先期望将7.2万人次非法难民从欧盟境内遣返至土耳其，该举措虽未表明会将难民直接送回至其生命可能遭受损害的国家边境，但对于已入境欧盟的难民而言实则构成了集体驱逐。尽管在欧盟共同庇护体系中，“安全第三国原则”以及“第一入境国原则”已为《第三国国民在成员国提出庇护申请的审查责任国的确认标准和机制条例》（以下简称《都柏林条例》）这一欧盟法所确立，但是据此展开的集体驱逐是否切实符合国际人权法对难民群体基本人权的

* 牛怡芳，北京外国语大学法学院研究生。

[1] 吴刚：《欧盟土耳其难民交换协议面临挑战》，载《人民日报》2016年4月9日第011版。

[2] 沈晨：《欧洲难民危机再起波澜》，载 http://news.xinhuanet.com/world/2016-05/27/c_129021950.htm。

保障仍是有待商榷的。

第二，由于上述驱逐的实施，经土耳其入境欧盟的寻求庇护者将面临严格审查以及非法越境后被驱逐的风险，大量难民不得不选择跨越地中海的逃亡路线以能直接入境欧盟国家。对此，欧盟拟在公海上实施管控以阻断难民的海上路线实则是在公海上实施对难民的拦截。虽然传统“不推回原则”中的“不推回”方式都只针对合法或非法进入一国境内的难民展开讨论，但是不容忽视的是，“不推回原则”这一国际习惯法不仅是对国家行为的约束，更是对难民最基本权利进行最根本保障的最后屏障。当一国在公海上对难民的拦截行为阻断了这项保障并使得难民面临遭受迫害的可能时，该“公海拦截”行为势必违背了“不推回原则”这一国际习惯法。

第三，对于“不推回原则”的国际法研究，除了对该原则所适用的具体情形进行考察外，笔者认为极有必要明确其适用对象——“难民”的范围。对于“难民”的含义，现行最为广泛接受的定义即为1951年《关于难民地位的公约》（以下简称1951年《难民公约》）中所做的规定。但是该定义仅涵盖了“政治难民”这一群体。而对于当今欧盟难民危机中更为普遍的“战争难民”乃至未来极可能出现的“环境难民”等群体尚没有形成统一的国际法定义。实践中，一国根据1951年《难民公约》对政治难民适用“不推回原则”进行保护时，需要对前来申请庇护的准难民进行严格审查以确定其符合“政治难民”的条件，从而赋予其“合法难民”的身份。尽管合法的难民身份有待于一国当局对准难民的申请进行审查并确认，但笔者希望强调的是，难民的出现是一种既定的事实状态，而非经一国审查才能确认的法律状态。未经法律审查并不能剥夺寻求庇护者基于遭受迫害的可能而获得国际人权法对其基本权利进行保护的权利，更不能成为对未获得难民身份的寻求庇护者进行推回的法定事由。因此，事实上面临遭受迫害可能的寻求庇护者都应受到“不推回原则”的保障。

总体而言，本文的形成有赖于“欧盟-土耳其难民协议”及欧盟后续难民对策的启发，并主要围绕以上三点思考展开。文章论述分为两个部分：第一部分有关“不推回原则”含义的研究涵盖了对上述第一点以及第二点有关问题的考察；第二部分“不推回原则的适用对象”对上述第三点思考中有关“难民”的含义进行了辨析。此外，在结语部分，将对不推回原则的国际习惯法地位加以概述，针对上述思考中的不符合“不推回原则”的国家及地区实践是否影响“不推回原则”的国际习惯法地位进行总结。

第一部分　不推回原则

1951年《难民公约》第33条“禁止驱逐出境或送回（‘推回’）”规定[1]：

“任何缔约国不得以任何方式将难民驱逐或送回（“推回”）至其生命或自由因为他的种族、宗教、国籍、参加某一社会团体或具有某种政治见解而受威胁的领土边界。

但如有正当理由认为难民足以危害所在国的安全，或者难民已被确定判决认为犯过特别严重罪行从而构成对该国社会的危险，则该难民不得要求本条规定的利益。”

由于本部分论述的展开与前言中所述的欧盟难民危机及对策密切相关，因此各个部分的讨论仍然受到这一背景的限制。希望读者注意的是，即使本文论述在“不推回原则”的传统含义以外增加了对“公海拦截”这一推回方式的讨论，但仍然不能认为边界不拒绝、不引渡、不驱逐、公海不拦截这四种行为之禁止足以构成“不推回原则”项下当事国应保证避免的一切行为方式。一项基于基本人权保护而设立的国际强行法，最终的目的在于人权保障，而不仅仅单纯地对缔约国进行约束。国家行为是否符合“不推回原则”，仍需要根据其行为是否会将难民推回至其可能遭受迫害的领土边界进行确定。推回即面临遭受迫害的可能，也应作为一项唯一确定的评判标准，以应对各国可能实施的任何效果等同于推回的做法。

一、不推回原则的传统含义

大部分学者对不推回原则含义的研究关注点在于国家应如何遵守不推回原则，因而，根据难民的所处状态分别讨论了难民到达一国边境与已经入境后的国家义务。

（一）边界不拒绝

大多数学者认为1951年《难民公约》第33条包括了对于寻求庇护者的“边界不拒绝”。例如，梁淑英教授指出，无论是否合法入境和是否被正式确认为难民，国家不应拒绝已越过边界进入其边境的难民停留，且在

[1] 1951年《难民公约》第33条。

紧急情况下也不拒绝难民入境，即使不给予难民长久的庇护，也不得将他们驱赶到其生命和自由受到威胁的领土边界。[1] 与此同时，“这里所讲的边界不仅限于陆地边界，还包括水上边界和空中边界。据此，一国当局也不得在专属经济区、公海或者机场海关处拒绝有‘正当理由恐惧迫害’的人入境”。[2] 在一些资料里，边界拒绝的做法也被称为“驱赶”。如在理查德·普兰德的《国际移民法》一书中，作者指出“驱逐出境有别于驱赶。驱赶适用于尚未入境的外国人，譬如希望入境的或者企图入境的外国人”。[3]

也有学者表示，由于“国家没有接受外国人进入其境内的一般义务，外国人也没有要求进入其他国家的权利”。因此，不推回原则是否包括边界不拒绝，在理论上是存在争议的。[4] 但值得肯定的是，1977 年难民高专方案执行委员会第 6 号结论和 1979 年执委会第 15 号结论都对边界不拒绝做了规定，认为对于不管是否已经被正式认定难民的人，言明在边界不拒绝和在本国领土内不推回；各国应该尽力对真正的寻求庇护者给予保护，迫使其返回或推回是各国共同认为的破坏原则的行为。[5]

（二）不引渡

虽然 1951 年《难民公约》未明确规定不引渡，但正如卫斯认为的那样，“深刻挖掘 1951 年《难民公约》第 33 条的规定，可以认为公约所包含的边界不拒绝内容应被解释含有不引渡的规定”。[6] 1990 年联合国《引渡示范条约》第 3 条拒绝引渡之强制性理由（b）项即规定有，“被请求国有充分理由确信，提出引渡请求是为了某人的种族、宗教、国籍、族裔本源、政治见解、性别或身份等原因而欲对其进行起诉或惩处，或确信该人的地位会因其中任一原因而受到损害”作为拒绝引渡的强制理由。[7]

---

[1] 梁淑英著：《国际难民法》，知识产权出版社 2009 年 6 月第 1 版，第 153 页。

[2] Violeta Moreno-Lax, Seeking Asylum in the Mediterranean: Against a Fragmentary Reading of EU Member States' Obligations Accruing at Sea, International Journal of Refugee Law, July, 2011, Vol. 23, p. 174.

[3] 理查德·普兰德：《国际移民法》，翁里、徐公社译，中国人民公安大学出版社 2006 年 4 月第 1 次版，第 360 页。

[4] 童琦：《国际法上的庇护制度研究》，华东政法大学 2013 年硕士学位论文。

[5] 联合国难民事务高级专员方案执行委员会：《关于难民国际保护问题的结论》（中文本），联合国难民署出版社，1985 年版，第 2 页；任平丽：《难民不推回原则研究》，外交学院 2008 年硕士研究生学位论文。

[6] Paul Weis, Territorial Asylum, 6 IJIL 1966, p. 188.

[7] 《引渡示范条约》第 3 条。

1980年难民高专方案执行委员会在对难民引渡问题进行审查之时提出，各国应避免将难民引渡至他们可能由于《难民公约》第1条第1款第2项所列举之理由而受到迫害的国家，各国在订立引渡条约时应充分考虑不推回原则。❶

另外，各国的司法实践也普遍支持这一立场。如法国 Bereciartua – Echarri 案中，法国行政院裁决认为只要上诉人还具有难民身份就不能被引渡回国，除非符合第33条第2款规定的难民不推回原则的例外。❷

（三）不驱逐

1951年《难民公约》第33条第1款明确提及了“不驱逐”，但限定于不驱逐至“其生命或自由因为他的种族、宗教、国籍、参加某一社会团体或具有某种政治见解而受威胁的领土边界”。

对于第33条所包括的不驱逐的对象，有学者认为“驱逐”这个词在1951年公约第32条和第33条都出现过，但二者存在细微的差别：第32条中的不驱逐的对象是合法停留在缔约国领土上的人员；第33条中不驱逐的对象范围则宽泛一些，既包括合法停留在缔约国领土上的难民，也包括非法难民。而不推回原则所包含的行为方式所研究的不驱逐，指的是第32条中的不驱逐。

笔者认为，1951年《难民公约》第32条与第33条条文内容对“驱逐”的对象在两个条文中进行区分是可能的，但是在认识到该区分的情况下，主张用第32条规定的合法难民来限缩解释公约第33条不推回原则所保护的对象实无必要。对此，笔者更为赞同理查德·普兰德在《国际移民法》中的观点。理查德·普兰德在驱逐与驱赶的区分中提到“驱逐出境适用于已经允许入境而且已经入境，并居留期限或长或短的外国人”，而公约第33条中“推回倾向于描述返回一个寻求承认或暂时或有条件承认的人”，但他同时指出“不必从字面上过分强调驱逐和推回两者的区别……事实上，任何一个在边境上的人将属于该国的管辖范围内”。❸

❶ 《引渡示范条约》第3条。

❷ 梁淑英著，《国际难民法》，知识产权出版社，2009年6月第1版，第229页。

❸ Paul Weis, Territorial Asylum, 6 IJIL 1966, p. 188.

二、“不驱逐”与欧洲共同庇护体系下的“安全第三国原则”

在上述第三种不推回原则传统方式“不驱逐”的讨论中，对于是否能够将难民合法地推向第三国，1951 年《难民公约》并未对缔约国将难民驱逐至其生命或自由不受威胁的国家做出禁止。换言之，“这个禁止性规定禁止将一个难民或避难寻求者迁徙到一个第三国，如果在这种情况下他会被从那里送到一个他会面临危险的领域的话”。[1]

一些国家为避免过多寻求庇护者提出庇护申请，在庇护审查程序中会先判定该寻求庇护者是否来自“安全第三国”。若发现寻求庇护者来自“安全第三国”，则会停止庇护审查，直接将该寻求庇护者送回该“安全第三国”。这一实践在西方发达国家中非常普遍。该做法一定程度上能够防止寻求庇护者滥用庇护制度，防止寻求庇护者同时在数个国家申请庇护或从一个已获得庇护的国家到另一个经济条件更好的国家申请庇护，同时，也可以帮助各国减少庇护申请的数量，节约成本。[2]

但令人警醒的是，“安全第三国原则”的实践也极易受到质疑。郝鲁怡在《欧盟国际移民法律制度研究》[3] 一书中指出，《都柏林条例》和《申根条约》中都没有确定统一的庇护实体法律制度，因此向欧盟各国提出庇护申请者，根据现有国际法 1951 年《难民公约》和 1967 年《难民议定书》申请难民地位的范围受到限制。由于欧洲各国对上述难民国际公约的理解不同，也导致了难民法律在不同欧洲国家执行的宽严程度不同，由此直接造成了受庇护者、申请难民身份的人员在欧盟区域的分布失衡。[4]因此，“《都柏林条例》实质上是欧盟成员国对来自非成员国国民庇护申请审查责任的分担制度，并非真正意义上的统一欧盟的庇护政策，欧盟各成员国庇护申请的实质审查和程序规则仍然有各国国内法加以规定”。

除了上述难民身份审查在欧洲共同庇护制度下各成员国的差别对待方面，将难民推回安全第三国的做法更是严重影响了人权法赋予难民的基本

---

[1] 李明奇：《国际难民法中不推回原则适用的几个具体问题》，载《长春师范学院学报》2012 年 7 月第 31 卷第 7 期。

[2] 《引渡示范条约》第 3 条。

[3] 郝鲁怡：《欧盟国际移民法律制度研究》，人民出版社 2011 年 1 月第 1 次版，第 225 页。

[4] 宋全成、赵雪飞：《论欧洲难民及其消极影响》，载《人文杂志》2007 年第 2 期。

保护。黄云松教授曾对此批判道，“都柏林主义”是以“第一入境国”和“安全第三国”原则为基础，以在欧洲范围内推行难民保护责任的分担为目的，以削减欧盟成员国在国际难民法上的义务为手段，以侵犯和剥夺难民的公约权利为代价来建立欧洲共同庇护制度的指导思想。[1] 与国际人权法对难民基本权益保障的规则来看，“都柏林主义”在以下一些方面涉嫌抵触国际难民法。

其一，保护难民的公约权利要求相关国家必须充分考虑决定庇护国的三个重要因素：安全性、关联性、适应性。首先，在安全性方面，欧洲理事会在2005年第85号指令中提出了“安全第三国”的认定标准：（1）批准并遵守《日内瓦公约》的条款，不附带任何地理限制；（2）拥有法定的庇护程序；（3）批准《欧洲保护人权和基本自由公约》并遵守其条款，以及规定有效救助的标准；（4）已经依据第（3）款得到欧洲理事会的认定。凡是满足上述条件的欧洲国家，欧盟则认定其为“安全第三国”，表明可以放心向其移送难民。对此，郝鲁怡在《欧盟国际移民法律制度研究》一书中也指出，“指令并未确定安全第三国概念的共同原则，而留给成员国宽泛的解释空间和自由裁量权”。[2] 这也给安全第三国是否安全带来了风险。而在关联性与适应性上，黄云松指出，难民倾向于选择有家人或亲朋好友已经定居并能获得其帮助的国家；难民如果具备庇护国的语言能力，或有相似的文化背景，将有助于他们培养生存技能和发展事业空间。而都柏林主义难以兼顾国家在难民公约权利保护中的上述责任。

其二，《世界人权宣言》第14条对难民寻求庇护权利的赋予也当然地赋予了难民选择庇护国家的权利。而《都柏林条例》要求难民向最先入境的欧盟国家提出避难申请，并赋予了成员国基于难民违反“第一入境国原则”或是一国认定可适用“安全第三国原则”时对难民进行移送的权利，根本性地违反了“难民自由选择庇护国家的权利”。类似地，如果一国不能尽可能地做到对难民寻求庇护中关联性与适应性的保障，那么该国向安全第三国推回难民的做法极有可能抵触国际人权法对难民保护中赋予的一揽子权利。

明文写有“安全第三国原则”的《都柏林条例》作为欧盟法律约束所

---

[1] 黄云松：《国际难民法之殇：欧洲共同庇护制度中的“都柏林主义”》，载《四川大学学报》2014年第6期。

[2] 郝鲁怡：《欧盟国际移民法律制度研究》，人民出版社2011年1月第1次版，第254页。

有欧盟成员国。然而为了防止难民因避免被推回至“安全第三国”的大规模涌入，挪威、冰岛和瑞士也相继加入了《都柏林条例》。此外，都柏林主义也逐渐蔓延至欧盟境外。2002 年美国与加拿大缔结的《关于在审查第三国公民提出的难民地位申请领域相互合作的协定》（以下简称《美加安全第三国协定》），也试图通过构建和运用规范化的责任分担机制，明确了两国在审查第三国公民于陆地边境提出的难民地位申请方面的责任所在。❶虽然在保障第三国绝对安全时，根据 1951 年《难民公约》中对不推回原则的表述难以认定“安全第三国原则”的做法违背了不推回原则，但是，该原则的实施即使符合不推回原则，也极有可能造成国家违背其在国际法下承担的对难民的人权保护义务。

三、“公海不拦截”是不推回原则的应有之意

上述三种不推回原则的传统含义的讨论基于推回的具体方式展开，着重关注于国家应如何遵守不推回原则所涵盖的义务，因此讨论也局限在了难民处于一国边界以及入境后的国家义务。但是值得注意的是，主权国家的行为并不必然受到国家领土界限的限制，一国领土外也广泛存在着国家行动的空间。

笔者发现，国内对于公海拦截是否违反国际法不推回原则的国家义务鲜有研究。主要需要通过有关国家的实践以及判例来进行分析。Martina Federica Manfredi 曾对美国及澳大利亚的有关做法进行了分析，并指出国家对人权保护的域外管辖范围，包括国家机构能够行为的领域在内。因此，公约要求国家及国家机构在一国领土外负有尊重与保障人权的义务。❷

美国最高法院在美国边防海警于公海上拦截海蒂难民的诉讼中认为❸，由于公海上的难民不处于任何一国境内，如果认为第 1 款中的不推回原则可以在公海上适用，那么相比已经进入一国境内的具有危险性的外国人不能够适用不推回原则而言，在国家领土管辖以外水域的这类人，由于不处

❶ 赵向华：《国际难民法视角下的“美加安全第三国协定”》，载《安阳师范学院学报》2012 年第 4 期。

❷ Martina Federica Manfredi, Non-refoulement, Interception and Push-back Policies. Multidisciplinary Research Journal, Vol. VI, no. 1/March, 2014.

❸ United States Supreme Court, Sale v. Haitian Centers Council, INC. , 21 June 1993, available at http：//aselaw. lp. findlaw. com/egi – bin/getease. pl? court = US&vol = 5o9&invol = 155.

于第2款所述的任何国家境内，则不可能对其判断是否对该国具有危险性，因此对这些域外之人适用不推回原则的保护是不合理的。判决认为：

(1)《难民公约》第33条第2款明确提到的是难民所在国[1]，即只有难民处于一国境内，才能对其对于该国的危险性加以判断，因而，第1款所适用的也只是难民处于一国境内的情形。

(2) 根据有关“不推回原则”的起草准备工作材料，1951年6月11日的全权代表会议中，瑞士代表团对“驱逐”和“推回”进行解释，认为上述行为仅适用于处于一国境内的难民，对于尚未进入一国的难民不能适用。

对以上判决内容，Martina Federica Manfredi 指出，根据《维也纳条约法公约》对条约约文进行善意解释的原则，在此应做出对受害者有利的解释，而美国最高法院的判决恰恰背道而驰。[2] 实际上，1951年《难民公约》第33条中“领土边界”的表述仅仅对于被推回的领域进行限制，该措辞的英语文本使用的是复数的“领土”而非“国家”，表明不推回原则禁止的是将可能面临危险的有关人员推回到任何领土的边界。相反地，条文并没有对一国适用不推回原则的空间做出限制，也就是说，国家是否违反了不推回原则义务的判断标准仅在于其实施推回的最终结果。因此，一国在公海对难民实行拦截的行为，只要拦截的结果将会造成难民被推回可能面临危险的地方，该国的拦截即违背了不推回原则。

第二部分 不推回原则的适用对象

通过寻求庇护权适用不推回原则。根据联合国1951年7月28日在日内瓦签订的1951年《难民公约》以及联合国在1967年1月31日在纽约修订的关于难民身份的《难民议定书》，国际法意义上的难民是指：有正当理由畏惧由于种族、宗教、国籍、属于某一社会群体或具有某种政治见解的原因留在其本国之外，并且由于此项畏惧而不能或不愿受该国保护的人；或者不具有国籍并由于上述事情留在他以前经常居住国家以外而现在

---

[1] 1951年《难民公约》第33条第2款原文“The benefit of the present provision may not, however, be claimed by a refugee whom there are reasonable grounds for regarding as a danger to the security of the country in which he is, or who, having been convicted by a final judgment of a particularly serious crime, constitutes a danger to the community of that country.”

[2] 同上。

不能或者由于上述畏惧而不愿返回该国的人。该定义所涵盖的难民也被称为“政治难民”“法律难民”或是“公约难民”。

基于难民问题发展的需要,《难民公约》虽然取消了最初基于历史因素对时间及空间适用范围进行的限定,但仍然没有解除在适用对象上的限制。这对事实难民进行保护的实践带来极大的困难。尤其是在非洲,自20世纪50年代后期开始不断出现大规模难民潮,包括发生在亚洲、欧洲、非洲和美洲等的各种难民群体,他们都无法依靠公约规定取得难民身份而获得国际保护。❶

虽然条约和国家的实践有助于理解“难民”这个词,但对于“难民”的定义仍然没有取得一致的看法。但在当今的具体实践中,不推回原则的保护对象早已超出了《难民公约》所定义的政治难民范围。正如密歇根大学法学院詹姆斯·哈撒韦教授指出,“要求缔约国保护未经确认的难民,或许是1951年《难民公约》最重要的创造”。❷

然而,在“未经确认的难民”为何能基于1951年《难民公约》进行保护却鲜少加以论证?因此,对于不推回原则适用对象的讨论重点即在于如何将不推回原则扩大适用到公约难民之外的对象,即适用到事实难民之中,使他们获得公约不推回原则赋予的最基本人权保障。

一、“难民”与“寻求庇护者”

寻求庇护者的表述常见于联合国大会与联合国难民署的实践中。联合国在难民方面的实践相比区域性实践与各国的实践更具有广泛性,对于“难民”和“寻求庇护者”两个概念没有加以严格区分。例如,联合国大会文件中“建议全体会员国避免采取危害庇护制度的措施,尤其是不顾对相关行为的根本禁止而遣返或驱逐难民和寻求庇护者”❸“明确深切关注对难民安全或福利的严重威胁,包括推回难民、非法驱逐难民、伤害难民身体和非法居留难民的事件,呼吁全体会员国采取一切措施,遵守国际社会

---

❶ 梁淑英著,《国际难民法》,知识产权出版社,2009年6月第1版,第52页。

❷ James C. Hathaway, The Rights of Refugees under International Law, Cambridge University Press, 2005, p. 386.

❸ See UNGA Res. 44/137 (Dec. 15, 1989); UN GA Res. 45/140 A (Dec. 14, 1990); UNGA Res. 46/106 (Dec. 16, 1991); UN GA Res. 47/105 (Dec. 16, 1992).

认可的人权法规则，尊重难民保护原则以及寻求庇护者的人道主义待遇”。[1] 通过以上表述，可推知联合国的实践中基本赋予了寻求庇护者与难民在寻求庇护过程中受到同等待遇的保障。也就是说，联合国的实践中，对于寻求庇护者和难民的认定是混同的。但是，这样的混同也表示出联合国自身实践中对于寻求庇护者直接赋予了不推回原则的保障。

二、个人的寻求庇护权

个人寻求庇护的权利区别于庇护权。庇护权是国家主权事项，而个人寻求庇护的权利是寻求庇护者相对于其所属国而拥有的一项个人权利，也就是个人离开其居住国寻求庇护的权利。[2] 这项权利的基础是“一国不得声称‘拥有’其国民或居民”。[3]

寻求庇护权是国际人权法赋予个人的基本权利。《世界人权宣言》第13条第2款规定：“人人有权离开任何国家，包括其本国在内……”虽然《世界人权宣言》并不具有法律约束力，但它一直被认为是当今有关人权的国际习惯法的权威性声明。随着联合国大会通过《公民权利和政治权利国际公约》，个人离开其国家的权利成为成文法进而约束该公约的缔约国。《公民权利和政治权利国际公约》第12条第2款规定：“人人有自由离开任何国家，包括其本国在内。”

据此，联合国人权委员会和联合国防止歧视和保护少数小组委员会曾采取行动维护个人寻求庇护的权利。上述两个委员会是联合国经济及社会理事会根据《联合国宪章》第68条而创立的两个职能机构，联合国人权委员会于2006年被联合国人权理事会所替代。根据联合国“1503”程序，[4] 成千上万的来自不同国家的个人在被其本国阻止离开时向联合国人权委员会提交申诉，联合国人权委员会要求所涉国允许这些申诉者离开。[5]

---

[1] UNGA Res. 48/116 (Dec. 20, 1993).

[2] 吴迪：《庇护国际法律制度研究》，华东政法大学2013年博士学位论文。

[3] Roman Boed, The State of the Right of Asylum in International Law, Duke Journal of Comparative & International Law, Vol. 5, 1994-1995.

[4] 1970年联合国经社理事会1503号决议所规定的程序，题为“有关侵犯人权及基本自由的来文的处理程序”。

[5] 同上。

三、通过“寻求庇护权”的保障分析“寻求庇护者”适用“不推回原则”

理查德·普兰德在《国际移民法》一书中曾经对比了难民国际公约与同类法律文件，如参照《世界人权宣言》第14条第1款[1]规定而写有“根据每个国家的法律和国际协定，只要不是由于普通犯罪而受到追捕，每个人均有权在外国寻求并接受庇护”的《美洲人民权利和义务宣言》。理查德·普兰德认为，相比后者，难民国际公约“关注的是推回而非难民被赋予庇护这一更普遍的权利”。[2] 对于同类法律文件，如1967年联合国大会通过的《领土庇护宣言》，作者认为该宣言“扩展了1951年公约最基本原则的普遍范围：反对推回”，并强调人们有权在被推回的情形下援引《世界人权宣言》第14条。

但非常遗憾的是，理查德·普兰德将第14条赋予的个人权利界定为“庇护权”，即通常意义上的“被赋予庇护”或者“国家庇护权”，从而写到“人们更多地关注‘难民’这个词的定义以及重审或扩大在赋予庇护方面的国家的决定权”，并指出“《奥本海》和卫斯博士在庇护权的定性方面似乎显得十分悲观”。也就是说，由于第14条赋予的个人权利的“庇护权”仍有赖于国际在是否赋予庇护上的决定权，因此，当难民遭受推回时引用第14条往往难以实现不推回的保护。

诚然，庇护权是国家主权的内容，是否给予庇护由一国决定。这也是《世界人权宣言草案》第12条“每一个人有权在其他国家寻求并被赋予庇护以避免受到迫害”遭到了英国、英联邦澳大利亚和沙特阿拉伯反对并最终被改写为《世界人权宣言》第14条的原因。“来自这些国家的代表主张国家没有义务接收难民，承认个人庇护权将违背国家主权原则”。[3] 但是，正如现行的国际习惯法《世界人权宣言》第14条申明、《领土庇护宣言》鉴于《世界人权宣言》第14条宣告、《维也纳人权宣言和行动纲领》第

---

[1] 《世界人权宣言》第14条第1款“人人为避迫害有权在他国寻求并享受庇身之所”。

[2] 理查德·普兰德：《国际移民法》，翁里、徐公社译，中国人民公安大学出版社2006年4月第1次版，第330页。

[3] 同上。

23 条[1]等的规定，现有条文的表述避免了对国家主权行为“庇护权”的讨论，而将寻求庇护的权利赋予了个人。而对个人寻求庇护权的保障则天然地要求国家不推回寻求庇护之人。

也就是说，“不推回原则”的适用构成了保障“寻求庇护权”的基础。因此，即使是非公约难民的寻求庇护者也有权援引第 14 条所赋予的寻求庇护权从而受到“不推回原则”的保护。但值得注意的是，一国在遵守该权利基础时，并不意味着该国有义务对寻求庇护之人给予庇护。国家应保障寻求庇护者的“寻求庇护权”，但仍旧保留决定是否赋予庇护的“庇护权”。

此外，一些区域性的人权立法中确实进行了扩大个人寻求庇护权以及相关权利的实践。例如，1981 年 6 月 28 日非洲统一组织通过的《非洲人权和民族权宪章》第 12 条第 3 款规定：“每个人，当受到迫害时，有权根据其他国家法律和国际公约在其他国家寻求和获得庇护。”[2] 该宪章不仅认可个人寻求庇护的权利，同时规定缔约国保障寻求庇护者获得庇护的权利。当然，普遍而言，基于庇护权的主权性质，寻求庇护者最终能否获得庇护，仍须根据接收国的国内法律进行确定。

综上，由于人人享有寻求庇护的权利，对个人寻求庇护权的实现天然地要求着对寻求庇护之人适用不推回原则，因而普遍的寻求庇护者，即事实难民，都可以基于“寻求庇护权”受到“不推回原则”的保障。

结　语

根据 1951 年《难民公约》第 42 条第 1 款规定：“任何国家在签字、批准或加入时，可以对公约第 1、3、4、16（1）、33，以及 36 至 46（包括本条在内）各条以外的规定做出保留。”其中，第 33 条“不推回原则”是禁止保留的条款。

面对此次难民危机，欧盟通过与土耳其达成难民交换协议而对难民做出的移送安排，虽然尚不能认定土耳其的安全第三国地位，但我们能够考

[1] 《领土庇护宣言》鉴于《世界人权宣言》第 14 条宣告：人人有权在其他国家寻求和享受庇护以避免迫害。《维也纳人权宣言和行动纲领》第 23 条“世界人权会议重申，每一个人无任何区别地有权在其他国家寻求并获得躲避迫害的庇护，并有权返回自己的国家”。

[2] 《非洲人权和民族权宪章》第 12 条第 3 款。

察到，欧盟在有关移送难民至第三国的实践中，曾出现过不安全的前车之鉴，如欧盟法院曾要求欧盟成员国停止向希腊移送难民。[1] 因而，难民移送的安排极有可能将难民推回不安全的国度而使难民面临遭受迫害的可能。此外，欧盟此次拟在公海上加强管控的措施，包括了协助培训叙利亚边防海警以切断难民的海上逃亡路线，相比美国在公海上拦截海蒂难民的做法，更直接地将难民阻拦在叙利亚边境，起到了直接将难民推回其遭受迫害的领土边界。因此，欧盟的海上管控措施势必违反了不推回原则。

根据国际法院"北海大陆架案"的判决，"国际习惯法"的形成要求之一为"广泛存在的国家实践必须与公约要求保持一致；且国家实践是在对一项法律规则或法律义务普遍认可的基础上实施的"。[2] 虽然上述国家的个别实践难以解释为符合不推回原则的做法，但根据"尼加拉瓜诉美国案"的判决，"如果某国际实践从整体上看与一项规则不符，但该国却援引上述规则中的例外或正当理由为本国辩护，无论该国援引规则例外是否具有正当性，都可表明该国对规则的承认"。[3] 因此，虽然一些国家的实践没有谨遵"不推回原则"这一国际习惯，但是其对该原则存在错误的实践方式或是解释仍旧表明这些国家认可了"不推回原则"，因而并不影响不推回原则的国际习惯法地位。因此，可以普遍适用于寻求庇护者的不推回原则的国际习惯法的地位是毋庸置疑的。

---

[1] N. S. v. Secretary of State for the Home Department (C411/10), M. E. and Others v. Refugee Applications Commissioner, Minister for Justice, Equality and Law Reform (C493/10), European Union: Court of Justice of the European Union, 21 December, 2011.

[2] North Sea Continental Shelf, Judgment, ICJ Reports 1969, para. 72 – 74.

[3] Military and Paramilitary Activities in and Against Nicaragua (Merits) ICJ Reports (1986) 14, para. 186.

二、国际经济法

G20杭州峰会与WTO的发展

杨国华[*]

2008年国际金融危机爆发后，[1] 二十国集团（G20）领导人在华盛顿举行第一次峰会，共商应对危机和维护稳定之良策，并通过了47条金融领域改革行动计划，[2] 而在2009年召开的第二次峰会上，则出台总额1.1万亿美元的全球经济复苏和增长计划，表现了团结一致共赴时艰的信心。2010年欧洲主权债务危机期间，G20领导人再次出手相救。至此，G20从最初就国际金融货币政策、国际金融体系改革和世界经济发展等问题交换观点的财长和央行行长会议以及后来的各国领导人的国际经济合作论坛，演变成全球经济治理的主要力量。G20领导人峰会不仅是一个表达观点和立场的论坛，而且采取实实在在的措施，在维护世界经济秩序和推动世界经济发展方面，起到了举足轻重的作用。G20成员虽然只有20个国家，但

---

[*] 杨国华，清华大学法学院教授，中国法学会世界贸易组织法研究会常务副会长。以本文为题，作者曾经在南开大学法学院（2016年10月11日）举办讲座，在西安交通大学举办的“一带一路倡议背景下中国与国际争端解决机制的发展”国际学术研讨会（11月1日）和上海国际法学研究生学术论坛（11月18日）发表演讲，并且在浙江大学光华法学院组织专题研讨会（10月29日）。在这些活动中，深受师生们反馈和研究的启发，在此一并表示谢意。特别感谢南开大学法学院左海聪老师、胡建国老师，西安交通大学单文华老师，浙江大学光华法学院赵骏老师和上海对外经贸大学法学院陶立峰老师的邀请和安排。

[1] 国际金融危机又称2008年世界金融危机、次贷危机、信用危机、2008年华尔街金融危机、2008年金融崩溃，是一场在2007年8月9日开始浮现的金融危机。自次级房屋信贷危机爆发后，投资者开始对按揭证券的价值失去信心，引发流动性危机。即使多国中央银行多次向金融市场注入巨额资金，也无法阻止这场金融危机的爆发。直到2008年9月，这场金融危机开始失控，并导致多个相当大型的金融机构倒闭或被政府接管，并引发经济衰退。参见：http://baike.sogou.com/v7655415.htm?fromTitle=%E5%85%A8%E7%90%83%E9%87%91%E8%9E%8D%E5%8D%B1%E6%9C%BA。访问日期：2016年11月14日。

[2] 计划涉及提高金融市场透明度和完善问责制、加强监管、促进金融市场完整性、强化国际合作以及改革国际金融机构等五个领域。见2008年11月15日领导人峰会公报，G20官网：http://g20.org/English/Documents/PastPresidency/201512/P020151225609230748803.pdf。访问日期：2016年11月14日。

是其人口占全球的2/3，国土面积占全球的60%，国内生产总值占全球的90%，贸易额占全球的80%。正是在这个背景下，G20杭州峰会的召开，举世瞩目。❶

世界贸易组织（WTO）是当今世界最为重要的一个国际经济组织，在建立和维护国际贸易规则，推动世界经济发展和世界和平方面，做出了重要贡献。❷ 然而，近年来，WTO遇到了前所未有的挑战，主要体现在多边贸易谈判“多哈回合”久拖不决，成果甚微，❸ 与此同时区域贸易协定蓬勃兴起，削弱了WTO的影响力，❹ 以至于出现了“多哈回合已死”，“WTO岌岌可危”等悲观情绪。❺ 在此危急关头，作为同为WTO成员的G20国家，其领导人的共识和态度至关重要，并且其作用丝毫不亚于应对国际金融危机和欧洲主权债务危机。因此，从贸易和WTO发展的角度，G20杭州峰会同样值得特别关注。如果说此前有识之士对WTO的发展忧心忡忡，那么从峰会成果看，现在可以放下心来，长舒一口气了。当然，这些成果不会自动转化为实际效果。如果要借助G20领导人峰会的东风，实现WTO的振兴，那么就需要有识之士的共同努力，包括政府和民间力量的合力。此外，G20和WTO并非两个毫不相干的论坛，而是有大面积交集，并且WTO发展顺利，促进世界经济发展，恰恰是G20的主要目标。

---

❶ 以上参见G20官网：http：//www. g20. org/gyg20/G20jj/201510/t20151027_ 871. html；http：//www. g20. org/gyg20/ljfhcg/201511/t20151106_ 1226. html。访问日期：2016年11月14日。

❷ WTO成立于1995年，而其前身《关税与贸易总协定》（GATT）则成立于1947年。WTO在占90%以上世界贸易量的164个经济体间建立了一种秩序，即由货物贸易、服务贸易和知识产权等一系列协议所组成的国际贸易规则，涉及最惠国待遇、国民待遇、透明度和约束关税等基本制度；通过贸易政策审议机制对规则实施进行的监督，以及争议的有效解决。这种由规则、监督和争端解决机制所建立的秩序，成为促进世界经济发展和世界和平进步的重要因素。参见杨国华：《世界贸易组织与中国》“前言”，清华大学出版社，2016年1月第1版。

❸ WTO新回合“多哈回合”谈判于2001年启动，至今未能结束，仅在达成《贸易便利化协议》、全面取消农产品出口补贴和扩围《信息技术协定》等方面取得了一些进展。参见WTO官网：https：//www. wto. org/english/tratop_ e/dda_ e/dda_ e. htm。访问日期：2016年11月17日。

❹ 区域贸易协定是两个或几个国家或地区之间签订的贸易协定，是WTO的“多边贸易协定”相对概念。据统计，现行有效的区域贸易协定近300个，而所有WTO成员都或多或少地签有这样的协定（见WTO官网：http：//rtais. wto. org/UI/PublicAllRTAList. aspx。访问日期：2016年11月14日）。近期最为引人注目的，就是《跨太平洋伙伴关系协议》（TPP），详见下文介绍。短期内，区域贸易协定在客观上转移了各国对WTO的注意力，在谈判动力和人力配备等方面有所削弱。

❺ 例如，2015年12月14日，WTO贸易部长会议召开前夕，美国贸易代表发表文章称：“多哈回合根本没有成果（the Doha Round of talks... simply has not delivered.）”“该摆脱多哈的羁绊了（It is time for the world to free itself of the strictures of Doha.）”参见：http：//www. ftchinese. com/story/001065260。访问日期：2016年11月17日。

因此，G20“拯救”WTO，同时也是对自己的“自救”，二者同甘苦、共进退。

一、G20 杭州峰会的意义：全球问题与贸易问题

G20 面对世界经济危机应运而生，《二十国集团杭州峰会公报》（以下简称《公报》）也强调了当前的世界经济形势：“全球经济继续复苏、部分经济体抗风险能力加强、增长新动能开始出现的时刻。但经济增长仍弱于预期。金融市场潜在动荡、大宗商品价格波动、贸易和投资低迷、一些国家生产力及就业增长缓慢等下行风险犹存。地缘政治走向、难民增加以及恐怖主义冲突等挑战导致全球经济前景复杂化”（《公报》第2段）。因此，峰会形成的“杭州共识”是综合的，包括“放眼长远”（完善二十国集团增长议程，发掘增长新动力，开辟新增长点，以创新和可持续的方式推动经济转型）、“综合施策”（创新经济增长理念和政策，财政、货币和结构性改革政策相互配合，经济、劳动、就业和社会政策保持一致，需求管理和供给侧改革并重，短期政策与中长期政策结合，经济社会发展与环境保护共进）、“扩大开放”（继续努力建设开放型世界经济，反对保护主义，促进全球贸易和投资，加强多边贸易体制，确保全球化背景下的经济增长提供惠及更多人的机遇、得到公众普遍支持）和“包容发展”（确保经济增长的成果普惠共享，满足各国和全体人民尤其是妇女、青年和弱势群体的需要，创造更多高质量就业，消除贫困，解决经济发展中的不平等现象）等四项原则(《公报》第6段)。

但是可以看出，“扩大开放”，即与贸易和投资有关的内容，是四项原则之一。事实上，四项原则所涉及的内容，是相互补充、相互促进的。尽管从峰会成果看，贸易和投资只是其中一个方面，但是其他方面的发展，势必有利于贸易和投资的发展，反之亦然。仔细审视四项原则所涉内容之间的关系，这一点不言而喻。例如，“开辟新增长点”“财政、货币和结构性改革政策相互配合”和“经济增长的成果普惠共享”都会为贸易和投资的增长创造有利的环境和条件，而反过来，贸易和投资的增长，也必将有利于促进这些目标的实现。因此，G20 是将贸易和投资作为世界经济发展的一揽子内容进行考虑的，而这一点给 WTO 的启示是，贸易不可能脱离其他方面单独发展，尽管贸易是 WTO 的主要领域，WTO 应该致力于贸易规则的完善和实施；WTO 应当更多关注、参与甚至纳入一些与贸易有关的

领域，从而为贸易发展创造更为有利的条件。也就是说，WTO 不应该故步自封，固守贸易问题，而是应该有更加宽广的视野和领域。这也许是 WTO 未来发展的方向，而下文重点论及的对区域贸易协定和工商界提出的问题持开放态度，则是一项重要的体现。

在四项原则之下，峰会较为详细地表述了六项措施，即“加强政策协调”“创新增长方式”“建设更高效的全球经济金融治理”“促进更强劲的全球贸易和投资”“推动包容和联动式发展”和“影响世界经济的其他重大全球性挑战”（英国脱欧、可持续发展、气候变化、难民危机、恐怖主义和抗生素）。其中，“促进更强劲的全球贸易和投资”特别涉及 WTO 的内容。

二、G20 杭州峰会在贸易方面的成果：承诺、原则、行动

如前所述，“杭州共识”四项原则之一是“扩大开放”，即“继续努力建设开放型世界经济，反对保护主义，促进全球贸易和投资，加强多边贸易体制，确保全球化背景下的经济增长提供惠及更多人的机遇、得到公众普遍支持。”原则是高度浓缩的内容，其丰富的内涵需要结合其后的文字进行详细解读。在《公报》中，直接相关的内容是“促进更强劲的全球贸易和投资”（第25～31段），而更为详细的解释则体现在《二十国集团贸易部长会议声明》（以下简称《声明》）之中。[1]

（一）加强多边贸易体制

在《公报》中，这一原则表述所对应的内容是：“我们重申在当今全球贸易中维护以世贸组织为核心、以规则为基础、透明、非歧视、开放和包容的多边贸易体制”（第26段），而《声明》的进一步阐释是：“我们重申世贸组织在当今全球经济中的核心地位。世贸组织提供了管理国际贸易关系的多边框架，是避免和解决贸易争端的重要机制，也为处理影响所有世贸组织成员的贸易相关议题提供了平台。我们继续致力于维护以规则为基础的、透明、非歧视、开放和包容的多边贸易体制，决心共同努力进一步加强世贸组织”（第11段）。

[1] 《公报》附件二《二十国集团落实2030年可持续发展议程行动计划》中的“贸易和投资”部分也有相关内容，但是基本上是《公报》和《贸易部长会议声明》的重复，兹不赘述。

看上去，这些表述不过是原则、立场、声明，但是在本文开头所述WTO面临挑战的形势下，这一表态却至关重要、意味深长。

WTO的特征，就是以规则为基础的多边贸易体制。“以规则为基础”，是指WTO建立了一整套“透明”“非歧视”“开放”和“包容”的国际贸易规则，覆盖货物贸易、服务贸易和知识产权三大重要领域，而且其职能之一，是通过贸易政策审议机制和争端解决机制，❶ 监督这套规则的实施。从WTO成立二十多年的情况看，这些规则得到了普遍遵守：各成员总体上都是在规则范围内从事贸易管理行为的，鲜有公开违反的情况，并且在发生争议的情况下，各成员都能够采取和平理性的手段予以解决，特别是通过援用争端解决机制的法律方法。❷“多边贸易体制”，则是指WTO成员有广泛代表性，数量达到164个，占全球贸易量90%以上。因此，WTO不仅维护了世界经济秩序，促进了世界经济的发展，成为当今世界不可或缺的国际组织，而且成为全球治理和国际法治的典范，为经济领域甚至其他领域的国际合作提供了有益的借鉴。基于这一事实，那么“加强多边贸易体制”和“以世贸组织为核心”就是理所当然了，而《宣言》和《声明》挑明这一点，则是表明了二十个重要国家的鲜明立场和明确态度。事实上，WTO也是这些国家参与建立和维护的，几十年来不断试错，取得了很大成效，使得大家都从中受益。WTO的成就是大家共同努力的结果，即使WTO遇到了一些挑战，但是瑕不掩瑜，各成员应该想方设法完善机制，推动WTO的发展。即使退一步想，鉴于WTO在维护多边贸易体制方面的作用，任何取而代之或重起炉灶的想法都是不切实际的。

以“透明”“非歧视”“开放”和“包容”等规则为基础的多边贸易体制的建立和成功来之不易，它诞生于两次世界大战人类的惨痛教训，成长于第二次世界大战后风雨飘摇的两大阵营冷战，长大于和平与发展的世界潮流之下，❸ 不仅为世界经济发展和维护世界和平做出了贡献，并且为全球治理途径提供了有益的探索。作为二十国集团，对于这样一个国际组

---

❶ 贸易政策审议机制是定期对各成员的贸易政策进行审查和公布的制度，而争端解决机制则是“打官司”的程序。参见WTO《贸易政策审议机制》和《关于争端解决规则与程序的谅解》，对外贸易经济合作部国际经贸关系司译：《世界贸易组织乌拉圭回合多边贸易谈判法律文本》（中英文对照），法律出版社，2000年10月第1版，第380－382页和第457－460页。

❷ 截至2016年11月11日，WTO已经受理了514起案件。见WTO官网：https://www.wto.org/english/tratop_e/dispu_e/dispu_status_e.htm。访问日期：2016年11月17日。

❸ 如前文脚注所提及，WTO成立于1995年，而其前身GATT成立于1947年。

织，当然应当客观评价其作用，并且坚决维护并加强其地位。不仅如此，WTO的兴衰，也事关G20的成败。无论是G20的目标还是从贸易在其议程中的分量，这一点都是不言自明的。正如我们已经无法想象一个没有WTO的世界经济秩序，我们也无法想象一个没有多边贸易规则的二十国集团。

（二）区域贸易协定、贸易保护主义

1. 区域贸易协定

本文开头提到了WTO面临的挑战之一是区域贸易协定。事实上，WTO多边贸易规则与区域贸易协定之间的关系，一直是政府和学术界广泛讨论的话题，因此有"垫脚石"和"绊脚石"之争。[1]《宣言》可谓对此一锤定音、盖棺定论："我们注意到双边和区域贸易协定在贸易自由化和贸易规则发展方面的重要作用，认识到需要确保其同世贸组织规则保持一致。我们承诺致力于确保双边和区域贸易协定对多边贸易体制形成补充，保持开放、透明、包容并与世贸组织规则相一致"（第27段）。而《声明》则进一步提出："我们注意到双边和区域贸易协定在推进贸易自由化和制订贸易规则上可以发挥重要作用，同时认识到需要确保其与世贸组织规则和条款相一致，并为更加强劲的多边贸易体制做出贡献。我们鼓励二十国集团成员未来签署的区域贸易协定能够开放供其他成员加入，并包含审议和扩大条款"（第13段）。

可以看出，二十国集团在肯定区域贸易协定作用的同时，强调了其与WTO的关系，即"保持一致""补充"和"相一致"。需要指出的是，确定这样的主从关系，并非局外人的隔岸观火、妄加评论，而是作为WTO重要成员，同时又是区域贸易协定的积极参与和重要推动者的二十个国家的认识和共识。一方面是多边贸易体制成员，另一方面又在如火如荼地从事区域贸易协定谈判，这些国家的立场是什么？如何处理二者的关系？其实这是一个原则问题，也是不能含糊的问题，决定着世界经济秩序的未来走向，即"大一统"的多边体制，还是"碎片化"的各自为政。显然，确定主从关系是更为理性的选择，并且心中始终想着区域贸易协定回归多边

---

[1] 即区域贸易协定是有利于还是有害于多边贸易协定的讨论。本人的观点是二者的结合，即长期来看，区域贸易协定必将回归多边，因为这样对所有国家最为有利，而短期来看，势必转移各国对多边的注意力，前文脚注已提及了这一点。

体制，“条条江河归大海”是必由之路。[1]

不仅如此，《声明》似乎还指明了回归的一条路径，即相互加入。试想一下，两个或几个国家之间的协定，开放供其他国家参加，然后以此为起点，再开放供集团之外的国家加入，岂不是事实上的“多边化”？

事实上，《宣言》和《声明》还提出了另外一条回归的路径，即区域贸易协定的议题纳入 WTO 谈判的议题。这可能是意义更加重大的路径，本文将做专门论述，此处从略。

此外，《声明》提到了一个重要的监督机制：“我们将与其他世贸组织成员共同努力，将区域贸易协定临时透明度机制转变为永久机制，并承诺在全面履行相关通报义务上做出表率”（第 13 段）。WTO 的临时透明度机制是根据 2006 年 12 月 14 日的《关于区域贸易协定透明度机制的总理事会决定》建立的，包括早期宣布、通报、确保透明的程序、后续通报与报告以及准备事实概要等内容。[2] 将临时透明度机制转变为永久机制，并且在履行通报义务上做出表率，必将有利于区域贸易协定的有效监督。由此可以看出，WTO 与区域贸易协定之间，不仅是主从关系，而且是监督与被监督的关系。

2. 贸易保护主义

“贸易保护主义”是一个贬义词。实践中，很多国家都会采取限制贸易的措施，例如反倾销、反补贴和保障措施，但是没有国家会承认这些措施属于“贸易保护主义”措施，而是会宣称自己采取了符合 WTO 规则的措施，其目的是保证贸易条件的公平和对特定产业提供救济。[3]

然而，《宣言》却明确表示：“我们重申反对任何形式的贸易和投资保护主义。我们将减少及不采取新的贸易保护主义措施的承诺延长至 2018 年底并重申决心实现这一承诺，支持世贸组织、联合国贸发会议和经合组织

---

[1] 事实上，早在 1947 年，GATT 第 24 条就提及了“自由贸易区”的问题，主要内容是：GATT 缔约方有权形成自由贸易区，但是关税等贸易措施不得更高或更严。相关条款参见对外贸易经济合作部国际经贸关系司译：《世界贸易组织乌拉圭回合多边贸易谈判法律文本》，第 380－382 页和第 354－379 页。

[2] 参见 WTO 官网：https：//www. wto. org/english/tratop_ e/region_ e/trans_ mecha_ e. htm。访问日期：2016 年 11 月 14 日。

[3] 2008 年，应 G20 领导人的要求，WTO 开始发布《G20 贸易措施报告》。第 16 个报告于 2016 年 11 月 10 日发布。参见 WTO 官网：https：//www. wto. org/english/news_ e/news16_ e/g20_ wto_ report_ november16_ e. pdf。访问日期：2016 年 11 月 16 日。

予以监督”（第28段）。而《声明》则进一步澄清：“尽管二十国集团反复重申，但影响货物和服务贸易的限制措施存量仍持续上升，2008年以来记录的限制措施中约四分之三依然存在，而二十国集团经济体新实施的影响货物和服务贸易的限制措施的月平均数量创自2009年世贸组织开始监督此类措施以来的新高。对此，我们再次重申此前关于维持现状和撤销已有保护主义措施的承诺，并将承诺延长至2018年年底”（第12段）。由此可见，《宣言》和《声明》对“影响货物和服务贸易的限制措施”做了一个定性，即这些措施就是“贸易保护主义”措施，应当维持现状并逐渐减少，而不得增加。

除了将克制“贸易保护主义”的承诺延长到2018年年底之外，二十国集团还“支持世贸组织、联合国贸发会议和经合组织予以监督”（《宣言》第28段），“我们还承诺改善关于维持现状和撤销已有保护主义措施努力的通报状况，包括更好地利用世贸组织现有机构。我们要求世贸组织、经合组织和联合国贸发会议在其各自职责范围内，继续就影响货物和服务贸易以及投资的限制性措施定期提供报告”（《声明》第12段）。[1] 提供报告就是增加透明度，让限制贸易的措施大白于天下，从而形成一种无形的压力。增加透明度一定是有所成效的。至少对于二十国集团而言，一方面旗帜鲜明地“反对任何形式的贸易和投资保护主义”，另一方面却有增无减地采取“贸易保护主义”措施，这在道德和形象层面是不能逻辑自洽的。因此，对于“贸易保护主义”措施，各国势必采取克制态度。

（三）具体行动

以上关于“加强多边贸易体制”的承诺、对区域贸易协定的定性和对“贸易保护主义”的态度，不仅意义重大，而且有具体行动和路径的配合，因此绝不是泛泛而论的空谈。除了这些总体承诺和原则之外，G20杭州峰会还决定采取一系列具体措施，支持WTO的发展。

1.“后内罗毕”工作

内罗毕会议是指2015年12月在肯尼亚首都内罗毕举行的第10届贸易

[1] 2008年，应G20领导人的要求，三个组织联合发布《G20贸易与投资措施报告》。第16个报告于2016年11月10日发布。参见WTO官网：https：//www. wto. org/english/news_ e/news16_ e/g20_ joint_ summary_ november16_ e. pdf。访问日期：2016年11月16日。

部长会议，而所谓的“后内罗毕”工作，则是指落实内罗毕会议的成果，❶其中“优先推进多哈回合剩余议题谈判，包括农业谈判的所有三大支柱（市场准入、国内支持、出口竞争）、非农市场准入、服务、发展、与贸易有关的知识产权、规则”（《宣言》第26段）。

“后内罗毕”工作仅涉及“多哈回合”的一部分，而在这些部分中，二十国集团确定了重点推进的内容，不失为一种现实的选择。不仅如此，这些重点的确定，也是客观上确认“多哈回合”谈判的重要性，是对多边贸易谈判怀疑论的一种回应。《宣言》明确表示：“我们将增强紧迫感，团结一致，与世贸组织成员一道推动在世贸组织第11次部长级会议及此后取得积极成果。我们将共同加强世贸组织的作用”（第26段）。在二十国集团的带领下，如果所有WTO成员都带着每次部长级会议取得积极成果的想法，那么多边贸易谈判就能够不断推进，WTO的作用也就会不断得到加强。

2.《贸易便利化协定》

《宣言》明确承诺：“在2016年年底前批准《贸易便利化协定》，呼吁其他世贸组织成员采取同样行动”（第27段）。这个协议是第9届贸易部长会议的成果，并且是“多哈回合”启动以来所达成的第一个协议，涉及信息公开、法律制定的透明度、公正和非歧视、进出口税费的纪律、货物清关制度、进出口和转运的形式要求、转运自由、海关合作等内容，意义重大。❷

目前，已经有96个成员批准了该协议，而二十国集团的态度和行动，必将加快这个协议生效的进程。❸《声明》进一步阐明：“在当前全球经济和贸易增长持续放缓的背景下，二十国集团在实施TFA（《贸易便利化协定》）方面发挥领导作用将为降低贸易成本和促进全球贸易自由化做出重大贡献”（第14段）。

---

❶ 会议成果涉及农业、棉花和最不发达国家等方面。参见WTO官网：https://www.wto.org/english/thewto_e/minist_e/mc10_e/nairobipackage_e.htm。访问日期：2016年11月15日。

❷ 参见WTO官网：https://www.wto.org/english/thewto_e/minist_e/mc9_e/desci36_e.htm。访问日期：2016年11月15日。

❸ 协议生效需要三分之二成员批准。参见WTO官网：https://www.wto.org/english/news_e/news16_e/fac_31oct16_e.htm；https://www.wto.org/english/tratop_e/tradfa_e/tradfa_e.htm。访问日期：2016年11月15日。

3.《环境产品协定》等诸边协定

《环境产品协定》是一个“诸边协定”，即可以供部分成员参加的协定，而不是像《贸易便利化协定》那样需要全体成员参加的多边协定。所谓“环境产品”，是指控制空气污染、废物管理和清洁能源等方面的产品，例如催化转换器和空气过滤器等产品，而协定的目标，是降低直至取消这些产品的关税和非关税措施。[1]《宣言》提出：“二十国集团《环境产品协定》谈判参与方欢迎世贸组织《环境产品协定》谈判达成的‘着陆区’，[2]重申其目标是加倍努力弥合现存分歧，在找到解决参与方核心关切的有效途径后，于2016年年底前达成一个富于雄心、面向未来的《环境产品协定》，在广泛范围内削减环境产品关税”（第27段）。

对于诸边协定的态度，《宣言》的表述是：“与世贸组织规则相一致、广泛参与的诸边贸易协定能对全球自由化倡议发挥重要补充作用”（第27段）。《声明》还进一步提出：“注意到《信息技术协定》及其扩围协议，以及《服务贸易协定》和《环境产品协定》谈判。那些认同这些诸边协定参加方的谈判目标的世贸组织成员应被鼓励参加这些诸边协定和谈判。……参加《信息技术协定》扩围谈判的所有二十国集团成员确认有关不再拖延实施该协定的承诺”（第16段）。

从关贸总协定（GATT）和WTO的发展历史看，诸边协定常常是迈向多边协定的一个步骤，是从适用于部分成员到全体成员的务实措施。[3]二十国集团不仅鼓励诸边协定，而且“指名道姓”支持目前正在进行的几个协定谈判，对于《环境产品协定》列出了明确的时间表，对于《信息技术协定》做出了明确承诺。可以预期，这些国家的明确承诺和率先垂范，必将极大地推动这些诸边协定的达成和实施。

---

[1] 参见WTO官网：https：//www. wto. org/english/tratop_ e/envir_ e/envir_ neg_ serv_ e. htm。访问日期：2016年11月15日。

[2] “着陆区”由多个要素组成。这包括一份产品清单，在今年年底前就关税过渡期框架做出的承诺，以及就未来的工作、协议多边化、“搭便车”等问题做好安排等。参见：http：//www. chinatradenews. com. cn/shuzibao/html/2016－09/27/content_ 71845. htm？div＝－1。访问日期：2016年11月15日。

[3] 例如，GATT“东京回合”谈判的成果包括补贴与反补贴、技术壁垒、进口许可程序、海关估价、反倾销等“守则”，属于部分缔约方参加的诸边协定，而在随后的“乌拉圭回合”谈判中，成为所有成员参加的多边协定。参见WTO出版物：Understanding the WTO（https：//www. wto. org/english/thewto_ e/whatis_ e/tif_ e/understanding_ e. pdf），第16－17页。

（四）与贸易有关的其他内容：全球贸易增长战略、全球价值链、钢铁产能过剩

峰会核准了《二十国集团全球贸易增长战略》，并且宣布“将据此在降低贸易成本、促进贸易和投资政策协调、推动服务贸易、加强贸易融资、促进电子商务发展，以及处理贸易和发展问题方面做出表率”（《公告》第29段），因为“这些行动将通过促进贸易开放和一体化、支持经济多样化和工业升级，推动全球繁荣与可持续发展”（《声明》第7段）。

峰会宣布：“支持采取有关政策，确保企业特别是妇女和青年企业家、女性领导的企业和中小企业，无论规模大小，都能从全球价值链中受益，并鼓励发展中国家，特别是低收入国家在更高水平、更多附加值上参与全球价值链并向高端移动”（《宣言》第30段）。因为“全球价值链，包括区域价值链，是世界经济的一个重要特征，包容的全球价值链是世界贸易的重要推动力”（《声明》第21段）。至于具体措施，“二十国集团成员将继续加强能力建设，促进包容协调全球价值链的倡议，将继续规划并实施一系列行动，在与发展中国家，尤其是低收入国家和中小企业包容性参与全球价值链最相关的领域开展研究并采取行动，包括以下领域：合适的基础设施、技术支持、贷款获取、供应链连接、农业、创新、电子商务、技能培训和负责任企业行为。”“此外，有能力的二十国集团成员将继续帮助发展中国家和中小企业提高采用并符合国际国内标准、技术规定和合格评定程序的能力；便利发展中国家和中小企业通过信息技术获取贸易投资相关信息；进一步提供信息帮助发展中国家和中小企业融入全球价值链并向上游攀升”（《声明》第22段）。

峰会还对某些行业产能过剩，特别是钢铁产能过剩表示了关注：“全球经济复苏缓慢和市场需求低迷使得包括一些行业产能过剩在内的结构性问题更加严重，这些问题对贸易和工人产生了负面影响。……钢铁和其他行业的产能过剩是一个全球性问题，需要集体应对。”关于钢铁产能过剩的原因，峰会指出：“政府或政府支持的机构提供的补贴和其他类型的支持可能导致市场扭曲并造成全球产能过剩，因此需要予以关注。”至于解决方案，峰会提出：“加强沟通与合作，致力于采取有效措施应对上述挑战，以增强市场功能和鼓励调整。……通过组建一个关于钢铁产能过剩的全球论坛，加强信息分享与合作。该论坛可由经合组织提供协助，并由二十国集团成员和感兴趣的经合组织成员积极参加”（《宣言》第31段）。

（五）成果落实：机制保障

峰会宣布，专门成立《二十国集团贸易投资工作组》，落实有关成果。具体而言，工作组职责包括：落实以往峰会、贸易部长会议和协调人会议在贸易和投资领域所做的承诺和指示；基于二十国集团主席国的优先领域，开展贸易和投资的相关合作；讨论二十国集团成员国提出的其他涉及共同利益的贸易和投资问题。工作组的工作方式为：由主席国和一个来自成员的联合主席共同主持，根据需要召开会议，全年不超过3或4次，并向二十国集团协调人会议、贸易部长会议和二十国集团领导人峰会报告工作。[1]

三、WTO的发展

从以上梳理可以看出，G20明确支持WTO作为多边贸易体制的核心地位，积极推动"多哈回合"谈判，并且在批准《贸易便利化协定》和反对贸易保护主义等方面率先垂范，在《环境产品协定》等诸边协定谈判方面态度明确。这些立场的宣布和行动的落实，必将有利于WTO的顺利发展。

然而，WTO要想在世界贸易体制中占据核心地位，以上内容显然是不够的。客观地说，这些内容仅肯定了WTO的现有作用，并且承诺推动多哈谈判的继续进行。但是多哈谈判议程是2001年制定的，15年来世界经济发生了很大变化，国际贸易中出现了很多新的现象，迫切需要建立一系列的国际规则。这也是区域贸易协定蓬勃兴起的重要原因之一。因此，WTO所面临的任务，不仅是完成多哈谈判的议程，而且要回应新形势的发展。在这方面，G20杭州峰会也指明了路径，即《宣言》提到的"一系列议题也许在当前全球经济中符合共同利益并具有重要性，因此可成为世贸组织讨论的合理议题，包括在区域贸易协定和二十国集团工商界提出的问题"（第26段）。

（一）区域贸易协定提出的问题：以TPP为例

前文简单提及，将区域贸易协定的议题纳入WTO谈判的议题，是区域贸易协定回归WTO的一条路径。事实上，这也是WTO发展的重大路

---

[1] 参见G20官网：http：//www.g20.org/hywj/dncgwj/201607/t20160715_3056_1.html。访问日期：2016年11月16日。

径。简而言之，WTO 可以将区域贸易协定已经涉及的议题和达成的协议，纳入 WTO 的体系。理性地想想：区域贸易协定的成员也是 WTO 成员，来自世界经济发展的现实需要而出现的问题，WTO 由于成员众多和决策机制（协商一致）等原因而不能及时回应，但是区域贸易协定却及时组织谈判并且形成了规则。那么，WTO 为何不将这些议题和规则纳入 WTO 多边谈判，使得这些区域规则尽快多边化呢？从客观和主观两个层面看，这都是有可能实现的。从客观上看，国际谈判中最为核心的部分，是议题的确定和规则的撰写，而区域贸易协定已经提供了现成的文本，WTO 成员（包括那些区域贸易协定成员）只需要在此基础上修修补补就可以了。从主观上看，在贸易国际化和价值链全球化的情况下，多边规则的“大家庭”显然是更加有利于所有 WTO 成员的，而区域贸易协定的“小集团”仅是不得已而为之的临时安排。也许，WTO 的未来工作，不是发动什么新回合谈判，而是更多致力于区域贸易协定的多边化。在此，TPP 提供了很好的示例和机遇。

TPP（《跨太平洋伙伴关系协议》，Trans – Pacific Partnership）是一个区域贸易协议，谈判方有 12 个国家（按英文字母顺序）：澳大利亚、文莱、加拿大、智利、日本、马来西亚、墨西哥、新西兰、秘鲁、新加坡、美国和越南。2015 年 10 月 4 日，TPP 谈判结束；11 月 5 日，TPP 文本正式公布。[1]

TPP 的主要特点是：协议为全球贸易制定了新标准，同时兼顾了下一代议题。五大特征使得 TPP 成为里程碑式的 21 世纪协议（landmark 21st – century agreement）：（一）全面的市场准入。在实质上全部货物和服务贸易方面，TPP 取消或降低了关税和非关税壁垒，覆盖了贸易的所有方面，包括货物和服务贸易以及投资，从而为企业、工人和消费者创造了新的机会和利益。（二）区域的承诺。TPP 促进生产和供应链的发展、无缝贸易（seamless trade），以及实现创造和支持就业、提高生活水平、增加资源保护、促进跨境融合和开放国内市场等目标。（三）应对新的贸易挑战。TPP 解决新的问题，包括数字经济的发展和国有企业在全球经济中的作用，以促进创新、生产力和竞争力。（四）包容性的贸易。TPP 包括新的内容，以确保所有发展水平的经济体和所有规模的企业都能够从贸易中受益。协

---

[1] 关于 TPP 的内容，参见美国贸易代表办公室官网：https：//ustr. gov/tpp/。访问日期：2016 年 11 月 17 日。

议的承诺包括帮助中小企业理解协议，利用协议提供的机会，将其遇到的特殊挑战提请TPP政府关注。协议还包括发展和贸易能力建设方面的特殊承诺，使得所有成员都能履行承诺并从协议中充分获益。（五）区域一体化的平台。TPP是区域经济一体化的平台，可以吸纳亚太地区的其他经济体。❶

TPP共有30章，包含了贸易及与贸易有关的议题。协议从货物贸易开始，包括海关和贸易便利化，卫生和植物卫生措施，贸易的技术性壁垒，贸易救济，投资，服务，电子商务，政府采购，知识产权，劳工，环境，旨在确保TPP实现其发展、竞争力和包容性潜能的“水平”章节，还包括争端解决、例外、机构条款等。除了提升此前自由贸易协定（FTAs）中的传统议题，TPP还纳入了新的正在出现的贸易议题和综合性议题，包括与互联网和数字经济相关的议题，国有企业参与国际贸易和投资，小企业从贸易协定中受益的能力等。TPP联合了一群多样性的国家，即地理、语言和历史、规模以及发展水平的多样性。TPP国家一致认为，多样性是独特的财富，同时需要密切合作，对欠发达国家的能力建设，以及某些情况下的特殊过渡期和机制，给予某些成员更多时间提高能力以履行新的义务。❷

TPP内容十分丰富，大大超出了WTO的范围。例如，在投资方面，协议的内容为：TPP提出，投资规则要求非歧视的投资政策和基本的法治保护，同时保护政府实现合法公共政策目标的能力。其具体内容为：提供了其他投资协定中所规定的保护，包括国民待遇；最惠国待遇；符合习惯国际法原则的“最低待遇标准”；禁止并非出于公共目的、没有正当程序或没有提供补偿的征收；禁止诸如当地含量或技术本地化之类的“业绩要求”；自由转移与投资有关的资金，但是政府有权管理不稳定的资本流动，措施包括非歧视的临时保障性措施（例如资本控制），以便在收支平衡危机或危险以及其他经济危机的情况下限制与投资有关的转移，以确保金融体制的稳定；任命任何国籍高管的自由；采用“负面清单”（negative list）制度，即市场完全向外国投资者开放，除非在以下国别附件中有例外（不符措施）：（1）现有措施，成员承诺未来不会更有限制性且约束未来的开放；（2）成员保留完全自由裁量权的政策措施。TPP还规定了中立、透明

❶ 参见美国贸易代表办公室官网：https://ustr.gov/about-us/policy-offices/press-office/press-releases/2015/october/summary-trans-pacific-partnership，访问日期：2015年10月7日。

❷ 同上。

的投资争端国际仲裁，同时防止滥诉，政府有权出于健康、安全和环境保护等公共利益而进行管理。程序性保障包括：透明的仲裁程序，法庭之友，非争端方，快速审查滥诉和可能的律师费裁决，中期裁决的审议程序，TPP 成员有约束力的共同解释，起诉的时限，防止起诉方在平行程序中提出同一请求。

再如，关于国有企业和指定性垄断企业，TPP 提出所有 TPP 成员都有国有企业，它们在提供公共服务和其他活动上经常起到一定作用，但 TPP 各成员承认，同意建立一个管理国企的框架是有益的。“国有企业”章节覆盖那些主要从事商业活动的大型国企。各方同意，确保其国企在进行商业采购和销售时基于商业考虑，除非这样做不符合国企在提供公共服务时所被赋予的使命；确保其国企或指定垄断企业不歧视其他成员的企业、货物和服务；外国国企在本国境内商业活动的管辖权归属本国法院，各方将确保行政部门在监管国企和私营企业时一视同仁；不以向国企提供非商业性帮助的方式，对其他 TPP 成员的利益造成负面影响，也不以向在其他成员境内生产并销售产品的国企提供非商业性帮助的方式，对其他成员的国内产业造成损害。此外，TPP 各成员同意，互相分享各自的国企名单，并在对方提出要求的情况下，提供进一步信息，说明政府对有关国企的所有权、控制权和所提供的非商业性帮助的范围和程度。该章节的义务有一些例外，例如，在国内或全球经济状态下的例外，以及附件中的国别例外清单所规定的例外。

贸易和投资是经济增长和发展的重要引擎（《声明》第 2 段），投资有利于贸易的增长，❶ G20 峰会也将贸易与投资相提并论，强调贸易与投资规则的协调发展（《声明》第 5 段）。然而，WTO 却几乎没有投资的内容，❷ 而实际上也没有一个国际组织在承担多边投资规则的谈判，使得国际投资规则呈现“碎片化”的无序状态。❸ WTO 似乎应该将 TPP 投资章节

❶ “全球投资是经济增长和可持续发展的引擎，可以帮助提升生产能力、便利技术更广泛传播、创造就业，并通过全球价值链将各经济体融入世界贸易”（《声明》第 17 段）。

❷ WTO《与贸易有关的投资措施协定》仅对某些可能对贸易产生限制或扭曲作用的投资措施规定了纪律，例如国民待遇和数量限制方面的规则。参见对外贸易经济合作部国际经贸关系司译：《世界贸易组织乌拉圭回合多边贸易谈判法律文本》，第 143 – 146 页。

❸ 1995—1998 年，经合组织（OECD）曾经主持起草了《多边投资协定》草案，但是各国没有能够达成一致。见 OECD 官网：http：//www. oecd. org/investment/internationalinvestmentagreements/multilateralagreementoninvestment. htm。访问日期：2016 年 11 月 16 日。

拿到日内瓦，启动多边投资协议的谈判，甚至考虑将 WTO 扩展为贸易和投资的组织。[1] 至于具体路径，WTO 似乎应该借助 G20 平台，推动贸易与投资规则的融合。至于国有企业等内容，也可以成为 WTO 成员谈判的议题。[2] TPP 以其现有成员经济制度和发展水平的多样性，使其成为一个 “Mini - WTO”。也就是说，TPP 成员能够达成的协议，为什么 WTO 其他成员不能够达成，这本身就是可以拿到日内瓦进行逐项逐条讨论的问题。

（二）工商界提出的问题：以 B20 为例

二十国集团工商峰会（B20 峰会）组织国际工商界代表就当前全球经济发展中的热点难点焦点问题进行研讨，约 1100 人云集杭州与 G20 领导人对话，发布了《2016 年 B20 政策建议报告》（以下简称《报告》）。《报告》共提出 20 项重要政策建议和 76 条具体措施。其中首次提出的实施 G20 智慧创新倡议（SMART ）、发展绿色投融资市场、建立世界电子贸易平台（eWTP）等建议，以及在历届 B20 关注的加快高质量基础设施项目储备、提升政策包容性支持中小企业发展等问题上提出的新解决措施。[3] 在贸易和投资方面，《报告》建议包括：强化多边贸易体制，反对和遏制贸易保护主义，实现贸易增长；推动 2016 年年底前批准《贸易便利化协定》并承诺尽快实施；支持世界电子贸易平台（eWTP）倡议，孵化跨境电子贸易规则，促进电子商务发展；发展能力建设和标准认证项目，促进中小企业融入全球价值链；提升全球投资政策环境，助力投资增长。其中，eWTP 是一个创新的概念，由 B20 中小企业发展工作组主席单位阿里巴巴集团牵头倡议成立，相关措施包括促进公私对话，孵化跨境电子商务规则，为跨境电子商务发展创造更有效、更高效的政策和商业环境；与

---

[1] 如果 WTO 发展成为包括贸易和投资的国际组织，则可以考虑更名为 WITO：World Investment and Trade Organization。在本文作者脚注提及的 10 月 29 日的研讨会上，贺小勇教授第一次提出了这个缩略语。

[2] 本文作者认为，TPP 与我国经济发展战略并不矛盾。例如，关于国有企业，《关于深化国有企业改革的指导意见》指出：“适应市场化、现代化、国际化新形势，以解放和发展社会生产力为标准，以提高国有资本效率、增强国有企业活力为中心，完善产权清晰、权责明确、政企分开、管理科学的现代企业制度。”见中国政府网：http：//www. gov. cn/zhengce/2015 –09/13/content_2930440. htm，访问日期：2015 年 9 月 23 日。

此外，本文作者认为，TPP 与我国多边和区域一体化战略也并不矛盾。参见杨国华：《论跨太平洋贸易伙伴协议与我国多边和区域一体化战略》，《当代法学》，2016/1，第 32 –42 页。

[3] 参见：http：//news. 163. com/16/0905/06/C06A20O400014SEH. html。访问日期：2016 年 11 月 16 日。

WTO 等国际组织紧密合作，将促进跨境电商发展摆在优先位置，并强化《贸易便利化协定》中的相关条款；通过完善基础设施、推广最佳实践（如跨境电商试验区）等方式，促进跨境电商和数字经济的发展，解决中小企业尤其是发展中国家中小企业所面临的问题。❶

B20 是 G20 机制的重要配套活动，是各国工商界参与全球经济治理和推动世界经济增长的重要平台，其使命是代表工商界为 G20 出台全球增长对策和全球治理方案提出建议。迄今，B20 已在金融体系改革、贸易、投资、能源、基础设施、就业、金融、反腐败等众多领域，累计向 G20 峰会提交了 400 多项政策建议，许多已被 G20 所吸收和采纳。❷《宣言》表示："欢迎二十国集团工商峰会对加强数字贸易和其他工作的兴趣，注意到其关于构建全球电子商务平台的倡议"（第 30 段）。

事实上，G20 看似各国政府间的活动，但是所达成的全球治理的安排，工商界是最为直接的受益者，同时工商界也是相关措施的直接推动者。G20 领导人与工商界的面对面交流，为有效的全球治理提供了示范。WTO 作为贸易组织，与工商界有着更为直接的联系，因此加强与工商界的沟通与合作，包括充分利用 B20 平台和将工商界提出的问题纳入多边贸易谈判，直接回应工商界的需求，同样事关 WTO 的未来发展。

四、结语：中国的作用

G20 杭州峰会的成功举办，体现了中国参与并领导全球治理的决心和能力。具体到贸易领域，作为世界第二大经济体和第二大贸易国，作为贸易和投资在经济发展中占有重要地位的国家，作为 WTO 多边贸易体制的最大受益者，中国参与并领导全球贸易秩序的稳定和发展，既是义不容辞的责任，又是理所应当的选择。

中国商务部主持了贸易部长会议，发布了 G20 历史上首份贸易部长声明，批准了"三份文件"，达成了"两项共识"，取得了重要历史性成果：第一，会议批准了《G20 贸易投资工作组工作职责》，实现了 G20 贸易投资政策合作机制化。第二，会议批准了《G20 全球贸易增长战略》，为促进全球贸易和经济可持续发展指明了方向。第三，会议批准了首份《G20

❶ 参见：http：//mt. sohu. com/20160812/n463876755. shtml。访问日期：2016 年 11 月 16 日。

❷ 参见：http：//mt. sohu. com/20160812/n463876755. shtml。访问日期：2016 年 11 月 16 日。

全球投资指导原则》，为加强全球投资政策协调做出历史性贡献。第四，会议就加强多边贸易体制达成重要共识。第五，会议就综合施策、帮助发展中国家和中小企业融入全球价值链达成共识。❶

不仅如此，B20工商界峰会的成功举办，特别是eWTP等倡议的提出，也为政府与工商界的合作做出了示范。在参与和领导全球治理的过程中，如何发挥包括工商界在内的民间力量，是随着中国崛起的一个崭新而重大的课题。如上所述，工商界人士和普通老百姓，不仅是全球治理的受益者，而且应该是全球治理的推动者，理所应当参与到全球治理的决策之中。在这方面，峰会特别提出："必须更有效地与更广大公众沟通贸易和市场开放带来的好处"（《宣言》第28段）。

峰会对支持WTO多边贸易体制做出了表态，确定了原则，采取了行动，并且指明了路径。这一切都是在中国的积极努力和领导下达成的。峰会成果的落实，不仅有利于WTO的发展，而且有利于G20本身的发展，而在此过程中，中国的作用举足轻重。如果将当今世界经济比喻成一艘大船，那么G20杭州峰会的成功举办，表明中国的地位已经从三副、二副升向大副甚至船长，决定着这艘大船的走向。

❶ 参见：http://finance.sina.com.cn/roll/2016-07-10/doc-ifxtwchx8408249.shtml。访问日期：2016年11月16日。

中欧投资协定谈判的几点法律思考

张智勇*

虽然中欧已是贸易领域中的重要伙伴，但双方之间的投资状况却不令人满意。❶ 在欧盟委员会看来，尽管我国和欧盟成员国之间业已存在双边投资协定（BIT），❷ 但这些 BIT 都不涉及投资的市场准入问题，在投资保护和投资待遇方面也不一致，这是影响欧盟对华投资的法律障碍。❸

在《里斯本条约》生效后，外国直接投资（foreign direct investment）成了欧盟享有专有权限（exclusive competence）的共同商业政策（common commercial policy）的内容，欧盟也享有了与第三国缔结投资协定的专有权限。❹ 2013 年 11 月 21 日，在第 16 次中欧领导人会晤期间，中欧投资协定谈判正式宣布启动。中欧投资协定是欧盟取得投资领域专有权限后对外谈判的第一个专门的投资协定。❺ 就我国而言，欧盟认为其成员国和我国之

---

* 张智勇，北京大学法学院副教授。本文是作者承担的国家社科基金项目“国际投资协定例外条款的法律问题研究”（16BFX200）的阶段性成果。

❶ 以 2012 年为例。我国对欧盟的投资仅占流入欧盟的外国直接投资（FDI）的 2.6%。在我国外商投资来源地前十位的国家和地区中，按照项目数百分比计算，只有德国一个欧盟国家，而且德国位于第七位，仅占 1.7%；按照实际使用外资金额百分比计算，有德国、荷兰和法国三个欧盟国家，但分别列第七、第八和第十位，三国的投资金额也分别为总量的 1.3%、1% 和 0.6%。参见 European Commission, Facts and figures on EU – China trade, March 2014，以及商务部：《2013 年中国外商投资报告》，第 11 – 12 页。

❷ 我国与欧盟 28 个成员国中的 27 个（除爱尔兰外）存在 25 个现行有效的 BIT。我国与比利时和卢森堡的 BIT 是在一个协定之中。我国在 1991 年 12 月 4 日与当时的捷克和斯洛伐克签署了 BIT。1993 年 1 月 1 日，斯洛伐克与捷克分离为两个独立的国家。2005 年 12 月 7 日，我国和斯洛伐克签署了 1991 年 BIT 的附加议定书。

❸ 关于欧盟对现行 BIT 不足的分析，参见 European Commission, Commission Staff Working Document: Impact Assessment Report on the EU – China Investment Relations, SWD (2013) 185 final, pp. 15 – 16。

❹ 参见《欧洲联盟运行条约》第 3 条、第 206 条和 207 条。

❺ 欧盟对外谈判的一些自由贸易协定中也包含投资的内容。以欧盟和加拿大 2016 年 10 月底签署的全面经济和贸易协定（CETA）为例，该协定第 8 章是关于投资的。

间的现行 BIT 中所存在的一些问题实际上是双向的，也同样制约着我国对欧盟的投资。因此，通过与欧盟谈判投资协定来进一步吸引欧盟对华投资和为我国的海外投资提供高水平的准入和保护，也符合我国的战略需要。

需要指出的是，欧盟与第三国谈判投资协定的专有权限的范围在理论上是存在争论的。虽然外国直接投资已经并入了欧盟享有专有权限的共同商业政策，但国际投资存在着直接投资（direct investment）和证券投资（portfolio investment）的划分，[1]《欧洲联盟运行条约》并没有进一步明确"外国直接投资"是否包括了证券投资。共同商业政策属于欧盟的对外关系，欧盟谈判投资协定涉及投资的市场准入是没有问题的，这与欧盟在贸易协定中谈判货物和服务的市场准入没有实质性区别。[2]但是，外资进入欧盟后，欧盟及其成员国在欧盟内部市场的运行方面都有权进行规制。[3]欧盟成员国的现行 BIT 也包括投资保护、投资规制以及投资者—国家争端解决机制（ISDS）的内容。这就产生了欧盟是否取得了缔结包含证券投资、投资保护、投资规制和 ISDS 等内容的投资协定的专有权限的问题。假如欧盟不具有上述事项的全部专有权限，那么欧盟对外谈判的包含证券投资、投资保护、投资规制和 ISDS 机制的投资协定就属于欧盟法下的混合协定（mixed agreement），投资协定的最终签署和批准就需要欧盟及其成员国的同意。

就中欧投资协定谈判的具体内容而言，需要看欧盟部长理事会给予的授权指令的相关规定。[4]不过，该授权指令目前尚未公开。[5]从欧盟和加拿

---

[1] 直接投资是指伴有企业经营控制权的资本流动，而证券投资指仅以其能提供收入而持有股票或证券的投资，对企业并不参与经营及享有控制权或支配权。参见姚梅镇：《国际投资法》（修订版），武汉大学出版社 1987 年版，第 37－38 页。

[2] Americo Beviglia Zampetti and Colin Brown, "The EU Approach to Investment", in Zdenek Drabek & Petros C. Mavroidis (eds.), Regulation of Foreign Investment: Challenge to International Harmonization, Singapore: World Scientific Publishing Co., 2013, p. 437.

[3] 参见《欧洲联盟运行条约》第 4 条。

[4] 欧盟投资协定的谈判涉及三个机构：委员会向部长理事会提议进行谈判，部长理事会给予谈判授权并制定谈判授权的指令，由委员会代表欧盟谈判。欧洲议会可就部长理事会的授权指令提出意见。

[5] 曾有人以《公众获得欧洲议会、理事会和委员会文件的规则》（Regulation (EC) No 1049/2001 of the European Parliament and of the Council of 30 May 2001 regarding public access to European Parliament, Council and Commission documents）为法律依据向欧盟委员会申请获得中欧谈判授权指令。但委员会目前认为公开授权指令将给欧盟的谈判带来负面影响，因此根据该规则第 4 条的规定拒绝了当事人的申请。检索自：http://www.asktheeu.org/en/request/negotiation_directives_for_the_p。

大2006年10月底签署的全面经济和贸易协定（CETA）来看，该协定第8章是关于投资的，包含了证券投资、投资的市场准入以及投资待遇、投资保护、投资规制和ISDS机制等方面的内容。欧盟部长理事会关于欧盟与美国谈判跨大西洋贸易和投资伙伴协定（TTIP）的授权指令也有类似的内容。[1] 就我国和欧盟成员国之间的现行BIT而言，有的包含了证券投资，[2] 投资待遇、投资保护、投资规制和ISDS机制也是标准条款。根据欧盟的第1219/2012号规则[3]，中欧投资协定生效后，将取代其成员国和我国之间的现行BIT。[4] 同时，欧盟与我国谈判投资协定也以在现行BIT的基础上提升投资准入和投资保护的水平为目标之一。[5] 因此，很难想象欧盟与我国谈判投资协定不会涉及类似CETA第8章的内容。至于投资协定的相关事项是属于欧盟的专有权限还是共享权限，客观地讲，这是欧盟自身的事情。

中欧双方已经分别于2014年4月和12月提交了各自的建议文本。[6] 不过，双方作为谈判基础的文本并未公布，谈判也正在进行之中，猜测未来协定的内容无疑是非常困难的。这也并非本文的研究主旨。但是，以下几个问题是中欧投资协定谈判需要重点关注的，本文将分别予以探讨：首先，中欧投资协定以扩大投资准入和提高投资保护水平为目标，将采用准入前国民待遇+负面清单的模式。[7] 准入前国民待遇以及作为投资协定标准

---

[1] Council of the European Union, Directives for the negotiation on the Transatlantic Trade and Investment Partnership between the European Union and the United States of America, paras. 22, 23.

[2] 例如，我国和法国2007年的BIT第1条第1款规定，“投资”一词系指缔约一方投资者在缔约另一方领土或海域内所投入的各种财产，诸如货物、任何性质的权利和利益，特别是但不限于：……公司的股份、股权溢价和其他类型的利益，包括在缔约一方境内成立的公司中的少数或间接利益；金钱或债券请求权或任何具有经济价值的合法的履行请求权……

[3] Regulation (EU) No. 1219/2012 of the European Parliament and of the Council of 12 December 2012 establishing transitional arrangements for bilateral investment agreements between Member States and third countries.

[4] 参见第1219/2012号规则第3条。

[5] 欧盟与我国谈判投资协定的目标是：减少中国的投资壁垒，提高双边投资流量；提高双边投资保护水平；提高欧盟投资者在中国投资待遇的法律确定性；提高欧盟投资在中国的市场准入。See European Commission, supra note 3, p. 20。

[6] 商务部新闻办公室：“第四轮中欧投资协定谈判在布鲁塞尔举行”，检索自：http://www.mofcom.gov.cn/article/ae/ai/201501/20150100872437.shtml。

[7] 准入前国民待遇是指一国除给予外资准入后的国民待遇外，在准入阶段也给予外资国民待遇。负面清单是国民待遇的例外，即列入清单之列的行业或事项不享有国民待遇。See UNCTAD, National Treatment, UNCTAD Series on issues in international investment agreements, UNCTAD/ITE/IIT/11 (Vol. IV), p. 22。

条款的最惠国待遇、公正与公平待遇在中欧投资协定中应如何表述？其次，中欧投资协定也需要在保护投资者权益和维护缔约方规制权（the right to regulate）之间实现平衡。相关条款的起草应注意哪些方面的问题？此外，投资者—国家争端解决机制（Investor - to - State - Dispute Settlement，ISDS）是传统 BIT 下的重要内容。不过，现行 ISDS 机制也出现了一些问题并招致了批评。中欧投资协定是否需要 ISDS 机制？如果需要，如何构建这一机制？

一、投资者及其投资的待遇

国民待遇、最惠国待遇和公正与公平待遇是国际投资协定的必要条款。❶ 我国和欧盟成员国的现行 BIT 中也都有这方面的条款，但相关协定的表述并不完全一致。那么，中欧投资协定下这些条款将如何表述？

（一）国民待遇

我国的现行 BIT（包括与欧盟成员国之间的 BIT）都没有给予外资准入前国民待遇。不过，2013 年 7 月 11 日，我国宣布以“准入前国民待遇和负面清单”为基础与美国进行投资协定的实质性谈判。中欧投资协定谈判也是如此。

准入前国民待遇 + 负面清单模式是以北美自由贸易协定（NAFTA）为代表的自由贸易协定（FTA）和美式 BIT 的标准做法。❷ 目前，美式 BIT 和以 NAFTA 为代表的 FTA 在全球范围的影响力日益增加。❸ 结合美国的 BIT 范本、NAFTA 以及 CETA 文本，准入前国民待遇 + 负面清单模式会涉及以下内容：

首先，在文本表述方面，将通过“在投资的设立（establishment）、获

---

❶ 国际投资协定的主要法律渊源是双边投资协定（BIT）。不过，近年来的自由贸易协定（FTA）中也包含了投资的议题，条款的内容与体例与 BIT 类似。此外，还有一些国际条约或协定也涉及国际投资的相关领域。WTO 框架下的服务贸易总协定（GATS）所界定的商业存在服务提供模式也与投资相关。《能源宪章条约》则有关于能源投资的内容。本文将国际投资协定的范围主要限定在 BIT 和包含投资内容的 FTA。

❷ NAFTA 第 11 章是关于投资的，其内容与 BIT 类似。美国在 2004 年颁布的 2004 年 BIT 范本，在美国 FTA 的投资章节采取与 BIT 一致的做法。2012 年，美国颁布了 2012 年 BIT 范本。参见余劲松主编：《国际投资法》（第 4 版），法律出版社 2014 年版，第 225 – 226 页。

❸ 欧盟与加拿大、新加坡、印度和日本进行 FTA 的谈判参照了 NAFTA 和美国 2012 年 BIT 范本。我国与加拿大 2012 年的 BIT 也是如此。参见 Nikos Lavranos，“The New EU Investment Treaties: Convergence towards the NAFTA Model as the New Plurilateral Model BIT Text”，检索自：http://papers.ssrn.com/sol3/papers.cfm?abstract_id=2241455。

得、扩大、管理、经营、运营、出售或其他处置方面，缔约一方给予另一缔约方投资者及其投资的待遇，应不低于在类似情况下该缔约方给予其本国投资者及其投资的待遇”的用语表明给予外国投资者及其投资以全面的国民待遇（包括准入前和准入后的国民待遇）。[1]

其次，有专门的不符措施条款（non - conforming measure）允许缔约方通过附件列出不适用于国民待遇的措施和行业。[2] 相关附件也就是负面清单，而不符措施条款则是通过负面清单排除国民待遇的法律依据。负面清单一般有两类，一类是缔约方的既有不符措施，另一类是投资协定生效后可以采取的不符措施。除了国民待遇之外，不符措施条款也是缔约方偏离协定的最惠国待遇等义务的法律基础。[3]

再次，缔约方纯粹基于投资统计的需要而要求外国投资者提供相关信息也不是对国民待遇的违背，尽管此类要求只针对外国投资者。[4]

上述内容也会出现在中欧投资协定之中。不过，由于欧盟并非一个国家，外资在欧盟的准入和待遇是由各成员国所具体实施的，而且欧盟各成员国也存在中央和地方的措施。这也需要在中欧投资协定中明确国民待遇的具体适用范围。CETA 第 8. 6 条第 2 款进一步说明：在加拿大的非联邦层面或欧盟成员国的层面（包括中央或地方），是指在相同情况下该政府给予不低于其境内投资者及其投资的最优惠的待遇。这可为中欧投资协定所借鉴。[5]

此外，就我国而言，还需要区分国内法的负面清单和投资协定的负面清单。在国内法层面，我国自 2013 年 9 月开始就通过上海自由贸易试验区（自贸区）以及后续的广东、天津和福建等自贸区探索准入前国民待遇 + 负面清单的模式。2016 年 9 月 3 日，全国人大常委会修改了《外资企业法》《中外合资经营企业法》《中外合作经营企业法》和《台湾同胞投资

---

[1] 参见 NAFTA 第 1102 条、美国 2012 年 BIT 范本第 3 条、CETA 第 8. 6 条。投资协定中对投资者及其投资的待遇的表述可以通过两款分别规定。

[2] 参见美国 2012 年 BIT 范本第 14 条、NAFTA 第 1108 条以及 CETA 第 8. 15 条。

[3] 例如，根据美国 2012 年 BIT 范本第 14 条第 1 款和第 2 款的规定，第 3 条（国民待遇）、第 4 条（最惠国待遇）、第 8 条（履行要求）、第 9 条（高管和董事）不适用于缔约方在协定附件 1 和 3 所列的既存不符措施，也不适用于缔约方采取的与附件 3 中所列的行业或活动有关的措施。

[4] 参见 NAFTA 第 1111 条、美国 2012 年 BIT 范本第 15 条、CETA 第 8. 17 条。

[5] 这也适用于中欧投资协定下最惠国待遇的表述，将“该政府给予不低于其境内投资者及其投资的最优惠的待遇”改为“该政府给予不低于第三方投资者及其投资的最优惠的待遇”即可。参见 CETA 第 8. 6 条第 2 款。

保护法》，将自贸区的负面清单模式纳入了全国性的外资法律。[1] 应当明确的是，投资协定的负面清单与国内法下的负面清单是两个不同的概念。从国外立法模式看，外资开放程度高的国家，并不都存在国内法下的负面清单，其对外资的限制散布在其他法律之中（如美国），而投资协定中的负面清单则是对国内法中外资限制措施的汇总。同时，投资协定的负面清单也排除协定下的最惠国待遇义务，而国内法的负面清单与最惠国待遇无关，是国内法中国民待遇的例外。[2] 此外，在中欧投资协定（包括中美投资协定）下谈成的负面清单可能在外资准入限制方面比新外资法下的负面清单范围更小。为了履行投资协定义务，就需要明确投资协定优先于国内法。但是，现行外资法律并没有这方面的规定。虽然实践中可以根据条约（协定）优先的原则处理，但还应当在法律中予以明确。[3]

（二）最惠国待遇

最惠国待遇是我国 BIT 的标准条款，而且近期的 BIT 也给予了准入前的最惠国待遇，其条文表述的标志为包括投资的“设立”。[4] 从美国和欧盟

---

[1] 参见全国人民代表大会常务委员会关于修改《中华人民共和国外资企业法》等四部法律的决定。举例来讲，《外资企业法》增加一条，作为第二十三条：“举办外资企业不涉及国家规定实施准入特别管理措施的，对本法第六条、第十条、第二十条规定的审批事项，适用备案管理。国家规定的准入特别管理措施由国务院发布或者批准发布。”其余三部法律也有类似的修订。在上海等四个自贸区探索负面清单模式时，全国人大常委会还分别通过了《全国人民代表大会常务委员会关于授权国务院在中国（上海）自由贸易试验区暂时调整有关法律规定的行政审批的决定》《全国人民代表大会常务委员会关于授权国务院在中国（广东）自由贸易试验区、中国（天津）自由贸易试验区、中国（福建）自由贸易试验区以及中国（上海）自由贸易试验区扩展区域暂时调整有关法律规定的行政审批的决定》。在 2016 年 9 月 3 日做出修改四部法律决定的同时，前述两个暂时调整有关法律规定行政审批的决定的效力也相应终止。

[2] 国内法的负面清单除了明确禁止或限制外资准入的行业外，还可根据需要在准入的企业形式、持股比例，业绩要求和高管人员等方面列出对外资的限制性措施。

[3] 不过，除了正在谈判中的中美和中欧投资协定外，我国现行有效的 BIT 都没有采用准入前国民待遇 + 国民待遇的模式。如果坚持条约优先，我国对来自现行有效的 BIT 缔约方的投资者及其投资应不适用修订后的外资法下的准入前国民待遇 + 负面清单模式。但是，这样的话，修订后的外资法实行准入前国民待遇 + 负面清单的模式恐怕就失去了实际意义。因此，可以考虑在外资法中做出灵活性的规定，例如原则上明确投资协定优先于国内法，当国内法关于投资者及其投资的待遇优于投资协定的，国内法优先适用。但是，假如我国采取这样的策略，并不意味着现行 BIT 的缔约方也会自动给予我国投资者及其投资以准入前国民待遇。为此，我国仍需要与相关缔约方协商要求它们也给予我国投资者及其投资以准入前国民待遇。

[4] 例如，我国和加拿大的 BIT 第 5 条第 2 款和第 3 款规定，任一缔约方给予另一缔约方投资者及其投资在设立、购买、扩大、管理、经营、运营和销售或其他处置其领土内投资方面的待遇，不得低于在类似情形下给予非缔约方投资者及其投资的待遇。

的实践看，最惠国待遇条款也包含了投资准入阶段。❶

在最惠国待遇的适用范围方面，近年来的国际投资实践还产生了最惠国待遇是否也适用于ISDS机制的争论。在Maffezini案中，仲裁庭裁决最惠国待遇的适用范围也包括ISDS机制。❷ 但是，Plama案的仲裁庭则持相反的观点。❸ 受这些案件的影响，一些投资协定开始采取明确规定将ISDS机制排除在最惠国待遇适用范围之外。CETA文本和我国的相关BIT也是如此。

因此，采用准入前最惠国待遇以及把ISDS机制排除在最惠国待遇范围之外，也将是中欧投资协定的做法。不过，中欧投资协定的最惠国待遇还会涉及该协定和我国签订的其他BIT和包含投资内容的FTA之间的关系。

首先，假如中欧双方不希望协定下的投资者基于该协定的最惠国待遇条款主张双方在中欧投资协定之前的某些协定下的实体待遇，可在中欧投资协定中作为最惠国待遇的例外列出。❹ 同时，中欧投资协定还可将缔约方与第三方现行和未来的FTA和关税同盟等安排将其排除在最惠国待遇条款的适用范围之外，这也是BIT的习惯做法。❺

其次，中欧和中美投资协定都采用准入前国民待遇+负面清单的模式，而我国现行BIT都没有给予准入前国民待遇。这可能会导致这样两个问题：一是包含准入前最惠国待遇的现行BIT的缔约方投资者可能借助该条款主张中美或中欧投资协定下的准入前国民待遇。❻ 二是如果中美和中欧两个投资协定的负面清单并不相同，我国给予美国投资者的准入待遇不想给予欧盟投资者（或者给予欧盟投资者的待遇不准备给予美国投资者）

---

❶ 参见美国2012年BIT范本第4条、NAFTA第1103条、CETA第8.7条。

❷ Emilio Agustin Maffezini v. Kingdom of Spain, ICSID Case No. ARB/97/7, Decision on Jurisdiction（25 January 2000）and Award of the Tribunal（13 November 2000）。不过，该案公布的裁决为西班牙文，有关英文和中文的论述，可参见Guiguo Wang, International Investment Law: A Chinese Perspective, London and New York: Routledge, 2015, p.263；以及前注19，余劲松书，第248页。

❸ Plama Consortium Ltd. v. Republic of Bulgaria, ICSID Case No. ARB/03/24, Decision on Jurisdiction（8 February 2005）, paras. 183, 184, 198, 223.

❹ 例如，我国和加拿大的BIT第8条（例外）第1款规定，第5条（最惠国待遇）不适用于根据1994年1月1日前生效的任何双边或多边国际协定给予的待遇。

❺ 例如，我国和法国的BIT第4条规定，最惠国待遇不应当包括缔约一方因其参加或参与自由贸易区、关税同盟、共同市场或任何其他形式的区域性经济组织而给予第三国投资者的特权。

❻ 假如中美和中欧是采用在FTA中包含投资内容的做法，就不会出现这样的问题，因为我国现行BIT是把缔约方与第三方FTA下的待遇排除在最惠国待遇之外的。

的话如何应对。一个可能的方式是通过“利益拒绝条款”（denial of benefits）来处理。利益拒绝条款是指缔约一方的投资者如果向缔约另一方主张投资协定下的待遇时，应满足特定的条件，否则不能享受。[1]利益拒绝条款具有防止非缔约方的投资者适用该协定下待遇的作用，[2]能够作为最惠国待遇的例外。[3]

（三）公正与公平待遇

在投资协定中，如果只是简单规定缔约一方应给予另一方的投资者以公正与公平待遇而没有进一步明确其具体含义，就会存在不同的解读。例如，一种观点认为公正与公平待遇只是习惯国际法下外国人最低标准的重述，并不增加新的义务；也有观点认为公正与公平待遇的含义不限于习惯国际法的最低标准，东道国对外国投资者的任何武断和歧视性的措施都可被视为违反了公正与公平待遇。[4] ICSID的仲裁庭在解释和适用公平与公正待遇时[5]，也倾向于采取比传统国际最低标准更为宽泛的解释，强化了对政府行为的审查，降低了投资者索赔的门槛，使得公平与公正待遇成为

---

[1] 例如，我国与日本、韩国的投资协定第22条规定：1. 缔约一方有权拒绝将本协定规定的权益给予缔约另一方投资者及其投资，条件是该投资者系缔约另一方的企业，由非缔约方的投资者所有或者控制，且拒绝的缔约方：（1）与非缔约方未保持正常经济联系；或（2）对非缔约方采取或保持一定的措施，该措施禁止其与该企业交易，或给予企业或其投资本协定项下的权益会导致违反或规避这些措施。2. 缔约一方有权拒绝将本协定规定的权益给予缔约另一方投资者及其投资，条件是该投资者系缔约另一方的企业，由非缔约方或拒绝的缔约方的投资者所有或控制，且该企业在缔约另一方领土内没有实质性商业行为。美国2012年BIT范本第17条、CETA文本草案关于投资的部分第15条也有相关规定。

[2] 最惠国待遇条款的适用以不同外国投资者之间处于类似情况为前提。假设甲国和乙国、丙国都存在双边BIT。如果甲丙BIT给予投资者待遇的条件为开展实质经营活动，当乙国投资者在丙国没有实质经营活动时，则与在丙国开展实质经营活动的丙国投资者就不处于类似情况，乙国投资者不能主张甲国给予丙国投资者的待遇。

[3] UNCTAD, Most – Favoured – Nation Treatment, UNCTAD Series on Issues in International Investment Agreements II, UNCTAD/DIAE/IA/2010/1, 2010, p. 46.

[4] M. Sornarajah, The International Law on Foreign Investment, 3rd edition, Cambridge: Cambridge University Press, 2010, p. 349.

[5] ICSID是根据1965年的《解决国家与他国国民之间投资争议公约》（也称《华盛顿公约》）设立的。ICSID通过调解或仲裁来处理缔约国投资者和另一缔约国的投资纠纷。纠纷的处理由个案组成的调解委员会和仲裁庭来负责。此外，ICSID行政理事会还制定了《附加便利规则》（Additional Facility Rules），用以解决《华盛顿公约》所不管辖的一些投资争议，如争端当事人一方为非缔约国或非缔约国国民之间的投资争议。

BIT 中投资者容易获得索赔的条款。❶

因此，NAFTA 的缔约方于 2001 年对该协定第 1105 条第 1 款的含义进行了澄清。NAFTA 第 1105 条第 1 款规定，各缔约方应根据国际法给予另一缔约方的投资者的投资以待遇，包括公正与公平的待遇以及全面保护和安全。NFATA 的自由贸易委员会解释到：第 1105 条第 1 款中对另一缔约方投资者投资的待遇是指根据习惯国际法而给予外国人的最低待遇标准；“公正与公平”和“全面保护与安全”的概念并不要求给予超出习惯国际法给予外国人的最低待遇标准；缔约方违反 NAFTA 其他条款或另一独立的国际协定义务，并不能用于确定缔约方违反了第 1105 条第 1 款。❷ NAFTA 的上述解释也被纳入到了美国随后的 2004 年 BIT 范本之中，2012 年的范本也继续沿用。除了并入上述解释外，美国 BIT 范本还进一步指出公正与公平待遇的概念并不创设实体性的权利，并明确了缔约方关于公正与公平待遇方面所承担的义务，包括在刑事、民事或行政司法程序中根据世界主要法律体系中所蕴含的正当程序原则而不得拒绝司法的义务。❸

CETA 第 8.10 条没有将公正与公平待遇与习惯国际法相联系，但也有类似于美国 2012 年 BIT 范本的表述，❹ 并对缔约方在公正与公平待遇条款下所承担的义务做出了更为细致的列举。❺ CETA 对公正与公平待遇的规定实际上是封闭性的，减少了仲裁庭在这方面解释的裁量权和不确定性。❻

---

❶ ICSID 相关案件的仲裁庭提出了分析公平与公正待遇的几个要素，以此来衡量公平与公正待遇是否被违反。其要点包括：公平与公正待遇要求提供稳定和可预见的法律与商业环境；不影响投资者的基本预期；不需要有传统国际法标准所要求的专断和恶意；违反公平与公正待遇条款必须给予赔偿。参见余劲松：《国际投资条约仲裁中投资者与东道国权益保护平衡问题研究》，载《中国法学》2011 年第 2 期，第 137 页。

❷ NAFTA Free Trade Commission, Notes of Interpretation of Certain Chapter 11 Provisions, July 31, 2001，检索自：http://www.naftaclaims.com/commissionfiles/NAFTA_Comm_1105_Transparency.pdf。

❸ 参见美国 2012 年 BIT 范本第 5 条第 1－3 款。

❹ 例如，缔约方违反协定其他条款或另一独立的国际协定义务，并不能用于确定缔约方违反了公正与公平待遇义务。

❺ 缔约方违反公正与公平待遇义务的措施包括：在刑事、民事或行政程序中拒绝司法；根本违反了正当程序，包括在司法和行政程序中根本违反透明度原则；明显的武断行为；基于明显错误理由（如性别、种族或宗教）的有针对性的歧视措施；对投资者的强迫、胁迫等行为；CETA 的贸易委员会所认定的其他行为。

❻ European Commission, Investment Provision in the EU－Canada Free Trade Agreement (CETA), 26 September 2014.

我国的BIT也规定了给予投资以公正与公平待遇，但早期的BIT没有将该待遇与国际法相联系，而近年的发展动向则是规定依据普遍接受的国际法规则给予投资以公正与公平待遇。[1] 例如，我国和加拿大的BIT第4条规定：任一缔约方应按照国际法，赋予涵盖投资公平与公正待遇并提供全面的保护和安全。“公平与公正待遇”和“全面的保护和安全”的概念并不要求给予由被接受为法律的一般国家实践所确立之国际法要求给予外国人的最低待遇标准之外或额外的待遇。一项对本协定的其他条款或其他国际协定条款的违反，不能认定对本条款的违反。这实际上借鉴了美国BIT范本的做法。CETA的做法则与美国BIT不同。比较而言，CETA的做法也有可取之处。习惯国际法关于外国人最低待遇的标准并非十分明确的。[2] CETA的做法则列出了公正与公平待遇义务的具体含义。

二、国家规制权的维护与例外条款的设计

虽然投资协定的缔约方可以通过负面清单列出可采取的与协定义务不符的措施，但投资协定也同时会规定缔约方应逐步减小或消除不符措施以及不采取新的不符措施。[3] 因此，缔约方如果要采取负面清单之外的不符措施且免除违反协定义务的后果，就需要以投资协定的例外条款为法律依据。投资协定的例外条款也称为不予排除的措施（non - precluded measures）条款是投资协定中的国家安全例外、金融审慎例外、税收例外等条款的统称。[4] 这些条款是平衡投资者利益和东道国规制权的关键。就中欧投资协定而言，需要特别注意国家安全例外条款和税收例外条款。阿根廷在21世纪初因经济危机所引发的ICSID下的数个仲裁案的裁决表明，基于同样的事实和安全例外条款，仲裁庭也会得出不同的结论。税收例外在维

---

[1] 参见余劲松：《改革开放30年与我国国际投资法制的发展与完善》，载《理论前沿》2008年第21期，第11页。

[2] 美国认为习惯国际法最低待遇标准应依据1926年的尼尔（Neer）案所适用的标准予以解释，但也有仲裁庭认为习惯国际法的待遇制度已经发展到了一个较高的待遇标准。而且，尼尔案所涉及的是外侨的人身安全问题，而不是投资的国际保护问题。参见余劲松主编：《国际投资法》（第4版），法律出版社，第235－238页。

[3] 例如，参见美国2012年BIT范本第14条第1款、日本和韩国的BIT第5条。

[4] 近年来，有的投资协定中也写入了一般例外条款（也称公共秩序、公共健康或公共道德例外），其规定与1994年GATT第20条和GATS第14条近似。例如，参见我国和加拿大的BIT第33条第2款。

护缔约方税收主权的同时，也规定投资协定的特定条款（如征收）适用于税收措施。这也需要防止缔约方和投资者滥用税收例外条款。

（一）经济危机与国家安全例外的关系

国家安全（national security）例外，也称根本安全利益（essential security interests）例外，以美国和阿根廷的 BIT 第 11 条为例，其条文为："本协定不应排除任何缔约方为维护公正秩序、履行维护或恢复国际和平与安全，或保护其自身的根本安全利益而采取必要的措施。"从该条的文义来看，战争与和平等事项无疑属于国家安全的范畴，但该条并没有明确提及国家安全是否包含经济安全。在阿根廷经济危机所引发的仲裁案中，阿根廷以第 11 条作为其采取的一系列措施的抗辩。在 CMS 案中，仲裁庭认为国家安全应当包括经济紧急状态，但问题的关键在于判定一国的经济危机达到何种程度才会危害到根本安全利益。[1] 仲裁庭认为，阿根廷虽然陷入了经济危机，但并未出现经济和社会全面崩溃的局面，因而阿根廷不能援引第 11 条免责，并且裁定阿根廷违反了阿根廷—美国 BIT 第 2 条（给予外国投资者公正与公平待遇）的义务，应给予外国投资者补偿。[2] 在 LG&E 案中，仲裁庭也主张阿根廷—美国 BIT 的第 11 条适用于经济紧急状况，并且认为阿根廷在 2001 年 12 月至 2003 年 4 月的经济状况已经导致了最高程度的社会秩序混乱并威胁到了阿根廷的根本安全利益，因此阿根廷可以根据第 11 条就这段时间的措施免除该协定下对投资者的义务，无须对投资者予以补偿。[3] 此外，上述案件的仲裁庭还认为阿根廷—美国 BIT 第 11 条属于非自行判断（non self - judging）的条款。即使缔约方可以援引该条，就其采取的措施而言，仲裁庭也有权进行审查。[4]

受这些案件的影响，美国 2004 年的 BIT 范本第 18 条增加了"缔约方认为"（it considers）的措辞，将安全例外表述为自行判断（self - judging）

[1] CMS Gas Transmission Company v. Argentine Republic, ICSID Case No. ARB/01/8, Award of the Tribunal (12 May 2005), paras. 359 - 361.

[2] 同上注，第 355、281、468、469、471 段。

[3] LG&E Energy Corp., LG&E Capital Corp. and LG&E International Inc. v. Argentine Republic, ICSID Case No. ARB/02/1, Decision on Liability (3 October 2006), paras. 229 - 238.

[4] 参见 CMS 案裁决第 373 段以及 LG&E 案裁决第 212 段。

的条款。[1] 美国2012年的BIT范本第18条也维持了这样的表述。[2]

我国与欧盟成员国的现行BIT都没有安全例外条款。不过，近年来我国的一些BIT中开始增加了自行判断型的安全例外条款。[3] CETA第28.6条（national security）也是如此。[4] 因此，中欧投资协定也将采用自行判断型的安全例外条款。

此外，根据阿根廷仲裁案的结论，国家安全可以包括经济安全。不过，仲裁庭在个案中如何解释，仍是不确定的。因此，美国BIT范本还引入了专门的金融服务例外条款。以2012年范本第20条为例，[5] 该条包括两个例外：一是允许缔约方为保护投资者、存款人的利益或维护金融系统的统一和稳定而采取针对金融服务的审慎措施；二是缔约方可以采取非歧视的、普遍适用的货币、信贷或汇率政策。[6] 此外，当外国投资者就东道国的金融审慎措施诉诸ISDS机制时，第20条也设定了特殊的程序。如果东道国提出以上述例外为抗辩，东道国可提请缔约双方的金融主管当局联合做出决定，认定上述例外是否为有效的抗辩，该决定对仲裁庭具有约束力。同时，在仲裁员的选定方面，争端当事方也要保证仲裁庭具有金融服务法律或实践方面的专业知识。通过这些规定，可以在保护投资者利益和维护

---

[1] 其条文为：本协定不能解释为排除任何缔约方为履行与维护或恢复国际和平与安全的义务相关，或与保护其自身根本安全利益相关而采取其认为必要的措施。

[2] 美国BIT范本做出这样的改变的一个主要原因在于：由于阿根廷案的仲裁庭认为第11条并非自行判断条款，因此仲裁庭根据联合国国际法委员会编撰的国家对国际不法行为的责任条款（Articles on Responsibility of States for Internationally Wrongful Act）第25条（necessity）来审查阿根廷的措施是否满足了该条下的危机情况而免责。第25条第1款规定：一国不得援引危机情况作为排除其不符国际法义务的不法行为的理由，除非：（1）该国的根本安全利益面临严重和迫在眉睫的危险，而该国采取的行为是保障其根本安全利益所唯一可行的方法；（2）该国的行为并不严重损害该国负有的义务的国家或国际社会的根本利益。该条第2款还规定：在任何情况下，一国不得援引危机情况作为排除其不法行为的理由，如果（1）该国承担的国际义务排除其援引危机情况的可能性；或（2）该国自身的行为导致了危机情况。在CMS案中，仲裁庭认为阿根廷应对金融危机的措施并非唯一的方案，而是有替代方案，尽管认定哪种方案更为适当并非仲裁庭的职责。国家对国际不法行为的责任条款第25条关于措施"唯一"性的要求意味着阿根廷无法根据第11条的安全例外主张免责。因此，仲裁庭的解释方法是存在问题的。关于这方面的讨论，参见Jürgen Kurtz, Adjudging the Exceptional at International Investment Law, 59 Intl & Comp. L. Q. 325（2010）。

[3] 比如，我国和加拿大的BIT第33条第5款的表述是："本协定中任何规定均不得被理解为阻止缔约方采取其认为保护其根本安全利益所必要的任何如下措施"。

[4] 该条（b）项的表述是：协定不阻止缔约方采取其认为为保护根本安全利益所必需的活动。

[5] 第20条在美国2004年BIT范本中就已经增加了，2012年范本做了进一步修订。

[6] 该条关于"金融服务"的定义采用了服务贸易总协定（GATS）金融服务附件的定义。金融服务包括所有保险和与保险有关的服务，以及所有银行和其他金融服务（保险除外）。

东道国权益之间达到平衡，也能够在一定程度上避免仲裁庭的随意解释。

鉴于2008年后的欧债危机和希腊金融危机，金融审慎例外条款也会为欧盟所重视。❶ 同时，为了实施人民币国际化的战略，我国的金融管制也正在放开。我国也需要保留为保障金融稳定而采取审慎措施的权利。我国近年来的BIT已经开始借鉴美国的做法写入这方面的规定。❷ 因此，中欧投资协定写入金融审慎例外类条款是必然的。不过，欧盟的情况有其特殊之处。欧盟以建立一个以欧元为基础的经济与货币联盟为目标，❸ 欧盟成员国有19国采用了单一货币欧元。对于欧元区成员国来讲，欧元的发行权集中到了欧洲中央银行手中，欧元的利率政策也由欧洲中央银行决定。部长理事会可根据欧洲中央银行或委员会的建议缔结欧元与非欧盟货币的有关汇率安排的协定。❹ 因此，欧盟的欧元区成员国和非欧元区成员国在这方面的权限是存在差异的。中欧投资协定写入金融审慎例外条款，也将区分欧元区成员国和非欧元区成员国。❺

此外，中欧投资协定还可参考韩国与日本的BIT第16条，要求缔约方在采取措施时通知对方，并在通知中明确采取措施的目的、法律依据等事项。❻ 这样的规定能够避免缔约方滥用例外而在采取措施之后寻找理由，也能够促使缔约方在采取措施之前评估是否是为了应对危机情况所必需的。❼

---

❶ 2011年8月，ICSID仲裁庭关于Abaclat案的裁决认定主权债务属于阿根廷－意大利BIT中的“投资”的范畴。该案的裁决将对主权债务重组产生影响。如果中欧投资协定也包括证券投资且不排除主权债券，也可能存在类似的问题。有关Abaclat案的讨论，参见Ellie Norton, International Investment Arbitration and the European Debt Crisis, 13 Chi. J. Int1 L. 291 (2012－2013)。

❷ 例如，我国与日本、韩国的投资协定第20条（金融审慎措施）第1款规定：尽管本协定有任何其他规定，但并不禁止缔约一方出于审慎采取与金融服务有关的措施，包括为保护投资者、储户、投保人或金融服务提供者对其负有托管责任的人而采取措施，以及为确保金融体系完整性和稳定性而采取措施。不过，第20条没有美国BIT范本中争端解决机制的特殊规定。

❸ 参见《欧洲联盟条约》第3条第4款。

❹ 参见《欧洲联盟运行条约》第127条、第128条和第219条。

❺ CETA也包含了“资本流动和支付的临时性保障措施例外”（第28.4条）和“国际收支与外部金融困境下的限制措施例外”（第28.5条），前者专门适用于欧盟为维护经货联盟而采取的限制措施。

❻ 韩国与日本的BIT第16条第1款规定了安全例外、公众健康和公共秩序例外；第2款要求缔约方不应滥用第1款的例外而规避协定义务；第3款则要求：缔约方根据第1款采取措施时，应在措施生效前或生效后尽快通知另一方，并说明：措施适用的对象；与措施相关的协定条款和国内法依据；对该措施内容的详细说明；采取措施的目的。

❼ Catherine H. Gibson, Beyond Self－Judgement: Exceptions Clauses in US BITs, 38 Fordham Int 1 L. J. 1 (2015).

（二）税收例外

税收例外条款的作用是不将投资协定的义务适用于缔约方基于税收协定和国内法而采取的税收措施（tax measures），其立法体例可以概括为两大类：一是制定专门的税收例外条款，明确投资协定原则上不适用于税收措施；❶ 二是在投资待遇条款中规定非歧视待遇等义务不适用于税收措施。❷

我国和欧盟成员国的现行BIT并没有专门的税收例外条款，而是采用了第二类体例。❸ 不过，相关BIT的规定并不相同。❹ 从立法技术上讲，在投资待遇条款规定税收例外的做法并不如专门的例外条款排除的范围更广。我国近年来与其他国家签订的BIT中开始写入专门的税收例外条款。❺ 欧盟近年来签订的FTA中也有专门的税收例外条款。❻ 因此，中欧投资协定写入专门的税收例外条款并明确投资协定不适用于缔约方基于税收协定和国内法所采取的税收措施是可预见的。对于欧盟的欧元区成员国来讲，由于它们失去了以汇率和利率政策调整经济的权限，税收政策就成了这些国家吸引资金和改善竞争条件的主要手段。因此，税收例外条款也会为欧盟所重视。同时，在经济全球化的背景下，跨国避税和逃税也日益为各国所重视，专门的税收例外条款也能够保障缔约方基于国内税法和税收协定

❶ 例如，NAFTA第2103条（税收）第1款规定：除本条所列之外，本协定的任何规定不适用于税收措施。

❷ 例如，英国和秘鲁的BIT第3条（国民待遇和最惠国待遇）第3款规定：本条的非歧视待遇并不要求缔约方给予缔约另一方的国民或公司基于国际税收协定或国内税法的任何待遇或优惠。

❸ 例如，我国和德国2003年的BIT第3条（投资待遇）第4款规定：本条第1款到第3款所述的待遇（指公正与公平待遇、国民待遇、最惠国待遇），不应解释为缔约一方有义务将由下列原因产生的待遇、优惠或特权给予缔约另一方投资者：……任何双重征税协定或其他有关税收问题的协定。

❹ 例如，我国和德国的BIT第3条第4款只是规定投资待遇不适用于任何双重征税协定或其他有关税收问题的协定，但没有排除国内法下的税收措施。相比之下，根据中英BIT第3条第4款，缔约方还可将基于国内税法而给予本国国民或第三国投资者的待遇不给予缔约国另一方的投资者。再如，我国和法国的BIT第4条规定国民待遇和最惠国待遇不适用于税收协定，但我国和德国的BIT第3条的投资待遇则包括国民待遇、最惠国待遇和公正与公平待遇。因此，中法BIT并没有将税收措施排除在公正与公平待遇之外。从国际投资的实践看，外国投资者仍可主张东道国的税收措施违反了公正与公平待遇。关于这方面的论述，参见Matthew Davie, Taxation - Based Investment Treaty Claims, 6 J. Int. Disp. Settlement 202 (2015)。

❺ 例如，我国与日本、韩国的投资协定第21条，我国和加拿大的BIT第14条。

❻ 例如，欧盟与韩国的FTA第15.7条，CETA文本草案例外部分的第6条。

而采取反避税措施，而不必担心因此违反投资协定义务。❶

需要指出的是，税收例外条款也规定在特定情况下投资协定的相关条款（如征收）仍适用于税收措施。❷ 这是为了防止缔约方滥用税收例外条款从而借助税收方式实施征收（包括间接征收）的行为。❸ 原则上讲，一国的正常的税收措施并不构成征收。❹ 不过，在 Quasar de Valores 案中，仲裁庭指出，表面上是征税措施的做法，如果实质上是超出行使正常税收权力的措施并具有剥夺纳税人财产的效果，就属于征收的行为。仲裁庭裁定俄罗斯联邦税务当局对西班牙投资者所投资的俄罗斯 Yukos 石油公司所采取的课征所得税的做法并非合法征税的措施，其真实目的是对 Yukos 石油公司实施征收。❺

不过，由于税收协定之中没有类似于投资协定的 ISDS 机制，❻ 投资者还可能借助投资协定的 ISDS 机制来处理其与东道国政府的税收争端。因此，为了平衡投资者利益和东道国的规制权，以美国 2012 年 BIT 范本为例，在规定征收适用于税收措施的同时，也对缔约方的措施构成征收（特

---

❶ 例如，欧盟与韩国的 FTA 第 15.7 条第 4 款规定：本协定不应解释为禁止缔约方根据税收协定或国内财税立法而采取防范逃税和避税的任何措施。

❷ 例如，美国 2012 年 BIT 范本第 21 条规定：本协定第 6 条（征收）、第 8 条（履行要求）适用于所有税收措施。

❸ 间接征收，是与传统的国家直接取得外国投资的所有权或对其占有的方式（也称为直接征收）相对的概念。在间接征收的做法下，尽管国家并没有取得外国投资的所有权或将其占有，但相关措施导致投资者实际被剥夺了相关权利或几乎丧失了财产的全部价值，具有与直接征收类似或等同的效果。参见 UNCTAD，Expropriation，UNCTAD Series on Issues in International Investment Agreement II，UNCTAD/DIAE/IA/2011/7，p. 12。

❹ 例如，在 Feldman 案中，仲裁庭指出：政府必须能够为公共利益而自由行事，如实施新的税制或修改现行税制。如果商业因此受到影响而寻求补偿，此类政府规制措施就无法实现其自身的目的。参见 Marvin Feldman v. Mexico，ICSID Case No. ARB（AF）/99/1，Award（16 December 2002），para. 103。

❺ Quasar de Valores SICAV S. A.，Orgor de Valores SICAV S. A. GBI 9000 SICAV S. A v. The Russian Federation，Arbitration Institute of the Stockholm Chamber of Commerce，Award（20 July 2012），paras. 48，177.

❻ 税收协定有相互协商程序。以经合组织（OECD）2014 年税收协定范本第 25 条为例，当缔约国一方的居民认为缔约国另一方的措施已经导致或将要导致对其不符合税收协定的征税时，可不考虑上述缔约国国内法的救济手段，将案件提交其本人为居民的缔约国主管当局。如果缔约国主管当局认为案件所提意见合理，又不能单方面解决时，应努力与缔约国另一方主管当局相互协商解决，以避免不符合税收协定的征税。但是，缔约国税务机关只是被要求努力解决税务争议，没有义务一定达成结果。纳税人也不是相互协商程序的主体。尽管 OECD 范本第 25 条也规定，缔约国双方税收当局如果不能在 2 年内达成相互协商的协议就可启动仲裁程序，但税务仲裁仍是相互协商程序的延伸，仲裁的主动权在缔约方之间，纳税人仍非仲裁程序的主体。

别是间接征收）的情况进行了规定，[1] 并设定了投资者将其与东道国的税收争议提交国际仲裁之前的前置程序。[2] CETA 第 28.7 条的税收例外条款以及关于征收的附件（Annex 8 – A）与美国的做法近似。我国的相关 BIT 中也有类似的规定。[3] 这些实践可为中欧投资协定提供参考。

三、ISDS 机制

通过国际仲裁来处理投资者与东道国之间的纠纷是传统 ISDS 机制的核心内容。[4] 仲裁包括临时仲裁和机构仲裁。在机构仲裁方面，ICSID 则是国际投资协定所经常选择的机构。[5] 不过，近年来，ISDS 机制的正当性受到了越来越多的质疑，个别国家采取了退出《华盛顿公约》或者在投资协定中不规定 ISDS 机制的做法。[6] 那么，中欧投资协定是否应包含 ISDS 机制？如果包括，制度应如何设计？

（一）是否需要 ISDS 机制

近年来对于 ISDS 机制（特别是仲裁方式）的批评主要集中在这样几

---

[1] 对于何为征收，特别是间接征收，美国 BIT 范本还通过附件予以了具体说明。认定间接征收应基于个案的事实进行审查，并考虑如下因素：（1）政府措施的经济影响。但是，只因为政府措施对投资的价值造成了负面影响本身不足以认定其构成间接征收。（2）政府措施对明确的投资合理预期的干预程度。（3）政府措施的特征。此外，除了极其特殊的情况以外，政府基于保护公众健康、公共安全或环境的合法目的而采取的非歧视的规制措施不构成间接征收。

[2] 根据第 21 条第 2 款，投资者诉诸 ISDS 机制的仲裁来处理涉及征收的税收措施之前，应先将该争议提交缔约双方税收主管当局。如果缔约双方税收主管当局未能在 180 天内就该税收措施不构成征收达成一致，仲裁程序才能启动。NAFTA 第 2103 条第 6 款也有类似规定。美国投资者曾主张加拿大 2006 年关于某项信托所得税的改变构成了间接征收，并试图通过 NAFTA 下的争端解决机制主张赔偿。但是，美国的主管当局同意加拿大的主管当局关于该项所得税改变不构成征收的观点，阻止了美国投资者启动 NAFTA 下的仲裁程序。参见 Alan S. Lederman, When Can U. S. Trade Agreements Be Availed of to Compensate for Income Tax Liabilities? 118 J. TAX' N 69 (2013)。

[3] 例如，我国和加拿大的 BIT 第 14 条第 4 款和第 5 款。

[4] 投资者可以在其与东道国的投资合同（如开采自然资源或进行公共项目建设的特许协议）中约定仲裁条款，这称为以合同为基础的仲裁（contract – based arbitration），适用于缔约方之间的合同纠纷。在投资协定的仲裁机制（treaty – based investment arbitration）下，缔约国事先同意符合协定下投资者资格的所有外国投资者可以就其与东道国的相关投资争议诉诸仲裁。See, Sornarajah, supra note 39, pp. 276, 277, 306。

[5] 国际投资协定也会选择其他机构仲裁，如斯德哥尔摩商会仲裁。在临时仲裁方面，投资协定一般规定仲裁庭采用联合国国际贸易法委员会仲裁规则（UNCITRAL arbitration rules）。

[6] 例如，玻利维亚、厄瓜多尔和委内瑞拉退出了《华盛顿公约》。澳大利亚和新西兰的更紧密经济关系贸易协定的投资议定书没有规定 ISDS。参见王彦志：《投资者与国家间投资争端仲裁机制的废除：国际实践与中国立场》，载《中国国际法年刊》（2012），法律出版社，第 455 – 489 页。

个方面：

首先，东道国的规制自主权受到限制。这是对 ISDS 机制最主要的批评。这种观点认为，国际仲裁给予了外国投资者在东道国司法体系之外挑战东道国措施的渠道，东道国规制社会经济活动的措施如果被裁定违反了投资协定，东道国的规制自主权就被剥夺了。[1]

其次，仲裁裁决缺乏一致性和预见性。当前的国际投资协定以双边为主，关于投资待遇和保护的条款并不完全一致，仲裁程序规则也不一样。[2]即使是同一个投资协定，如阿根廷仲裁案所示，不同的仲裁庭也会对相同的条款做出不同的解释，或者基于相同的事实做出不同的认定。这无法为将来的案件中适用这些协定提供预见性。

再次，仲裁缺乏透明度和上诉机制。大多数的仲裁是不公开审理的。尽管 ICSID 是最公开的仲裁机构并公布了大多数裁决，但也没有公开所有的裁决和当事人的陈述。其他机构的透明度就更低了，如国际商会仲裁案件的所有细节都是保密的。同时，现行仲裁机制也缺少有效的审查制度。尽管 ICSID 有仲裁撤销程序（annulment process），但适用范围有限。ICSID 的撤销委员会也面临无法撤销或纠正裁决的情况，即使其认为仲裁裁决存在明显的法律错误。[3] 而且，撤销委员会同仲裁庭一样，是针对个案临时设立的，也可能存在结论不一致的情况。[4]

上述关于 ISDS 机制的批评，有的是客观存在的，有的则存在误解。

首先，不能因为国际仲裁庭可以审查东道国的措施就认为其规制权当然受到了限制。缔约方在投资协定中写入 ISDS 机制是自我行使主权的

---

[1] Reinhard Quick, Why TTIP Should Have an Investment Chapter Including ISDS, 49 JWT 199 (2015).

[2] Steffen Hindelang, Study on Investment – State Dispute Settlement (ISDS) and Alternatives of Dispute Resolution in International Investment Law, in European Parliament Policy Department DG External Policies, Investor – State Dispute Settlement (ISDS) Provisions in the EU's International Investment Agreement, Vol. 2 – Studies, pp. 50 – 60.

[3] 《华盛顿公约》第 52 条第 1 款规定，任何一方当事人可基于下列一个或几个理由向秘书长提出书面申请，要求撤销仲裁裁决：（1）仲裁庭的组成不适当；（2）仲裁庭明显超越其权限；（3）仲裁庭成员存在腐败行为；（4）严重违背仲裁基本程序；（5）裁决未陈述其所依据的理由。例如，在 CMS 案中，虽然撤销委员会认为仲裁庭的裁决在适用联合国国际法委员会编撰的国家责任条款第 25 条解释阿根廷—美国 BIT 第 11 条下的“必要性”时存在错误，但认定仲裁庭没有明显越权而没有撤销该裁决。参见 CMS 案裁决第 128 – 136 段。

[4] UNCTAD, Reform of investor – State Dispute Settlement: In Search of a Roadmap, IIA Issues Note, No. 2, June 2013, pp. 3 – 4.

体现。既然投资协定存在ISDS机制，缔约方就应当遵守，这也是国际法的基本原则。从国际实践看，由独立的第三方来审查一国措施的争端解决机制并不罕见。一个典型的例子就是WTO的争端解决机制。WTO的机制具有强制管辖权，争端解决机构（DSB）以反向一致的表决方式通过专家组和上述机构的裁决报告。专家组和上诉机构的裁决报告在裁决WTO成员的措施违反了WTO协定义务时，也会要求该成员改正其措施并与WTO协定一致。专家组和上诉机构的裁决报告经争端解决机构通过后即具有法律约束力。败诉方如果拒不履行，争端解决机构还可授权胜诉方进行报复。❶

其次，也不能只因为裁决东道国违反投资义务就当然认为东道国的规制权受到了限制。如果东道国的做法确实违背了条约义务，仲裁庭裁决东道国败诉恰恰是为了实现投资协定保护外国投资者的目的。此外，还应当看到，也存在仲裁庭裁决投资者主张不能成立的情况。根据联合国贸发会（UNCTAD）的统计，政府胜诉的案件仍占多数。❷ 再以美国为例，在过去30多年里，美国在ISDS机制下没有输过一起案件。❸

再次，ISDS解决机制缺乏一致性和透明度以及一些案件的裁决存在法律错误确实是客观事实。不过，这并不能否定ISDS机制本身的意义。ISDS机制通过排除投资者本国政府的介入，使投资争议的解决非政治化。❹ 在某些情况下，投资者通过东道国的司法体系取得救济可能并不容易。❺ 此

---

❶ 参见李成钢主编：《世贸组织规则博弈：中国参与WTO争端解决的十年法律实践》，商务印书馆2011年版，第4-5页。

❷ 根据UNCTAD统计，截至2014年结案的通过投资者—东道国争端解决机制处理的356个案件中，37%的案件（132个）东道国胜诉，24.4%的案件（87个）投资者胜诉。参见UNCTAD, Recent Trends in IIAs and ISDS, IIA Issues Note, No. 1, February 2015。

❸ US Chamber of Commerce, 13 Myths About Investment Agreements and Investor - State Dispute Settlement (ISDS)，检索自：https://www.uschamber.com/sites/default/files/13_myths_about_investment_agreements_and_isds.pdf。

❹ 在历史上，主要为发达国家及其投资者寻求使用来解决投资者与东道国之间的投资争议方法，有外交保护和外国法院诉讼。外交保护是投资者母国出面解决投资者与东道国争端的做法。外国法院诉讼则是由投资者在东道国以外的法院对东道国提起诉讼。发达国家及其投资者对这两种方法的滥用，遭到发展中国家的普遍反对。参见余劲松主编：《国际投资法》（第4版），法律出版社2014年版，第375页、第406-416页。

❺ 例如东道国司法系统对外国投资者存在偏见，或者法院拒绝审理外国投资者与本国政府之间的征收争议。当东道国没有把投资协定转化为国内法时，东道国法院即使受理投资者的起诉，投资者也可能无法在国内法院中主张适用投资协定。参见European Commission, Incorrect claims about investor - state dispute settlement, 3 October 2013。

时，ISDS机制对投资者就非常重要。ISDS机制也能促使东道国切实履行条约义务，从而有助于东道国吸引外国投资。[1] ISDS机制的裁决缺乏一致性也与国际投资法领域并不存在类似于WTO那样的多边体制有关。ISDS机制下的仲裁缺乏透明度也是其参照传统的国际商事仲裁制度的结果。[2]

此外，有些案件的裁决结果（如阿根廷仲裁案）也与投资协定相关条款的含义模糊有关。既然条款含义模糊，仲裁庭就需要进行解释。当然，仲裁庭采用不当的解释方法也可能导致裁决的错误。这可以通过明确投资协定相关条款和增加缔约方在ISDS机制中对协定解释的控制来解决。

上述讨论也适用于中欧投资协定。我国和欧盟成员国的现行双边投资协定中绝大多数是有ISDS机制的。[3] 假如中欧投资协定不包含ISDS机制，对欧盟而言，该协定要根据欧盟第1219/2012号规则取代成员国与我国之间的现行双边协定就难以实现，因为缺乏ISDS机制的中欧投资协定并不符合欧盟希望提高现行双边投资保护水平的谈判目标。从保护我国在欧投资利益的角度讲，中欧投资协定也需要ISDS机制。欧盟28个成员国的法律制度和法治水平也存在差异。如果没有统一的ISDS机制而适用欧盟各成员国的国内救济，我国对欧盟的投资会面临在不同成员国有不同的结果的情况。另外，尽管我国自改革开放以来很少有被外国投资者诉诸投资协定下ISDS机制的例子，[4] 但我国的一些投资协定中允许投资者诉诸国际仲裁的范围很宽，面临被诉的风险较大。[5] 同时，我国投资者也存在诉诸ICSID机制没有成功的例子。[6] 因此，我国也需要把握中欧投资协定谈判的机遇

---

[1] See Steffen Hindelang, supra note 87, pp. 51 – 56.

[2] 投资协定中规定通过国际商事仲裁机构（如国际商会）解决投资者与东道国的投资争端更是如此。

[3] 不过，我国和瑞典的关于相互保护投资的协定只规定了缔约方在解释或执行该协定中所发生的争端的解决机制，但没有ISDS机制。

[4] ICSID网站显示我国作为被诉方只有2个案件。检索自https：//icsid. worldbank. org/apps/ICSIDWEB/cases/Pages/AdvancedSearch. aspx? rntly = ST30。

[5] 以我国和德国2003年的BIT为例，与两国1983年的BIT相比，2003年的BIT扩大了外国投资者就有关争议向国际仲裁庭投诉东道国政府的权利范围，从原先限于“征收补偿金”的争议，扩大到“就投资产生的任何争议”，并赋予了外国投资者单方向国际仲裁庭投诉东道国政府的随意性和决定权。参见陈安主编：《国际投资法的新发展与中国双边投资条约的新实践》，复旦大学出版社2007年版，第359 – 360页。

[6] 例如，平安保险公司在ICSID下诉比利时案被仲裁庭裁定没有管辖权。参见该案的裁决：Ping An Life Insurance Company of China，Limited and Ping An Insurance（Group）Company of China，Limited v. Kingdom of Belgium（ICSID Case No. ARB/12/29）。

对现行双边协定中的ISDS机制进行完善。

（二）方案设计——欧盟在CETA下的实践

ISDS机制虽然以保护外国投资为宗旨之一，但并不以缔约方放弃对外资的规制权为代价，需要在投资者利益保护和国家规制权之间实现平衡。例如，CETA第8.9条第1款明确表明缔约方保留其规制权和为实现合法的公共目标（如公共健康、安全、环境、公共道德和文化多样性）而采取措施的权利。我国在中欧投资协定谈判中也应坚持这样的立场。

就ISDS机制的具体设计而言，欧盟在CETA中对现行机制进行了改革，并建立了专门的国际投资法庭机制，包括专门的初审法庭（Tribunal of First Instance）和常设上诉法庭（Appeal Tribunal）来审理投资者和东道国的投资纠纷，可以说是ISDS机制的一次革命。

1. 国际投资法庭机制

投资法庭是比照国内法院和国际司法机构的模式设计的。投资法庭和上诉法庭的法官是由缔约方任命的。根据CETA第8.27条，初审法庭由15名法官组成，5名为欧盟成员国的国民，5名为加拿大国民，其余5名为第三国国民。15名法官应具有担任缔约方国内法官的资格，或是被认可的法学家，同时应具有国际公法，特别是国际贸易和投资协定争端解决的专业知识。初审法庭法官任期为5年并可连任一次。[1]初审法庭案件的审理由3名法官负责，1名来自欧盟成员国，1名来自加拿大，1名来自第三国。审理案件的法院也不是由争端当事方选择，而是由初审法庭的主席任命。具体任命15位法官中的哪三位审理案件，以轮换为基础并确保具有随机性和不可预测性。这与仲裁机制下投资者和东道国可选择仲裁员是截然不同的。

根据CETA第8.28条，上诉法庭审理对初审法庭裁决的上诉。上诉法庭审理案件的上诉由随机挑选的3位法官负责。上诉法庭可以维持、修改或推翻初审法庭的裁决。上诉法庭的裁决是终局的。对上诉法庭法官的人数CETA第8.28条没有做出具体规定，而是由欧盟和加拿大组成的联合委员会来决定。

根据CETA第8.39条，当法庭裁决东道国败诉且需要对投资者赔偿时，赔偿应与投资者实际遭受的损失相当，不得裁定惩罚性赔偿。同时，

[1] 不过，自CETA生效之日起，15名初审法官中7名的任期可延长到6年。

裁决也不具有废除欧盟及其成员国以及加拿大的措施的效力。

2. 限定了 ISDS 机制的适用范围

根据 CETA 第 8.18 条，ISDS 机制适用于缔约一方的投资者主张另一缔约方违反如下义务的争议：(1) 在投资的扩展、经营和投资的处置等方面违反投资非歧视待遇；(2) 违反投资保护义务条款且投资者遭受损失的情况。[1] 因此，ISDS 机制并非适用于涉及协定所有条款的争议。例如，投资者不能就其投资未获得市场准入而适用 ISDS 机制。同时，该条还规定，投资者不可就其通过欺诈、腐败或滥用程序等方式进行的投资寻求本协定下的 ISDS 机制。CETA 第 8.32 条和第 8.33 条还设立了拒绝投资者滥诉的快速程序。

此外，为了防止投资者通过国内法院诉讼或诉诸其他协定的争端解决机制来处理相同的争端并获得多重补偿的情况，以及为了避免裁决的不一致性，CETA 第 8.22 条和第 8.24 条还禁止投资者同时采用 CETA 下的 ISDS 机制和国内诉讼（以及其他国际争端解决机制）。

3. 强化程序的透明度和消除利益冲突

CETA 第 8.36 条的标题即为程序的透明度。该条第 1 款明确规定《联合国贸易法委员会投资人与国家间基于条约仲裁透明度规则》(UNCITRAL Rules on Transparency in Treaty – based Investor – State Arbitration) 将适用于 CETA 下的争端解决程序，[2] 强调了 ISDS 机制的透明度，例如：案件的所有文件（当事人的陈述、裁决等）原则上都将在联合国网站上公开；案件的听证对公众开放；NGO 和工会也可提交意见。上述透明度要求是有约束

---

[1] 投资非歧视待遇包括国民待遇和最惠国待遇。投资保护条款包括：公正与公平待遇；损失的补偿；征收；转移；代位。

[2] 该规则于 2014 年 4 月 1 日起生效。联合国贸易法委员会仲裁规则也根据透明度规则进行了修改。同时，联合国还制定了《联合国投资人与国家间基于条约仲裁透明度公约》(United Nations Convention on Transparency in Treaty – based Investor – State Arbitration)，2015 年 3 月 17 日开放签字，目前已有 17 国签署（比利时、加拿大、刚果、芬兰、法国、加蓬、德国、意大利、卢森堡、马达加斯加、毛里求斯、荷兰、瑞典、瑞士、叙利亚、英国、美国）。该公约将在第三份批准书、接受书、核准书或加入书交存之日起六个月后生效。目前只有毛里求斯一国批准。该公约规定，《联合国贸易法委员会透明度规则》应适用于任何投资人与国家间仲裁，不论该仲裁是否根据《联合国贸易法委员会仲裁规则》提起，除非被申请国和申请人所在国提出保留。参见 http://www.uncitral.org/uncitral/en/uncitral_texts/arbitration/2014Transparency_Convention_status.html。

力的，不能被法庭或争端当事方豁免。[1]

为了确保法庭法官的独立性和公正性，CETA 第 8.30 条还为法官确立了严格的道德准则规范（strict rules of ethical behavior）。例如，法庭法官不得在未决的或新的投资纠纷中担任律师、专家或证人。同时，法官还应遵守国际律师协会关于国际仲裁利益冲突的指南（International Bar Association Guidelines on Conflicts of Interest in International Arbitration）以及 CETA 的服务与投资委员会制定的补充规则。

4. 强化了缔约方对协定解释的控制

CETA 第 8.31 条要求法庭根据《维也纳条约法公约》以及其他国际法原则来解释该协定。同时，加拿大、欧盟及其成员国的法律只能被作为事实审查（如确定投资者主张被征收的财产权利在财产所在国是否实际存在）。法庭没有权限决定争议的措施在加拿大、欧盟及其成员国的国内法下的效力。

第 8.31 条第 3 款还规定，当协定的解释将引起严重关切时，CETA 下的服务和投资委员会可建议联合委员会做出解释。联合委员会关于协定的解释对法庭具有约束力。这能够避免仲裁庭对投资协定的解释出现类似阿根廷仲裁案的情况，从而保证解释和裁决的一致性。

（三）我国的应对

我国和欧盟成员国的现行 BIT 有的采用了 ICSID 仲裁，有的则没有。[2] 有的欧盟成员国（如波兰）也没有参加《华盛顿公约》。另外，由于欧盟并非 ICSID 和联合国国际贸易法委员会的成员，中欧投资协定也需要提供 ICSID 之外的仲裁机制，才能解决我国投资者以欧盟为被诉方的争端。此外，在中欧投资协定属于混合协定的情况下，还涉及如果欧盟及其成员国

[1] European Commission, Investment provisions in the EU – Canada free trade agreement (CETA), February 2016.

[2] 例如，我国和德国 2003 年的 BIT 第 9 条（投资者与缔约一方争议解决）规定，争议应依据 1965 年 3 月 18 日《解决国家和他国国民之间投资争端公约》提交仲裁，除非争议双方同意依据《联合国国际贸易法委员会仲裁规则》或其他仲裁规则设立专设仲裁庭。我国和英国的 BIT 第 7 条（国民或公司与东道国之间争议的解决）规定，缔约一方的国民或公司与缔约另一方之间有关征收补偿款额的争议，在提出书面通知该项争议之后六个月内未能友好解决，应提交国际仲裁。如将争议提交国际仲裁，有关的国民或公司和缔约另一方可同意将争议提交：（1）争议双方指定的一个国际仲裁员；（2）依照争议双方间的一项专门协议指定的专设仲裁庭；（3）依照联合国国际贸易法委员会仲裁规则设立的专设仲裁庭。

违反协定时的被诉资格和责任分摊问题。也就是说，当投资者与欧盟成员国产生争议并诉诸 ISDS 机制时，是以欧盟还是成员国为被诉方？如果相关措施被裁定违反了投资协定的义务而需要给予投资者赔偿时，是欧盟还是成员国承担具体的赔偿责任？为此，欧盟部长理事会专门制定了第 912/2014 号规则。[1] 该规则适用于欧盟作为一方，以及欧盟及其成员国作为缔约方所订立的包含外国直接投资的国际协定中根据 ISDS 机制所产生的赔偿责任问题。[2] 对于因欧盟机构的措施而产生的纠纷，由欧盟作为被诉方（respondent）；因成员国自身措施而产生的纠纷，由成员国作为被诉方。[3] 赔偿责任的基本原则是：欧盟承担因欧盟机构的措施违反国际协定义务而导致的赔偿责任；成员国承担其措施违反国际协定义务而导致的赔偿责任，但当成员国的措施是应欧盟法要求而做出时，由欧盟承担赔偿责任。[4] CETA 第 8.21 条也据此做出了相应规定。

就 ISDS 机制的具体方案而言，我国近期的投资协定中也开始进行了改进，相关规定与 CETA 有类似之处。例如，我国和澳大利亚的自由贸易协定第 9 章（投资）对 ISDS 机制做出了比我国现行的 BIT 更为详细的规定，在透明度、仲裁员道德规范等方面对 ISDS 机制进行了完善。[5] 不过，我国现行 BIT 并没有建立 CETA 那样的国际投资法庭机制（包括上诉程序）。CETA 第 8.29 条还提出缔约方应与其他贸易伙伴一起努力建立多边的投资法庭和上诉机制。因此，欧盟也将会在与我国谈判投资协定中提出国际投

---

[1] Regulation (EU) No 912/2014 of the European Parliament and of the Council of 23 July 2014 establishing a framework for managing financial responsibility linked to investor – to – state dispute settlement tribunals established by international agreements to which the European Union is party.

[2] 参见第 912/2014 号规则第 1 条。

[3] 参见第 912/2014 号规则第 4 条、第 9 条。

[4] 参见第 912/2014 号规则第 3 条。

[5] 例如：(1) 第 12 条第 3 款规定，如申诉方位于被诉方领土内的投资由非缔约方投资者间接拥有或控制，且该非缔约方投资者正在或已根据被诉方与该非缔约方的任何协定就相同措施或事件提交仲裁请求，则申诉方不能依据本节提交或继续主张仲裁请求。这是禁止平行救济的规定。(2) 第 15 条允许缔约方商定仲裁员名单，在争端当事方不能确定仲裁员人选时适用。(3) 第 16 条第 3 款允许争端方以外的一方或实体针对争端范围内的事项可向仲裁庭递交书面法庭之友陈述。(4) 第 17 条强调了仲裁的透明度，如裁决、陈述等文件的公开、听证会的公开。(5) 第 18 条和第 19 条规定了缔约方对协定及附件的解释对仲裁庭有约束力。(6) 第 22 条规定仲裁庭对投资者的救济措施为金钱赔偿、返还财产，但不可做出惩罚性赔偿的裁决。(7) 第 23 条规定缔约方应谈判建立上诉机制。(8) 第 9 章的附件 1 规定了仲裁员的行为守则，就仲裁员的程序责任、披露义务、职责履行、公正性与独立性等方面做出了规定。

资法庭方案。

至于中欧投资协定是改进现行的仲裁机制还是采用 CETA 下建立国际投资法庭的方案，还需要进一步论证。从理论上讲，投资者—国家投资争端与一般的国际商事纠纷是不同的。国际商事纠纷当事人的地位是平等的，而投资者与东道国的投资纠纷则是国家行使公权力采取规制措施所导致的。在国内法中，这是通过行政诉讼和司法审查来解决的。在国际层面借助商事仲裁的机制来处理投资者—国家投资争端并不妥当。欧盟的方案则是针对投资者—国家投资争端的特点而设计的。在欧盟看来，建立投资法庭有如下优点：（1）由公正的法官通过透明和中立的程序审理案件符合投资者和东道国的利益。（2）明确了案件的审理期限，且比现行投资协定下的程序要快捷。（3）法官的薪酬由缔约方支付，争端解决的费用也比仲裁要少。（4）法庭方案对于中小企业也是有利的。中小企业投资者更容易遭受东道国的歧视和不公正待遇，而投资者母国保护投资者的传统方式中（如外交保护和国家间争端解决机制）却并不经常用于保护中小企业。相比之下，法庭方案下，中小企业投资者的救济路径是开放的。法庭方案下审案的提高和费用的降低对于中小企业也是有利的。❶

既然设立投资法庭，那么上诉机制也是不可或缺的。事实上，国际上针对政府规制措施的争端解决下也有上诉机制的先例。最典型的就是 WTO 争端解决机制下的上诉机制，虽然 WTO 争端解决机制的设立并不冠以法庭的名称。理论上讲，在投资领域的 ISDS 机制中建立上诉机制，也能够避免目前仲裁机制下法律解释和裁决不一致的问题，也为纠正仲裁庭的法律错误提供了渠道。不过，WTO 争端解决机制（包括上诉机制）是以多边贸易体制为基础的，而投资领域并不存在多边实体规则。因此，ICSID 秘书处在其 2004 年的一份文件中指出：假如各投资协定下都建立各自的上诉机构，也可能出现各上诉机构对于法律解释不一致的情况，违背建立上诉机制设立的初衷。因此，该文件建议由 ICSID 设立统一的投资上诉机制，单一的上诉机制不仅可以提高仲裁裁决的一致性，还可以避免多个上诉机

❶ European Commission Fact Sheet, Why the new EU proposal for an Investment Court System in TTIP is beneficial to both States and investors, 12 November 2015. 国际投资法庭方案最初是在 2015 年 9 月 16 日欧盟与美国谈判 TTIP 的过程中提出的，并率先在 CETA 中予以采纳。因此，欧盟委员会这个文件中的观点也同样适用于 CETA 下的国际投资法庭方案。

制可能造成的混乱。[1] 美国在其 BIT 范本中也体现了倾向于通过多边协定建立的上诉机制来审查协定仲裁的思路。[2]

因此，改革现行 ISDS 机制已经成为国际社会的共识，特别是发达国家也开始注重规制权的维护，这代表了国际投资法的发展方向。由于欧盟成员国是全球现行投资协定中差不多一半协定的缔约方，[3] 我国可以中欧投资协定谈判为契机，与欧盟共同推出能够为国际社会所接受的方案。

四、结束语

中欧投资谈判对双方来讲都是新的挑战。中欧投资协定需要在市场开放、保护投资者权益和维护国家规制权方面达成平衡。明确投资协定相关条款的含义和完善 ISDS 机制是实现这一平衡的保障。

中欧投资协定如果谈判成功，将和中欧贸易与经济合作协定、中欧伙伴合作协定构成中欧全面战略伙伴关系的三大支柱，[4] 也将为国际投资法的发展提供导向。[5]

中欧投资协定旨在为双方的投资提供法律基础和保障。至于中欧之间的投资能否实现增长，除了投资协定之外，仍需要其他因素（如我国和欧

---

[1] ICSID Secretariat Discussion Paper, Possible Improvements of the Framework for ICSID Arbitration, October 22, 2004, 检索自 https://icsid.worldbank.org/apps/ICSIDWEB/resources/Documents/Possible%20Improvements%20of%20the%20Framework%20of%20ICSID%20Arbitration.pdf。

[2] 美国 2004 年颁布的 BIT 范本第 28 条第 10 款提出：若对缔约双方生效的另一单独的多边协定建立了审查投资纠纷仲裁裁决的上诉机构，则缔约双方应当努力达成一致，允许该多边协定对缔约双方生效后启动的仲裁中，由该上诉机构审查根据本协定下做出的仲裁裁决。美国 2012 年的 BIT 范本第 28 条第 10 款的表述为：若未来在其他制度安排中产生出审查投资者—国家争议解决仲裁庭裁决的上诉机制，缔约方应考虑该上诉机制是否适用于根据本协定做出的仲裁裁决。

[3] European Commission Concept paper, Investment in TTIP and beyond - the path for reform. Enhancing the right to regulate and moving from current ad hoc arbitration towards an Investment Court, 5 May 2015.

[4] 早在 1985 年，我国就和欧盟的前身（当时的欧洲经济共同体）签订了贸易和经济合作协定。2006 年 9 月举行的第九次中欧领导人会晤发表的《联合声明》宣布："双方同意启动有关伙伴合作协定的谈判。新协定将涵盖双边关系的全部领域，包括加强政治事务合作。考虑到中欧战略伙伴关系的整体目标，谈判也将完善 1985 年的贸易和经济合作协定，并将以相对独立的方式执行"。参见曾令良：《中欧伙伴与合作协定谈判：问题、建议与展望》，载《中国社会科学》2009 年第 2 期，以及曾令良：《中欧全面战略伙伴关系构建中的中欧投资协定》，中国欧洲学会欧洲法律研究会第八届年会（2014 年）论文。

[5] 关于这方面的讨论，参见 Wenhua Shan and Lu Wang, The China - EU BIT and the Emerging "Global BIT 2.0", 30 ISCID Rev. 260 (2015)。

盟及其成员国的国内法律制度和投资环境的完善）的支持。❶ 但是，涉及市场准入并包含高标准投资保护的中欧投资协定无疑将为双方的投资者提供法律上的确定性和预见性，从而增强投资者的信心。

❶ 关于我国改革开放后吸引大量外资与 BIT 之间的关系，参见陈安主编：《国际投资法的新发展与中国双边投资条约的新实践》，复旦大学出版社 2007 年版，第 374－376 页。关于 BIT 能否促进外国直接投资的实证研究，参见 Jason Webb Yackee, Do Bilateral Investment Treaties Promote Foreign Direct Investment? Some Hints from Alternative Evidence, 51 Va. J. Intl L. 397 (2010－2011)。

国际板跨境信息欺诈域外管辖权问题研究

刘进军*

国际板跨境证券欺诈诉讼管辖的核心问题是解决跨境侵权行为案件应由哪一国法院审理的问题。当境外公司在境内上市后，境内投资者如受到跨境信息披露欺诈侵权时，到底是由我国法院管辖还是由侵权行为所在地法院管辖，或者是由其他法院管辖，这是境内投资者寻求司法救济时首先面对的问题，这对境内投资者权益保护至关重要。因为境内投资者选择自己熟悉的法院，适用自己熟悉的法律，有利于更好地维护境内投资者的合法权益。

一、我国关于国际民事诉讼管辖权现行规定

我国没有专门关于调整跨境证券信息欺诈涉外管辖和法律域外适用的部门法律和法规。而关于调整跨境证券信息欺诈涉外管辖和法律域外适用主要在《中华人民共和国民事诉讼法》《中华人民共和国民法通则》《涉外民事关系法律适用法》等法律有所涉及，但这些规定也比较原则性。

目前，我国关于国际民事诉讼管辖权的法律渊源主要有两类：国际条约和国内立法。其中，我国涉外侵权之诉法院管辖最主要的法律依据是《中华人民共和国民事诉讼法》（以下简称《民事诉讼法》）第四编涉外民事诉讼程序的特别规定及最高人民法院相关司法解释。

我国关于法院普通管辖的规定采用原告就被告原则，以被告住所地作

---

* 刘进军，法学博士，贵州财经大学文法学院副教授、贵州财经大学金融法研究所所长、贵州省法学会金融法学会秘书长、北京市法大律师事务所主任、第九届北京律师协会国际投资贸易专业委员会主任、第十届北京市律师协会外事委员会副主任、第十届北京市律师协会一带一路法律研究会副主任。主要从事国际经济法、金融法等方向的研究。本文系作者主持国家社科基金项目“我国国际板信息披露监管制度构建研究”（批准文号15BFX178）阶段性成果。

为普通管辖的依据，如我国《民事诉讼法》第21条对此做了明确规定。[1]

1. 关于涉外侵权诉讼特别地域管辖的规定

我国立法规定特别地域管辖适用于涉外合同纠纷，其他财产权益纠纷等案件。[2] 根据该规定，境内投资者对跨境证券欺诈行为以财产权益为内容提起的侵权之诉，应该由侵权行为地法院管辖。但在该条文中的侵权行为地并未明确界定为侵权行为发生地还是侵权结果发生地。

2. 关于国际民商事案件的协议管辖集中规定

2012年8月31日，第十一届全国人民代表大会常务委员会第二十八次会议通过了《关于修改〈中华人民共和国民事诉讼法〉的决定》第二修正案，将原2007年《民事诉讼法》涉外民事案件协议管辖第241条和默示管辖第243条的相关规定内容，吸收进2012年《民事诉讼法》第一编总则第34条和第二编审判程序第127条第2款，统一国内案件与涉外案件的协议管辖规则。[3] 但具体规定内容基本没有变化。对此，凡民商事案件涉及协议管辖权时，应根据2012年《民事诉讼法》第259条、第34条、第121条第2款等规定进行适用。同时，《民事诉讼法》第242条明确规定，双方当事人可以书面协议选择与争议有实际联系地点的法院管辖，此为明示协议管辖。[4]

3. 关于涉外侵权诉讼级别管辖的规定

2002年2月25日《最高人民法院关于涉外民商事案件管辖若干问题

---

[1] 《中华人民共和国民事诉讼法》第21条对公民提起的民事诉讼，由被告住所地人民法院管辖。被告住所地与经常居住地不一致的，由经常居住地人民法院管辖。对法人或其他组织提起民事诉讼，由被告住所地人民法院管辖。同一诉讼的几个被告住所地，经常居住地在两个以上人民法院辖区的，各人民法院都有管辖权。本文提到《中华人民共和国民事诉讼法》条文规定如没做特别说明，均指2012年8月31日修正后《中华人民共和国民事诉讼法》条文规定。

[2] 《中华人民共和国民事诉讼法》第265条就明确规定：因合同纠纷或其他财产权益纠纷，对在中华人民共和国领域内没有住所地的被告提起的诉讼，如果合同在中华人民共和国领域内签订或者履行，或者诉讼标的物在中华人民共和国领域内，或者被告在中华人民共和国有可供扣押的财产，或者被告在中华人民共和国领域内没有代表，可以由合同签订地、合同履行地、诉讼标的物所在地、可供扣押财产所在地、侵权行为地或者代表机构住所地人民法院管辖。

[3] 奚晓明主编：《中华人民共和国民事诉讼法修改条文理解与适用》，人民法院出版社，2012年9月第1版第564页。

[4] 1991年4月9日第七届全国人民代表大会第四次会议通过，2007年10月28日第十届全国人民代表大会常务委员会第三十次会议《关于〈修改中华人民共和国民事诉讼法〉的决定》修正《中华人民共和国民事诉讼法》第242条，涉外合同或者涉外财产权益纠纷的当事人，可以用书面协议选择与争议有实际联系的地点的法院管辖。选择中华人民共和国人民法院管辖后，不得违反本法关于级别管辖和专属管辖的规定。

的规定》第1条对涉外侵权诉讼级别管辖予以明确。❶ 原则上规定一审涉外民商案件由中级人民法院管辖。

另外，《最高人民法院关于审理证券市场因虚假陈述的民事赔偿案件的若干规定》第8条规定对涉及虚假陈述的民事赔偿案件，同样由省、直辖市、自治区人民政府所在的市，计划单列市和经济特区中级人民法院管辖。但该司法解释涉及虚假陈述民事赔偿案件只限于国内证券市场发生虚假陈述侵权案件。

4. 关于管辖权冲突产生的平行诉讼规定

最高人民法院《关于适用中华人民共和国民事诉讼若干问题的意见》第306条对管辖权冲突产生的平行诉讼做了相应规定。❷ 这就是所谓的解决管辖权冲突的平行诉讼原则。

依据该规定，笔者认为，可以将平行诉讼原则适用于跨境证券信息披露欺诈的管辖冲突，但因一国的判决承认和执行将涉及他国的司法主权，故平行诉讼所做的判决很难得到承认和执行，其在解决跨境证券信息披露欺诈管辖权冲突方面的作用有限，替代不了被各国承认和接受的国际公约。

二、我国法院域外管辖立法修改建议

通过以上对我国目前涉外侵权诉讼法院管辖的相关规定进行梳理，但在立法和司法上我国还没有针对跨境证券信息披露欺诈侵权诉讼法院管辖的专门规定。尽管跨境证券信息披露欺诈侵权与一般涉外侵权之间属于特殊和一般关系，跨境证券欺诈侵权法院管辖可适用目前我国关于涉外侵权诉讼管辖规定，但毕竟跨境证券欺诈侵权有其特殊性，需要专门法律予以

---

❶ 《最高人民法院关于涉外民商事案件诉讼管辖若干问题的规定》第1条：第一审涉外民事由下列人民法院管辖：（一）国务院批准设立的经济技术开发区人民法院；（二）省会、自治区首府、直辖市所在地的中级人民法院；（三）经济特区、计划单列市中级人民法院；（四）最高人民法院指定的其他中级人民法院；（五）高级人民法院；上述中级人民法院的区域管辖范围由所在地的高级人民法院确定。

❷ 《最高人民法院关于适用中华人民共和国民事诉讼若干问题的意见》第306条规定：中华人民共和国人民法院和外国法院都有管辖权的案件，如果一方当事人向外国法院起诉，而另一方当事人向中华人民共和国人民法院提起起诉的，人民法院可予受理。判决后，外国法院申请或当事人请求人民法院承认和执行外国法院对本案做出的判决，人民法院裁定的不予准许；但双方共同参加或者签订的国际条约另有规定的除外。

规定。在此，笔者认为，为了有效地保护境内投资者诉讼救济权利，有必要在国际板推出之际，先由最高人民法院制定专门调整证券信息披露跨境欺诈侵权司法解释规定，作为境内投资者对跨境证券欺诈侵权提起诉讼法律依据。对此，笔者建议，最高人民法院今后在制定《关于审理跨境证券欺诈诉讼民事赔偿案件的特别规定》的司法解释时，应注重以下几个重要问题。

1. 通过立法形式对跨境信息披露欺诈行为地进行明确界定

考虑到我国《民事诉讼法》第265条对侵权行为地并未明确界定是侵权行为发生地还是侵权结果发生地，笔者建议，应借鉴美国司法实践中适用行为标准和影响标准作为其法院对涉外证券欺诈侵权管辖权成功经验，应将国际板跨国证券欺诈侵权行为地解释为跨境证券侵权行为发生地和侵权结果发生地。同时司法部门也应考虑到国际板跨境证券侵权行为存在跨境因素特点，即跨境证券侵权行为比较复杂，很难界定侵权行为究竟发生在何处，加之境内投资者对境外侵权行为地法院的诉讼程序和适用的法律不熟悉，且存在语言障碍和高成本诉讼的现实问题，可以规定侵权结果发生地法院优于侵权行为发生地法院行使管辖权，扩大东道国法院管辖范围，有利于保护国际板市场境内投资者救济权利。

同时，依据行为标准，笔者建议，保留侵权行为发生地作为跨境证券欺诈侵权诉讼管辖权在目前具有一定的现实意义。因为我国法院目前审理证券侵权案件仅限虚假陈述民事赔偿案件，而且还规定法院受理的前置程序。[1] 这样境内投资者针对跨境信息披露欺诈侵权行为提起诉讼会产生法律上的障碍。另外，还明确排除集团诉讼方式，如2002年12月26日最高人民法院审判委员会第1261次会议通过法释〔2003〕2号《最高人民法院关于审理证券市场因虚假陈述引发的民事赔偿案件的若干规定》第12条：本规定所涉证券民事赔偿案件的原告可以选择单独诉讼或者共同诉讼方式提起诉讼。这也对境内投资者诉讼救济效果大打折扣。

相反，如果境内投资者依据侵权行为发生地联结点选择境外侵权行为发生地法院进行诉讼，特别是在美国这样有比较发达的集团诉讼救济机制

[1] 2002年12月26日最高人民法院审判委员会第1261次会议通过法释〔2003〕2号《最高人民法院关于审理证券市场因虚假陈述引发的民事赔偿案件的若干规定》第6条：投资人以自己受到虚假陈述侵害为由，依据有关机关的行政处罚决定或者人民法院的刑事裁判文书，对虚假陈述行为人提起的民事赔偿诉讼，符合《民事诉讼法》第108条规定的，人民法院应当受理。

的国家进行诉讼，境内投资者完全可以利用美国集团诉讼制度，保护自己合法权益。但随着美国联邦最高法院 Morrison 案件确立私人诉讼应遵照交易标准进行立案管辖的情况，如果协调境内投资者以侵权行为发生地适用行为标准请求美国联邦法院受理，这将与目前交易标准产生冲突而难以成功。对此，笔者建议我国相关部门应与美国就这些问题做出特别安排，允许境内投资者针对发生在美国证券信息披露欺诈行为提起诉讼，选择适用美国相关法律。

2. 确立国际板信息披露欺诈侵权诉讼集中管辖机制

我国《民事诉讼法》及相关司法解释规定，涉外侵权诉讼案件由国内中级人民法院管辖，最高人民法院《关于审理证券市场因虚假陈述引发的民事赔偿案件的若干规定》也同样规定涉及证券侵权诉讼管辖由中级人民法院管辖。[1]

鉴于国际板跨境证券信息披露欺诈侵权之诉具有一定的涉外因素，被告为外国当事人，侵权行为多发生在境外，调查取证多发生在境外，这就对管辖法院法官素质有相当高的要求。根据目前相关部门出台的政策可以看出，国际板将首先拟在上海证券交易所设立，这就意味着境外公司将在上海证券交易所内进行上市交易。目前上海证券交易所所在地的上海市中级人民法院和高级人民法院有自己专门的金融庭，在审理金融案件方面也积累了大量司法审判经验，并且金融庭设备和法官素质在全国也较高。因此，笔者建议，可借鉴美国联邦第二巡回法院因地处美国金融中心核心而成功扮演着“北斗星”（north star）的角色，创造影响其他联邦法院审判的行为标准和效果标准的成功经验。在国际板推出的初期，可以规定审理国际板跨境证券侵权诉讼案件统一集中于上海证券交易所所在地的中级人民法院管辖，这样具有一定的合理性和现实性及可行性，能更好地保护境内投资者权益。

三、我国证券法域外适用的立法修改建议

境内投资者对国际板证券信息披露欺诈侵权诉权保护不仅体现在法院

[1] 2002 年 12 月 26 日最高人民法院审判委员会第 1261 次会议通过法释〔2003〕2 号《最高人民法院关于审理证券市场因虚假陈述引发的民事赔偿案件的若干规定》第 8 条：虚假陈述证券民事赔偿案件，由省、直辖市、自治区人民政府所在的市、计划单列市和经济特区中级人民法院管辖。

管辖权上，同时还体现在依赖于国内证券法域外适用方面。也就是说，对于境内投资者来说，一旦遭到跨境证券信息欺诈侵权后，一般首先考虑的是在东道国法院起诉还是在外国法院起诉。同时更重要的是，境内投资者在起诉前判定自己权益是否受到侵犯，是应该依据国内法还是国外法，这对境内投资者至关重要。因为进入诉讼后，法官将依据哪国法律来判定当事人的诉讼请求将直接影响到境内投资者诉讼是否成功。如果境内投资者起诉时所依据的法律与法官审判所依据的法律不一致，那么境内投资者的诉讼请求获得支持的可能性就存在很大的不确定性，这严重影响境内投资者的权益保护。因此，在国际板跨国证券侵权中证券法域外管辖对境内投资者诉讼权利的行使显得尤为重要。

但是，目前我国还没有专门的法律对证券信息披露跨境侵权诉讼的法律适用进行明确规定。根据《中华人民共和国民法通则》和《涉外民事法律关系法律适用法》以及最高人民法院相关司法解释等规定，我国法律只适用境内发生侵权行为。同样，我国《证券法》第2条也只规定了在中华人民共和国境内的股票、公司债券和其他证券的发行和交易适用该法，并没有对涉外证券侵权的法律适用问题进行规定。[1]由此可见，国际板跨境信息披露侵权行为侵犯境内投资者的权益，是否适用我国证券法还尚不明确。

虽然1995年国务院发布的《国务院关于股份有限公司境外募集股份及上市特别规定》第29条对境内公司境外募集股份产生涉外纠纷适用国内法，但由于该法规调整对象限于境内公司境外上市发生涉外纠纷，不适用国际板跨境信息披露欺诈侵权纠纷，因此，该法规因其调整范围有限而不具有代表性。因此，目前我国涉外证券侵权法律适用只能依照普通涉外侵权法律适用原则处理。

首先，对于一般涉外侵权法律适用规定。我国《民法通则》第146条和《最高人民法院关于贯彻执行〈中华人民共和国民法通则〉若干问题的

[1] 2005年修订的《中华人民共和国证券法》第2条规定："在中华人民共和国境内股票、公司债券和国务院依法认定的其他证券的发行和交易，适用本法；本法未规定的，适用《中华人民共和国公司法》和其他法律、行政法规的规定。"政府债券、证券投资基金份额的上市交易，适用本法；其他法律、行政法规另有规定的适用其规定。证券衍生品种发行、交易的管理办法，由国务院依照本法的原则规定。

意见（试行）》第187条等做了相应规定。[1] 这些规定明确侵权行为的损害赔偿适用侵权行为地法律，其中侵权行为地的法律包括侵权行为实施地的法律和侵权结果发生地的法律，当两者不一致时，人民法院可以选择适用。

由于上述规定涉及调整涉外民事关系的法律适用，因而可以理解为如境外公司在国际板上市后，发生跨境信息披露欺诈侵权行为损害境内投资者权益时，境内投资者可以依据侵权结果地的法律，依据我国相关法律提起证券侵权诉讼和股东直接诉讼或派生诉讼。当由我国法院管辖时，人民法院可以选择适用侵权行为实施地和侵权结果发生地的法律。

但是笔者认为，《民法通则》第146条关于中华人民共和国不认为在中华人民共和国域外发生的行为是侵权行为的，不作为侵权处理规定，对国际板跨境信息披露欺诈侵权案件适用具有一定限制，这严重不利于对境内投资者的保护。因为国外发达证券市场对投资者的保护程度较国内更高，往往境外公司行为在国外可能被认为是证券欺诈行为，而依据国内法律可能不构成违法，在这种情况下，如果依照国内法不作为侵权处理，境外投资者却可以依据境外法律提起侵权诉讼来维护其权益，这将造成对境内投资者权益保护不利的局面。因此，笔者建议，今后在修改《民法通则》或制定《民法典》时，应对其进行修改，赋予境内投资者选择权，选择更有利于其救济权利实施的法律适用。

我国对涉外民事关系的法律适用进行了专门立法，如2010年通过的《中华人民共和国涉外民事关系法律适用法》。尽管该法第39条专门对有价证券法律适用进行了规定，如该条规定有价证券，适用有价证券权利实现法律和其他与该有价证券有最密切联系的法律。同时该法第44条对侵权行为法律适用进行了规定。[2] 应该说，该规定在涉外侵权领域确立了当事人协议选择适用法律，这是当事人意思自治原则在我国程序法和实体法中

---

[1] 《中华人民共和国民法通则》第146条规定：侵权行为的损害赔偿，适用侵权行为地法律，当事人双方国籍相同或者在同一国家有住所的，也可以适用当事人本国法律或者住所地法律。中华人民共和国法律不认为在中华人民共和国领域发生的行为是侵权行为的，不作为侵权行为处理。《最高人民法院关于贯彻执行〈中华人民共和国民法通则〉若干问题的意见（试行）》第187款规定：侵权行为地的法律包括侵权行为实施地法律和侵权结果发生地的法律，当两者不一致时，人民法院可以选择适用。

[2] 该条规定侵权责任适用侵权行为地法律，但当事人有共同经常居住地的，适用共同经常居住地法律，侵权行为发生后，当事人协议选择适用法律的，按照其协议等。

的体现，应该说是我国立法上的一大进步。但在国际板市场中，由于当事人双方地位常常处于不平等，境外公司等作为强势一方可能会为了利用该规定作为实现自己利益工具，签订不利于境内投资者的协议。因此，需要制定配套规则加以限制，充分保护境内投资者的权益。

在此，笔者建议，有必要借鉴美国 Morrison 案和 Ddd - Frank Act 的成功经验做法，完善我国证券法域外管辖制度。

第一，修改《证券法》，扩大其域外适用范围。

考虑到当时证券市场存在封闭的情况，2005 年修正的《证券法》第 2 条采用行为标准而未提及效果标准，没有提及域外适用效力，有其合理性。但随着国内资本市场开放，境外公司在国际板上市交易，则必然产生大量跨境证券信息欺诈行为，必然严重损害境内投资者利益。此时的证券法在适用方面仍然采取单边主义，限制证券法域外效力将严重不利于境内投资者的权益保护。

对此，笔者认为可以参考美国联邦最高法院通过美国联邦第二巡回法院适用行为标准和效果标准以及 Morrison 案确立的交易标准，修改我国《证券法》第 2 条，确立我国证券法多边主义证券法域外适用体制。

至于是否需要借鉴《2010 年华尔街改革和消费者保护法案》所确立的普通承认域外适用效力，对管辖权予以限制的做法应采取慎重态度。因为，在中国现有法律体系下，并不存在如该法案所确立的由美国 SEC 或美国政府（主要指美国司法部）提起诉讼或发动程序做法的制度支持。

第二，修改《民法通则》第 146 条，扩大侵权行为认定标准。

随着国际板的推出，国际板上市公司及相关发行主体发生在境外的某些损害境内投资者权益的行为，如果该行为被境外法律规定为证券侵权行为，而依据我国《证券法》该行为不属于证券侵权行为，那么根据现行《民法通则》第 146 条关于中华人民共和国法律不认为在中华人民共和国领域发生的行为是侵权行为的，不作为侵权行为处理，此时，如果境内投资者依据侵权结果发生地在国内法院提起诉讼，将会遭到驳回。对此，笔者建议，今后修改《民法通则》或制定《民法典》时参照美国联邦法院适用行为标准和效果标准，将《民法通则》第 146 条第 2 款内容修改为“中华人民共和国法律不认为在中华人民共和国领域发生的行为是侵权行为的，可以不作为侵权行为处理，但特别法有相反规定的除外”。同时，在修改《证券法》时，增加相应条款：“《中华人民共和国证券法》不认为在中华人民共和国领域发生的侵权行为是侵权行为，但依行为地法律认为构成侵权，且该侵权行为严重损害境内投资者利益的，可以作为侵权行为处理。只有这样，才能充分保障国际板市场内境内投资者的诉讼救济权利的行使。

四、小　结

笔者认为，对跨境信息披露欺诈诉讼救济制度设计最成功的应当要属美国证券欺诈诉讼救济制度，如美国《1933 年证券法》和《1934 年证券交易法》，以及美国法律协会《联邦证券法典》和《美国涉外法诠释》(第 3 版)，联邦最高法院的司法判例等规定建立了有利于美国投资者保护的集团诉讼和证券域外管辖及法律适用标准。这为完善国际板跨境证券欺诈救济制度的设计提供了宝贵的经验借鉴。在构建国际板信息披露制度时，除了要对各国关于虚假陈述和内幕信息泄露等欺诈行为标准差异性进行协调和统一外，更重要的是修改和制定相关法律法规，明确协调跨境信息披露欺诈行为的法院管辖和法律适用问题，以及从国内法角度协调跨境调查取证和集团诉讼适用等。

中国应对竞争中立规则适用范围扩张的对策研究

马其家　樊富强*

国有企业因其特殊的所有制关系，在市场竞争中享有私营企业所没有的优势，竞争中立立法的目的是消除国有企业的不公平竞争优势。❶ GATT 第17条对“国有企业”公平贸易问题的规定，是竞争中立制度的雏形。之后，欧盟（EC）、世界经济合作组织（OECD）以及澳大利亚等西方经济体制定了专门的竞争中立规则。❷ 其主要内容包括：国有企业组织形式改革、盈利率要求、价格反映成本、税收中立、债务中立、监管中立、透明度等具体规则。❸

但是，近年来，在一些国际贸易和投资争端裁决中，欧美等国的贸易主管部门和WTO争端解决机构将他国国有企业视为“公共机构”❹，创立

---

* 马其家，对外经济贸易大学法学院教授，博士生导师；樊富强，对外经济贸易大学法学院博士研究生。

❶ Capobianco, Antonio, and Hans Christiansen. Competitive neutrality and State – Owned Enterprises: Challenges and policy options. No. 1. OECD Publishing, 2011. P14.

❷ Rennie, M. and F. Lindsay. Competitive Neutrality and State – Owned Enterprises in Australia: Review of Practices and their Relevance for Other Countries. OECD Corporate Governance Working Papers, No. 4, OECD, 2011, Publishing, Paris. p. 3. 欧盟最早制定竞争中立政策，澳大利亚是竞争中立政策实施最好的国家。OECD集世界竞争中立立法之大成，出台了大量规范性文件，是竞争中立立法最完善的经济体。以欧盟、澳大利亚、OECD为代表的竞争中立制度，强调政府的中立地位，但前提是公有制企业参与商业竞争，若没有国有企业参与市场竞争，则不适用竞争中立制度。

❸ Competitive Neutrality, a compendium of OECD recommendations, guidelines and best practices. pp. 13 – 53.

❹ “公共机构”这一概念一般应用于WTO国际争端解决过程中。WTO《SCM协定》第1条规定：构成补贴的首要要件就是成员方境内存在由政府或任何公共机构（public body）或受政府委托（entrust）或指示（direct）的私营机构提供的财政资助。但这一规定在各国反补贴实践中存在诸多争议，针对补贴行为主体之一的“公共机构”的界定，尤其是国有企业和国有银行是否属“政府”和“公共机构”的认定，标准各不相同，争议颇大。

"国有企业补贴理论"[1]，制裁与国有企业有业务关系的下游企业。而且，将本来适用于国有企业的竞争中立规则，适用于部分私有企业。

我国已深度融入世界贸易投资体系中，在未来国际投资贸易中，我国可能与实施竞争中立规则的经济体产生大量的贸易投资摩擦。竞争中立规则在世界范围的扩展，以及竞争中立规则适用主体范围的扩张，将对我国国有企业和部分私有企业的对外贸易投资造成更不利的影响。所以，我国应关注竞争中立规则适用范围的变化，提出针对性的应对措施，为中国参与国际贸易投资规则谈判、参加国际贸易投资争端解决，以及为中国商业性国有企业和部分私有企业的海外业务拓展提供法律支持。

一、竞争中立规则适用主体的范围

竞争中立规则适用主体范围的确定是具体规则设计的基础。WTO 规则文本中出现了"国有贸易企业"的概念。欧盟、澳大利亚、OECD 竞争中立规则适用主体的范围相似，但在表述上存在差别。

1. WTO 有关竞争中立规则适用主体的规定

在 WTO 规则体系中，GATT 第 17 条对国有企业和私有企业公平竞争问题做了规定，该条指出"国有贸易企业"应遵守公平贸易和竞争规则，并对"国有贸易企业"定义如下：各成员方建立或维持的企业（无论这一企业位于何处），或成员方正式或事实上给予独占权或特权，且从事进出口贸易活动的企业。国有贸易企业应当按照非歧视性原则经营，遵守同私有企业一样的贸易规则。同时，为保证国有贸易企业经营活动的透明度，各成员国应将此类企业名单通知 WTO 货物贸易理事会。各成员国还应制定一份例示清单，表明政府与企业的关系，及这些企业从事的可能与 GATT 第 17 条有关的活动类型。

我国在《加入 WTO 议定书》中也承诺，政府不再直接管理国有企业的人、财、物和产、供、销等生产经营活动；国有企业产品价格由市场决定，经营性领域的资源基本由市场配置；实现国有银行商业化，国有企业

[1] 赵海乐：《"国有企业补贴"的合法性分析——从中国诉美国双反措施案裁决谈起》，《中南大学学报（社会科学版）》2011 年第 12 期。这里所说的"国有企业补贴"，并非入世协定中的"给予国有企业的补贴"，而是指美国商务部将他国国有企业向下游生产商提供产品的行为，视为国有企业提供给下游企业的补贴。

的信贷完全按照市场条件进行；进一步推进国有企业改革，建立现代企业制度。并保证所有国有和国家投资企业仅依据商业考虑进行购买和销售活动，中国政府将不直接或间接地影响国有企业或国家投资企业的决定。

上述规定可以视作竞争中立理念在 WTO 规则中的体现。GATT 给出了“国有贸易企业”的定义，我国在《加入 WTO 议定书》中也提出了“国有企业”和“国家投资企业”的概念。但都没有明确企业的范围和认定标准。按照 WTO《关于解释 1994 年关税与贸易总协定第 17 条的谅解》的规定，应由各方出具事例清单，或在加入 WTO 时通过承诺确定“国有贸易企业”的范围。另外，在贸易和投资争端解决中，一些成员国和 WTO 争端裁决机构还创设了“所有权标准”“政府控制标准”等，在具体的案件中，认定某一企业是否为国有企业。

2. 欧盟、OECD 和澳大利亚竞争中立规则适用主体的范围

欧盟、OECD 和澳大利亚的竞争中立立法中，明确规定了竞争中立规则的适用主体。笔者将竞争中立规则的适用主体概括为三类：

（1）从事商业经营活动的公有制企业。《欧盟条约》第 106 条明确规定“公共企业”（public companies）是竞争法的适用范围，成员国没有权利实施任何违反此规则的行为，欧盟委员会负责监督公共部门企业（public sector companies）的经济活动。[1] 澳大利亚《竞争中立政策声明》规定竞争中立政策适用于从事商业经营的公有制企业。[2] OECD 的竞争中立规则适用于全国性、地方性的政府公有制实体。[3]

（2）从事商业经营的事业单位或政府机构。《欧盟条约》第 106 条还使用了“公共事业单位”（public undertakings）和“事业单位”（undertakings）等概念。由此可见，《欧盟条约》规定竞争中立规则的适用范围包括了政府公共部门、事业单位等。澳大利亚也将政府机构或事业单位从事的商业经营活动纳入竞争中立规则的适用范围。

（3）承担政府公共职能的私有企业。《欧盟条约》规定：“除第 106 条外，欧盟关于国家支持和补贴的规则适用于所有受到任何成员国和其他公

---

[1] Capobianco, Antonio, and Hans Christiansen. Competitive Neutrality and State - Owned Enterprises: Challenges and Policy Options. No. 1. OECD Publishing, 2011. p. 14.

[2] Commonwealth Competitive Neutrality Policy Statement. pp. 7 - 11.

[3] National Treatment for Foreign - Controlled Enterprises: including adhering country exceptions to national treatment (OECD).

共机构补贴和支持的企业，包括公有制企业和私有企业。”[1]

简言之，竞争中立规则一般适用于所有从事商业经营活动的公有制实体。

二、美欧竞争中立规则适用主体范围的扩张

相较于欧盟、OECD和澳大利亚的竞争中立规则，美欧在国际经贸争端裁决和新一代国际贸易规则谈判中推广的竞争中立规则，更加强调政府在经济管理中的中立地位。为此，在大量国际贸易投资争端裁决中，美欧部分国家的贸易主管部门或将他国国有企业认定为公共机构，或将他国私有企业纳入竞争中立规则的适用范围，扩大了竞争中立规则的适用范围。

1. 将商业化国有企业视为“公共机构”

美欧一些国家依据政府控制理论和所有权理论，将他国国有企业认定为“公共机构”（public body），[2] 将国有企业的行为等同于政府行为。而且，将国有企业的货物销售行为视为政府给予下游企业的财政资助，创造了“国有企业补贴”理论，依此限制企业竞争。

例如，美国商务部将中国商业银行认定为“公共机构”，将商业银行提供给企业的贷款认定为政府补贴，认为得到贷款的企业的贸易行为并非“基于商业考虑”，应受到相应的制裁。“美对华铜版纸反补贴案”是最好的例证。该案中，美国商务部鉴于中国各级政府对银行的持续性影响，以及国有企业获得大量的银行信贷，导致生产要素配置的扭曲，因此将中国国有商业银行和国有企业视作“当局”，并断定银行系统是政府补贴的主要渠道。[3]

美国商务部认为，中国政府对银行业的不同程度的干预，造成银行利率扭曲，中国境内的银行（不管是中资还是外资银行）贷款（不管是人民

---

[1] Capobianco, Antonio, and Hans Christiansen. Competitive Neutrality and State - Owned Enterprises: Challenges and Policy Options. No. 1. OECD Publishing, 2011. p. 14.

[2] 赵海乐：《“国有企业补贴”的合法性分析——从中国诉美国双反措施案裁决谈起》，《中南大学学报（社会科学版）》2011年第12期。截至2012年，美国针对中国国有企业补贴问题提起的15起案件中，都将中国的国有企业认定为公共机构。

[3] 张斌，孙超：《补贴行为主体的认定：基于反补贴案例的国际比较》，《世界贸易组织动态与研究》2011年第1期。

币贷款还是外币贷款）利率皆非市场利率。❶ 中国国有商业银行向企业提供的贷款属于“政府政策贷款项目”的一部分，而非商业贷款，中国企业从银行获得贷款都无一例外构成银行贷款补贴。❷

另外，在“中国诉美双反措施案”（DS379 案）中，美国依据政府股权多数原则，将国有企业认为“公共机构”，并将国有企业提供货物的行为视为政府给予下游生产商的财政资助，即发生了“国有企业补贴”行为。而且，在该案中，美国商务部没有根据其他要素进行综合分析，仅依据政府股权多数原则直接做出“国有企业补贴”裁决。❸

虽然美国关于 DS379 案的裁决，最终被 WTO 争端解决机构上诉机构推翻，但中国国有企业在国际竞争中依然面临严重的形势和考验。原因有二：其一，根据 WTO 争端解决谅解备忘录（Dispute Settlement Understanding，DSU），WTO 争端解决机构上诉机构（DSB）的裁决并不能产生先例的效果。DSB 关于 DS379 案的判决，并不能保证中国以后在同类案件中取得胜利。❹ 其二，从美国对韩国浦项制铁、欧盟对韩国国有银行性质的认定看，欧盟等经济体将他国国有企业、国有商业银行视作“政府”或“当局”是惯常做法，并非针对中国的特定做法。

2. 将部分私有企业纳入竞争中立规则适用范围

在立法和实践中，欧美一些国家还将承担政府职能、受到政府资助的私有企业纳入竞争中立规则的调整范围。有些国家甚至通过消极怀疑的方式，采取举证责任倒置，只要私有企业无法说明其没有受到政府资助，即认定企业得到政府支持，政府和企业违反竞争中立规则。

《欧盟条约》规定：欧盟关于国家支持和补贴的规则适用于所有受到

---

❶ 余盛兴：《美国对华铜版纸反补贴案综述》，《WTO 进行时 · 贸易摩擦备忘录》2007 年第 11 期。

❷ 龚柏华，倪洁颖：《中美有关铜版纸征收反倾销和反补贴税 WTO 磋商案评析》，《国际商务研究》2007 年第 6 期。

❸ Pre - Stressed Concrete Steel Wire Strand from the People's Republic of China, Issues and Decision Memorandum for Final Determination. Comment 10. Countervailing Duty Investigation: Wire Decking from the People's Republic of China, Issues and Decision Memorandum for Final Determination, pp. 14, 56.

❹ Jackson, John H. The Jurisprudence of GATT and the WTO: Insights on Treaty Law and Economic Relations. Cambridge University Press, 2000.

任何成员国和其他公共机构补贴和支持的企业，包括公有制企业和私有企业。[1] 美国官员霍马茨声称："国有企业（state - owned enterprises）、国家支持的企业（state - supported enterprises）和国家冠军企业（National Champions）[2] 逐渐成为强劲的竞争对手，而且它们很少遵守公平竞争规则。一些国家利用国家资本支持某些行业中的国有企业或国家冠军企业，并赋予这些企业排他经营权，危害美国利益。所以，我们不仅要在其国内市场，而且要在我们的国内市场和第三方国家的市场中坚持竞争中立，并通过双边贸易和投资协定、WTO 入世承诺和泛太平洋伙伴关系，应对他国限制竞争、扭曲市场的政策和做法。"[3]

现实中，欧美等国以竞争中立为由，阻碍中国私有企业的商业行为。例如，美国一直将"华为"（Huawei）和"中兴"（ZTE）认定为中国的国家冠军企业，得到中国政府的大量资助。[4] 欧盟也指责我国对"华为"（Huawei）和"中兴"（ZTE）提供政府补贴。[5] 在"华为收购 3leaf 资产案"中，美国在针对华为公司的调查中，灵活运用了竞争中立规则，通过对公司组织形式、债务中立、信贷中立、公司独立性、人事安排等方面的审查，认为中国政府和"华为"公司的行为不符合竞争中立规则。[6] 澳大利亚也打着"维护国家利益"[7] 的幌子，认为"华为"不符合人事中立和

---

[1] Capobianco, Antonio, and Hans Christiansen. Competitive Neutrality and State - Owned Enterprises: Challenges and Policy Options. No. 1. OECD Publishing, 2011. p. 14.

[2] 国家冠军企业是一个政治概念，在国家战略层面，针对某些大型公司，政府不仅期望其创造利润，而且期望其能够推动整个国家的利益。这一政策受到很多国家政府的欢迎，在第二次世界大战后的法国发展到顶峰，并作为政府对国民经济进行干预的工具。

[3] Hormats, Robert D. Ensuring a Sound Basis for Global Competition: Competitive Neutrality. US Department of State Official Blog. Accessed September 12 (2011): 2013.

[4] Hormats, Robert D. Ensuring a Sound Basis for Global Competition: Competitive Neutrality. US Department of State Official Blog. Accessed September 12 (2011): 2013.

[5] 参见中华人民共和国财政部网站：《欧盟将指控中国对电信设备企业不正当补贴》，2015 年 1 月 10 日访问。

[6] Rogers, Mike, and CA Dutch Ruppersberger. Investigative Report on the US National Security Issues Posed by Chinese Telecommunications Companies Huawei and ZTE: A Report. US House of Representatives, 2012. part Ⅲ, A, ⅰ, ⅱ, ⅲ, ⅳ, ⅶ, ⅷ, xi, pp. 13 - 33.

[7] Zhu, Zhiqun. China's New Diplomacy: Rationale Strategies and Significance. Ashgate Publishing, Ltd., 2013.

信贷中立规则，阻止“华为”投标其国家宽带网络工程。[1] 此案证明了美欧竞争中立规则开始适用于一切“与政府相关的企业”、政府公司、国家支持的企业、国家赞助的企业及国家冠军企业。[2]

三、我国应对竞争中立规则适用范围扩张的措施

国际竞争中立规则适用范围的扩张，致使中国国有企业在国际贸易反补贴争端解决、国际贸易投资规则谈判中的处境会更为艰难。国有企业和国有企业控股的企业在国际贸易和投资中的行为，可能被欧美国家视作国家行为，从而受到严格的限制，这将极大地削弱我国国有资本在国际市场上的竞争力。为此，我国应采取措施，积极应对国际竞争中立规则带来的挑战。

1. 在国内立法中确定竞争中立规则的适用范围

为了应对国际竞争中立规则适用范围的扩张，我国首先应根据中国国情，在国内制定竞争中立规则，为保护我国企业的海外利益提供立法依据和立法支持。我国竞争中立规则的构建，首要任务就是确定竞争中立规则适用主体的范围。我国现有立法中，没有形成统一的公平竞争规则体系，所以也无法确定竞争中立规则的适用范围。

我国《宪法》使用了“公有制经济”一词，《反垄断法》运用了“国民经济命脉行业”和“国有经济”两个词语，《中华人民共和国企业国有资产法》规定“企业国有资产”（以下简称国有资产），是指国家对企业各种形式的出资所形成的权益，“国家出资企业”包括国家出资的国有独资企业、国有独资公司，以及国有资本控股公司、国有资本参股公司。这些概念表述不一，界定不清，不利于公平竞争政策的完善和实施。

现阶段，我国与政府有关系的，从事商业经营活动的公有制组织主要有国有独资企业、国有控股公司、国有参股公司，地方各级政府出资的具有上述形式的公有制企业，集体所有制企业，事业单位和各级政府机构从事的商业经营活动，这些企业的业务与私营企业的业务存在竞争关系，应

[1] Greg Poling: Why Is Australia Afraid of Huawei? Need for More Corporate and Government Transparency [EB/OL]. [2012 - 04 - 06] http: //csis. org/publication/why - australia - afraid - huawei - need - more - corporate - and - government - transparency.

[2] Direct Line: US - OECD Paris Advocating Competitive Neutrality. Bureau of Economic and Business Affairs [EB/OL]. [2012 - 12 - 11] http: //www. state. gov/e/eb/directline/past/201461. html.

该遵守竞争中立政策。具体而言，我国竞争中立规则适用主体的确定，可以按照以下标准进行：

（1）对于完全从事商业经营的国有企业，应无条件地适用公平竞争政策。（2）对既从事商业经营，又提供公共服务的公有制组织，对其商业经营活动适用竞争中立规则。（3）事业单位的商业活动，如公有制高等教育机构进行的商业化培训，应该遵守市场竞争规则。（4）政府所属机构的商业活动，应遵守公平竞争政策。（5）将竞争中立规则的适用主体限定于中央国有企业，地方一级的国有企业不适用竞争中立规则。（6）国家垄断经营的企业不适用竞争中立规则，但是这部分企业无法参与国际市场竞争。

2. 在国际争端裁决中抵制“国有企业补贴理论”

“国有企业补贴理论”的前提是将国有企业认定为“公共机构”或“当局”，我国应该在国际贸易投资争端裁决中坚决抵制“国有企业补贴理论”，原因有三：

其一，美欧等国在国内立法和司法实践中，就“公共机构”的认定没有统一的标准，其遵循的唯一宗旨是维护本国的贸易利益。美国反补贴法对企业是否为“当局”（authority）的判定，主要有两种方法：（1）将大多数国有公司视作政府本身；（2）采用以下5个指标进行综合判断：企业是否为政府所有、政府官员是否担任企业董事会成员、政府是否控制企业的活动、企业是否遵循政府的政策或利益、企业是否由立法设置。[1]

但是，在实际操作中，美国并未按照这五个标准认定国有企业的性质。大多数情况下，美国仅根据政府控制因素将国有企业等同于“公共机构”。对于政府享有半数以下股份的企业，美国也依照政府控制理论将其视为“公共机构”。[2] 在“美对华铜版纸反补贴案”中，美国商务部论证中国国有商业银行的属性时，除了运用“国家绝对控股”标准外，还以中国《商业银行法》中“贷款业务应在国家产业政策指导下满足国民经济和

---

[1] 第一种方法由美国商务部基于其司法实践在1998年颁布且沿用至今的《反补贴联邦法规》（19 CFR Part351）的解释性序言（Preamble）中阐明，第二种方法主要形成于1987年的“荷兰鲜花反补贴案”（Certain Fresh Cut Flowers from the Netherlands）。从形成过程看，方法二是对方法一的补充。

[2] Issues and Decision Memorandum for the Final Determination in the Countervailing Duty Investigation of Certain Kitchen Appliance Shelving and Racks from the People's Republic of China. p. 43. US Department of Commerce.

社会发展要求”等规定为论据，[1] 说明中国商业银行的政府属性。美国如此做法，与其反补贴法的规定出入很大。

其二，欧美等国就“公共机构”认定标准的规定过于宽松，缺乏严谨性。美国“贸易代表办公室”（USTR）发布的《对外签署投资协定最新范本》明确规定，若政府通过命令或其他形式赋予国有企业某项职权时，国有企业将被视为行使行政职权的政府机构。[2] 美国商务部也曾表态，“将大多数政府所有的企业作为政府本身对待是一种长期的做法，因为政府占有多数股权，任命多数董事，这些董事成为公司经理人，政府将最终实现对企业的控制”。[3]

加拿大相关立法明确规定，经政府或政府法律授权的国有企业属于政府机构的范畴，经营受政府直接或间接控制、影响的国有企业，其所提供给其他企业的利益等同于政府提供的利益。加拿大判定中国国有企业受政府控制的主要依据是股权控制、决策控制和运行控制。[4] 欧盟（EC）将“政府”定义为原产国或出口国境内的政府或任何公共机构，其对补贴当事国政府或公共机构的认定，在个案中具体阐述。[5]

例如，在2002年10月的韩国影响商用船舶措施案中，EC确定的判断公共机构的三个标准是：在公共法令的基础上建立并运行，决策受政府控制；追求公共政策目标；获得国家资源并从中得益。在该案中，欧盟运用这三个标准认定韩国进出口银行（KEXIM）为公共机构。[6] 可见，欧美国

---

[1] USDOC（2007），pp. 54－61，67.

[2] Statement of the European Union and the United States on Shared Principles for International Investment，article2.

[3] 在“中国诉美国双反措施案”中，美国关于反补贴的裁决中并未使用《反补贴协定》中government 与 public body 这两个概念，而是用 authority 一词同时指代了这两个概念。

[4] CBSA（2004a），para 61；CBSA（2004b），paras66－76. 加拿大《特别进口措施法》（Special Import Measures Act）第2节第（1）段的贸易救济调查中，将外国“政府”界定为：包括（a）该国任何省、州、市或其他地方或地区政府；（b）代表该国或该省、州、市或其他地方或地区政府的，或经其或其法律授权的任何个人、行政机构或社会机构；（c）该国参加的任何主权国家联盟。加拿大调查当局将“中国政府”定义为：各级政府，包括中央、省/州、地区、市、镇、村、地方的；立法、行政或司法的；单个或集体的，选举或任命的；也包括代表该国或该省、州、市或其他地方或地区政府的，或经其或其法律授权的任何个人、行政机构、国有企业或社会机构；而且明确规定政府直接或间接控制、影响的国有企业所提供的利益等同于政府提供的利益，加拿大调查当局判定中国国有企业受政府控制的主要依据是股权控制、决策控制和运行控制。

[5] Council Regulation（EC）No. 2026/97 of 6 October 1997，on protection against subsidized imports from countries not members of the European Community.

[6] Korea—Commercial Vessels，WT/DS273，para7. 32.

家的规定完全是基于本国的情况和利益着想的。同样，我国为了维护本国的利益，应坚决抵制将国有企业认定为公共机构的做法。

其三，WTO 争端解决机构对“公共机构”的认定标准和裁决结果在个案中也各有不同，没有定论。在“中国诉美双反措施案”（DS379 案）中，WTO 争端解决机构上诉机构根据《补贴和反补贴协定》第 1.1 条进行文义解释，认为政府和公共机构的共同点在于行使政府职能，拥有政府权威，判定一个企业是否属于公共机构，关键在于企业是否拥有政府权威。❶某一实体必须拥有政府权威，行使政府职能，才能被定性为“公共机构”或“政府”，并依此推翻了美国按照政府股权多数原则做出的判决。❷

但是，在韩国影响商用船舶措施案中，WTO 争端解决机构专家组对公共机构的解释是：如果一个实体受政府（或其他公共机构）控制，即构成“公共机构”。一个实体是否受政府控制可从以下三方面判断：股权控制、最高管理层人事任免权、经营控制。在该案中，专家组依据此方法认定韩国资产管理公司、韩国存款保险公司和韩国实业银行为公共机构。❸

在韩国影响商用船舶措施案中，WTO 上诉机构重点强调政府对企业的绝对控制，而在 DS379 案中，WTO 上诉机构则强调企业是否拥有政府权威。可见，WTO 争端解决机构对国有企业是否为“公共机构”的认定，也没有统一的标准，是当事国博弈的结果。所以，我国在国际争端裁决中，应尽量阻止将商业化国有企业认定为公共机构，排除“国有企业补贴理论”的适用，防止祸及下游企业。

3. 严格限制将竞争中立规则适用于私有企业

竞争中立规则的本意是限制国有企业的竞争优势，因为国有企业的性质和经营方式存在一定的特殊性，竞争中立具体规则也是依据国有企业的特殊性制定的。国家对私有企业的补贴和支持行为，可以通过反补贴制度予以规制，用竞争中立规则规范私有企业的市场竞争行为，与反补贴措施存在很大的重合。退一步讲，即使为了确保政府的中立地位，对私有企业

---

❶ US – definitive anti – dumping and countervailing duties on certain products from China, Report of the Appellate Body, WT/DS379/AB/R, para. 290.

❷ US – definitive anti – dumping and countervailing duties on certain products from China, Report of the Appellate Body, WT/DS379/AB/R, para. 322.

❸ Korea—Commercial Vessels, WT/DS273, para7. 50. para7. 353.

适用竞争中立规则，也必须有明确的事实和证据，证明私有企业接受了政府的支持。

然而，在上述“华为案”中，美国仅是怀疑华为公司受到中国政府各方面的支持，并没有确切的证据证明其主张。但是，美国为了阻止“华为”的商业并购行为，实行举证责任倒置，要求华为公司提供证据证明其没有接受中国政府的支持，这显然不合常理。澳大利亚也仅因为华为总裁任正非以前履职军方的经历，怀疑华为公司接受了中国政府的支持。所以，对竞争中立规则适用于私有企业的情况，应该做出严格限制，必须有充分的证据证明私有企业接受政府资助时，才能适用竞争中立规则。

4. 运用竞争中立规则适用的例外条款

竞争中立规则的适用例外，主要是为了满足公共需要和公共利益。但是，竞争中立规则适用豁免需要有明确的法律和政府授权。在国际规则谈判中，欧美推行的高标准的竞争中立规则体系，超过了大部分国家的技术水平和经济发展水平，部分内容超越了经济范畴，触及国家主权和很多敏感问题，所以在规则制定过程中必然会设置例外条款。

中国以公有制经济为主体，国有企业承担着重要的公共服务职能，这是中国经济的特色，也是中国经济的现实。我国在完善国内公平竞争政策时，一定要考虑国有企业的公共服务职能，应通过法律或政策明确承担公共服务职能的企业范围、业务范围、监管方式。在国际贸易和投资规则谈判时，考察和运用例外条款，维护中国企业的海外利益。

具体而言，在以下几种情况下，我国公有制实体可以豁免适用竞争中立规则：

(1) 为了维持特定的公共服务职能。如维持边远地区的邮政和通信服务的国有企业，可不适用竞争中立规则。

(2) 为了维护国家某方面的特殊利益。如将国有企业作为产业政策的工具，调整产业发展；或为了保证财政收入；或是基于政治经济考虑（The political economy of SOEs），如为了促进就业等，政策制定者需要保护部分国有企业。[1]

(3) 小型国有企业、大部分集体企业潜在市场竞争力较小，其商业经

[1] Capobianco, Antonio, and Hans Christiansen. Competitive Neutrality and State – Owned Enterprises: Challenges and Policy Options. No. 1. OECD Publishing, 2011. p. 8.

营行为不会对市场竞争秩序造成冲击，可以不适用竞争中立规则。[1] 但需设定小型国有企业的规模标准，在实际操作中，可以根据地域或行业的不同而有所差别。

（4）国家垄断经营的行业，由于不存在市场竞争，不适用竞争中立政策。但我国立法需清晰界定“国民经济命脉和国家安全行业”，说明所涉及的国有企业的范围、业务范围。而且，一个从事垄断经营的国有企业不能进入国际市场，参与国际竞争。

（5）地方性国有企业是否适用竞争中立规则，暂无定论。对此，我国也可以暂时持保留意见。

四、结　论

欧盟、澳大利亚、OECD 竞争中立政策的适用范围限于从事商业活动的公有制主体，GATT1994 第 17 条仅限定“国有贸易企业”应遵守公平贸易规则。在一些国际贸易和投资争端裁决中，欧美等国和 WTO 争端解决机构，扩大了竞争中立规则的适用范围，将部分私有企业、国家支持的企业、国家赞助的企业、国家冠军企业、与国有企业有业务往来的企业纳入竞争中立适用主体的范围，进一步阻碍了我国企业的海外发展。

针对上述情况，我国应做如下应对，为我国企业参与国际竞争创造更有利的环境：（1）在国内法中，明确参与商业经营的国有企业的范围，要求公有制实体的商业活动遵守竞争中立规则；（2）在国际争端裁决中，反对将国有企业认定为“公共机构”，坚决抵制“国有企业补贴理论”，防止祸及下游企业；（3）严格限制将竞争中立规则适用于私有企业，除非有确切的证据证明，私有企业受到政府的支持；（4）充分利用竞争中立规则的例外条款，提供公共服务的、维护公共利益的、小规模的、国家垄断经营的、地方性国有企业不适用竞争中立规则。

---

[1] National Treatment for Foreign – Controlled Enterprises：including adhering country exceptions to national treatment（OECD）.

投资者—国家争端解决机制的新发展：以TPP投资章节为视角

廖　凡*

一、问题的提出

2016年2月，历经五年多的谈判，美国等12个缔约国❶正式签署《跨太平洋伙伴关系协定》（Trans - Pacific Partnership Agreement，TPP），标志着这一众所瞩目的新一代区域自由贸易协定（以下简称“自贸协定”）正式成型。尽管尚待各缔约国履行国内批准程序，❷ 但TPP的生效实施应当可以预期。最终公布的TPP正式文本包括序言和30章，内容涵盖从货物贸易、服务贸易、投资待遇和保护等传统议题，到竞争政策、劳工、环境等新兴议题在内的范围广泛的事项。❸ 其中，第9章是专门的投资章节，又分为A、B两节。A节是实体性规定，具体规定投资定义、投资待遇、征收与补偿等内容；B节（“投资者—国家争端解决”）则是程序性规定，

---

* 廖凡，中国社会科学院国际法研究所研究员，法学博士。

❶ 分别是美国、日本、澳大利亚、新西兰、加拿大、墨西哥、智利、秘鲁、文莱、马来西亚、新加坡和越南。

❷ 根据TPP第30章（“最后条款”）第30.5条，该协定的生效时点依次有如下三个：（1）自所有创始签署方书面通知保管方其已完成各自国内批准程序之日起60日后生效；（2）如在签署之日起2年内，创始签署方未全部书面通知保管方其已完成各自国内批准程序，但至少6个创始签署方（其2013年GDP合计至少占全部创始签署方GDP的85%）已经做此通知，则自该2年期限届满后60日后生效；（3）如根据上述两款规定均未能生效，则协定应自GDP合计至少占全部创始签署方GDP的85%的6个创始签署方书面通知保管方已完成各自国内批准程序之日起60日后生效。

❸ TPP文本见新西兰外交贸易部网站 https://www.mfat.govt.nz/en/about - us/who - we - are/treaty - making - process/trans - pacific - partnership - tpp/text - of - the - trans - pacific - partnership，中译文参见商务部国际贸易经济合作研究院网站 http://www.caitec.org.cn/article/gzdt/xshd/201512/1453.html。本文网络资料的最后访问时间均为2016年9月26日。

对通过仲裁机制解决一缔约国国民（投资者）与另一缔约国（东道国）之间的投资争端做出具体安排。❶ 与此相区别，TPP 第 28 章（“争端解决”）则是关于缔约方（主权国家）之间争端解决的规定。

投资者—国家争端解决机制（Investor – State Dispute Settlement，ISDS）允许投资者（包括个人和企业）直接对东道国提起仲裁，在制度设计上将作为私主体的投资者与作为主权者的东道国置于平等地位，以凸显对投资者利益的保护。作为一个单向机制，ISDS 只能由投资者启动，亦即只能由投资者对东道国提起。由此，ISDS 构成对东道国主权权益的一大限制，也是双边投资条约（Bilateral Investment Treaty，BIT）缔约方借以保护本国海外投资者利益的一大“利器”。自 20 世纪 60 年代末 70 年代初崭露头角以来，❷ ISDS 发展迅速，业已成为 BIT 中普遍存在的“标配”。这应当说符合 BIT 的传统定位：BIT 起初主要是作为资本输出国的发达国家用以保护本国海外投资者的工具，直至 20 世纪末也主要是在发达国家与作为资本输入国的发展中国家之间签订，其基本宗旨和目的是促进和保护投资，故此从形式到内容均以保护投资者利益为核心，而不甚考虑维护东道国权益的问题。相应地，在经由 ISDS 机制展开的投资争端仲裁中，仲裁庭往往易于在“促进和保护投资”的大旗下，片面强调投资者利益保护，而忽视东道国的主权权益。❸

但规则的发展演变终究是实力对比和利益博弈的结果。自 20 世纪 90 年代以来，国际投资领域的格局日趋多样化，资本输入国与输出国之间不再泾渭分明：不但发达国家与发展中国家之间的投资走向双向化，而且发达国家相互之间、发展中国家相互之间的投资也快速增长，使得越来越多的国家兼具资本输入国和输出国的双重身份。❹ 谈判地位和议价能力对比

---

❶ 由于新西兰外交贸易部公布的英文文本将第 9 章中的“武装冲突或内乱情况下的待遇”这一条款列为第 9.7 条，而商务部网站公布的中译文则将之列为第 9.6 条之二，因此从下一个条款开始，第 9 章英文文本的条款序号要比中译文的条款序号错后一条，亦即英文文本第 9.8 条对应中译文第 9.7 条，以此类推。为方便起见，下文引用的第 9 章条款的序号，均以中译文为准，不再另作说明。

❷ 1969 年，乍得—意大利 BIT 中首次出现投资者—国家争端解决机制。20 世纪 70 年代，美国主导的 BIT 中开始加入 ISDS 相关条款，并为越来越多的其他 BIT 所效法。参见高臻：《饱受争议的 ISDS 机制》，《21 世纪经济报道》2015 年 11 月 5 日第 4 版。

❸ 参见余劲松：《国际投资条约仲裁中投资者与东道国权益保护平衡问题研究》，《中国法学》2011 年第 2 期，第 132 – 133 页。

❹ 参见宋俊荣：《欧美投资者与东道国争端解决条款的最新动向》，《商业研究》2015 年第 12 期，第 177 页。

上的变化促使BIT的制度设计不再一边倒地考虑投资者利益，而是在坚持促进和保护投资这一传统使命和功能的同时，对东道国的主权利益给予应有的适当考虑，做出更加平衡的安排。具体到BIT或者自贸协定投资章节中的ISDS，则是要在继续为投资者提供倾斜性保护的同时，对其提起仲裁的权利以及仲裁程序本身加以必要限制，以更好地平衡投资者（母国）与东道国的权益。

在TPP谈判过程中，是否以及如何纳入ISDS成为焦点议题之一。例如，由于担心美国投资者利用ISDS挑战东道国的规制权，澳大利亚就明确反对在TPP中纳入ISDS。[1] 但在美国的强势主导下，TPP投资章节最终仍然规定了ISDS机制，并且大体承袭了美国《2012年双边投资条约范本》（2012 U. S. Model Bilateral Investment Treaty，以下简称《2012年范本》）的相关内容。这应当说是美式BIT的一次胜利。与此同时，TPP投资章节也顺应上文所述趋势，在ISDS的制度设计上有所发展和调整，一定程度上反映出投资者（母国）与东道国利益的折中与平衡。

二、细节求变：对东道国主权权益的顾及

TPP投资章节脱胎于美国《2012年范本》，而《2012年范本》相较之前的《2004年范本》，已然对东道国主权权益特别是规制权有了更多顾及。例如，《2012年范本》强调环境保护与劳工标准的重要性，允许东道国政府制定和执行必要措施来确保其劳工标准，并将与此相关的投资争端排除在ISDS的适用范围之外；强化东道国金融监管权限，在涉及金融服务的ISDS仲裁中赋予东道国某些优先请求权。[2] 尽管这些调整并非直接针对ISDS，但无疑仍反映了谈判方及潜在谈判方实力对比的消长和关注点的变化。在此基础上，TPP投资章节进一步对ISDS本身做出了一些限制，或者更准确地说，对投资者利用ISDS来挑战东道国规制权的能力做出了一些限制。

---

[1] 澳大利亚与新加坡、泰国、智利、东盟和新西兰的自贸协定均包含ISDS条款，但在与美国的自贸协定中则未予规定。参见叶波、梁咏：《投资者与东道国争端解决机制的新发展及其启示》，《国际商务研究》2015年第5期，第62页。

[2] 参见黄洁：《美国双边投资新规则及其对中国的启示：以2012年BIT范本为视角》，《环球法律评论》2013年第4期，第158－160页；沈铭辉：《美国双边投资协定与TPP投资条款的比较分析：兼论对中美BIT谈判的借鉴》，《国际经济合作》2014年第3期，第22页。

（一）对启动投资仲裁的限制

由独立于投资者和东道国的仲裁庭就二者之间的投资争端做出有约束力的终局性裁决，是ISDS机制的要旨所在，也是相关改革诉求所围绕的焦点。TPP投资章节并未将仲裁作为解决投资争端的必然和唯一选项，而是给磋商、谈判等软性解决途径留下了一席之地。TPP第9.17条第1款明确规定："如发生投资争端，申请人与被申请人应首先寻求通过磋商与谈判解决争端，包括使用无约束力的第三方程序，如斡旋、调解或调停。"不仅如此，第9.17第2、3款还进一步规定，"申请人（投资者）应向被申请人（东道国）递送书面磋商请求，列出关于争议措施的简要事实描述"，并专门强调，"启动磋商和谈判不应理解为承认仲裁庭的管辖权"。反观《2012年范本》，只是简单地以"如发生投资争端，申请人与被申请人应首先寻求通过磋商与谈判解决争端，包括使用无约束力的第三方程序"一笔带过。[1] 相比之下，TPP投资章节的规定应当说更为细致也更具实质意义。

为给上述软性解决途径预留必要时间，TPP第9.18条规定，一项投资争端在被申请人收到第9.17条规定的书面磋商请求后6个月内未获解决时，申请人方可提请仲裁。这一期限与《2012年范本》一致，尽管措辞方式不尽相同。[2] 此外，TPP第9章附件9-G（"公共债务"）还专门规定，如果投资者的仲裁请求是东道国对其所发行债务进行的重组违反了其在第9章A节下的实体义务，则上述期限延长至270日。换言之，在公共债务这一特殊领域，TPP给予东道国更多时间来进行必要的政策和规则调整。

仲裁理由或者说允许提交仲裁的事项的宽泛程度，直接影响到东道国主权受限制的程度。在此问题上，TPP沿袭了《2012年范本》的基本套路，但做出了某些排除性规定。TPP第9.18条第1款规定，若东道国违反TPP投资章节项下义务、一项投资授权或者一项投资协议，[3] 而投资者因

---

[1] 《2012年范本》第23条。《2012年范本》全文见美国国务院网站 http：//www.state.gov/documents/organization/188371.pdf。

[2] 参见《2012年范本》第24条第3款。

[3] 根据TPP第9.1条，"投资授权"（investment authorization）是指一缔约方外国投资管理机关给予另一缔约方的涵盖投资或投资者的授权，"投资协议"（investment agreement）则是指一缔约方中央政府主管机关与另一缔约方的涵盖投资或投资者之间在TPP生效日之后签署并生效的创设相互权利义务的书面协议。

此遭受损失或损害，投资者即可据此提起仲裁。这一规定不可谓不宽泛，尤其是投资授权（许可），在解释上有着较大的灵活性和不确定性，从而给外国投资者提供了更多可乘之机。在部分谈判方施加的压力下，作为折中，第9.18条第1款以脚注方式规定："在不影响申请人依据本条将其他请求（claim）提交仲裁之权利的情况下，申请人不得将这样一个请求提交仲裁，即9－H所涵盖的缔约方因为执行那些投资授权所附随的条件或要求而违反了该投资授权。"附件9－H所涵盖的缔约方包括加拿大、墨西哥、新西兰和澳大利亚。就实质效果而言，上述规定相当于这四个国家对于将违反投资授权作为仲裁理由的规定做出了保留。类似地，第9.18条第2款规定，当投资者以东道国违反一项投资授权或投资协议为由提交请求时，东道国可以提交与该请求的事实和法律依据有关的反请求，或依赖一项请求以与申请人相抵消。这一关于反请求和抵消的条款为《2012年范本》和当前多数双边投资协定所无，[1] 反映了TPP投资章节在平衡投资者与东道国利益方面的发展和创新。

（二）对仲裁员选任的要求

如上所述，ISDS只能由投资者单向启动，且作为一项以投资者保护为基本出发点的机制，其天然带有一定倾向性，仲裁员易于在促进和保护投资的大旗下，过度强调投资者利益保护，而低估乃至忽视维护东道国主权权益的重要性。尤其是考虑到大型跨国公司相较于很多东道国特别是发展中国家，在仲裁经验、律师团队、经费保障等方面所具有的优势，仲裁员的独立、公正和专业对于确保ISDS中的利益平衡就愈发显得重要了。再者，与一般国际商事仲裁不同，ISDS仲裁不仅涉及私主体的商业利益，还涉及东道国的公共利益，本质上更接近公法争议。[2] 这就对仲裁员的公正性和公信力提出了更高的要求。

在确保仲裁员的专业性、独立性和公正性方面，TPP第9.21条（"仲裁员的选任"）值得注意。该条第5款和第6款的关于仲裁员选任的要求，是《2012年范本》所未规定的新内容。其中，第5款是关于仲裁员的专业

[1] 参见石静霞、马兰：《〈跨太平洋伙伴关系协定〉（TPP）投资章节核心规则解析》，《国家行政学院学报》2016年第1期，第81页。

[2] 参见隽薪：《将人权纳入投资规则：国际投资体制改革中的机遇与挑战》，《环球法律评论》2016年第5期，第185页。

性，规定："在……任命仲裁员时，每一争端方均应考虑特定候选人对于第9.24条第2款（'准据法'）下的相关准据法的专业知识或相关经验；若双方未能就首席仲裁员的任命达成一致，则秘书长[1]也应考虑特定候选人对于相关准据法的专业知识或相关经验。"第6款则是关于仲裁员的独立性和公正性，规定："在TPP生效前，各缔约方应就第28章（'争端解决'）下的《争端解决程序行为守则》（Code of Conduct for Dispute Settlement Proceedings）[2]对依照本条选任的投资者—国家争端解决仲裁庭仲裁员的适用提供指南，包括对《行为守则》做出必要修改以符合投资者—国家争端解决规定的上下文；各缔约方也应就有关国际仲裁中利益冲突的其他规则或指南的适用提供指南；仲裁员除遵守关于仲裁员独立性和公正性的可适用仲裁规则外，还应遵守前述指南。"换言之，TPP投资章节将缔约方（主权国家）之间争端解决机制中适用的仲裁员行为准则，比照适用于ISDS仲裁，从而强化了对仲裁员资质要求和遴选条件的控制。

上述两款规定反映出TPP谈判和缔结过程中，相关国家对于仲裁员专业性、独立性和公正性的关切。从中可见，TPP在总体接受投资者—国家争端解决机制、赋予投资仲裁庭裁处私人投资者与主权国家之间相关争端之权力的同时，也通过对仲裁员资质要求和遴选条件的基本规定，对仲裁员的潜在裁处行为加以必要限制，特别是赋予东道国通过制定专门指南来指引并约束仲裁员的权力。这无疑也是TPP投资章节平衡投资者与东道国权益这一努力的一个体现。

（三）对赔偿范围和费用承担的规定

如上所述，在仲裁庭做出有利于投资者的裁决时，东道国往往面临高额赔偿。为使潜在赔偿范围更为明晰，减少东道国面临的不确定性压力，

---

[1] 指国际解决投资争端中心（International Centre for Settlement of Investment Disputes，ICSID）秘书长。

[2] 与第9章相对，第28章是关于缔约方之间争端的解决机制，或所谓常规争端解决机制。在该章中，第28.10条（"专家组成员资格和成员名册"）第1款规定："所有专家组成员应：（a）拥有法律、国际贸易、本协定涵盖的其他事项或国际贸易协议项下的争端解决的专业知识或经验；（b）依据客观性、可靠性和合理的判断力严格挑选；（c）独立于且不与任一缔约方关联或接受任一缔约方指示；（d）遵守程序规则中规定的行为守则。"第28.9条（"专家组的组成"）第9款规定："如一争端方确信一专家组成员违反第28.10条第1款（d）项规定的行为守则，则各争端方应进行磋商；如各方同意，则该专家组成员应从专家组中去除，并应根据本条挑选一名新的专家组成员。"

TPP 投资章节对于赔偿范围进行了限定，并就仲裁费用分担和对滥诉的惩罚做出了规定。这些内容集中规定于 TPP 第 9.28 条（“裁决”）第 2～4 款。第 2 款规定：“若一缔约方的投资者依据第 9.18 条第 1 款（a）项（以投资者自身名义）将一请求提交仲裁，则该投资者只能就其作为一缔约方的投资者而遭受的损失或损害得到赔偿。”根据 TPP 第 9.18 条第 1 款，投资者既可以其自身名义，也可代表其直接或间接拥有或控制的东道国企业（在东道国设立的外商投资企业），向东道国主张违约赔偿。由此，第 9.28 条第 2 款的意义在于明确，如果投资者是以自身名义提起仲裁的，则其只能在其自身所受损失范围内要求赔偿，而不能就其所投资的企业遭受的其他损失主张赔偿。此外，该条第 4 款第 1 句还规定：“对于指控违反 A 节规定的与试图进行投资[1]有关的义务的请求，当裁决有利于申请人时，可裁定的损害赔偿仅限于申请人已经证明系试图进行投资时所产生的损失，且申请人也证明该违反是此类损失的近因（proximate cause）。”由于试图进行投资（投资前期准备工作）时的损失相较于已经进行投资后的损失往往更为复杂也更不确定，因此这一规定有助于限定东道国可能的赔偿范围，避免投资者“漫天要价”任意索赔。

关于仲裁费用包括律师费的承担，TPP 投资章节也做出了明确规定。第 9.28 条第 3 款规定：“仲裁庭还可根据本节以及适用的仲裁规则，对争端方发生的、与该仲裁程序有关的费用和律师费做出裁决，并应确定此类费用和律师费由谁支付及如何支付。”据此，仲裁庭有权在仲裁规则允许的范围内，对包括律师费用在内的仲裁费用的承担做出合理裁决。为防止投资者滥用仲裁机制、提起缺乏正当理由或实际价值的仲裁请求而使东道国疲于应对，第 9.28 条第 4 款第 2 句专门规定：“如仲裁庭裁定该等请求为滥诉（frivolous claims），则仲裁庭可裁定由申请人承担合理的费用和律师费。”此外，TPP 第 9.22 条（“仲裁的进行”）还专门规定了针对滥诉的简易审查程序。根据该条，如果被申请人以申请人提起的仲裁请求并非一项可以依据第 9.28 条获得有利于申请人裁决的请求或者明显不具有法律意义（legal merit）为由提出异议，那么仲裁庭应当将该异议作为先决问题进行审理并做出裁决；在此情况下，仲裁庭应当中止一切关于实体问题的程

[1] 根据 TPP 第 9.1 条（“定义”），所谓“试图”（attempt）进行投资，是指投资者已经采取具体行动（如调集资源或资本以设立一项业务或者申请许可或执照）来进行投资。

序，在150日内就异议做出决定或裁决；在做出决定时，仲裁庭可以裁定由败诉方承担胜诉方因提出或反对异议而产生的合理费用和律师费（为此仲裁庭应考虑申请人的请求或被申请人的异议是否为滥诉，并为争端双方提供合理的评论机会）。❶

上述条款未见于《2012年范本》，体现出有关缔约方对于投资者滥用ISDS仲裁损害东道国权益的警惕和防范，也反映了TPP投资章节在平衡投资者与东道国利益方面的发展和创新。

（四）相关例外条款

除上述直接规范ISDS机制的条款外，TPP第29章A节（“例外”）中的几个例外条款也在实质效果上对投资者利用ISDS挑战东道国规制权的权利构成了限制。具体而言，第29.2条（“安全例外”）规定，该协定的任何内容不得解释为要求一缔约方提供或允许获得其确定的一旦披露将违背其根本安全利益的任何信息，或排除一缔约方采取为履行其维护国际和平安全之义务或保护其自身根本安全利益所必需的措施；第29.3条（“临时保障措施”）规定，该协定的任何内容不得解释为阻止一缔约方在发生严重收支平衡、对外财政困难或威胁、与资金流动有关的支付或转移对宏观经济管理造成严重困难或威胁时，对经常账户或资本账户下的支付或转移采取临时性限制措施；第29.5条（“烟草控制措施”）规定，缔约方可选择不将其烟草控制措施❷纳入ISDS的受案范围，在此情况下投资者不得就相关东道国的烟草控制措施提起仲裁。此外，第9章附件9－B（“征收”）也专门强调，一缔约方旨在保护公共健康、安全、环境等合法公共福利目标的非歧视性监管行为，通常不构成间接征收。

三、大局未改：对投资者利益保护的彰显

尽管有上述细节上的发展和变化，但若据此认为在TPP的ISDS机制中，对东道国主权权益的顾及已然与对投资者利益保护的考虑分庭抗礼乃至凌驾其上，则属言过其实。对TPP投资章节及其他相关条款的整体审视

---

❶ 详见TPP第9.22条第4～6款。

❷ 所谓“烟草控制措施”，是指一缔约方与烟草制品（包括由烟草制造或从中提取的产品）的生产或消费有关的措施，与烟草制品的分销、标签、包装、广告、营销、推广、销售、购买或使用有关的措施，以及检验、记录、报告要求等执法措施。

表明，投资者利益保护依然是ISDS的主要考虑及核心价值，这一点未有根本变化。

（一）首次将ISDS扩展至多边层面

如前所述，ISDS机制整体纳入最终签署的TPP正式文本，本身就是美国及美式BIT的一次胜利。在TPP谈判过程中，澳大利亚一度坚决反对规定ISDS机制。2011年4月，澳大利亚吉拉德政府发布贸易政策声明，声称坚持国民待遇原则，反对超国民待遇，不支持赋予外国企业比本国企业更多权利的条款，也不支持限制澳大利亚政府在对本国和外国企业同等对待的前提下就经济、社会和环境问题制定法律之权力的条款，并宣布在今后的贸易协定中不再纳入ISDS机制。[1] 在2012年举行的TPP第11轮谈判期间，吉拉德政府也明确表示反对ISDS条款。[2] 这一态度耐人寻味，因为从历史上看，与向来反对ISDS的一些发展中国家不同，澳大利亚长期奉行自由主义贸易政策，还曾是经济合作与发展组织中积极推动多边投资协定谈判的成员国之一；从实践来看，澳大利亚对外缔结的大多数双边投资协定和自贸协定均包含ISDS条款，且鲜有在该机制下被诉的经历。[3] 一个合乎逻辑的解释是，澳大利亚之所以反对在TPP中规定ISDS，主要是源于对美国跨国公司利用该机制挑战东道国规制权力的担忧。这种担忧并非空穴来风。统计显示，截至2015年11月，ICSID共受理551起案件，其中美国跨国公司作为申请人的为116起，占到21%，而美国作为被申请人的案件则只有6起；从仲裁结果看，支持申请人请求的占46%，驳回请求的占36%，裁定不具有管辖权的占18%。[4] 显然，美国跨国公司在利用ISDS争取自身权益方面拥有极为丰富的经验。事实上，上述政策声明发布后仅

---

[1] Gillard Government Trade Policy Statement: Trading Our Way to More Jobs and Prosperity, p. 14, http://blogs.usyd.edu.au/japaneselaw/2011_Gillard%20Govt%20Trade%20Policy%20Statement.pdf. 但澳大利亚新一届联合政府于2013年9月赢得大选后，宣布废除这一声明，回到对于在相关条约中是否纳入ISDS条款进行个案评估的原有做法。参见Luke Nottage, ISDS in the TPP Investment Chapter: Mostly More of the Same, KLRCA Newsletter No. 20 (Oct - Dec 2015), p. 9, http://klrca.org/downloads/newsletters/2015Q4newsletter.pdf。

[2] 参见于晓燕：《澳大利亚推进TPP谈判的政治经济分析》，《亚太经济》2012年第6期，第14页。

[3] 参见强之恒：《人本化对TPP谈判中国际投资仲裁机制设计的影响》，《国际经贸探索》2015年第9期，第108页。

[4] 参见文洋：《TPP投资规则：内容、挑战及中国的因应》，《国际贸易》2016年第4期，第51页。

3 个月，烟草业巨头菲利普·莫里斯亚洲公司就依据 1993 年香港－澳大利亚双边投资协定，以澳大利亚拟通过的《香烟简易包装法》（Plain Packaging Act）构成间接征收、违反公平公正待遇为由，要求后者予以撤销并赔偿损失 41.6 亿美元。[1] 尽管仲裁庭最终基于管辖权和可受理性方面的原因驳回了申请人的请求，未进入实质问题审理，[2] 但该案对于澳大利亚的刺激不可谓不强烈，也进一步坚定了其反对 ISDS 条款的立场。

新一届阿伯特政府于 2013 年 9 月赢得大选并执政后，对于 ISDS 的态度有所转变，宣布废除上述政策声明，恢复到对于在双边条约中是否纳入 ISDS 条款进行逐案评估的原有做法。基于此，澳大利亚在此后与中国和韩国签订的双边自贸协定中规定了 ISDS，在与日本签订的双边自贸协定中则未予规定。[3] 作为谈判各方中反对 ISDS 最力者，澳大利亚立场的转变为 ISDS 整体进入 TPP 扫清了障碍。TPP 的最终签署使得过去通常只规定于双边条约的 ISDS 机制首次扩展至多边层面，或者至少可以说是准多边层面，[4] 显著拓展了几个主要资本输出国的投资者利用 ISDS 的能力。例如，这将使得美国投资者首次得以将与澳大利亚、新西兰、日本、越南、文莱、马来西亚之间的投资争端诉诸国际仲裁，使得日本投资者首次得以将与美国、加拿大、新西兰、澳大利亚之间的投资争端诉诸国际仲裁。[5] 就此而言，说 TPP 是美式 BIT 的一次标志性胜利，并不为过。

---

[1] 参见隽薪：《将人权纳入投资规则：国际投资体制改革中的机遇与挑战》，《环球法律评论》2016 年第 5 期，第 180 页。

[2] Philip Morris Asia Limited v. The Commonwealth of Australia, Award on Jurisdiction and Admissibility, PCA Case No. 2012－12, 17 Dec. 2015, pp. 585－589.

[3] 据分析，导致规定或不规定 ISDS 的考虑因素可能包括：（1）是否认为当地法院和仲裁庭执行的东道国国内法在投资者保护方面存在问题，特别是在经济欠发达国家（如中国），但也并不必然如此（如韩国）；（2）条约相对方现在或将来是否是澳大利亚对外投资的重要目的地（尤其是中国）；（3）对方基于其本国的一般政策（韩国和中国）及/或对于该国投资者在澳大利亚的投资风险的担心（也许是中国），强烈要求规定 ISDS。See Luke Nottage, Investor－State Arbitration Policy and Practice in Australia, CIGI Investor－State Arbitration Series, Paper No. 6, June 2016, p. 22, http://papers.ssrn.com/sol3/papers.cfm?abstract_id=2802450。

[4] 1994 年生效的《北美自由贸易协定》也规定有 ISDS，但其只是一个典型的区域贸易协定，其范围、规模和影响力与 TPP 不可同日而语。

[5] Freshfields Bruckhaus Deringer LLP, Investment Protection and Investor－State Dispute Settlement under the Trans－Pacific Partnership Agreement, http://www.lexology.com/library/detail.aspx?g=4e7e0089－3496－4472－a588－b7244ceb8071.

（二）向投资者倾斜的主基调未变

纵观 TPP 关于 ISDS 的相关条款，对于东道国主权权益的顾及多属零敲碎打，投资者与东道国之间“民强国弱”的总体格局仍然得以维系，向投资者倾斜的主基调未有改变。择要论述如下。

首先，上诉机制依然缺位。仲裁庭一裁终局、没有上诉机制提供救济渠道，一直是 ISDS 在程序公正性方面最为人诟病之处。欧盟在《跨大西洋贸易与投资伙伴关系协定》（Transatlantic Trade and Investment Partnership，TTIP）谈判中之所以坚决反对 ISDS，提出以国际投资法庭体系（由初审法庭和上诉法庭组成）取而代之，主要原因之一亦在于此。事实上，在 TPP 谈判过程中，是否要为 ISDS 建立某种形式的上诉机制也是争点之一。但最终签署的 TPP 仍然维持了一裁终局的传统模式，[1] 仅在第 9.22 条第 11 款规定，“如将来在其他制度性安排下建立审查投资者—国家间争端解决仲裁庭裁决的上诉机制，各缔约方应考虑依据第 9.28 条（“裁决”）做出的裁决是否适用该上诉机制。”这一前瞻性条款包含着双重不确定性：第一，能否及何时建立此种上诉机制，不确定；第二，即便建立起此种上诉机制，TPP 下的仲裁裁决是否适用该上诉机制，仍然不确定。仅此一点，便足以说明 TPP 未能对 ISDS 机制做出实质性变革。

其次，“岔路口”条款的设置不够彻底。传统的国际投资条约往往将“用地当地救济”作为诉诸国际仲裁的先决条件；新时期的投资条约则通常不再做此要求，而是规定所谓“岔路口”条款，即当事方只能在东道国国内救济与国际仲裁之间二选一，选择一种即排除另一种。TPP 第 9.20 条第 2 款虽然明确规定投资者在提起 ISDS 仲裁的同时必须放弃启动或继续进行国内诉讼或其他争端解决程序的权利，但并未规定反之亦然。换言之，即便投资者已经诉诸东道国国内诉讼，也不妨碍其转而选择 ISDS 仲裁。这样一来，投资者完全可以选择先在东道国国内法院起诉，若法院判决对其不利，再诉诸 ISDS 仲裁程序。实践中这种做法也并不鲜见。这将东道国置于颇为不利的境地，既可能导致有关争议事项久拖不决，也对东道国的司法权威构成挑战。唯其如此，智利、秘鲁、墨西哥和越南才在第 9 章附件 9 - J 中规定，一旦投资者选择了东道国国内诉讼，那么该选择应是最终选择并具有排他性，该投资者此后不得再申请 ISDS 仲裁。附件 9 - J 同 TPP

[1] 不仅如此，关于缔约方之间争端解决的第 28 章也没有规定上诉机制。

第9.20条第2款一起，构成完整和彻底的“岔路口”条款。

再次，可供选择的仲裁机构和规则更加多样化。根据TPP第9.18条第4款，申请人不仅可以根据《解决国家与他国国民间投资争端公约》(ICSID公约)、ICSID仲裁程序规则、ICSID附加便利规则或者联合国国际贸易法委员会仲裁规则向ICSID提起仲裁，经被申请人同意还可以向其他仲裁机构或根据其他仲裁规则提起。这就使得投资者无须再单一依赖ICSID，而是有机会诉诸国际商会仲裁院等其他国际商事仲裁机构。沿袭自《2012年范本》的这一规定，无疑为投资者提供了更多便利。

最后，ISDS仲裁裁决的执行同国家间争端解决机制挂钩。TPP第9.28条第11款规定，若被申请人未履行或遵守ISDS仲裁裁决，则应申请人所属之缔约方申请，可根据第28.7条（“专家组的设立”）设立专家组；提出申请的缔约方可请求专家组认定被申请人不遵守裁决之行为不符合TPP项下义务，并根据第28.16条（“初步报告”）建议其履行或遵守裁决。这一条款在一定程度上借鉴了传统国际法上“外交保护”的思路，将ISDS仲裁裁决的执行与缔约方之间的常规争端解决机制联系起来。而该条第12款随即规定，无论第11款规定的程序是否已经进行，争端一方均可根据ICSID公约、《承认及执行外国仲裁裁决公约》（纽约公约）或《美洲国际商事仲裁公约》请求执行仲裁裁决。这相当于为投资者上了“双保险”。

（三）严格限制例外条款的适用

如上所述，TPP相关章节中的某些例外条款在实质效果上对投资者利用ISDS挑战东道国规制权的权利形成约束。但与此同时，TPP又对这些例外条款的适用附加了严格条件，从而限缩了这种约束效果。同时，国民待遇、公平公正待遇等基本原则和标准的存在，进一步压缩了这些例外条款发挥作用的空间。

例如，第29.3条允许缔约国对资金支付或转移采取临时性限制措施，但将适用情形限于发生严重的收支失衡、对外财政或宏观经济困难，且规定了严格的附加条件，包括不得违反国民待遇和最惠国待遇、必须符合《国际货币基金协定》的相关条款、不得超出应对上述困难情形所必要的限度等。在这些限制之下，东道国的自主空间其实颇为有限。

又如，第9章附件9-B规定了“间接征收例外”，即一缔约方旨在保护公共健康、安全、环境等合法公共福利目标的非歧视性监管行为，通常不构成间接征收，从而无须满足适用于征收的实体和程序要求。但这并不妨碍投资者以违反国民待遇、公平公正待遇等为由，对这些监管行为提出挑战。特别是"公平公正待遇"，堪称发达国家投资者挑战发展中东道国的"大杀器"。根据对美国贸易和投资条约的相关统计，在投资者胜诉的仲裁案件中，有74%主张东道国违反了公平公正待遇；在投资者提出东道国违反公平公正待遇的案件中，有81%的仲裁庭支持了投资者的主张。❶尽管TPP为避免这一标准的滥用，在第9.6条明确规定应按照习惯国际法来解释何谓"公平公正待遇"，并在第9章附件9－A中对习惯国际法做出了定义（"产生于各国出于对法律义务的遵循而进行的普遍和一致的实践"），但这一定义与《中美洲自由贸易协定》投资章节的定义如出一辙；而在投资者已经根据该自贸协定提起的两个仲裁中，仲裁庭均对"公平公正待遇"加以宽泛解释，导致东道国败诉。❷这些都值得深思。

四、结　论

尽管随着国际投资格局的变化以及投资者（母国）与东道国之间力量对比的消长，晚近以来国际投资规则出现了一些新的发展，但总体而言，发达国家（特别是美国这样的超级大国）及其投资者（大型跨国公司）仍然掌握国际投资规则的话语权和主导权。在签订全球性的多边投资协定希望渺茫的情况下，通过TPP这样的准多边综合性贸易投资协定来输出规则、设定先例、抢占制高点，就成为美国的优先战略。如上所述，除了一些细节上的调整变化外，TPP投资章节大体上是美国《2012年范本》的翻版。该章中关于ISDS机制的条款虽然在顾及东道国规制权、平衡投资者与东道国利益方面有所体现，但并未改变向投资者倾斜的基本态势。在可以预见的将来，发达国家投资者利用国际仲裁挑战发展中东道国的规制权，恐怕仍将是ISDS机制运行中的"主旋律"。

我国虽然传统上对ISDS持慎重态度，并在加入ICSID公约时做出保留，仅将因征收和国有化而产生的有关补偿的争议提交ICSID仲裁，但1998年以来态度有所转变，在所签订的第三代双边投资条约中基本上放弃

---

❶❷ 孙劲、郭庆斌：《对TPP若干重要问题的看法》，共识网，http：//www.21ccom.net/html/2016/zlwj_ 0227/1945_ 2.html。

了这一保留，转而全面接受ICSID的管辖权。[1] 在此情况下，ISDS对中国的影响必将日趋显著。在中美BIT的谈判中，可以想见ISDS也必将是谈判的焦点和难点所在。事实上，美国之所以在TTP谈判中强硬坚持全面纳入ISDS机制，除了“立规”（为全球投资规则树立高标准）之外，也未尝没有“立威”（在与欧盟和中国的投资条约谈判前先声夺人）之意。因此，有必要对TPP中的ISDS条款加以深入研究，仔细研判和权衡其假若适用于我国将有何影响及利弊，以便为相关谈判做好充分准备。

[1] 参见龚柏华：《TPP协定投资者—东道国争端解决机制评述》，《世界贸易组织动态与研究》第20卷第1期（2013年1月），第64-65页。

TPP电子商务章中的互联网监管规则与中国互联网监管

谭观福*

《跨太平洋伙伴关系协定》（TPP）谈判于2015年10月5日结束，经过法律认证的TPP文本于2016年1月26日公布。❶ TPP是自WTO协议生效以来涉及范围最广的一份多边协议，也是21世纪国际经贸规则变化的一个风向标。❷ 虽然中国未参与TPP谈判，TPP目前也因为美国国内政治选举问题而陷入困境，前途未卜，但TPP与中国多边和区域一体化战略的目标并不矛盾，它们在内容和目标上具有一致性。❸

TPP第14章制定了高标准的电子商务适用规则，要求确保全球信息和数据自由流动。中国在大力发展电子商务的同时，依法对互联网进行审查和监管。而在TPP电子商务章中有条款专门规制互联网监管，这主要体现在第14.10条"电子商务网络的接入和使用原则"、第14.11条"通过电子方式跨境传输信息"、第14.13条"计算设施的位置"、第14.17条"源代码"等，如违反这些义务，TPP缔约方可诉诸第28章的争端解决机制，这些条款也直接影响电子商务的市场开放。

近年来一些国家频频对中国的互联网政策进行抨击，指责中国的互联

---

* 谭观福，男，中国人民大学法学院博士研究生，主要从事国际经济法、WTO法方向的研究。

❶ TPP最终文本原文可参见：http：//insidetrade.com/content/final-legal-version-tpp-text-released，中国商务部研究院公布的TPP中文译本（按TPP缔约方于2015年11月5日公布的原始文本翻译）可参见：http：//www.caitec.org.cn/article/gzdt/xshd/201512/1453.html。TPP于2016年2月4日签署，目前尚未生效。

❷ 胡加祥：《TPP规则研究》，载《上海对外经贸大学学报》2016年第4期，第5页。

❸ 杨国华：《论〈跨太平洋伙伴关系协议〉（TPP）与我国多边和区域一体化战略》，载《当代法学》2016年第1期，第32页。

网监管措施构成了贸易壁垒。[1] 在 TPP 电子商务规则视角下，有必要对中国的互联网监管制度进行重新审视，这不仅关涉中国电子商务的开放，也关涉中国的网络安全乃至公共政策。本文旨在对中国的互联网监管措施与 TPP 电子商务规则的一致性问题进行探讨。

一、电子商务网络的接入和使用原则

TPP 第 14.10 条规定，“在遵守适用政策、法律和法规的前提下，缔约方认识到如其领土内的消费者拥有下列能力则可从中获益：(a) 在遵守合理网络管理的前提下，由消费者选择接入和使用在互联网上可获取的服务和应用；(b) 在消费者选择的终端用户设备不损害网络的条件下，将该设备接入互联网；及 (c) 获得互联网接入服务提供方网络管理行为的信息”。

本条包含了 TPP 缔约方对消费者利益的总体确认，其前言和 (a) 项都首先承认了缔约方有权对网络进行合理监管，这是一国基于主权而当然享有的权利。中国互联网监管立法起步相对较晚，最早的一部互联网法律文件是 1991 年 1 月 11 日劳动部出台的《全国劳动管理信息计算机系统病毒防治规定》，此后国务院又于 1994 年 2 月 18 日颁布了中国第一部有关互联网的行政法规——《计算机信息系统安全保护条例》，[2] 由此拉开了互联网立法的序幕，中国颁布了一系列与互联网监管相关的法律法规。与此同时，中国积极修订原有法律，出台相关司法解释，将现实社会的法律规范延伸至互联网领域。截至目前，中国已出台与网络相关的法律、法规、规章、司法解释以及规范性文件数百部，初步形成了中国互联网监管法律的框架。[3]

(a) 项要求缔约方在合理管理网络的前提下，保障消费者依其选择获得和使用在线服务和应用。中国已有相关立法对此做了规定，根据《关于审理利用信息网络侵害人身权益民事纠纷案件适用法律若干问题的规定》

---

[1] 这方面的讨论可参见 Henry Gao, Google's China Problem A Case Study on Trade, Technology and Human Rights Under the GATS, Asian Journal of WTO& International Health Law and Policy, Vol. 6, Issue 2 (September 2011)；黄志雄、万燕霞：《论互联网管理措施在 WTO 法上的合法性——以“谷歌事件”为视角》，载孙琬钟主编：《WTO 法与中国论丛》(2011 年卷)，知识产权出版社 2011 年版；黄志雄：《互联网监管政策与多边贸易规则法律问题探析》，载《当代法学》2016 年第 1 期。

[2] 国务院于 2011 年对其做了修订。

[3] 北京市互联网信息办公室编：《国内外互联网立法研究》，中国社会科学出版社 2014 年版，第 153 页。

第14条第2款，擅自篡改、删除、屏蔽特定网络信息或者以断开链接的方式阻止他人获取网络信息，应承担侵权责任。不过在互联网屏蔽和过滤审查中，中国的做法与TPP的要求存在一定差距。这种屏蔽和过滤的限度和标准亟待立法予以明确，[1] 否则难以符合“合理管理”的要求。

（b）项要求保障消费者终端用户设备接入互联网，中国至少从立法和实践层面未对消费者的这一权利进行限制。（c）项要求向消费者公开互联网接入服务提供方网络管理行为的信息，中国很难满足这一要求。中国互联网审查的部分标准和具体程序并不向公众公开，[2] 中国通过GFW对域名系统、IP地址、端口及代理服务器进行封锁，从而阻断境内用户和部分境外网站的连接，但GFW系统本身在公开资料中是隐形的。虽然中国政府目前有一套屏蔽和过滤IP地址、DNS地址以及关键词的名单，并以此决定哪些外国网站或信息位列被屏蔽的范围之内，但是官方从来没有公布这份名单。[3]

二、通过电子方式跨境传输信息

TPP第14.11条规定，“1. 各缔约方认识到每一缔约方对于通过电子方式跨境传输信息可能有各自的监管要求。2. 当通过电子方式跨境传输信息时为涵盖的人执行其业务时，缔约方应允许此跨境传输，包括个人信息。3. 本条不得阻止缔约方为实现合法公共政策目标而采取或维持与第2款不符的措施，条件是该措施：（a）不得以构成任意或不合理歧视的方式适用，或对贸易构成变相限制；及（b）不对信息传输施加超出实现目标所需要的限制”。

根据前两款，在尊重缔约方对跨境传输信息监管要求的前提下，应允许信息跨境传输。根据TPP第14.1条，TPP第14.11条第2款中“涵盖的人”的范围非常广泛，包括TPP第9.1条定义的“涵盖投资”“缔约方投

---

[1] 如中国没有《互联网内容过滤法》，而韩国在2001年7月就公布了《互联网内容过滤法令》（Internet Content Filtering Ordinance），为韩国网络内容审查提供了法律依据。

[2] 龚柏华、谭观福：《WTO争端解决视角下的中美互联网措施之争》，载《国际法研究》2015年第2期，第53页。

[3] See First Amendment Coalition, CFAC Briefing Paper: China's Internet Measures Violate Its WTO Obligations (Nov. 19, 2007), p. 2, See http: //www. firstamendmentcoalition. org/wp－content/uploads/2009/06/CFACBriefing. pdf，最后访问日期：2016年5月1日。

资者”（但不包括金融机构的投资者）以及第10.1条定义的“缔约方的服务提供者”。第3款规定了公共政策例外，中国对电子信息跨境传输保留了较多限制，其是否符合第3款的公共政策例外值得深入分析。

（一）公共政策的内涵

公共政策是指立法机关或法院认为对一国或社会整体构成根本关切的事项，是一个模糊的概念。[1] 公共政策在不同国家和历史文化背景下反映出来的价值取向不同，其内涵也随时间和空间的变化而变化。中国依法管理互联网，打击互联网上的淫秽、色情、暴力、恐怖等内容和散布分裂破坏国家团结等言论的行为。《电信条例》（2016年修订）第56条和《互联网信息服务管理办法》（2011年修订）第15条规定了9类互联网信息服务提供者不得传播的信息，如反对宪法基本原则、危害国家安全、破坏国家宗教政策、扰乱社会秩序等。《互联网新闻信息服务管理规定》第19条增加了两类不能传播的内容。[2] 以上禁止性规定大体诠释了中国互联网立法中对于公共政策例外情形的理解。

（二）例外措施实施的非歧视性

第3款（a）项要求此种例外措施的实施不得构成任意或不合理歧视，或对贸易构成变相限制，其目的是为了避免公共政策例外的滥用和错误使用。（a）项的措辞与《关税与贸易总协定》（GATT）第20条以及《服务贸易总协定》（GATS）第14条前言的措辞几无二致，因此GATT第20条和GATS第14条前言的相关实践对于TPP第14.11条第3款（a）项的分析具有参考价值。

GATT第20条前言在争端解决的实践中被分离出有关措施的三个义务：不构成情形相同的国家间“任意的歧视”；不构成情形相同的国家间“不合理的歧视”；不构成“对国际贸易的变相限制”。[3] 在“美国赌博案”中，专家组将这三项义务总结后认为：GATT第20条前言部分并不是强调措施本身或其具体内容，而是相关措施的实施方式，这三项义务测试同样

---

[1] See Bryan A. Garner, A Dictionary of Modern Legal Usage, Law Press. China, 2003, p. 712.

[2] 煽动非法集会、结社、游行、示威、聚众扰乱社会秩序的，以非法民间组织名义活动的。

[3] United States – Import Prohibition of Certain Shrimp and Shrimp Products WT/DS58/AB/R (12 October 1998), para. 150.

适用于 GATS 第 14 条。[1] 在“在美国赌博案”中，美国之所以败诉，并不是因为其没有证明涉诉措施符合“为保护公共道德或维持公共秩序所必需的”，而是由于没能证明涉诉措施符合 GATS 第 14 条前言的要求。

在“欧共体石棉案”中，专家组认为，“歧视”的构成是审查 GATT 第 20 条符合与否的前提，之后才可以对“任意”或“不合理”进行判断。[2] 至于“对国际贸易变相限制”的判断，主要是看措施是否实质上在掩饰“限制贸易”的非法目的。如果这种措施暗含贸易保护主义的目的，那么最直观的参照应该是该措施是否给国内替代品生产商带来不正常数量的商业利益。

从表面上看，中国的互联网审查似乎具有贸易保护主义的嫌疑。例如，YouTube 已经被永久屏蔽，而优酷网（Youku）和土豆网（Tudou）正在中国赢得市场份额；Facebook 被屏蔽，而其在中国的直接复制品如人人网和开心网却取得了极大的成功；照片共享网站 Flickr 不能在中国访问，但与它相同的复制品巴巴变（Bababian）在中国的市场份额却稳步增长，且没有国外竞争者。[3]

然而，中国在互联网监管过程中，贸易保护主义并不是实施网络信息过滤、屏蔽的初衷。中国对国内网站上的敏感信息可能通过隐藏或删除内容的手段，但保留网站的访问功能，而对外国含有敏感信息的网站则采取全面屏蔽。之所以区分对待，是因为国内网站与外国网站在管理便捷性上的不一致，不应该被看作是“类似情形”。诸多国外网站是因为提供政治敏感信息且不进行审查而被中国政府屏蔽，但国内的非法网站可以用国内法进行规制，因此政府没有屏蔽这些网站的必要。

（三）例外措施实施的必要限度

根据 TPP 第 14.11 条第 3 款（b）项，公共政策例外措施不得对信息传输施加超出实现目标所需要的限制。换言之，这种例外应当控制在必要

---

[1] United States – Measures Affecting the Cross – Border Supply of Gambling and Betting Services, WT/DS285/R (10 November 2004), para. 6. 581.

[2] European Communities – Measures Affecting Asbestos and Asbestos – Containing Products, WT/DS135/R (18 September 2000), para. 8. 226.

[3] Jordan Calinoff, Beijing's Foreign Internet Purge, Foreign Policy (Jan. 15, 2010), http: //www. foreignpolicy. com/articles/2010/01/14/chinas_ foreign_ internet_ purge，最后访问日期：2016 年 6 月 25 日。

限度内。中国的互联网屏蔽和过滤措施比较容易遭遇这方面的挑战。

2012年3月，美国贸易代表办公室（USTR）发布的《贸易壁垒2012年报》（“有关中国关注部分”）在“在线服务”（online services）部分对中国的互联网政策发表了看法。[1] 报告指出，中国拥有世界上最全面的互联网过滤机制，广泛地影响了通过互联网进行的商业活动。中国政府通常主要针对互联网上被认为是反对政治、社会、宗教的互联网流量进行过滤。有些网站周期性地被屏蔽，而有些则被永久屏蔽，网络监管的变化并不能给予警示或公开解释。这表面上是为了解决立法上列举的有关公共利益的问题，实际上却把与互联网相关的服务置于不确定的位置。

2012年4月，USTR发布的《2012年第1377款电信贸易协定审查报告》专门针对中国的互联网限制措施表明了美方立场。[2] USTR认为，中国的国家级防火墙对特定网站进行屏蔽和特定关键词搜索进行过滤，表面上是为了维护公共秩序和公共道德，实际上对中国境内企业的商业活动能力产生了直接影响。尽管对贸易的影响很难估计，但很显然的一点是，防火墙的屏蔽（或过滤）过于广泛，远远超出了保护公共道德和公共秩序的需要。

据此看来，在公共政策语境下，中国的互联网屏蔽和过滤措施似乎都在某些方面超出了必要的限度。对于互联网屏蔽措施而言，是否存在其他对贸易限制更小的审查方式？如对视频网站或社交网站的搜索结果进行关键词过滤，或直接要求含有违法内容的网站移除某个链接或某些攻击性内容而非完全屏蔽。相较于永久的完全屏蔽和限制外资准入，这种方式对于贸易的限制显然更小。

但这种替代措施在实际中是否合理可行？由于技术实施的难度与成本的不同，对国外网站的监管无法像对国内网站一样进行事前审查。而事后对网站内容的过滤，在实际操作层面上，要考虑到对国外网站进行整体分析的难度，审查者语言能力的不足以及缺乏与国外网站管理者的有效沟通渠道等。[3] 这些问题都有可能给中国政府带来不合理的行政负担，因此，

---

[1] See Office Of The United States Trade Representative, 2012 National Trade Estimate Report Foreign Trade Barriers (Compilation of China), p. 79.

[2] See Office Of The United States Trade Representative, 2012 Section 1377 Review On Compliance with Telecommunications Trade Agreements, p. 4.

[3] ［英］布赖恩·欣德利、［瑞典］李-牧山浩石：《网络审查与国际贸易法》，韩蕾、黄东黎译，载《环球法律评论》2012年第2期，第57页。

就某些外国网站而言，进行选择性过滤的方式并非合理可行。此外，在互联网过滤审查过程中，用户用替代性的描述或者暗语来逃避审查者的注意也是十分普遍的做法。所以，即便能够进行选择性过滤，互联网屏蔽仍然是必要的。

三、计算设施的位置

TPP 第 14.13 条规定，“1. 各缔约方认识到每一缔约方对于计算设施的使用可能有各自的监管要求，包括寻求保证通信安全和保密的要求。2. 缔约方不得将要求涵盖的人使用该缔约方领土内的计算设施或将设施置于其领土之内作为在其领土内从事经营的条件。3. 本条不得阻止缔约方为实现合法公共政策目标而采取或维持与第 2 款不符的措施，条件是该措施：（a）不得以构成任意或不合理歧视的方式适用，或对贸易构成变相限制；及（b）不对计算设施的使用或位置施加超出实现目标所需要的限制”。

该条的文本结构与前述 TPP 第 14.11 条一致，在尊重缔约方对计算设施使用监管要求的前提下，缔约方不得将计算设施本地化作为在其境内经营的条件，同时也规定了公共政策例外。限制计算设备所在地其实就是要求数字服务提供商把本国数据留在当地而禁止向外传输，这也对信息跨境流动构成限制，[1] 直接关涉 TPP 第 14.11 条“通过电子方式跨境传输信息”的相关义务。据 USTR 称，TPP 是美国首个明确禁止强制要求计算设施本地化的自由贸易协定。

中国基于网络安全的考虑，要求外国手机生产商在中国服务器上储存中国用户数据，否则将面临中国政府的审查。谷歌因担心受到审查和被侵犯隐私，而长期拒绝在中国建立数据中心。不过，苹果已经开始将中国用户个人数据储存在大陆服务器上，这标志着苹果首次将用户数据储存在中国境内。[2] 中国对外国手机生产商的这一要求是否构成第 1 款的“监管要求”较难下定论，因为中国还没有相关的立法，监管的边界较为模糊。

不过，TPP 第 14.2 条第 3 款规定的一项例外需要引起注意，其（b）

---

[1] 弓永钦、王健：《TPP 电子商务条款解读及中国的差距》，载《亚太经济》2016 年第 3 期，第 40 页。

[2] 《苹果首次将用户数据储存在中国境内》（2014 年 8 月 16 日），http：//tech. qq. com/a/20140816/007122. htm，最后访问日期：2016 年 7 月 10 日。

项规定“本章不适用于缔约方或以其名义持有或处理的信息，或与此信息相关的措施，包括与信息收集相关的措施”。该项可能允许 TPP 政府要求在其国内的计算设施上持有或处理政府数据，这是一项重要的例外排除。中国要求外国手机生产商在中国服务器上储存中国用户数据是否构成这里的“缔约方持有或处理的信息”？TPP 未对相关概念明确定义，因此假设中国要加入 TPP，可以考虑在中国的承诺附件中对相关概念予以明确，以使得中国可以援引该项例外。

《反恐怖主义法（草案）》（以下简称《草案》）第 15 条曾规定，“在中华人民共和国境内提供电信业务、互联网服务的，应当将相关设备、境内用户数据留存在中华人民共和国境内。拒不留存的，不得在中华人民共和国境内提供服务”。近年来世界各地频频发生恐怖暴力行为，中国政府长期坚持反对一切形式的恐怖主义，反恐是中国公共政策的应有之意。那么《草案》的这一规定是否符合 TPP 第 14.13 条第 3 款的公共政策例外？根据前文对公共政策例外的分析逻辑，笔者认为，《草案》第 15 条强制要求所有电信业务和互联网服务提供商将相关技术设备和境内用户数据留存在中国境内，的确可以主张是为实现“反恐”这一合法公共政策目标，但由于这一规定缺乏具体的限定词，这种“一刀切”式的要求超出了 TPP 第 14.13 条第 3 款第（b）项的必要限度。2016 年 1 月 1 日起施行的《反恐怖主义法》删除了这一规定，也印证了这一点。

四、源代码

TPP 第 14.17 条规定，“1. 任何缔约方不得将要求转移或获得另一缔约方的人所拥有的软件源代码作为在其领土内进口、分销、销售或使用该软件及包含该软件的产品的条件。2. 就本条而言，第 1 款规定的软件限于大众市场软件或含有该软件的产品，不包括关键基础设施所使用的软件。3. 本条不得阻止：（a）在商业谈判的合同中包含或实施的关于源代码的条款和条件；或（b）缔约方要求修改软件源代码，使该软件符合本协定一致的法律或法规。4. 本条不得理解为影响专利申请或授予的专利的有关要求，包括司法机关做出的任何关于专利争端的命令，但应遵守缔约方保护未授权披露的法律或实践”。

根据前两款，缔约方不得要求转移或获得另一缔约方的软件源代码作为进入其国内市场的条件，但关键基础设施使用的软件除外。第 3 款（a）

项规定了商业谈判合同中的例外，这也体现了对合同关系中当事方意思自治的尊重；（b）项规定了为符合与本协定相一致的法律或法规而有必要修改软件源代码的例外。第 4 款规定不得影响有关专利申请和授予的要求。从 TPP 第 14.17 条的内容来看，该条提出了非常高的义务，因为其在前言中并未规定尊重缔约方对软件源代码合理监管的权力，而且整个条文未包含公共政策例外。

2011 年 12 月 11 日，中国证监会发布了《证券期货业信息系统安全等级保护基本要求（试行）》（中国证监会公告〔2011〕38 号），❶ 根据其第 6.2.4.5 条（d）项，外包软件开发"应要求开发单位提供软件源代码，并审查软件中可能存在的后门"。2012 年 5 月 8 日，中国人民银行发布了《〈网上银行系统信息安全通用规范〉行业标准的通知》，❷ 其第 6.2.5 条（d）项同样规定，外包软件开发"应要求开发单位提供软件源代码，并审查软件中可能存在的后门"。这两个文件对"提供软件源代码"的要求并不属于 TPP 第 14.17 条中的例外。

2014 年 9 月 3 日，中国银监会发布了《关于应用安全可控信息技术加强银行业网络安全和信息化建设的指导意见》（银监办发〔2014〕39 号，以下简称"第 39 号文"），❸ 要求加强自主创新、提升银行业网络安全保障能力。2014 年 12 月 26 日，银监会和工信部联合发布了《关于印发银行业应用安全可控信息技术推进指南（2014—2015 年度）的通知》（银监办发〔2014〕317 号，以下简称"第 317 号文"），❹ 细化了第 39 号文的指导意见，其第四部分的"工作评价"第 21 款指出，"重要信息系统可控是指银行业金融机构能够掌握重要信息系统的设计原理、设计架构、源代码等核心知识和关键技术，拥有该系统完备可用的资料……" 2015 年 3 月 25 日，美国就中国限制银行业使用外国信息技术设备的相关规定在 WTO 向中国

---

❶ 中国证监会：《证券期货业信息系统安全等级保护基本要求（试行）》（中国证监会公告〔2011〕38 号），北大法宝数据库，引证码：CLI. 4. 164592。

❷ 中国人民银行：《关于发布〈网上银行系统信息安全通用规范〉行业标准的通知》（银发〔2012〕121 号），http：//www. fae. cn/fg/detail419205. html，最后访问日期：2016 年 7 月 20 日。

❸ 中国银监会：《关于应用安全可控信息技术加强银行业网络安全和信息化建设的指导意见》（银监办发〔2014〕39 号），北大法宝数据库，引证码：CLI. 4. 233966。

❹ 中国银监会、工信部：《关于印发银行业应用安全可控信息技术推进指南（2014—2015 年度）的通知》（银监办发〔2014〕317 号），北大法宝数据库，引证码：CLI. 4. 245438。

施压。[1] 在西方国家的压力下，原定2015年3月底开始实施的上述关于银行业网络安全和信息化法规已经被暂时“叫停”。[2] 2015年2月12日，银监会发布了《关于〈银行业应用安全可控信息技术推进指南（2014—2015年度）〉（银监办发〔2014〕317号）的相关说明》，[3] 其指出，“源代码备案具体工作还在研究中，备案方式和流程将在充分听取各方意见后实施。”作为数字产品核心的源代码直接关涉数字产品的知识产权保护，但中国基于网络安全而要求“提供软件源代码”“源代码备案”，可能难以符合TPP的要求。

此外，在TPP第14.8条“个人信息保护”和TPP第14.14条“非应邀商业电子信息”方面，中国的立法和实践与TPP的要求也存在一定差距。这两个条款都涉及网络隐私保护，非应邀商业电子信息即垃圾商业电子信息，是对私人网络空间的入侵。中国在互联网个人信息保护方面没有单独立法，但在国内法规中有零散的保护公民个人信息的规定。近年来中国公民个人信息泄露情况相当严重，而侵权主体也从植入木马病毒等单兵作战的个人逐步变为有规模、有目的收集的黑客团伙，他们往往通过貌似正规的手法诱导网民泄露隐私，甚至利用木马直接侵入注册用户的计算机中窃取个人信息。[4] 2012年12月28日，全国人大常委会发布了《关于加强网络信息保护的决定》，[5] 对中国网络信息的保护和管理意义重大。

为规制垃圾商业电子信息泛滥的问题，中国在立法上也做出了一定回应。2015年修订的《广告法》第44条规定，“利用互联网发布、发送广告，不得影响用户正常使用网络。在互联网页面以弹出等形式发布的广告，应当显著标明关闭标志，确保一键关闭”。2015年5月19日，工信部

---

[1] 《美国在WTO就中国银行业网络安全规定向中国施压》（2015年3月30日），文章来源：中国贸易救济信息网，http：//www. hzsis. com/zw/News/NewsDetail. aspx？ newsId = 11199，最后访问日期：2016年7月20日。

[2] 黄志雄：《网络安全规制的WTO法律问题初探——以2014年中国银行业网络安全和信息化法规为中心》，林中梁主编：《WTO法与中国论坛年刊》（2016），知识产权出版社2016年版，第294页。

[3] 中国银监会：《关于〈银行业应用安全可控信息技术推进指南（2014—2015年度）〉（银监办发〔2014〕317号）的相关说明》，北大法宝数据库，引证码：CLI. 4. 259721。

[4] 北京市互联网信息办公室编：《国内外互联网立法研究》，中国社会科学出版社2014年版，第191页。

[5] 全国人大常委会：《全国人大常委会关于加强网络信息保护的决定》，北大法宝数据库，引证码：CLI. 1. 191975。

发布了《通信短信息服务管理规定》（工业和信息化部令第31号），[1] 建立了垃圾短信投诉和举报制度。

当然，在其他很多方面中国互联网监管措施与TPP的要求基本保持了一致。例如，TPP第14.3条规定电子商务免关税，中国一直未对数字产品征收过关税，《中国和韩国自由贸易协定》第13.3条和《中国和澳大利亚自由贸易协定》（以下简称《中澳FTA》）第12章第3条第1款均规定，不对电子传输或电子交易征收关税。TPP第14.7条规定保护线上消费者，禁止对线上消费者造成损害或潜在损害的诈骗和商业欺诈行为，并加强消费者保护机构或其他相关机构的合作。2013年修订的《消费者权益保护法》第44条对通过网络方式购买商品或服务的消费者的合法权益做了特别规定。另外，《中澳FTA》第12章第8条也专门规定在线数据保护。

五、TPP电子商务市场开放与网络主权

2013年3月，英国剑桥大学出版社出版了由20名西方国家相关专家历时三年完成的《关于可适用于网络战的国际法的塔林手册》（Tallinn Manual on the International Law Applicable to Cyber Warfare，以下简称《塔林手册》）。《塔林手册》第一条开宗明义地指出，"一个国家可以对其主权领土范围内的网络基础设施和网络活动行使控制"，即确认了网络主权的存在。[2] 对互联网进行审查和监管是包括西方国家在内的各国普遍做法，是一国行使网络主权的表现。2010年中国发布的《中国互联网状况》白皮书也明确了"互联网主权"的概念，指出中华人民共和国境内的互联网属于中国主权管辖范围，中国的互联网主权应受到尊重和维护。[3] 2016年6月，全国人大常委会公布的《网络安全法（草案二次审议稿）》第1条明确了该法的宗旨之一是维护网络空间主权。[4]

TPP"电子商务网络的接入和使用原则""通过电子方式跨境传输信

---

[1] 工信部：《通信短信息服务管理规定》（工业和信息化部令第31号），北大法宝数据库，引证码：CLI. 4. 249234。

[2] 崔文波：《〈塔林手册〉对我国网络安全利益的影响》，载《江南社会学院学报》2013年第3期，第23页。

[3] 参见中国国务院新闻办公室：《中国互联网状况》白皮书（2010年6月8日），http://www.gov.cn/zwgk/2010-06/08/content_1622866.htm，最后访问日期：2016年7月25日。

[4] 全国人大常委会：《网络安全法（草案二次审议稿）》，北大法宝数据库，引证码：CLI. DL. 8064。

息”“计算设施的位置”和“源代码”的相关规定，直接影响缔约方的电子商务市场准入，TPP 倡导的高标准的市场开放是对一国网络主权的限制。从中国当前互联网立法的指导思想来看，中国较难接受这些限制。国家主权原则是现代国际关系和国际法的基石，当然适用于网络空间。在主权限制问题上，中国一贯持谨慎立场。中国有权独立自主地决定电子商务市场开放的程度和范围，中国也可在国内的自由贸易试验区建设中进行压力测试。

通过前文的分析可知，中国基于网络安全、政治稳定以及公共政策等方面的考虑，通过互联网审查对国外网站和互联网服务供应商设置了一定壁垒，对大规模的跨境数据流动做了一定限制。在 TPP 规则视角下，中国有必要对 TPP 电子商务规则中的例外条款进行研究，以“为我所用”，这也是面对其他国家指责中国互联网监管措施构成贸易壁垒时，维护中国网络主权的理性回应。TPP 第 29 章引入了 GATS 第 14 条前三款的一般例外，以及国家安全例外。中国在参与 WTO 争端解决实践中，在援引一般例外条款方面积累了较多经验和教训。❶ 在安全例外方面，有学者对一国维护网络安全的措施能否援引 WTO 安全例外条款的问题做了研究，其认为，由于 WTO 安全例外有关措辞的模糊性和 WTO 相关判例的缺乏，对这一问题的回答还有着较大的不确定性。❷

---

❶ 近年来在 WTO 被诉的案件中，中国援引 GATT 第 20 条一般例外条款进行抗辩较为频繁，如“音像制品案”（DS363）、“原材料案”（DS394、DS395、DS398）、“稀土案”（DS431、DS432、DS433）等。而在 2016 年 7 月中国被诉的“稀土案”（DS509）中，又有学者对该案援引一般例外的可行性做了预判研究。

❷ 黄志雄：《WTO 安全例外条款面临的挑战与我国的对策——以网络安全问题为主要背景》，载《国际经济法学刊》2014 年第 4 期，第 150 页。

负面清单的透明化

——监管与投资的依据

王泫斐*

2013年中国在同意与美国进行以准入前国民待遇与负面清单为基础的投资协定实质性谈判后，在多个自贸试验区对此进行了先行先试。《自由贸易试验区外商投资准入特别管理措施（负面清单）》（以下简称《2015年国务院负面清单》）颁布以前，中国的多个自贸区已经发布了多次负面清单。以上海自由贸易试验区为例，2013年发布了首份负面清单，2014年修订了该负面清单。学者对于此前的上海自贸区负面清单提出了诸多建议，首当其冲的就是立法层次太低，❶ 且遍地开花，各地不统一。❷ 又如内容相较于产业指导目录内容上并无实质性突破，更多的是从分类、编排上做了调整，❸ 在服务贸易方面的开放程度较低❹等。此次由国务院颁布的负面清单一定程度上解决了此前负面清单立法层级过低的问题，在内容安排上，《2015年国务院负面清单》对比《中国（上海）自由贸易试验区外商投资准入特别管理措施（负面清单）（2014年修订）》（以下简称《2014年上海市负面清单》）也有很大幅度的增减。《2015年国务院负面清单》共有122条特别措施，《2014年上海市负面清单》共有139条特别措施，两

* 王泫斐，中国人民大学法学院国际法硕士。

❶ 商舒：《中国（上海）自由贸易试验区外资准入的负面清单》，《法学》2014年第1期；申海平：《菲律宾外国投资“负面清单”发展之启示》，《法学》2014年第9期。

❷ 孙元欣等：《上海自贸试验区负面清单（2014版）的评估与思考》，《上海经济研究》2014年第10期。

❸ 龚柏华：《“法无禁止即可为”的法理与上海自贸区“负面清单”模式》，《东方法学》2013年第6期。

❹ 商舒：《中国（上海）自由贸易试验区外资准入的负面清单》，《法学》2014年第1期。

份清单仅有 42 条特别措施重合。[1] 而对比《产业指导目录（2015）》，《2015 年国务院负面清单》也进行了很大幅度的增减。尤其在金融业、教育业等服务业限制措施方面进行了比较详细的规定，是对此前的清单和目录的一大突破。在金融业方面，填补了此前在银行业领域的空白，也对证券业、保险业进行了更细致的规定。对教育业而言，新增了不得举办实施义务教育和实施军事、警察、政治和党校等特殊教育机构，不得进行宗教教育和开展宗教活动的规定。其他行业也新增了诸如禁止投资和运营国有文物博物馆，限制电影片的放映，有限度地开放社会调查、渔业捕捞等。总的来说，《2015 年国务院负面清单》并非是对此前目录、清单的照搬照抄，而是中国在外资准入领域迈出的重要一步，代表了中国在负面清单领域的最新发展。

透明度是当前国际经贸规则中的法治基本原则之一，也是负面清单模式的核心要求和主要目标。本文将以《2015 年国务院负面清单》为对象，分析其透明化程度。

一、清单定位

负面清单可以分为市场准入负面清单和外商投资负面清单，市场准入负面清单为适用于境内外投资者的一致性管理措施，而外商投资负面清单适用于境外投资者在华投资经营行为。对于外商投资负面清单而言，境内外投资者统一适用的措施则不必纳入该清单之中。例如，《产业结构调整指导目录》中的淘汰类项目和限制类新建项目是统一针对境内外企业的限制，也就不必列入外商投资负面清单之中。

需要进一步明晰的是，中国现在试行的外商投资负面清单与中美双边投资协定（以下简称“BIT”）谈判及其他双、多边谈判中的负面清单有所区别。东道国所实行的负面清单式准入是其主动开放的政策，适用于所有到东道国投资的投资和投资者，而双、多边谈判的负面清单的直接适用对象则是缔约方投资和投资者，并非可以全部适用于所有投资和投资者。

从《跨太平洋伙伴关系协定》（以下简称“TPP 协定”）附件《投资

---

[1] 该数据以 2015 年国务院负面清单为准，2015 国务院负面清单对 2014 上海市负面清单的特别管理措施进行了一定的合并，并对其中某些特别管理措施的具体内容进行了一定的增减。

和跨境服务贸易的不符措施》的表述来看，附件1和附件2所列举的不符措施的对象也包括最惠国待遇条款。也就是说在负面清单的问题上，各国可以给予缔约方更优惠的待遇。如加拿大在其不符措施清单中明确规定“只有根据第30.5条（生效）规定本协定对其生效的创始签署方的国民或TPP缔约方国民所控制的实体，才能根据《加拿大投资法》享受更高的审查门槛”，“TPP一缔约方投资者对文化产业以外领域的加拿大企业间接‘获得控制权’无须接受审查”。[1] 这也是GATT和GATS鼓励双、多边协定给予更优惠待遇的题中之意。同一个国家在不同的谈判中给予不同国家的负面清单也并非一致。以美国—韩国自由贸易协定（以下简称“FTA”），美国—乌拉圭BIT、美国—卢旺达BIT为例，美国针对韩国的负面清单共有23条不符措施，针对乌拉圭和卢旺达的负面清单则是16条。[2] 中澳FTA中澳大利亚给出的负面清单与TPP协定中澳大利亚给出的负面清单也并非完全一致。从《2015年国务院负面清单》的按语来看，“中国签署的自贸协定中适用于自贸试验区并对符合条件的投资者有更优惠的开放措施的，按照相关协定或协定的规定执行”，该表述也明确了本份负面清单与双、多边协定谈判中给出的负面清单性质上的区别。

二、透明度分析

《2015年国务院负面清单》作为中国在外资准入领域的一项改革举措和中美BIT谈判的先行先试，在透明度方面需要与国内协调，并与国际接轨。以下将通过与《2015年产业指导目录》、中澳FTA中澳大利亚不符措施清单和TPP协定中各缔约方不符措施清单进行对比，从措施内容、组织结构和法律依据三个方面说明该负面清单的透明化程度。

（一）措施内容的透明化

负面清单体现的是“法无禁止即可为”的法律理念。[3] 在负面清单模式下，除非缔约国在条约中列明例外情形，否则条约义务将无条件适用于

---

[1] http：//images. caitec. org. cn/file/20160204/37251454550346106. pdf 最后访问时间：2016年4月20日。

[2] 参见高维和等：《美国FTA、BIT中的外资准入负面清单：细则与启示》，《外国经济与管理》2015年3月。

[3] 龚柏华：《“法无禁止即可为”的法理与上海自贸区“负面清单”模式》，《东方法学》2013年第6期。

所有部门，其是一次性协议的方式，而协议一旦达成就会产生一种“自动自由化”的效果。[1] 负面清单并不意味着开放或完全取消限制，恰恰相反，负面清单正是准入前国民待遇的限制。要实现措施内容的透明化，就需要将应当列入负面清单中的特别措施悉数列入，为监管者和投资者提供清晰的监管和投资指南；并将不应列入负面清单的内容剔除，避免困惑监管者和投资者。

负面清单并非是越短越好，它的主要作用在于透明化。在中国目前经济环境和监管框架下，一味追求缩短负面清单只能使得负面清单大而化之或者特别措施隐而不显。只有在一个清晰的负面清单的架构下，真正的准入前国民待遇才可能实现。对比《2015 年国务院负面清单》与《产业指导目录（2015）》最大的区别则是清单在服务业方面“新增”了许多特别措施。但这并不意味着负面清单在服务业领域对外商投资进行了更多的限制。这些限制本来就潜伏在中国法律法规之中，[2] 负面清单只是将其透明化了，实际上更加便利投资者。此外，在服务贸易领域明确投资准入限制，也说明了中国开始重视服务贸易的开放。《2015 年国务院负面清单》中将银行业等此前未纳入产业指导目录或其他负面清单的行业纳入负面清单管理，正是中国制定负面清单和开放这些行业所迈出的重要一步。然而对比中国现行法律法规，可以发现该清单所列举的特别管理措施并未完全覆盖中国目前对这些行业施加的限制。如根据《中华人民共和国外资保险公司管理条例》第 5 条，保监会还可以对外资保险公司的设立地区做出规定，但此条并未纳入负面清单中。

负面清单的按语已经说明，该负面清单并未覆盖所有有关外商投资准入的特别管理措施。“《自贸试验区负面清单》中未列出的与国家安全、公共秩序、公共文化、金融审慎、政府采购、补贴、特殊手续和税收相关的特别管理措施，按照现行规定执行”是负面清单特别管理措施的兜底条款。随着国际投资对于东道国政策透明化要求的提高，中国在利用兜底条款保护本国利益的同时，也应当尽量列明所有的特别管理措施。根据《矿产资源开采登记管理办法》第 3 条，外商投资开采的矿产资源，由国务院地质矿产主管部门审批登记，颁发采矿许可证。且该事项也出现在 2014 年

[1] 韩冰：《准入前国民待遇与负面清单模式：中美 BIT 对中国外资管理体制的影响》，《国际经济评论》2014 年第 6 期。

[2] 如《中华人民共和国外资银行管理条例》、《中华人民共和国外资保险公司管理条例》等。

2月14日国土资源部公开的《国土资源部行政审批事项公开目录》中。也就是说，在矿产资源的开采方面，中国对于外商投资存在审批登记的特别管理措施，然而该措施并未列明在《2015年国务院负面清单》之中。根据《外商投资电信企业管理规定（2016）》外商投资电信企业应以中外合资形式，对注册资本、主要投资者等有特殊要求，但这些特殊措施也并未纳入清单。一方面，特别管理措施的缺失不便利外商投资者；另一方面，在全面施行准入前国民待遇加负面清单管理后，也有可能导致中国管理措施依据的缺失。

对比《国民经济行业分类及代码》，《2015年国务院负面清单》完全缺失了S类公共管理、社会保障和社会组织、T类国际组织这两个行业门类。而韩国禁止外商投资的62个行业中，有14个行业涉及社会组织和国际组织范畴，占比达22.6%，如禁止外资投资佛教团体、政治团体、产业团体、劳动组合、驻韩外国公馆、其他国际及外国机关等。❶中澳自由贸易协定澳大利亚不符措施清单中也列明了社团（包括同业公会）成立申请的相关措施。此外，《产业指导目录（2015）》将博彩业（含赌博类跑马场）、色情业这两个行业划为禁止类，而《2015年国务院负面清单》对此没有规定。但在中澳自由贸易协定中澳大利亚的不符措施清单中就有性交易；TPP协定中，澳大利亚、新加坡、越南、新西兰等国将博彩业列入了附件2的不符措施清单中，新西兰将性交易列入了附件2的不符措施清单中。新加坡、澳大利亚、加拿大等多国都对专利代理人做出了限制，该项在《2015年国务院负面清单》中缺失，而根据中国法律专利代理人仅能由中国公民担任。❷导游、公证员的准入在中国实际上也是受到限制的，❸这些限制也未出现在《2015年国务院负面清单》中。从“法无禁止即可为”的角度来看，如果对这些行业中国在负面清单中不做保留，对外资而言就是开放的。

此外，《2015年国务院负面清单》中也包括一些不应列而列入的项目。该清单的性质属于外商投资准入负面清单，那么对于境内外企业统一适用的管理措施则不必列明。而在该清单中某些行业仍有这样的规定。例如，

❶ 孙元欣等：《上海自贸试验区负面清单（2014版）的评估与思考》，《上海经济研究》2014年第10期。

❷ 《专利代理条例》第15条。

❸ 《导游人员管理条例》第3条；《中华人民共和国公证法》（2015）第18条。

在烟草专卖问题上，《2015年国务院负面清单》中第37条规定“对烟草实行专营制度。烟草专卖品（指卷烟、雪茄烟、烟丝、复烤烟叶、烟叶、卷烟纸、滤嘴棒、烟用丝束、烟草专用机械）的生产、销售、进出口实行专卖管理，并实行烟草专卖许可证制度”，烟草专卖制度实际上是适用于境内外企业的一项规定。针对外商投资而言，中国的特殊规定仅有“设立外商投资的烟草专卖生产企业，应当报经国务院烟草专卖行政主管部门审查同意后，方可按照国家有关规定批准立项”。[1] 第119条规定“大型主题公园的建设、经营”属于限制类，但根据《国家发展和改革委员会行政审批事项公开目录》，大型、特大型主题公园的建设的行政许可是面向境内外所有投资者的。[2]

该清单将卫星电视广播地面接收设施及关键件生产列为限制类，然而根据《国务院关于取消和下放一批行政审批项目等事项的决定》（国发〔2013〕19号）第17项，该项行政审批已经取消。又如第114条规定“禁止不可移动文物及国家禁止出境的文物转让、抵押、出租给外国人”，该条的表述似乎和外资准入并无关联。

而在限制类的措施方面，中国的限制措施包括股权比例，经营业态（限于合资、合作），经营范围，审批制度，高管要求，主体资质，国产化等限制手段，且仍有8项限制措施未予以说明。有学者指出中国自贸区负面清单的限制措施种类较为繁杂。[3] 但从TPP协定成员方给出的不符措施清单来看，各国也采取了主体资格限制、投资数量限制、高管要求、当地成分要求等多种形式的要求，且在股比限制上也并非整齐划一，如加拿大对于电信服务的限制为投票权不得超过46.7%。美国在不符措施的设计上也形式多样，措辞灵活。以金融业为例，共涉及绝对禁止、比例限制、岗位限制、区域限制、政府优惠等多种不符措施。[4] 总体而言，在限制措施方面，中国与国际上并无太大差距。限制措施的作用是对负面清单中的事

---

[1] 《中华人民共和国烟草专卖法实施条例》第41条。

[2] 《2015国务院负面清单》未对该事项的限制措施具体说明，但并无其他相应法律法规对该事项进行限制。

[3] 王中美：《“负面清单”转型经验的国际比较及对中国的借鉴意义》，《国际经贸探索》2014年9月；孙元欣等：《上海自贸试验区负面清单（2014版）的评估与思考》，《上海经济研究》2014年第10期。

[4] 参见高维和等：《美国FTA、BIT中的外资准入负面清单：细则与启示》，《外国经济与管理》2015年3月。

项进行有效监管，如果盲目追求限制措施的简单好看，则有悖于设置负面清单进行管理的初衷。

从美国给出的不符措施清单来看，其所主要采取的措施是审查制度，建议中国在目前需要审慎放开的领域，如银行证券业，更多地采取此类限制措施。一方面可以为中国详细制定相关标准留下空间，另一方面也给中国监管机关一定的自由裁量权，以对外资进行更有力的监管。

但未明确列出限制措施这一点则不符合国际上的通行做法，且会使得负面清单的可执行性差。有些措施在《2015 年国务院负面清单》中未予以说明，但在《2014 年上海市负面清单》中做了规定，该规定能否适用？[1]且有些措施不但负面清单未说明限制措施，也没有对应的法律法规，那么这种限制对外商来说则与禁止无异。[2]

（二）组织结构的透明化

结构是负面清单模式的另一个重点，倘若将所有特别措施杂乱无章地放进负面清单之中，也无法实现负面清单透明化管理的目的，而要实现这一目的，负面清单的结构就需要国内、国际保持一致性。

第一，《产业指导目录（2015）》将分为禁止准入类和限制准入类，但负面清单并未明确列出禁止类和限制类，而是依据《国民经济分类及代码》从产业门类进行划分。《产业指导目录（2015）》中将“中国管辖海域及内陆水域水产品捕捞”列为禁止类，而《2015 年国务院负面清单》中的表述为“在中国管辖水域从事渔业活动须经中国政府批准”。根据国务院《关于实行市场准入负面清单的意见》，禁止准入事项是市场主体不得进入，行政机关不予审批、核准，不得办理有关手续的事项。那么按照《2015 年国务院负面清单》的表述，应当将其理解为限制类，其限制手段为审批。[3] 两份文件的意思不一致，就将导致外商投资者在该问题上产生疑惑。而中国在负面清单的制定中是否需要明确禁止类和限制类呢？从目前的国际协定的经验来看，似乎并无必要。

---

[1] 如第 41 条公路旅客运输公司，《2014 年上海市负面清单》中规定其限于合资，从事班线客运、旅游客运、包车客运外资比例不超过 49%，主要投资者中至少一方必须是中国境内从事 5 年以上道路旅客运输服务的企业。

[2] 如第 85 条评级服务。

[3] 根据《中华人民共和国管辖海域外国人、外国船舶渔业活动管理暂行规定》及《农业部关于修订农业行政许可规章和规范性文件的决定》，该事项应当属于限制类。

与《2014年上海市负面清单》不同的是，在《2015年国务院负面清单》生效后，《产业指导目录（2015）》并不当然停止适用。那么清单中未做规定而目录中仍然限制和禁止的项目如何处理？目录中某些事项并无目录以外其他法律依据❶，这些事项未被纳入清单是否就表明该项限制或禁止取消了？

从《国务院关于实行市场准入负面清单制度的意见》来看，中国拟采取的路径是负面清单与目录式管理协同进行，这就要求多份与市场准入相关的文件内部保持协调一致，良好对接。

第二，中国的负面清单所采取的是《国民经济分类及代码》，也就是中国的国民经济行业分类标准，但中国在中韩、中澳自由贸易协定谈判中采用的是WTO《服务部门分类清单》（GNS/W/120）。TPP协定中则采取的是临时中央产品分类使用的临时CPC编码。国内外采取不同的分类法，则有可能给外商投资者带来困惑，也对中国负面清单与FTA、BIT谈判的对接造成困难❷。此外，《产业指导目录（2015）》与《2015年国务院负面清单》对同一行业的分类似乎也有不同之处。如船舶代理和外轮理货，在《产业指导目录（2015）》中属于批发和零售业，而在《2015年国务院负面清单》中属于交通运输业。国内规范的不统一，也会给外商投资者的投资带来不便。

第三，从现行FTA及BIT的不符措施清单来看，大多采用了现行不符措施加将来不符措施的规定，如TPP协定投资和跨境服务贸易不符措施附件1是有关现行不符措施的，而附件2中所列出部门则是缔约方可能维持的现行或采取的新的或更为严格措施。从《2015年国务院负面清单》来看，其所涉及的均为现行不符措施，而未涉及将来不符措施的部分。现行不符措施受到“棘轮机制”的约束，即将来不得采取更为严格的措施，这也要求中国不得盲目放开。

（三）法律规定的透明化

现在双、多边谈判中的负面清单谈判主要采用的是美国的范本。美国

---

❶ 如豆油、菜籽油、花生油、棉籽油、茶籽油、葵花籽油、棕榈油等食用油脂加工；大米、面粉、原糖加工，玉米深加工；生物液体燃料生产；粮食收购，粮食、棉花批发，大型农产品批发市场建设、经营；加油站建设、经营等。

❷ 聂平香：《美国负面清单管理模式探析及对中国的借鉴》，《国际贸易》2014年第4期。

国内并未出台统一的负面清单来限制外国投资，其对于外商投资的限制条款散见于国内法律法规之中。同时在签署 BIT 和 FTA 时将国内有关限制措施通过负面清单整理出来，也就形成了措施加描述的模式。

中国到目前尚未达成采取负面清单进行的双边或多边协定，新近的中韩自由贸易区协定仅承诺未来以负面清单模式进行投资和服务贸易的谈判。故而中国在开放限制方面采取的是减让表的方式，而以这种方式进行的开放并没有明确地指出具体法律法规。反之，以不符措施清单模式的开放则均列出了具体的措施，且细化到某法律法规的条款。《2015 年国务院负面清单》按语中明确说明“负面清单列明了不符合国民待遇等原则的外商投资准入特别管理措施”，也就标志着中国实质上是拟采取不符措施清单的模式。实际上，国内法规是制定负面清单的基础。增加透明度一方面会给中国的负面清单制定增加负担，但另一方面，也能促进中国对外资的监管。TPP 协定各缔约方不符措施的引言部分都清晰地表明对保留部分的解释，措施部分应优于所有其他部分，这也就使得各国一定程度上保有了负面清单的灵活性与解释权。

同时，《2015 年国务院负面清单》中的某些限制或禁止是缺乏法律依据的。如第 44 条水上运输公司，第 32 条核电站的建设经营，第 36 条电网的建设、经营等。这就涉及，在中美 BIT 谈判及其他谈判中，国内的外商投资准入负面清单本身能否作为不符措施清单中的“措施”列明。也涉及这些限制的分类，是属于现行不符措施还是将来不符措施，因为从 TPP 协定各缔约国的做法来看，仅有将来不符措施清单中的事项才可不列明或不完全列明现有不符措施。

《2015 年国务院负面清单》中也存在用语模糊的问题，第 68（2）条规定外国银行分行应当由总行无偿拨付营运资金，营运资金的一部分应以特定形式存在并符合相应管理要求。但该项并未说明是何种特定形式，何种管理要求。[1] 第 76 条规定申请设立外资保险公司的外国保险公司，以及投资入股保险公司的境外金融机构（通过证券交易所购买上市保险公司股票的除外），须符合中国保险监管部门规定的经营年限、总资产等条件。但也并未指明是具体的要求。TPP 协定不符措施清单则在此种模糊用语出

---

[1] 根据《中华人民共和国外资银行管理条例（2014 年第 2 次修订）》第 44 条，外国银行分行营运资金的 30% 应当以国务院银行业监督管理机构指定的生息资产形式存在。

现的情况下，通过注脚的方式明确地说明了限制。中国一方面没有明确相应特别管理措施的法律依据，另一方面在用语模糊的情况下，负面清单的清晰化、透明化管理的作用将会削减。

由于TPP协定已经将国民待遇推到地方政府和地区政府层面，所以中国在制定负面清单时需要同时考虑中央政策和地方政策。印度尼西亚在清单的执行上就遭遇了较为严重的地方规定冲突问题。[1] 在此问题上，TPP协定缔约方提出了两种路径：澳大利亚在其不符措施清单中包括了地区政府颁布的所有现行不符措施；美国、加拿大则以示例清单的形式将地区政府不符措施列出，并明确说明其仅出于透明度目的，该清单并非穷尽也不具有拘束力。

除中央层级、地方层级的措施之外，一些私主体的措施也可能实质影响到外资的准入，如行业协会的规定。TPP协定中第9.2.2条将被委托行使政府职权的个人、法人和其他主体的措施纳入“措施”范围，但注脚1中明确说明授权应当依据缔约方法律进行，如立法授权、政府命令、指令等。考虑到中美两国的行业协会的发展状况，如果TPP协定旨在将行业协会等私主体的措施排除在外，中国则需要引起注意。但这些主体的措施是否有与政府管理措施相当的透明度要求，仍然值得商榷。

三、改进建议

《2015年国务院负面清单》的性质是外商投资负面清单，是针对外商投资准入的特别管理措施。在这个层面上，中国应当进一步精简负面清单，遵循必要性原则，将境内外企业统一适用的管理措施从该负面清单中删去。但由于《2015年国务院负面清单》属于国内的管理措施，与BIT谈判中达成的不符措施清单并不完全一致。一旦在国内的负面清单中放开，也就意味着对所有国家的投资者放开，而各国投资者的水平并不相当，某些投资者也许对中国的经济发展不利。故而，在制定国内的负面清单中无须一味地强调精简与放开，这可以为中国在今后的谈判中争得回旋余地，也为中国对外商投资的有效监管提供依据。

在制定外商投资负面清单时，中国应牢牢把住“法无禁止即可为”的理念，全面地覆盖中国各行业的特殊管理措施。这也就是说要从有效监管

---

[1] 顾晨：《印度尼西亚“负面清单”改革之经验》，《法学》2014年第9期。

的角度，对不能放开的领域在一线管住。在中国利用负面清单的初期，应列明法律、政策对投资准入的所有限制，使这些“不符措施”透明化，不过度看重清单的长短。[1]

中国也应当充分考虑将来不符措施清单，将金融等核心产业和部门放入金融服务行业的将来不符措施清单之中。且在美国BIT范本非常宽泛的投资定义下，随时可能出现新产业以及新的投资和金融创新，如果事先没有列入负面清单，今后很有可能出现监管漏洞。[2]国务院意见中也明确对市场上出现的新技术、新产品、新业态、新商业模式等，不急于纳入市场负面清单的管理。日本与马来西亚双边投资协定中，马来西亚不符措施清单明确保留对本国尚未出现的产业制定不符清单的权利。[3]中国在国内清单的制定和今后的谈判中也可以争取采用此种路径。

负面清单的优势之一就是提供法律上的确定性，过多过频繁的修改将破坏这种确定性，[4]对外商制定长期投资计划也十分不利。一旦负面清单敲定，则不宜再做太多修改。这也是提高清单透明度，指明法律依据的优越性所在，中国可以通过对法律依据的修改而完成对负面清单的修改。同时，中国也要加强对外商投资负面清单中所涉及的行业有关外资准入法律的制定与修订，使负面清单有法可依。因为“措施”是优于其他部分内容的，且此种修改也不会影响负面清单的透明度。作为现行不符措施，措施的修改不得严于现行的措施，而作为将来不符措施，则可以采取严于现行措施的措施。当然，在后续对法律的修订中，中国仍要遵循透明度的要求，如给予合理评论的时间，预留合理的政策适应期等。

虽然《2015年国务院负面清单》与现有的产业指导目录，双、多边投资协定中的不符措施清单并非完全一致，但该清单也是现有的产业指导目录的改革和谈判清单的先行先试。故而清单透明度方面仍然需要注意与国内现有规定相协调，与国际上通行的不符措施清单进行对接，从而实现准入前国民待遇加负面清单的外资准入管理模式。

---

[1] 参见吴频：《中国探索负面清单管理模式宜关注五个问题》，《国际贸易》2014年第8期。

[2] 崔凡：《美国2012年双边投资协定范本与中美双边投资协定谈判》，《国际贸易问题》2013年第2期。

[3] 龚柏华：《中国（上海）自由贸易试验区外资准入“负面清单”模式法律分析》，《世界贸易组织动态与研究》2013年11月。

[4] 申海平：《菲律宾外国投资“负面清单”发展之启示》，《法学》2014年第9期。

三、国际私法

毛里求斯仲裁案与南海仲裁案管辖权之比较研究

李博伟*

一、毛里求斯诉英国案与菲律宾诉中国案异同点比较

2010年4月1日英国宣布在查戈斯群岛周围建立海洋保护区，海洋保护区从查戈斯群岛的领海基线起算延伸200海里，占超过50万平方千米。毛里求斯认为英国没有权利在查戈斯群岛周围建立海洋保护区，因为其不是1982年《联合国海洋法公约》（以下简称“公约”）第2条、第55条、第56条、第76条意义下相对查戈斯群岛而言的沿海国，即毛里求斯的第一项意见。同时毛里求斯的第二项意见是认为毛里求斯自身是公约意义下的沿海国，因此只有毛里求斯才有权利在查戈斯群岛周围建立海洋保护区。同时毛里求斯认为海洋保护区与公约确立的权利义务相违背，包括毛里求斯在查戈斯群岛及其周边水域的捕鱼权等，此为其第四项意见。在毛里求斯最后提出的第三项意见中，其认为毛里求斯有权根据公约第76（8）条请求大陆架界限委员会就查戈斯群岛200海里外大陆架提出建议，英国不得干涉。[1]

而菲中南海仲裁争端最早起源于20世纪70年代菲非法侵占中国南沙群岛的马欢岛、费信岛、中业岛、南钥岛、北子岛、西月岛、双黄沙洲和司令礁等岛礁；非法将中国南沙群岛部分岛礁宣布为所谓“卡拉延岛群”，对上述岛礁及其周边大范围海域提出主权主张；并对中国中沙群岛的黄岩岛提出非法领土要求。菲律宾还在有关岛礁及其附近海域非法从事资源开

---

* 李博伟，女，中国人民大学法学院2016级候选博士生。

[1] 第288条 管辖权：1. 第287条所指的法院或法庭，对于按照本部分向其提出的有关本公约的解释或适用的任何争端，应具有管辖权。

发等活动。[1] 在争端产生后中菲双方也曾积极寻求和平方式解决争端，并且签订了一系列关于南海争端解决的协议。然而伴随着菲律宾的内政、外交政策发生变化，菲律宾对待南海争端的态度越来越趋于极端化。其不仅在具体措施上屡次侵犯中国合法海洋权利，而且还违背双方签订的友好合作协议，违反《联合国海洋法公约》关于附件七仲裁庭管辖权的要求，一手制造了菲律宾诉中国案。

（一）两案共同点

第一，两案同属《联合国海洋法公约》下附件七仲裁庭的强制争端解决程序。

附件七仲裁庭是1982年公约下第十五部分规定的导致有拘束力裁判的强制程序之一。区别于其他的强制程序的是附件七仲裁庭在国际海洋法争端解决中发挥着确保争端得以解决的作用。根据公约第287条第（1）（3）（5）款可知在“缔约国如为有效声明所未包括的争端的一方”和“争端各方未接受同一程序以解决这项争端”[2] 的情况下，附件七仲裁庭就开始发挥作用。因此，不管是毛里求斯还是菲律宾启动附件七仲裁庭的强制争端解决程序都不需要经过相对方的同意。从积极的方面来看，这样的安排促进了任何海洋法争端尤其是在陷入僵局的情况下都能获得强制程序的救济从而得以解决。然而从消极的方面来看，这样的安排却实质上为有关国家通过美化、包装争端性质来达到自身非法目的，牟取非法利益提供了可能。

尽管附件七仲裁庭为争端的强制程序提供了可能，但是附件七仲裁庭对争端是否享有管辖权依然要受公约第288条、第一节相关条款和第三节及相关国家根据公约第298条做出的声明的约束。其中公约第288条[3]是附件七仲裁庭管辖权的基本依据，是仲裁庭需要衡量的首要标准，即所提交仲裁庭的争端必须是关于公约的“解释或适用的任何争端”。而公约第一节和公约第三节“适用第二节的限制和例外”及相关国家根据公约第298条做出的声明是可能在具体案件中涉及排除仲裁庭管辖权的事项。因此受理毛里求斯诉英国案和菲律宾诉中国案两案的附件七仲裁庭在判断管

[1] 第287条所指的法院或法庭，对于按照与本公约的目的有关的国际协定向其提出的有关该协议的解释或适用的任何争端，也应具有管辖权。

[2] 按照附件六设立的国际海洋法法庭海底争端分庭的第十一部分第五节所指的任何其他分庭或仲裁法庭，对按照该节向其提出的任何事项，应具有管辖权。

[3] 4. 对于法院或法庭是否具有管辖权如果发生争端，这一问题应由该法院或法庭以裁定解决。

辖权问题时需对这两方面加以考虑。

第二，两案均是涉及岛礁主权问题的复杂性案件。

在毛里求斯诉英国案中，主要引发争端的事项是英国建立海洋保护区的行为，而该行为的合法基础即对查戈斯群岛的主权享有。无论是毛里求斯主张的英国是否是沿海国，是否有权建立海洋保护区，或者毛里求斯是否是沿海国，其都不可避免地要判断查戈斯群岛的主权归属。然而在查戈斯群岛主权问题上双方各执一词，互不认同。毛里求斯根据人民自决权和持续不断地对查戈斯群岛主张主权，并且国际社会大多认为其对该群岛享有主权而认为查戈斯群岛是毛里求斯的一部分，[1] 即其对查戈斯群岛享有国际法意义上的主权。但是英国却主张其自1814年起享有查戈斯群岛并持续行使主权了。由此可见，毛里求斯诉英国案与查戈斯群岛主权归属问题密不可分。

同样，在菲律宾诉中国案中菲方主张：(1)“九段线”的无效性；(2)“中国非法占领”菲律宾大陆架上的水下地形特征——美济礁、西门礁、南薰礁和渚碧礁——及停止“占领”行为；(3)黄岩岛是岩礁而非岛屿，中国不得阻止菲律宾船舶利用黄岩岛周围水域的生物资源；中国“非法主张”和“非法利用”菲律宾专属经济区内和大陆架上的生物和非生物资源；(4)中国“非法干涉”菲方在其群岛基线200海里内外的航行权利及停止这些“非法活动”。[2] 中国在南海所采取的行为及措施（诸如控制美济礁、西门礁、南薰礁和渚碧礁，利用黄岩岛周围区域生物资源和非生物资源等）完全是基于中国对南海诸岛享有主权而自然享有的当然权利，显然也是与岛礁主权紧密联系的。

第三，两案中提起仲裁方均认为是海洋权利下公约的解释和适用方面的争端。

在毛里求斯诉英国案的请求中毛里求斯使用的措辞是诸如有权（比如“compatible”“competent”“entitled”）这类不直指主权问题，只提及基本海洋权利的中性词语。同样在菲律宾诉中国案中菲律宾的请求也几乎如出

---

[1] Memorial of the republic of Mauritius [EB/OL]. [2012-08-01]. http://pca-cpa.org/2.%20Memorial%20on%20Merits1142.pdf? fil_ id=2584.

[2] Notification and Statement of Claim on West Philippines Sea [EB/OL]. [2013-07-10]. http://www.dfa.gov.ph/component/docman/doc_ download/56-notification-and-statement-of-claim-on-west-philippine-sea? Itemid=546.

一辙地巧妙躲避开了主权这个敏感又致命的话题，仅仅表示其是在维护自身的正当海洋权利。如此一来，通过对海洋权利的要求进而就自然而然地使争端的性质表面上看起来只是牵涉对公约的解释和适用问题。然而两案中的提起仲裁方的该行为并非巧合，实乃为了使争端符合仲裁庭管辖权而故意为之。因为根据公约第288条法院或法庭对于“与有关公约的解释或适用”“与本公约目的有关的国际协议向其提出的有关该协议的解释或适用”❶的任何争端具有管辖权。也就是说仲裁庭的管辖权是有范围限制的，联系公约第三节“适用第二节的限制和例外”，显然如果争端的性质被认定为主权争端，那么对提起仲裁方是有害无利的。

第四，两案中被诉方均对附件七仲裁庭的管辖权存在强烈反对。

在任何案件中管辖权问题不仅是前置问题，而且还是制约案件裁决方向的关键性问题。英国指出毛里求斯诉英国案是毛里求斯按照公约人为制造且毫无根据的争端，其目的就是使仲裁庭管辖权实质上囊括查戈斯群岛主权问题。同样虽然中国表示“不接受”“不参与”附件七仲裁庭管辖，但是在其发布的《中华人民共和国政府关于菲律宾共和国所提南海仲裁案管辖权问题的立场文件》中逻辑严密地就其管辖权问题提出了反对。

第五，两案都是国际小国诉国际大国，有利用仲裁的噱头博取国际舆论之嫌。

通过以上对两案中双方立场、观点的分析，以及对附件七仲裁庭仲裁员资质的确信，如果认定两案中的毛里求斯和菲律宾不清楚其主张与仲裁庭管辖权不相符实在难以置信。然而在法律和事实对毛里求斯和菲律宾都并没有优势的情况下，二者仍坚持提起附件七仲裁并不是出于心血来潮的冲动，而是很有可能有着投石问路的目的。从国际政治的角度来看，英国和中国虽然都在国际社会的方方面面发挥着巨大作用，但是也都是国际矛盾和国内矛盾、传统问题和非传统问题并行。比如“传统问题和非传统问题的叠加，中国不但面临两岸统一、领土和海洋争夺等传统主权问题，同时还面临着非传统安全问题激增甚至向中国聚焦的压力”，❷英国也是如此。因此，毛里求斯、菲律宾将其国际海洋法争端提交仲裁庭裁决既给被诉方施加了矛盾恶化的压力，又利用其岛国、小国的地位从国际舆论上向

❶ 傅崐成．海洋法相关公约及中英文索引［M］．厦门：厦门大学出版社，2005：104.

❷ 陈东晓．当前国际局势特点及中国外部环境的新挑战［J］．国际展望，2011（1）：1-11.

广大非专业人士抹黑、绑架被诉方国际形象，造成内忧外困的局势。

（二）两案不同点

两案虽然存在以上种种相同和相似点，但是事实上两案还存在一些不同点，因此在分析研究时也要对这些变量加以考虑。

第一，两案中被诉方是否参与附件七仲裁庭上存在不同。

从毛里求斯诉英国案的时间进程来看，英国从得知争端被提交至附件七仲裁庭之后就着手积极应诉，派遣本国代表，指定仲裁员以促进仲裁庭组成，提交本国意见和证据，在仲裁庭的每一个阶段都据理力争，力求争取最大利益。比较而言之，中国在对待附件七仲裁庭采取完全不同于英国的做法，即“不接受”与“不参与”。虽然如此中国也在寻求通过非正式合作的方式来表达对仲裁庭管辖权的异议以维护本国权益。

第二，菲律宾诉中国案是岛礁主权与海洋划界相复合的更为复杂的案件。

从争端性质来看，毛里求斯诉英国案的性质更为单一、明确，即是以海洋保护区所引起的由查戈斯群岛主权为中心所辐射出来的建立海洋保护区权利的归属，是查戈斯群岛周边海域的生物资源和非生物资源的利用权利的分享问题。从另一个角度来看即毛里求斯诉英国案至多只是毛里求斯和英国间的权利归属的争端，不涉及任何海洋划界问题。

然而菲律宾诉中国案的复杂性远胜于毛里求斯诉英国案。因为从菲律宾的主张来看，该争端不仅涉及相关岛礁的主权归属而且还牵涉中国与菲律宾在南海海洋权利重叠区域的划界问题，即“仲裁庭对菲律宾提出的任何仲裁请求做出判定，都将不可避免地直接或间接对本案涉及的相关岛礁以及其他南海岛礁的主权归属进行判定，都将不可避免地产生实际上海域划界的效果”[1]。

第三，毛里求斯诉英国案中英国有建立海洋保护区的进一步行为，而菲律宾诉中国案中中国仅仅是在自身权利范围内行为。

从争端的诱因来看，两案存在很大不同。毛里求斯诉英国案下虽然从历史来看毛里求斯一直以来对英国将查戈斯群岛从其分离心存不满，但是

---

[1] 中华人民共和国政府关于菲律宾共和国所提南海仲裁案管辖权问题的立场文件［EB/OL］．［2014－12－08］．http://www.fmprc.gov.cn/mfa_chn/ziliao_611306/tytj_611312/t1217143.shtml.

对查戈斯群岛主权归属暂且不论，几十年来两国间的矛盾并不明显，没有上升到争端的程度。毛里求斯之所以将英国告上附件七仲裁庭最主要的诱因就是英国建立了在公约中没有法律依据的海洋保护区。英国所要建立的海洋保护区是将查戈斯群岛周围的200海里渔区、领海、内水、200海里专属经济区共同圈起来的一个禁止商业性捕鱼的区域。❶ 建立海洋保护区这一行为不仅触及对查戈斯群岛进行实际控制的英国利益，而且还包括毛里求斯在查戈斯群岛水域的生物资源（主要是捕鱼权）和非生物资源的进一步利用。

然而菲律宾诉中国案下，中国控制南海岛礁、拒绝菲律宾船舶利用黄岩岛周围水域的生物资源等行为完全是基于公约而产生的在自身领海、专属经济区的合法权利。根据“陆地控制海洋”原则，中国对南海岛礁享有主权，进而决定了中国在南海海域的权利范围。之所以菲律宾单方认为中国的这些行为侵犯了其海洋权利，其根源就是双方对南海岛礁的主权归属的认识存在争议。

第四，两案中被诉方反对管辖权的依据既有重叠又有不同。

在毛里求斯诉英国案中，毛里求斯和英国没有签订关于查戈斯群岛争端解决的任何形式的文件，因此英国提出管辖权的反对意见主要依据公约。总体来看，英国的管辖权异议主要依据：（1）毛里求斯提起的仲裁是主权问题，依据公约仲裁庭对主权问题没有管辖权。❷ （2）根据公约第283条毛里求斯没有与英国就争端进行充分交换意见，并且根据公约第297条3（a）款仲裁庭对该争端没有管辖权。❸

在菲律宾诉中国案中，中国反对仲裁庭管辖权除了依据其与菲律宾的争端为南海部分岛礁的领土主权问题外，还包括通过谈判方式解决在南海的争端是中菲两国之间的协议，菲律宾无权单方面提起强制仲裁，即使菲律宾提出的仲裁事项涉及有关公约解释或适用的问题，也构成海域划界不可分割的组成部分，已被中国2006年声明所排除，不得提交仲裁。❹ 因此

---

❶ Counter－memorial submitted by the United Kingdom［EB/OL］.［2013－07－15］. http：//pca－cpa. org/4. %20Counter%20Memoriale29c. pdf? fil_ id＝2586.

❷❸ Rejoinder submitted by the United Kingdom［EB/OL］.［2014－03－17］. http：//pca－cpa. org/6. %20Rejoinderb891. pdf? fil_ id＝2588.

❹ 中华人民共和国政府关于菲律宾共和国所提南海仲裁案管辖权问题的立场文件［EB/OL］.［2014－12－08］. http：//www. fmprc. gov. cn/mfa_ chn/ziliao_ 611306/tytj_ 611312/t1217143. shtml.

与毛里求斯诉英国案所不同的是中国排除附件七仲裁庭管辖权的依据更为充实、有力。

二、毛里求斯诉英国案中仲裁庭管辖权裁判部分的分析思路

考虑到虽然中国对菲律宾诉中国案采取的是不接受、不参与的做法，但同时中国也在附件七仲裁庭之外积极通过非正式合作的方式来表达对仲裁庭管辖权的反对意见，因此以下主要根据附件七仲裁庭对毛里求斯诉英国案下管辖权部分的裁判思路来进行分析。综合毛里求斯在毛里求斯诉英国案中提出的两次意见来看总共提出了四个请求意见。仲裁庭分别对这四个请求意见的仲裁庭的管辖权问题进行了一一论证阐述，最终得出了其对第一和第二个请求意见没有管辖权，对第四个请求意见享有部分管辖权，对第三个请求认为不存在争端而无所谓有无管辖权问题。在本文中只针对第一和第二这两个存在密切联系和主要争议请求意见的裁判部分予以分析。

在毛里求斯诉英国案中，毛里求斯的第一个请求意见是"英国没有权利宣布海洋保护区或其他海洋区域，因为英国不是公约特别是第 2 条、第 55 条、第 56 条和第 76 条意义下的沿海国"。❶ 而毛里求斯的第二个请求意见是"考虑到英国对毛里求斯曾经做出过的关于查戈斯群岛的承诺，英国没有权利单方宣布海洋保护区或其他海洋区域，因为毛里求斯享有公约特别是第 56（1）（b）（iii）和 76（8）意义下的沿海国权利"。❷ 针对毛里求斯的这两个请求意见仲裁庭内部形成了两种不同的意见。一种是体现在正式判决中的，由伊凡·希勒·AM（Ivan Shearer AM）、克里斯托弗·格林伍德·CMG（Christopher Greenwood CMG）、艾伯特·霍夫曼（Albert Hoffmann）包括首席仲裁员在内的三位仲裁员的意见。同时仲裁庭下詹姆斯·卡特卡（James Kateka）和吕迪格尔·沃尔夫鲁姆（Rüdiger Wolfrum）（该仲裁员是由毛里求斯指派的德国籍仲裁员）对该部分判决持有不同的意见，这部分意见具体体现在判决之外的一个异议意见书之中。下面针对这两种意见的分析方法和分歧点进行分别阐述。

---

❶❷ Reply of the republic of Mauritius [EB/OL]. [2013 - 11 - 18]. http://pca - cpa. org/5. %20Replya480. pdf? fil_ id = 2587.

（一）判决中对第一个和第二个请求意见的裁判思路

判决中对第一个请求意见的裁判思路是：首先，其认为公约中没有对陆地领土存在主权争议的情况下对“沿海国”的界定予以指示，而且仲裁庭关于管辖权的首要争议源于公约第288（1）款，即“对公约的解释和适用”，并且不存在任何一方根据第297条主张自动排除管辖权，也没有与第298条下与本案相关的声明。因此针对该请求意见，仲裁庭认为其对管辖权的判断主要依据是是否是对公约的“解释和适用”的争端。进而将问题分为两个部分，即第一个请求意见的争端实质是什么，在多大程度上仲裁庭认为当事方争端的核心问题就是领土主权问题，在多大程度上第288（1）款允许仲裁庭对领土主权争端作为判定权利义务的必要前提条件的近海问题进行裁决。其次，仲裁庭分别对自己所提出的这两个部分的问题做了分析。对于争端实质的问题，仲裁庭通过对双方关于争议产生过程的记录进行分析认为在查戈斯群岛主权问题上存有争议。进而仲裁庭认为主权争议与宣布海洋保护区是不同的问题，而且毛里求斯所主张的英国不是沿海国的结果远远超出海洋保护区无效的问题。因此仲裁庭得出结论双方的争端被界定为对查戈斯群岛的主权争端更加合适，因为双方在“沿海国”观点上的分歧仅仅是这个大问题的一个方面。对于第二个部分，仲裁庭通过对公约起草者是否考虑到对于领土主权争端可能被认为是公约的解释、适用问题和对公约第298（1）（a）（i）条款按照毛里求斯所主张的反向推理（contrario）后得出：对于解释和适用公约的争端，仲裁庭根据第288（1）款做出裁决是解决争端所必需的，然而如果案件的主要问题与公约的解释、适用无关或者仅仅是附带性的关联，那么就不足以作为一个整体启动第288（1）款范围内的争端了。最终，仲裁庭裁决双方间的争端是关于查戈斯群岛主权的争端，不涉及公约的解释和适用，因此仲裁庭没有管辖权。[1]

判决中对第二个请求意见的裁判思路是：仲裁庭先是否定了英国认为毛里求斯的第一个和第二个请求意见是一样的观点。然而仲裁庭认为毛里求斯请求确认其是“沿海国”是以英国对查戈斯群岛无完全主权的基础之上的。同样仲裁庭也对争端重心进行了衡量，从而得出双方争端对群岛主权

---

[1] Award in the matter of the Chagos Marine Protected Area arbitration [EB/OL]. [2015-03-18]. http://pca-cpa.org/MU-UK%2020150318%20Awardd4b1.pdf? fil_ id=2899.

问题的涉及是主要的结论，进而可以推断出“沿海国”问题只是这个大问题的一个方面。因此，最终附件七仲裁庭认为毛里求斯的第二个请求意见和其第一个请求意见一样更适于被认定为与查戈斯群岛主权问题相关的同样争端，从而对此没有管辖权。❶

通过对判决中仲裁庭的意见进行分析可以看出：（1）在争端的分析方法上，仲裁庭将争端按照争端涉及的多方面问题来划分成两个层次来考虑；（2）在具体推理过程中，仲裁庭采用的不是仅仅从文字出发的僵化教条主义，而是兼具考虑相关文件形成的历史条件和起草者的主观意图；（3）在法律依据方面，仲裁庭援引的是公约中的基本法律条款，即法律条款表面上简单、明了，但适用到具体案件中就涉及对其不同理解的问题。而且从判决主文部分的相关用语（如法庭不明确排除在某些案例中领土主权的枝节问题可能确实是附属于对公约的解释和适用的争端的，但是本案不是这样的情况❷）可以看出仲裁庭在裁判过程中也考虑了相关先例，但是在本案中没有发挥出决定性作用，在程度上不足以使仲裁庭信服。

（二）异议意见书中对第一个和第二个请求意见的认定思路

异议意见书就詹姆斯·卡特卡（James Kateka）和吕迪格尔·沃尔夫鲁姆（Rüdiger Wolfrum）两位仲裁员对裁决的不同意见进行了详细阐述，其中异议最集中、最激烈方面就是针对毛里求斯提出的第一个和第二个请求意见。

关于第一个请求意见的异议之处主要是对争端的定性上。该异议意见书主要从正反两方面对第一个请求意见的管辖权问题进行了说明。第一个方面即一一指出裁决书中关于该问题论证的问题所在。在肯定了定性问题应该由仲裁庭做出之后，该两位仲裁员认为在仲裁庭定性的方法欠妥。其认为需考虑的两点问题是：（1）双方间的争端到底是公约的解释或适用的争端还是对查戈斯群岛主权的争端；（2）仲裁庭对争端是否有管辖权。同时其将争端和主张区别来看，提出了五点理由来说明该争端不是对查戈斯岛主权的争端。❸ 从具体的判断方法上来看，异议意见书认为应当对当事

---

❶❷ Award in the matter of the Chagos Marine Protected Area arbitration [EB/OL]. [2015 - 03 - 18]. http: //pca - cpa. org/MU - UK%2020150318%20Awardd4b1. pdf? fil_ id = 2899.

❸ Dissenting and concurring opinion on Chagos Marine Protected Area arbitration [EB/OL]. [2015 - 03 - 18]. http: //pca - cpa. org/MU - UK%2020150318%20Dissenting%20and%20Concurring%20Opinion%20of%20Judges%20Kateka%20and%20Wolfruma204. pdf? fil_ id = 2900.

方提出的事实和特定条款进行联系、比较，以确定相关条款是否能支持主张。然而裁决书将注意力集中到了“领土主权争端，公约调整的仅仅是附属性的一部分”，因此该两位仲裁员认为这种方法局限了管辖权，使仲裁庭没能如第288（1）款中那样以一种更为广阔的视角来进行判断。除此以外，他们还认为裁决对毛里求斯提出的反向推理（contrario）的论证不够充分，并且仲裁庭的说理不具有足够的连贯性。

至于第二个方面，该异议意见书从正面说理阐释了仲裁庭应当对该项请求享有管辖权的理由。首先该争端不属于第297条和第298条的排除范围，因而又回到了第288（1）款的问题上。其次，通过对第297条和第298条两条间的关系、公约下的例外体系整体和起草历史加以考虑，从而可以断定涉及对主权或其他关于陆地、岛屿主权一并考虑的争端不是必然根据公约第298条被排除管辖权。这样就要考虑第288（1）条下解释和适用公约的争端是否因涉及陆地或岛屿领土主权而被排除。再次，第298（1）（a）条款的内涵不应该被用到第288（1）款下解读。因为一旦对于第十五部分仲裁庭管辖权的限制与前面条款被认为是连贯性的限制，那么第298（1）（a）条款中的内容就没有必要了。最后，本案对管辖权的限制就集中到了第288（1）条和第297条、第298条，这使主张和海洋法产生必要联系。因而，本案中根据公约第288（1）条争议案件和公约是通过公约第56条联系起来的，而不应该是裁决书中所述“案件的主要问题与解释和适用公约无关”❶。

关于第二个请求意见，该异议意见书认为仲裁庭应当进一步考虑是否是沿海国权利的争端，对兰开斯特宫的承诺的理解是否可以被认定为公约第56（2）条下的权利。

（三）裁决书和异议意见书的比较

通过以上对仲裁庭内部双方不同意见的理解和分析，基本可以得出如下结论。

第一，仲裁庭对裁判争端的第一步达成一致，但是在具体定性方法和结论上有分歧。

---

❶ Dissenting and concurring opinion on Chagos Marine Protected Area arbitration [EB/OL]. [2015-03-18]. http://pca-cpa.org/MU-UK%2020150318%20Dissenting%20and%20Concurring%20Opinion%20of%20Judges%20Kateka%20and%20Wolfruma204.pdf? fil_id=2900.

尽管双方都认为解决争端的第一步是对争端定性，但是从这一开始步骤双方就走向了分歧。裁决书的着眼点放在了争端的形成过程，即通过对争端双方立场的分析来确定争端的客观基础。而异议意见书则从反驳裁决意见出发，引用国际法院的法学理念强调客观性，从而提出了本争端不能被认定为关于查戈斯群岛主权的争端。可见虽然裁决书和异议意见书都认为自身结论是根据客观评估而得出的，但是结果却南辕北辙。根据异议意见书中提出的五点认定理由大致可以看出其主要从毛里求斯提出的诉求内容和提出时间上下功夫，这种存在一边倒的嫌疑的论证在逻辑上是站不住脚的，也很难被人接受是根据客观做出的。相反裁决书考虑了争端的形成过程，从而厘清争端产生的原因及其掩盖的利益关系，这种拨云见日的方式更能体现客观性进而被国际社会所接受。

第二，对公约条款的反向推理（contrario）解读是理解条约其他条款的一种可行方式。

毛里求斯提出了针对公约第298（1）（a）（i）款的反向推理（contrario）解读方式，认为主权问题不是强制程序的自动排除事由。裁决书对这种解读方式并没有加以否定，只是结合到本案中仲裁庭认为毛里求斯的解读是不合适的。同样异议意见书也支持了反向推理（contrario）这种解读方式，并且得出了支持毛里求斯通过这种方式得出的结论。因此可以知晓尽管反向推理（contrario）是被允许的，但是如何在具体案件中恰当、适度、有紧密联系地应用，尤其是能为中国在今后的海洋争端中所援引是一种值得发展、研究的方向。

第三，两种意见最终都是以公约第288（1）条为依据认定仲裁庭有无管辖权。

虽然两种裁决意见围绕事实和公约的解读、认识问题花费了大量的笔墨，但是他们的最终结论都是以第288（1）条为直接依据。裁决书认定争端的重心在于查戈斯群岛的主权问题，不需要对公约的解释和适用。异议意见书联系第56条认为涉及第288（1）条所规定的条约解释和适用问题。然而异议意见书中的这种类似牵强地将案件通过公约的某个涉及海洋权利的条款与第288（1）条建立联系是一种不负责任的表现。这种观点不仅有裁判方为了达到使争端符合仲裁庭管辖权的结果而刻意寻找理由的嫌疑，从而有损仲裁庭本身的公信力和权威性，而且还是对相关国家领土主权的不尊重和无视，更是违反国际法基本原则的做法。

另外本案就是在没有相关排除性声明条款可以适用的情况下以强制程序的基础问题为依托的争端，因此在任何争端解决中案件的基本依据问题都是当事各方首要考虑、重视的问题。

三、毛里求斯诉英国案的裁决对解决菲中南海争端的借鉴意义

结合两个案件的诸多相同点，在把握两个案件不同点的基础上从毛里求斯诉英国案中汲取精髓以启发、促进菲律宾诉中国案的解决不失为一种明智的选择。

（一）在定性上来看，菲律宾诉中国案无疑是主权争端和海洋划界争端

菲律宾诉中国案的争议岛礁的主权归属是引发中国在南海实行的措施的直接依据，而且这种主权是有历史和国际法依据的。[1] 依照毛里求斯诉英国案的裁决书的分析逻辑来看，从菲中南海争议的起源、发展来看，20 世纪 70 年代菲律宾在中国对南海岛礁享有主权的情况下仍然侵占了中国南海群岛中的诸多群岛，并且命名为“卡拉延群岛”，自此菲中南海争议产生。而且从菲律宾所主张的诉求无一不需要对所涉岛礁主权及南海海域划界来确定，并且这些前置问题在争端解决中处于决定性、首要性地位。

同样，哪怕是依照毛里求斯诉英国案中异议意见书中的分析逻辑来看，菲律宾诉中国案的定性依然是主权争端。从客观基础来看菲律宾诉中国案显然是主权问题，在此不做赘述。从菲律宾所提出的每一个具体主张来看，菲律宾认定中国在南海不仅断续线无效，而且罗列了中国的种种“非法占领”“非法主张”“非法利用”“非法干涉”行为，认为侵犯了其诸多海洋权利。可见，菲律宾的这些主张不仅是需要领土主权来予以支撑，而且在对岛礁主权、海洋界限尚有重大争议的条件下仅仅就海洋权利提出权利请求显然不是公约的解释和适用问题，而本质上就是岛礁主权、海洋划界争端。

因此，尽管中国采取“两不”的政策来处理菲律宾诉中国案，但这并

---

[1] 中华人民共和国政府关于菲律宾共和国所提南海仲裁案管辖权问题的立场文件［EB/OL］.［2014-12-08］. http://www.fmprc.gov.cn/mfa_chn/ziliao_611306/tytj_611312/t1217143.shtml.

不妨碍中国通过多种非正式合作的方式在对争端定性方面来表达对附件七仲裁庭没有管辖权的意见。而且对争端进行定性，不管对当事国而言还是对仲裁庭而言，都是对争端进行判断、解决、评估的非常重要且初步的一环，关于该问题的阐述对于影响争端进展至关重要。

（二）菲律宾诉中国案显然不属于公约第288（1）款下公约的解释和适用问题

除了对争端性质认清以外，为了厘清仲裁庭有无管辖权最首要考虑的就是公约第288条（尤其是第288（1）条）。依照毛里求斯诉英国案裁决书的裁决逻辑，在判定争端的实质问题是领土主权问题后就自然可以确定争端不属于公约的解释和适用问题了，从而自然排除附件七仲裁庭的管辖权。然而依照异议裁决书的思路，仅仅确定争端的本质是领土主权问题还不够，还要确定争端和公约是否会通过公约其他条款建立某种联系而属于公约的解释和适用问题。因如上所述异议意见书中的这种推理思路存在重大问题，并且从仲裁庭内部的意见交流和博弈的结果来看异议意见书中的这种逻辑也是存在问题的。因此这种判定方式应为国际社会所抛弃，更不会成为主流意见。

通过考证相关历史事实和目前实际情况，并且参考菲律宾所提出的几点主张，菲律宾诉中国案显然是与中国南海地区的诸如黄岩岛等岛礁的主权、海洋划界问题密不可分的。按照仲裁庭在毛里求斯诉英国案中的裁决逻辑，不管是在定性上还是从实质问题方面考量，岛礁主权和海洋划界必然是菲律宾诉中国案的核心。因此，这样看来菲律宾诉中国案显然也不属于公约第288条（1）款下的公约的解释和适用问题。

（三）依据中菲达成的相关协议和中国2006年声明仲裁庭对本案没有管辖权

与毛里求斯诉英国案不同的是英国没有做出公约第十五部分关于领土主权的排除声明，也没有提及双方关于争端解决的相关协议。然而在菲律宾诉中国案中，中菲双方自1995年始就签署了一系列的双方承认以“友好磋商和谈判，以和平方式解决它们的领土和管辖争议”的声明（《南海各方行为宣言》尤为具有代表性）。并且中国于2006年8月25日，中国根据《公约》第298条的规定向联合国秘书长提交声明[1]明确表示对于相关争端不接受公约第十五部分第二节包括仲裁在内的任何强制程序。这两个方面是在争端定性这个根本上排除仲裁庭管辖权之外的直接可以援引的排除依据。因此，比照毛里求斯诉英国案，不仅在两案间相同之处存有借鉴意义，而且中国的补充依据更为充分、合理。

四、结 论

通过对毛里求斯诉英国案与菲律宾诉中国案案情的比较和对毛里求斯诉英国案关于第一个、第二个请求意见的裁决意见与分歧进行分析、理解，以及结合菲律宾诉中国案的案情本身的独特之处，我们可以得出如下结论，即从定性这个根本问题上来看，菲律宾诉中国案的实质是主权争端，基本不属于对公约第288（1）条下的公约的解释和适用问题。从排除强制程序上来看，中菲之间签订的关于和平、友好解决南海争端的协议和中国的2006年声明都明确、充分、合理有效地将任何有拘束力裁判的强制程序排除在外。因此，附件七仲裁庭对菲律宾诉中国案没有管辖权。

---

[1] 中华人民共和国政府关于菲律宾共和国所提南海仲裁案管辖权问题的立场文件［EB/OL］.［2014－12－08］. http：//www.fmprc.gov.cn/mfa_chn/ziliao_611306/tytj_611312/t1217143.shtml。

论中外双边投资保护协定对港澳地区的适用问题

——以谢亚深案和 Sanum 案为视角

乔慧娟*

截至 2016 年，中国政府与外国签署的双边投资保护协定（BIT）已达 130 多个，并在持续增长中。中国投资者也越来越认识到中外双边投资保护协定对其海外投资法律保护的重要性。但是，香港和澳门作为中国的特别行政区，能否适用中国政府对外签署的 BIT？尤其是港澳地区凭借其宽松的投资环境从而吸引到大批的内地及世界各地的投资者移居和设立公司并开展国际业务经营，这些投资者在海外投资时，能否享受到中国政府签署的 BIT 的法律保护？法学界和实务界一直存在着争论和不同的观点。本文主要从谢亚深案和澳门 Sanum 案中仲裁庭的裁决入手，从国际法关于条约适用的一般理论论述中外 BIT 是否适用于港澳地区，以及港澳地区适用中外 BIT 的路径。

一、中外 BIT 是否适用于港澳地区问题的提出

（一）谢亚深案和 Sanum 案案情简介

2007 年香港居民谢亚深诉秘鲁政府案和 2013 年澳门 Sanum 公司（世能公司）诉老挝政府案是港澳投资者诉诸国际仲裁庭，并主张适用中国政府对外签署的 BIT 的典型案例。在这两起国际投资仲裁案件中，尽管秘鲁政府和老挝政府均反对将《中秘 BIT》和《中老 BIT》适用于港澳投资者，但仲裁庭最终均做出了中国中央政府签署的 BIT 适用于港澳投资者的裁决。

---

* 乔慧娟，国际法学博士，北方工业大学文法学院法律系副教授，主要从事国际法方向的研究。

2006年9月29日，香港永久居民谢亚深依据1995年《中华人民共和国政府和秘鲁共和国政府关于鼓励和相互保护投资协定》（以下简称《中秘BIT》）将秘鲁政府诉至国际投资争端解决中心（ICSID）。谢亚深主张，秘鲁政府的行为违反了公平公正待遇条款和全面安全与保护条款，以及未进行补偿的征收。2007年10月1日ICSID组成仲裁庭。2009年6月19日，仲裁庭做出管辖权裁决，认为谢亚深属于《中秘BIT》下合格投资者，《中秘BIT》适用于具有中国国籍的香港居民。[1]

2013年8月14日，注册成立于澳门的Sanum公司依据《中华人民共和国政府与老挝人民民主共和国政府关于鼓励和相互保护投资协定》（以下简称《中老BIT》）将老挝政府诉至荷兰海牙常设仲裁院（以下简称PCA）。Sanum公司主张，老挝政府吊销其酒店赌场和娱乐城的经营许可违反了公平公正待遇条款、征收条款等。PCA经与双方当事人协商后决定，该案仲裁地点设于新加坡，仲裁程序适用2010年版《联合国国际贸易法委员会仲裁规则》（又称《UNCITRAL仲裁规则》）。2013年12月13日，仲裁庭做出管辖权裁决，认为Sanum公司属于《中老BIT》下合格投资者，《中老BIT》可以适用于包括Sanum公司在内的澳门投资者，仲裁庭对该案有管辖权。2014年1月，应老方请求，中国驻老挝大使馆照会老挝外交部，确认《中老BIT》不适用于澳门特别行政区。2014年1月10日，老挝政府依据《新加坡国际仲裁法》向新加坡高等法院请求撤销Sanum案仲裁庭的管辖权裁决。2015年1月，新加坡高等法院做出一审裁定，撤销Sanum案仲裁庭的管辖权裁决，认为《中老BIT》不适用于澳门特别行政区。Sanum公司随后向新加坡上诉法院提起上诉。2015年11月，中国外交部照会老挝外交部，重申中国2014年照会中所阐明的立场。但2016年9月29日，新加坡上诉法院裁定撤回高等法院的裁定，裁定《中老BIT》适用于澳门特别行政区。[2]

（二）谢亚深案和Sanum案裁决的依据和共同点

在谢亚深案和Sanum案中，虽然仲裁庭认定其具有管辖权的法律依据不同，但都裁定仲裁庭具有管辖权。在谢亚深案中，仲裁庭认为，它没有

[1] 裁决书原文参见ICSID网站：https：//icsid.worldbank.org/apps/ICSIDWEB/cases/Pages/casedetail.aspx？CaseNo＝ARB/07/6&tab＝DOC。

[2] Sanum Investments Ltd v. Government of the Lao People’s Democratic Republic［2016］SGCA 57。

必要也不会分析《中秘BIT》是否适用于香港特别行政区，尽管谢亚深是香港居民，但其是出生于中国大陆福建省的中国公民，因此符合《中秘BIT》中有关“投资者”的定义。而且仲裁庭在《中秘BIT》的文本中没有找到把拥有中国国籍的香港居民排除在BIT适用范围之外的任何规定。而在Sanum案中，仲裁庭则基于条约适用的领土范围、移动条约边界规则、《中葡联合声明》不能为老挝创设权利义务等原因，裁定《中老BIT》适用于澳门特别行政区。

谢亚深案和Sanum案也有一些共同点，第一，申请人均来自于我国实行“一国两制”的特别行政区；第二，申请人申请仲裁的法律依据均为20世纪90年代初，港澳特别行政区回归前中央政府签署的双边投资保护协定。

在谢亚深案和Sanum案关于管辖权裁决做出后，许多学者提出强烈的反对意见。究竟中国中央政府签署的BIT能否适用于港澳地区，不仅仅是学界关心的理论问题，而且也是在港澳地区注册的投资者所关心的实践问题。

二、国际法上关于国际条约适用的一般规定

在谢亚深案和Sanum案中，仲裁庭在确定管辖权问题上，以国际条约适用的一般理论为基础，详细分析和论证中国中央政府签署的BIT能否适用于港澳地区，但这些推论也存在很大的争议。

（一）国际法关于条约适用的领土范围的规定

1980年《维也纳条约法公约》第29条规定：“除条约表示不同意思，或另经确定外，条约对每一当事国之拘束力及于其全部领土。”该条规定的目的在于确定一个条约对当事国领土的适用范围，其确定的规则是：一个条约究竟是否适用于各该当事国的全部领土的问题，是各该当事国可以依据意思自治原则协议决定的问题；但是，如果当事人没有明示或默示的相反意思，应当认为条约适用于各该当事国的全部领土。[1] 此外，1978年《关于国家在条约方面继承的维也纳公约》第15条更进一步明确了国际习惯法在此问题上的规则，即“移动条约边界（moving treaty frontiers）”规

---

[1] 李浩培：《条约法概论》，法律出版社2003年版，第308页。

则。其第15条规定："一个国家的部分领土、或虽非该国的部分领土但在国际关系方面是由该国负责的任一领土成为另一个国家的领土的一部分时，（a）被继承国的有关国家继承的领土的条约自国家继承日期起停止生效；（b）继承国的有关国家继承的领土的条约自国家继承日期起有效，但条约本身表明或另有其他确定，适用此项条约于该领土与条约的宗旨和目的不相容或将根本改变条约的实施条件的除外。"上述《维也纳条约法公约》第29条和《关于国家在条约方面继承的维也纳公约》第15条是紧密相连的。从上述规则看，中国中央政府签署的BIT是否适用于港澳地区取决于BIT是否被"明示或默示排除"。如果没有排除的情形存在，那么中国中央政府签署的BIT应适用于港澳地区。

1. 是否存在"明示排除情形"

1994年的《中秘BIT》和1993年的《中老BIT》均未对条约适用的领土范围做出明确规定，更没有提及两个BIT对港澳地区的适用问题。相反的，在2006年签署的《中华人民共和国政府和俄罗斯联邦政府关于促进和相互保护投资协定议定书》（以下简称《中俄BIT议定书》）第1条规定："除非缔约双方另行商定，本协定不适用于中华人民共和国香港特别行政区和中华人民共和国澳门特别行政区。"因此，如果中国有意排除1994年《中秘BIT》和1993年《中老BIT》对香港和澳门地区的适用，则会采用《中俄BIT议定书》中明确的语言。但情况并非如此。因此可以推断，在1994年的《中秘BIT》和1993年的《中老BIT》中均未明确排除条约对港澳地区的适用，即不存在"明示排除情形"。

2. 是否存在"默示排除情形"

至于1994年的《中秘BIT》和1993年的《中老BIT》是否默示排除对港澳地区的适用问题，仲裁庭和学者则存在争议。

在谢亚深案中，仲裁庭认为，谢亚深符合《中秘BIT》第1条中关于"投资者的定义"，即属于"依照中华人民共和国法律拥有其国籍的自然人"。在Sanum案中，仲裁庭认为《中老BIT》适用于澳门特别行政区。其主要理由包括，第一，本案的关键问题是，《中老BIT》是适用《维也纳条约法公约》第29条和《关于国家在条约方面继承的维也纳公约》第15条的通则（general rule）还是但书（exceptions）。仲裁庭认为应采用否定式推理方法（a negative approach）。即首先核实是否有但书情形，如果没有，那么适用通则，即条约可延伸适用于所有领土。第二，使澳门特别行政区的投资者受益于《中老 BIT》也符合该条约的目的。第三，中国对澳门恢复行使主权并不是一个不可预期的事件。在《中老 BIT》签订时的 1993 年，中老双方并非不知道澳门即将回归的事项。《中老 BIT》文本中对是否适用于澳门特别行政区的沉默使得仲裁庭无法对此但书适用与否下终局确定性的结论。

但许多学者对谢亚深案和 Sanum 案中仲裁庭的管辖权结论提出反对意见。例如，有学者认为，《中秘 BIT》签订于 1994 年，1995 年生效，而香港在 1997 年 7 月 1 日才正式回归中国，也就是说在《中秘 BIT》谈判和生效时，香港还未回归，《中秘 BIT》当然不能适用于港澳地区。[1] 也有学者认为，仲裁庭脱离 1994 年《中秘 BIT》的领土范围来片面地裁决“投资者范围”包括香港居民，明显不符合 1994 年《中秘 BIT》缔约双方在缔约时的合理期待，不符合各国签订 BIT 时基于“互惠”的现状。[2] 笔者认为，1994 年《中秘 BIT》是在香港回归之前签订的，并不适用于香港地区，《中秘 BIT》中的中方投资者并不包括香港居民。此外，根据《中英联合声明》和《香港特别行政区基本法》等相关规定，《中秘 BIT》也不适用于香港地区。但仲裁庭无视上述外交文件和国内法规定，也不听取专家意见，仅从《中秘 BIT》对投资者定义的字面意思出发，认定谢亚深是中国公民，明显扩大了仲裁庭的管辖权。

3. 是否属于领土变更情况

1978 年《关于国家在条约方面继承的维也纳公约》规定了条约继承方面的国际法规则，但其规定的前提条件是领土变更情况下条约的继承问题。那么，港澳地区适用中国 BIT 是否涉及领土的变更呢？对此，理论与实践界存在不同的观点。我国外交部条法司司长徐宏认为，中国在与英国、葡萄牙谈判时多次重申，港澳主权自始属于中国，中国恢复对港澳行使主权，不是中国的领土变更，不产生国家继承问题，也不存在条约继承。港澳适用国际条约的实践，确立了条约适用的独特模式，获得了国际社会普遍理解和支持。[3] 但也有学者认为，尽管澳门上诉法院对澳门是否

---

[1] 沈虹：“ICSID 对涉中国投资条约仲裁的管辖权——兼论 ICSID 涉中国第一案”，《华南理工大学学报》2012 年第 1 期。

[2] 王海浪：“谢亚深诉秘鲁政府案管辖权决定书简评——香港居民直接援用《中国——秘鲁 BIT》的法律依据”，《国际经济法学刊》2010 年第 1 期。

[3] 徐宏：“国际条约适用香港和澳门特区的实践”，载《法制日报》2016 年 10 月 22 日。

为中国固有领土的认定可能存在一定瑕疵，但如果认定澳门是中国的固有领土，则澳门本身就属于中国的一部分，故在没有不同意思表示的情况下，《中老 BIT》更应当适用于澳门。❶

在此问题上，笔者认为，根据国际法一般规则，引起国家继承的领土变更情况主要包括合并、分离、解体、独立和部分领土转移（如割让、赠予、买卖、交换等）。但中国恢复对香港和澳门行使主权，并不属于上述类型中的任何一个。香港和澳门的回归，并不是英国和葡萄牙将部分领土移交给中国。相反，中国一直拥有香港和澳门的主权，只是恢复行使主权而已。中国在与英国和葡萄牙谈判时多次重申，香港和澳门的主权自始属于中国，中国恢复对港澳行使主权，不是中国的领土变更，不产生国家继承问题，也不存在条约继承问题。因此，国际法上关于条约继承的习惯法规则不应适用于港澳地区适用国际条约的实践，Sanum 案仲裁庭和新加坡上诉法院错误地将条约继承的规则适用于港澳地区的回归，从而错误地得出中国 BIT 适用于港澳地区的结论。

（二）国际法关于条约解释的一般规定

条约必须善意履行，然而为了善意履行条约，必须明了条约规定的正确意义。《维也纳条约法公约》第 31 条、第 32 条和第 33 条是关于条约解释的一般规定。其中，第 31 条❷和第 32 条❸分别规定“解释的通则”和“补充的解释资料”，第 33 条是关于“以多种语文认证的条约的解释”。按照第 31 条和第 32 条的规定，条约解释的原则是：第一，按照善意进行解释的原则；第二，条约约文应被推定为其所使用的词语的通常意义；第三，词语的通常意义不应抽象地予以决定，而应按照该词语的上下文并参

❶ 陈鲁明，陈雨崴：“从 Sanum 案上诉裁决评中国 BIT 适用于港澳的现状及发展”，载于微信公众号“争议解决咨询”，2016 年 10 月 16 日。

❷ 《维也纳条约法公约》第 31 条规定：“一、条约应依其用语按其上下文并参照条约之目的及宗旨所具有之通常意义，善意解释之。二、就解释条约而言，上下文除指连同弁言及附件在内之约文外，并应包括：（甲）全体当事国间因缔结条约所订与条约有关之任何协定；（乙）一个以上当事国因缔结条约所订并经其他当事国接受为条约有关文书之任何文书。三、应与上下文一并考虑者尚有：（甲）当事国嗣后所订关于条约之解释或其规定之适用之任何协定；（乙）嗣后在条约适用方面确定各当事国对条约解释之协定之任何惯例。（丙）适用于当事国间关系之任何有关国际法规则。四、倘经确定当事国有此原意，条约用语应使其具有特殊意义。”

❸ 《维也纳条约法公约》第 32 条规定：“为证实由适用第三十一条所得之意义起见，或遇依第三十一条作解释而：（甲）意义仍属不明或难解；或（乙）所获结果显属荒谬或不合理时，为确定其意义起见，得使用解释之补充资料，包括条约之准备工作及缔约之情况在内。”

考条约的目的和宗旨予以决定。因此，仲裁庭在解释中国中央政府签署的BIT是否适用于港澳地区时，BIT签署时的历史背景、政治环境、嗣后惯例等均应被予以考虑。《中英联合声明》《中葡联合声明》《香港特别行政区基本法》《澳门特别行政区基本法》、2014年中国驻老挝大使馆的照会等内容也应被考虑在内。

1984年《中英联合声明》明确规定："中华人民共和国缔结的国际协定，中央人民政府可根据香港特别行政区的情况和需要，在征询香港特别行政区政府的意见后，决定是否适用于香港特别行政区。"❶ 1987年《中葡联合声明》也规定了完全相同的条款。此外，在《香港特别行政区基本法》和《澳门特别行政区基本法》也规定了同样的条款。❷ 可以看出，中国政府对中央政府签署的BIT能否自动适用于港澳地区的态度是非常明确的，即，在未经香港和澳门特别行政区政府同意的情况下，中国中央政府缔结的BIT是不适用于香港和澳门地区。在2014年1月中国驻万象大使馆给老挝外交部的回函中，也明确表示："《中老BIT》不适用于澳门特别行政区，除非中老双方将来另行做出安排。"因此，对于中国政府签署的BIT能否适用于港澳地区，中国政府的态度也是一贯的。

然而在谢亚深案和Sanum案中，仲裁庭均未考虑到中国签署的BIT的历史背景、中国国内法和外交文件的规定，仅仅从BIT的字面意思进行文意解释，认定投资者属于BIT中的合格投资者。从文义解释角度出发，仲裁庭的这一解释并无不合理之处。但是，按照《维也纳条约法公约》第31条的规定，文意解释仅是解释的原则之一。按照国际法委员会对《维也纳条约法公约》关于条约解释规则的释义，条约解释程序是一个统一体，第31条和第32条的各项规定组成一个单一的、互相紧密地连在一起的完整规则。并且，第31条并不为其中包含的条约解释规则规定法律上的上下等级关系，而只是按照逻辑把一些解释因素进行适当的排列。❸ 仲裁庭仅仅依赖于BIT文意解释的方法是比较狭隘的，并导致错误的裁决。

（三）国际投资仲裁中国际法与国内法的关系问题

国际投资仲裁中，国际法与国内法的关系问题一直是理论与实践争论

---

❶ 参见《中英联合声明》附件一"第十一部分"。

❷ 参见《香港特别行政区基本法》第153条和《澳门特别行政区基本法》第138条。

❸ 李浩培：《条约法概论》，法律出版社2002年版，第351页。

较大的问题。《华盛顿公约》第42条第1款规定：“仲裁庭应按照双方同意的法律规则对争端做出裁决。如无此种协议，仲裁庭应适用作为争端一方的缔约国的法律以及可能适用的国际法规则。”从公约原意看，其并未规定国际法与东道国国内法的适用次序。但在ICSID近年来的仲裁实践中，已近乎形成一种国际法优先于国内法的共识。例如，在Klöckner v. Cameroon案中，特设委员会认为：“国际法规则被赋予双重作用，即补充作用（在东道国法存在缺漏的情况下），或在东道国法与国际法原则不一致时起纠正作用。”❶ 在Amco v. Indonesia案中，特设委员会也认为：《公约》第42条第1款授权仲裁庭适用国际法规则仅是为了填补国内法的缺漏，并在国内法与国际法冲突时确保后者的优先效力。在Siemens AG v. Argentina案中，仲裁庭认为，其不仅有权在国内法与国际法中做出选择，更有权优先适用国际法。

同样，在Sanum案中，仲裁庭也采取了优先适用国际法的观点，尤其是在《中老BIT》是否适用于澳门地区问题上。仲裁庭认为：“老挝政府不应该错误地把中国与澳门按照《澳门特别行政区基本法》这一中国国内法而做出的对特别行政区的安排曲解为中国意图将澳门排除在《中老BIT》适用范围之外。老挝依赖于另一个主权国家内部不同地区的体制性安排的抗辩无法满足条约边界规则的另经确定这一但书标准。”仲裁庭进一步指出，就条约的解释而言，《维也纳条约法公约》优先于中国国内法，也优先于“一国两制”政策对BIT适用的规定。此外，在Sanum案中，新加坡上诉法院认为，《中葡联合声明》只是中国和葡萄牙之间的双边条约，并不为老挝创设权利和义务，因此，《中葡联合声明》对解决《中老BIT》的适用问题没有参考作用。此外，上诉法院还认为，2014年和2015年两份外交照会由于其形成于“关键日期”（critical date）❷ 之后，其作为证据的证明力非常微弱（no material weight）。❸

笔者认为，Sanum案仲裁庭和新加坡上诉法院的观点存在错误之处。

---

❶ Klöckner Industrie – Anlagen GmbH and others v. United Republic of Cameroon and Société Camerounaise des Engrais（ICSID Case No. ARB/81/2）.

❷ 关键日期是国际法上的概念，一般是指争端正式产生的日期，争端当事方在该日期后的行为不能再影响案件。主要适用于解决领土纠纷，其目的是为了防止争端当事方在争议发生后自行改变现状，“关键日期”的确立有助于冻结争端，防止争端升级。

❸ 新加坡上诉法院关于Sanum案裁决书的第113段至第122段。

首先,《澳门特别行政区基本法》是中国国内法，而非老挝国内法。中国并非投资争端的当事国。仲裁庭偷换了概念。其次,《中葡联合声明》不仅仅是中葡之间的双边条约，其也是中国政府对国际社会就中国中央政府签署的国际条约是否将来适用于澳门特别行政区的声明，具有宣告立场的作用。最后,“关键日期”主要是为了防止争端当事方在争议发生后“制造”新证据，造成对己方有利的局面。但本案并非此种情况。中国、老挝照会只是对之前的《中老 BIT》签订时双方意思的确认，也是中国一贯立场和国际实践的再次确认，并非新的证据。此外，中国并不是本案争端的当事方，老挝在本案中提交的中国外交部的照会，并不是当事方老挝“制造”的对己方有利的证据。新加坡上诉法院错误地适用“关键日期”理论从而错误地排除了中国外交部照会的证据效力。

三、港澳地区适用中国 BIT 的困境

(一)“一国两制”背景下港澳地区特殊的法律地位

在“一国两制”背景下，港澳地区法律地位比较特殊。依据我国《宪法》《香港特别行政区基本法》和《澳门特别行政区基本法》的有关规定，港澳地区拥有有限的缔约权。中国政府对外签署的国际条约并不当然自动适用于港澳地区。这样的规定主要是考虑到港澳地区与内地在经济、文化、制度上的差异，适合于大陆地区的法律和国际条约并不一定符合港澳地区的利益，因此，对于中央政府缔结的国际条约，可根据港澳地区的需要，在征询港澳地区的意见后，决定是否适用于港澳地区。此外，香港和澳门也可以在经济、贸易、金融、航运、通讯、旅游、文化、科技、体育等领域以“中国香港”和“中国澳门”的名义，单独地同世界各国、各地区及有关国际组织保持和发展关系，签订和履行有关协议。[1]

(二) BIT 中有关措辞和概念规定不明确

通常来说，在 BIT 中都规定有非常明确的适用对象和范围，并通过受保护的“投资”及“投资者”定义等条款加以界定。并且通常规定受保护的“投资者”需具备缔约国一方的国籍。但是，对于中国而言，港澳地区的居民大多具有中国国籍，在港澳地区注册成立的公司，其国籍也是中国

[1] 参见《香港基本法》第 151 条和《澳门基本法》第 136 条。

国籍。在谢亚深案中，仲裁庭认为，它没有必要也不会分析《中秘 BIT》是否适用于香港地区这一问题。《中秘 BIT》第 1 条第 2 款关于“投资者”的定义条款规定：“就中华人民共和国而言，依照中国法律规定具有中华人民共和国国籍自然人。”仲裁庭认为，尽管谢亚深是香港居民，但申请人仍是出生于中国大陆福建省的居民，因此申请人符合《中秘 BIT》有关“投资者”的定义。在 Sanum 案中，尽管 Sanum 公司的母公司是由美国商人 John Badwin 先生在荷兰属地列斯群岛设立的 Laos Holding N. V. 有限公司，但由于 Sanu 公司是依据澳门法律在澳门地区设立的，因此，其符合《中老 BIT》中关于投资者的定义。

此外，在中国签署的 BIT 中一般均有关于条约适用的领土范围的规定，并且往往规定 BIT 适用于缔约一方领土内的投资和投资者。但中国政府签署的大部分 BIT（《中俄 BIT》例外）均未对是否将港澳地区排除在适用范围之外做出规定。并且，在实践中，中央政府也从未征询过港澳地区政府的意见，决定是否将 BIT 适用于港澳地区。

可以说，BIT 中关于受保护的“投资”“投资者”和 BIT 适用范围的模糊规定，也间接导致投资争端仲裁庭做出中国政府签署的 BIT 适用于港澳地区的错误结论。

（三）仲裁庭偏袒投资者的价值取向

随着国际投资仲裁案件的迅猛增加，国际投资仲裁越来越呈现出一种趋势，即仲裁庭过于偏袒投资者，在适用国际投资条约时经常做出有利于投资者的扩大化解释，致使许多学者提出国际投资仲裁面临“正当性危机”。

在谢亚深案和 Sanum 案中，仲裁庭和新加坡上诉法院均对相关 BIT 进行扩大化解释，采取片面的 BIT 文本解释方法，罔顾缔约方的真实缔约意图，把本来排除在适用范围之外的投资者纳入 BIT 保护范围。新加坡上诉法院在裁决中更指出，《中老 BIT》前言中规定了“鼓励和保护缔约国一方的投资者在缔约国另一方领土内的投资”，因此，《中老 BIT》适用于澳门地区，Sanum 公司依据《中老 BIT》提起仲裁，这样才更符合《中老 BIT》的宗旨。

应当说，传统 BIT 的核心在于吸引和保护外资，对于东道国则更多地体现为责任与义务。例如在《中秘 BIT》和《中老 BIT》前言中均规定“鼓励和保护缔约国一方的投资者在缔约国另一方领土内的投资”。传统

BIT无论是从实体抑或程序均以投资者利益为中心。国际投资仲裁庭也通过行使自由裁量权的方式偏袒私人投资者，导致私人投资者和东道国利益的失衡。例如，仲裁庭把最惠国待遇条款解释为可以适用于争端解决程序事项，对投资协定中“公平公正待遇”条款、“征收与补偿”等模糊条款的解释有利于投资者。但这种在投资争端中置东道国利益于不顾，甚至以牺牲东道国生态环境、公民健康、劳工人权等公共利益为代价片面保护投资者权益的做法，将导致国家无法灵活地管理外资，也无益于国际投资争端解决机制的良性发展。

四、港澳地区适用中国BIT的路径

迄今为止，中国已与世界上130多个国家签订了BIT，与之相对的是，香港仅与18个国家签署了BIT[1]，而澳门更是仅仅与葡萄牙和荷兰两国签署BIT[2]，并且这些BIT绝大多数是20世纪末签署的。除了在数量上占优势外，中央政府签署的BIT在对投资和投资者的保护措施上规定也更为有利。例如，由于香港和澳门并没有加入ICSID，大部分港澳BIT约定的投资争端解决方式是临时仲裁，而并非像中国BIT规定的ICSID仲裁。与ICSID仲裁相比，临时仲裁存在诸多的不确定性。

由于中国目前签署的BIT中大多没有明确规定是否适用于港澳地区，而我国政府一直坚持中国BIT不适用于港澳的原则立场，因此，考虑到香港基本法、澳门基本法是中国国内法，中英和中葡联合声明可能也难以约束其他国家，尤其是中方在Sanum案中以外交照会的形式也未能获得预期效果，为避免今后产生谢亚深案和Sanum案类似的结果，我国需要在缔约和仲裁实践方面予以明确说明。就缔约实践而言，对于我国已经缔结的BIT，可考虑在征求港澳特别行政区政府意见后，通过修改协定或签订补充议定书等形式，明确将港澳地区排除在试用范围之外。对于正在谈判中的BIT，则可以在定义“投资者”和“领土”等术语时对此加以明确界定。例如，采用《中俄BIT》的做法。就仲裁实践而言，如果在投资争端

---

[1] 参见香港特别行政区律政司网站http://www.doj.gov.hk/chi/laws/table2ti.html。2016年11月10日访问。

[2] 参见澳门特别行政区印务局网站http://www.io.gov.mo/cn/legis/int/list/bilat/investment。2016年11月10日访问。

发生时缔约方尚未就有关BIT是否适用于港澳地区签订书面协议，双方可考虑发布联合解释。联合解释作为缔约双方对BIT条款共同做出的权威性法律解释，不同于争端一方单方面提交的证据材料，联合解释往往更容易得到仲裁庭的接受和认可。

五、小　结

尽管谢亚深案和Sanum案仲裁庭裁决依据不同，但均认定中国中央政府签署的BIT适用于港澳特别行政区。两案仲裁庭均没有考虑到《中英联合声明》和《中葡联合声明》中关于中国恢复对香港和澳门行使主权的规定，而错误地适用“移动条约边界”规则和《维也纳条约法公约》关于条约适用的领土范围的规定，并以国内法与本案无关为由否定《香港特别行政区基本法》和《澳门特别行政区基本法》的证明效力，无视中国政府的一贯立场。这样的裁决是不能令人信服的。中国中央政府签署的BIT在没有特别规定情况下，是不能适用于港澳特别行政区的。但是，保护投资者利益的需求有可能促使中央政府考虑将有关的投资条约扩展适用于香港特区和澳门特区，但适用的路径必须严格遵守基本法的规定，在基本法的轨道内进行。

涉外民事诉讼中的《涉外民事关系法律适用法》实施监督问题研究

文媛怡*

涉外民事诉讼是解决涉外民事争议的主要途径，也是展示一国涉外司法水平的生动窗口。目前随着我国改革开放的不断深入及“一带一路”战略的着力推进，我国的涉外民事诉讼审判工作面临新的机遇和挑战。为回应实践需要，“明确涉外民事关系的法律适用，合理解决涉外民事争议”，❶十一届全国人民代表大会常务委员会第十七次会议审议通过了《中华人民共和国涉外民事关系法律适用法》（以下简称《法律适用法》）。该法自2011年4月1日起施行，为我国的涉外民事审判中的法律选择活动提供了较为科学、完备的法律依据和保障。然而，在涉外民事诉讼中《法律适用法》的实施却有不尽如人意之处：法律选择环节“有法不依”“有法略依”“有法错依”等问题明显，直接制约了《法律适用法》作用的发挥，严重影响了涉外民事诉讼案件的审判质量。因此，在《法律适用法》实施过程中，调整现有监督路径、引入具有针对性的《法律适用法》实施监督制度是规范涉外民事诉讼法律选择活动，预防和纠正法律选择错误，提高涉外民事案件审判质量的题中之意。

本文拟从法律监督的角度，首先，对目前涉外民事诉讼中的法律选择环节的问题进行梳理，明确《法律适用法》实施监督的对象；其次，指出套用现行法律监督机制落实《法律适用法》实施监督存在的主要障碍并探讨产生障碍的根源；最后，针对问题的症结尝试对现有法律监督制度进行适当调整和补充，探讨现有框架内《法律适用法》实施监督制度的专门性设计。如此以期通过引入外部监督力量的方式督促涉外民事诉讼案件审理人员重视法律

* 文媛怡，女，中国政法大学国际法学院2016级国际法专业博士研究生，主要从事国际私法方向研究。

❶ 《中华人民共和国涉外民事关系法律适用法》第1条。

选择问题、适当处理法律选择问题，并为法律选择错误提供救济途径，从而助力《法律适用法》的正确落实，提高我国涉外民事诉讼案件的审判质量。

一、涉外民事诉讼中法律选择环节的问题

客观而言，尽管涉外民事案件标的额高、影响面广、争议相对复杂，但我国的涉外民事案件数量占民商事案件总量比重小，[1] 受重视程度低。同时受地理位置、社会经济条件、历史渊源等因素影响，涉外民事案件地域分配不均、审判队伍人员构成复杂、案件审判质量参差不齐。随着涉外民事裁判文书的陆续公开，不断暴露出目前涉外民事诉讼中在落实《法律适用法》过程中存在的诸多问题。

（一）“有法不依”

《法律适用法》是解决涉外民事关系法律适用问题的法律依据。在涉外民事案件的审理过程中，法官应当依职权依照《法律适用法》确定案件准据法，进而对当事人权利义务做出裁判。[2] 然而在司法实践中，涉外民事案件审理法官在不援引《法律适用法》的情况下，或基于法学理论，或不做说明径直适用中国法进行裁判的情况不在少数。如上诉人四川省广汉市广计有限公司与被上诉人中国银行（香港）有限公司保证合同纠纷上诉案[3]、JARHUPUTSINDHU 诉倪亮、上海汉勋贸易有限公司等机动车交通事故责任纠纷案[4]、江门市埃克森化工有限公司等与埃克森美孚公司（Exxon

---

[1] 以2015年数据为例：2015年全国法院审结民商事案件10 505 731件，其中涉外（含涉港澳台）案件32 471件，仅占民商事案件总数约0.31%。数据来源：最高人民法院《2015年全国法院审判执行情况》，http：//www. court. gov. cn/fabu - xiangqing - 18362. html，最后访问时间：2016年11月29日17：05。

[2] 关于法律适用规则的效力问题学界尚有争论。杜涛曾建议构建一种当事人和法官释明义务相结合的法律适用规则的适用模式。参见杜涛：“法律适用规则的强制性抑或选择性——我国涉外民事法律适用法的立法选择”，载《清华法学》2010年第4期，第94－109页。宋晓主张法律适用规则应当由法官依职权适用，从程序法视角和程序法原理批驳了冲突规则任意性适用的观点。参见宋晓：“程序法视野中冲突规则的适用模式”，载《法学研究》2010年第5期，第183－195页。笔者认为，《法律适用法》第二条已经明确“涉外民事关系适用的法律，依照本法确定。”应当理解为我国立法已经确认了冲突规范的强制适用效力，这与我国的一贯立法实践一致。

[3] 四川省高级人民法院（2013）川民终字第655号。原审法院认为：鉴于双方当事人均同意本案适用中国大陆地区法律作为准据法，故适用中国大陆地区法律作为准据法。二审法院未对法律适用问题做出说明。

[4] 上海市闵行区人民法院（2013）闵民一（民）初字第12430号。本案原告为泰国国籍，判决书全文没有涉及法律选择的内容，径直适用中国法裁判。

Mobil Corporation）侵害商标权纠纷案[1]等，均暴露出法律选择有法不依的问题。

这一类涉外民事案件既未遵循“以事实为依据、以法律为准绳”的诉讼基本原则，在法律适用问题的处理上存在漏洞，又掩盖了法律选择问题，对于没有专业法律知识支持的当事人而言，很难发现错误并及时寻求救济，理应加以纠正。

（二）“有法略依”

在指明《法律适用法》作为法律选择的涉外民事案件中，又有部分暴露出“有法略依”的弊病。在涉外民事案件裁判文书中，法官仅提及适用《法律适用法》某一条文找到准据法，但未就适用该条文的依据和过程做出必要解释和说明。如于正茂与彭日发经营权转让纠纷上诉案[2]中，法院审理认为在一审庭审结束前双方并未就法律适用问题达成一致意见，后据《法律适用法》第41条的规定直接得出适用中国法的结论。《法律适用法》第41条包括当事人协议选择的法律、特征履行方经常居所地法与最密切联系地法三种准据法的可能，案件法官在排除当事人意思自治的基础上，理应对于41条的援引做出进一步的说明，或依据特征履行方经常居所地在中国，或依据争议与中国存在最密切联系，得出适用中国法律的结论。又如江苏太湖锅炉股份有限公司与卡拉卡托工程有限公司侵权纠纷案，[3]案件侵权行为实施地在印度尼西亚，损害结果发生地在中国，法官在判决书中援引《法律适用法》第44条，简单认为侵权行为地在中国，适用中国法，将侵权行为地武断理解为损害结果发生地。[4]更有甚者，仅仅笼统提及《法律适用法》，在没有援引明确条文、没有必要说理的情况下对案件进行裁判。如李耀珍与颜湘乡、洪远铭财产损害赔偿纠纷案，[5]判决书中仅有

[1] 北京市高级人民法院（2014）高民终字第1790号。该案例是裁判文书网“推荐案例”，但判决书全文没有对法律选择问题做出说明，径直适用中国法裁判。

[2] 云南省高级人民法院（2012）云高民三终字第55号，案件诉讼标的物在缅甸。

[3] 江苏省高级人民法院（2013）苏商外终字第0006号。

[4] 关于《法律适用法》第44条中有关侵权行为地法的规定，由于目前立法疏漏导致侵权行为地的认定规则欠缺，具体论述参见笔者拙作：文媛怡：“论我国侵权行为地认定规则的空白与补位——兼评《涉外民事关系法律适用法》第44条”，载《大庆师范学院学报》2016年第5期，第38－42页。与此同时，尽管在法律层面欠缺认定规则，但在涉外侵权案件中，尤其是侵权行为实施地与损害结果发生地相分离的案件中，法官仍有必要对侵权行为地的认定做出必要说明。

[5] 广东省深圳市福田区人民法院（2014）深福法民一初字第2137号。

“依照《中华人民共和国涉外民事关系法律适用法》的相关规定”的表述，随即适用香港地区法律进行裁判。

在“有法略依”的情形下，由于缺乏必要的说理，一方面损害了《法律适用法》的实施利益，制约了我国涉外民事审判水平的提升；另一方面，尽管说理欠缺并不必然导致准据法查找的错误进而影响案件审理结果，但由其造成的裁判结果公信力和信服力受损的负面影响不容忽视。

（三）“有法错依”

法律选择活动中存在的另一个问题是“有法错依”。即涉外民事案件中，法官在理解适用《法律适用法》的过程中产生偏差，导致法律选择活动发生错误。常见的错误之一是没有处理好《法律适用法》中选法规则与选法原则的关系。如忽略具体冲突规则直接援引《法律适用法》第2条第2款（最密切联系原则）、第3条（意思自治原则）等原则性规定进行法律选择。如在上银科技股份有限公司与天津罗升企业有限公司买卖合同纠纷案[1]中，法官直接援引《法律适用法》第3条确认大陆法作为处理案件争议的准据法，忽视了《法律适用法》第41条的优先适用地位。最高人民法院审理的万嘉融资咨询私人有限公司、叶顺安与中宇建材集团有限公司居间合同纠纷案[2]中也有类似错误出现。另一个常见错误是没有处理好《法律适用法》与其他法律中的冲突规范的关系。鉴于《法律适用法》“应该定位为中国有关涉外民事关系法律适用的法律之一，而非唯一的法律”，[3]因此部分案件在处理《法律适用法》与其他法律之间的效力问题方面出现错误。如原告张××诉被告Binh××离婚纠纷一案[4]中，广东省开平市人民法院在《法律适用法》实施之后仍错误援引《中华人民共和国民法通则》第147条，将中国法作为法院地法予以适用。除此之外，“有法错依”的问题还出现在涉外性认定、识别、外国法查明、法律规避、强制

[1] 天津市高级人民法院（2014）津高民四初字第1号。

[2] 最高人民法院（2014）民四终字第14号。该案判决书中提及：“本案各方当事人均同意适用中华人民共和国法律审理本案，符合《中华人民共和国涉外民事关系法律适用法》第三条之规定，予以照准。”

[3] 丁伟：“涉外民事关系法律适用法与‘其他法律’相互概念辨析”，载《政法论坛》2011年第3期，第11页。

[4] 广东省开平市人民法院（2013）江开法民一初字第112号。

性规定等领域。

"有法错依"背离了《法律适用法》的要求，属于案件审判中的"法律适用错误"情形。其造成的后果和影响最为恶劣，既是《法律适用法》实施过程中需要着重预防和纠正的问题，也是《法律适用法》实施监督的重点。

总的来说，尽管三种情形对于《法律适用法》理解适用的过程存在不同程度的偏差及错误，对案件结果造成的影响存在差别，但三者均违背了《法律适用法》的要求，都属于《法律适用法》实施监督需要规制的对象，需要在涉外民事诉讼活动中借助一定的途径予以预防和纠正，不可放任自流。

二、现行法律监督机制的功能局限及障碍来源

我国现行的法律监督制度相对完善，法律监督主体广泛、监督方式多元，从预防错误和纠正错误的角度为保障相关法律的实施创造了一定的良性空间。我国民事诉讼在制度设计上，已经渗透了法律监督的理念，诸如二审终审制度、审委会制度、合议制度、人民陪审员制度等基本诉讼制度"本身就包含着对司法权强有力的监督"，❶ 便于事中监督的开展。此外，还有司法机关监督、行政机关监督、社会组织监督、公民监督等多种形式，允许广泛监督主体在不同阶段对审判活动进行监督。值得注意的是，对于涉外民事诉讼中《法律适用法》实施活动而言，最为直接、及时、有效的监督是当事人、法院及检察院三方依照《中华人民共和国民事诉讼法》（以下简称《民事诉讼法》）及其司法解释相关规定启动的审判监督程序，也是现行监督机制功能发挥的关键途径，应当加以重点关注。然而，在法律选择领域，以审判监督为主的法律监督机制在多方面受到限制，制约了其监督功能的发挥。

（一）监督对象信息获取受阻

监督对象信息的获取是监督机制启动的首要环节。就涉外民事诉讼中《法律适用法》实施监督而言，无论采取事中监督还是事后监督的方式，都需要在获取法律选择活动信息的基础上进一步展开监督干预。然而，一

---

❶ 司法公正权威与司法监督的关系课题组著：《司法监督制度研究》，法律出版社 2015 年 5 月第 1 版，第 207 页。

方面，涉外民事诉讼活动受重视程度低，其中的法律选择问题关注度长期不足，加上冲突法领域专业性强、难度大，监督主体对于获取相关监督信息的意愿不足、主动性较低。另一方面，即使存在监督意愿，由于冲突规范自身性质的间接调整性，法律选择活动自身缺乏外部直观的评价载体，监督主体无法直观通过案件当事人的权利义务状态判断《法律适用法》的实施情况。在实际操作中案件审理法官以外的人员仅能通过涉外民事裁判文书中对于法律适用部分的说理内容来获取，而裁判文书对于法律适用部分的说理程度深浅不一，导致监督对象信息获取受阻。

（二）监督机制适用情形受限

如前述，法律选择环节“有法不依”“有法略依”“有法错依”等乱象均违背了《法律适用法》的要求，都属于《法律适用法》实施监督需要规制的对象。但其中只有确有“法律适用错误”情形的案件可以纳入现有的审判监督适用范围，对案件产生具有实质意义的影响。《民事诉讼法》在第十六章“审判监督程序”中具体设计了再审及抗诉制度，其适用范围包括“适用法律确有错误”的情形。据《最高人民法院关于适用〈中华人民共和国民事诉讼法〉审判监督程序若干问题的解释》，适用法律确有错误的情形中包括违反法律适用规则的情形。[1] 鉴于审判监督程序的根本目的在于对当事人之间因错误裁判导致的非正常的权利义务状态进行救济，是对已生效裁判文书效力的质疑程序，对于错误的认定标准相对严苛。因此，在表1所列举的《法律适用法》实施情形中，涉外民事诉讼中法律选择活动的“有法略依”现象并不在关注范围之列（情形2），“有法略依”和“有法错依”也仅在满足“法律适用错误”认定条件的情况下才有机会进入监督程序（情形3～8）。

表1　《法律适用法》实施情形与现行法律监督制度

编号	《法律适用法》调整范围		问题类型	现行法律监督制度
	援引冲突规范	确定准据法		
1	正确	正确	—	—
2	正确	正确	“有法略依”	不予关注

[1] 详见《最高人民法院关于适用〈中华人民共和国民事诉讼法〉审判监督程序若干问题的解释》第13条第5款。

续表

编号	《法律适用法》调整范围		问题类型	现行法律监督制度
	援引冲突规范	确定准据法		
3	正确	错误	“有法错依”	不作区分，若认定为“法律适用错误”可进入相关法律监督程序，但认定较为谨慎。
4	错误	正确	“有法错依”	
5	错误	错误	“有法错依”	
6	未援引	正确	“有法不依”	
7	未援引	错误	“有法不依”	
8	未援引	未说理	“有法不依”	

（三）监督评价标准本身相对模糊

对涉外民事诉讼法律选择活动的监督同样是一个“以事实为依据、以法律为准绳”的过程。其中《法律适用法》及其司法解释作为监督评价标准，为监督主体的监督决策提供法律依据。反观《法律适用法》本身，受到现代冲突法理论发展的影响，各国冲突法立法选法方法与选法规则并存，冲突规范在灵活性和确定性中间游走，❶ 我国的《法律适用法》亦然。其在涉外性判断、强制性规定认定、最密切联系原则运用等多领域留有自由裁量空间。与此同时，我国国际私法立法经验不足，《法律适用法》的诞生是“摸着石头过河”的探索性立法成果，是在我国国际私法立法经验不足、推进改革开放对立法提出急切要求的大背景下总结经验、不断摸索向前的成果，❷ 诸多条文尚存不足之处。在运用监督机制的过程中面临自由裁量权认定范围较大、监督评价标准模糊的难题，直接导致在判断时对于“法律适用错误”的把握存在模糊地带，难以把握。尤其在“有法不依”和“有法略依”的情形下，由于相关法律选择说理的缺失，因评价标准带来的困难更为突出。

（四）监督程序相对烦琐、周期偏长

现有的审判监督程序烦琐、周期偏长。就启动程序而言，审判监督程序的启动主体包括当事人、各级人民法院院长、人民法院及检察院，通过

❶ 参见［美］西蒙尼德斯：“20世纪末的国际私法——进步还是退步?”，载《民商法论丛》第24卷，法律出版社2002年10月第1版，第387页。

❷ 黄进：“中国涉外民事关系法律适用法的制定与完善”，载《政法论坛》2011年第3期，第6页。

人民法院再审、检察院抗诉和提出检察建议的方式进行。以再审为例，当已生效的涉外民事裁判文书中的法律选择部分发生错误时，可以：由原审法院院长应当提交审判委员会讨论决定；或由最高人民法院提审或者指令下级人民法院再审；或应当事人申请启动[1]再审。这对于本身已经面临较高时间成本、金钱成本投入的涉外民事诉讼而言，愈发延长了当事人依法得到救济的期限，不利于当事人权利义务关系的稳定。

由此可见，现行法律监督制度设计框架相对合理，监督力量多元，但因其主要着眼于实体法和程序法实施的监督，缺乏对冲突法规范实施活动诸多特点的考量，导致其功能发挥在《法律适用法》实施监督领域受到严重制约。

三、探讨：现有框架内针对《法律适用法》实施监督制度的调整思路

法律监督对于妥善落实《法律适用法》、规范我国涉外民事诉讼法律选择行为意义重大。基于目前我国涉外民事审判实践在法律选择环节暴露出来的诸多问题以及现行法律监督制度功能的局限，有必要基于冲突法的视角对现有监督制度进行审视，从便利冲突法规则实施监督的角度对其进行有目的性的调整。

（一）强调法律选择活动重要性

尽管在法律理论领域，冲突规范与实体规范、程序规范地位齐平，但在立法、司法等领域对于冲突规范的关注明显不足。因此，在架构《法律适用法》实施监督制度时首先要强调冲突规范及适用冲突规范的法律选择活动的重要性，完善监督环境，以便涉外民事诉讼各方参与人或出于个体认识或出于职责要求或迫于监督压力产生对法律选择活动监督的意愿，参与到《法律适用法》实施监督活动中。当然，强调的途径和方式众多，只要能够传递法律选择重要性信息的都可以采取。《最高人民法院关于人民法院为“一带一路”建设提供司法服务和保障的若干意见》中对于依照《法律适用法》等冲突规范的规定处理法律选择问题的强调即是一例。[2]

---

[1] 参见《民事诉讼法》第198条，第199条，第200条。

[2] 参见《最高人民法院关于人民法院为“一带一路”建设提供司法服务和保障的若干意见》第7点。

（二）便利监督对象信息获取

获取监督对象信息的困难阻碍了《法律适用法》实施监督的进行。鉴于《法律适用法》已经明确冲突规范的强制适用效力，审判人员负有适用《法律适用法》的审判义务，因此，《法律适用法》实施监督对象信息的获取重在强调法院及审判人员的义务：一是提供专门面向涉外民事当事人的《诉讼指南》《诉讼权利义务告知书》等诉讼辅助材料，并对法律选择问题进行提示和简要说明。[1] 二是强调法官在庭审过程中对于法律选择问题的释明义务。三是加强对裁判文书中法律选择部分的说理论证要求。现行《人民法院民事裁判文书制作规范》对争议的法律适用问题提出了要求，[2] 但在具体的《民事判决书》文书样式中没有体现，应该予以说明和补充，也可通过对优秀裁判文书的公布提供指导。如此，可以从源头上减少《法律适用法》实施过程问题的出现，保障《法律适用法》的正确落实。

（三）完善监督评价标准

《法律适用法》自身的缺陷同样是《法律适用法》实施监督的障碍之一。因此在构建具有针对性的《法律适用法》实施监督制度时要重视法律监督与立法活动、法学理论研究活动之间的良性互动，不断完善监督评价标准。冲突法领域术语晦涩、制度独特，被学者寓为“泥潭遍布的阴郁沼泽”[3]。自然，《法律适用法》的实施活动具有高度专业性及复杂性，在对法律选择活动的评判过程中，可以通过咨询专家意见、举办高校专题研讨等方式就争议问题进行探讨，对实践中暴露出来的问题及时进行分析，为《法律适用法》实施监督提供理论指导。与此同时，也要重视立法完善，加强与立法机关的联系沟通。形成理论研究、司法实践与立法实践的良性循环，促进涉外民事诉讼法律选择活动的正确开展。

（四）增加监督干预路径

如何处理涉外民事诉讼法律选择环节暴露出的三类问题是《法律适用

---

[1] 据笔者了解，《诉讼权利义务告知书》《诉讼指南》等诉讼辅助材料因法院不同存在差异，且不对国内案件和涉外案件加以区分，内容相对简单笼统。

[2] 原文为：“对争议的法律适用问题，应当根据案件的性质、争议的法律关系、认定的事实，依照法律、司法解释规定的法律适用规则进行分析，作出认定，阐明支持或不予支持的理由。”

[3] ［美］弗里德里希·K. 荣格著，霍政欣、徐妮娜译，《法律选择与涉外司法（特别版）》，北京大学出版社2007年12月第1版，第2页。

法》实施监督的落脚点。首先得益于全球经济一体化，各国民商事立法在部分领域体现出法律趋同化特征，适用不同国家法律处理案件争议可能产生相同的处理结果。其次冲突法规则之间存在一定的类似性，诸如经常居所地、国籍、物质所在地、法院地等连接点使用频繁，适用不同的冲突规则可能指向相同的准据法。因此，未正确依照《法律适用法》进行的法律选择活动不必然导致案件实体审理结果的不同，监督干预的结果也就不必然指向案件审理结果的改变。此外，尽管三类问题在严格意义上都是《法律适用法》实施监督的对象，但鉴于法律监督同样要考虑成本和收益，若均利用再审、抗诉等程序进行纠正，无益于司法效率目标的实现。因此，《法律适用法》实施监督中，应当以法律选择活动的错误是否导致案件实体问题审理错误为标准，对三类问题加以区分，适用不同的监督干预路径进行处理。具体处理思路如表2所示。

表2　《法律适用法》实施监督下针对不同情形的不同监督路径

<table>
<tr><th>编号</th><th>问题类型</th><th>案件实体审理结果</th><th>现行法律监督制度</th><th>《法律适用法》实施监督</th></tr>
<tr><td>A</td><td>“有法略依”</td><td>正确</td><td>不予关注</td><td>快速修正程序</td></tr>
<tr><td>a</td><td>“有法略依”</td><td>错误</td><td rowspan="5">不做区分，若认定为“法律适用错误”可进入相关法律监督程序，但认定较为谨慎</td><td>一般程序</td></tr>
<tr><td>B</td><td>“有法错依”</td><td>正确</td><td>快速修正程序</td></tr>
<tr><td>b</td><td>“有法错依”</td><td>错误</td><td>一般程序</td></tr>
<tr><td>C</td><td>“有法不依”</td><td>正确</td><td>快速修正程序</td></tr>
<tr><td>c</td><td>“有法不依”</td><td>错误</td><td>一般程序</td></tr>
</table>

具体而言，将现有监督程序视为一般法律监督程序，凡对案件实体审理结果产生影响的法律选择错误均可进入一般法律监督程序（情形abc）。其他三种情形（情形ABC），因其对案件实体审理结果没有影响，对这一类错误的纠正目的更多地侧重于落实《法律适用法》要求、提高涉外审判质量的层面，仅因为法律适用部分说理的不足导致整个案件效力重新回到未决状态不仅不利于涉外民事争议的解决，也缺乏监督程序启动的内在动力。故可以通过增设相对便捷的快速修正程序进行纠正。关于快速修正程序的设计，利用民事审判文书的补正裁定进行纠正是可行途径之一。如原审法院以补正裁定的方式对法律适用的依据及理由做出进一步说明，对原有裁判文书进行补充。需要注意的是，尽管目前司法实践中已经出现了通

过补正裁定对法律适用事项进行补正的实践[1]，但由于《民事诉讼法》及其司法解释仅限于运用裁定“补正判决书中的笔误”，[2] 因此有必要通过立法进一步予以明确。在此基础上，如果该依据及理由发生错误，再可经由一般法律监督程序进行处理。

四、结 语

目前我国涉外民事诉讼法律选择环节中存在的“有法不依”“有法略依”“有法错依”等问题制约着我国涉外民事审判质量的提高。运用法律监督途径规范涉外民事诉讼中的法律选择行为是保障和落实《法律适用法》的内在要求。涉外民事诉讼领域已经具备涵盖多方监督主体参与的相对完善的监督体系，但由于法律选择活动的特殊性，《法律适用法》实施监督在监督对象信息获取、监督评价标准等方面存在障碍，需要在现有法律监督框架内针对《法律适用法》实施监督的需求和特点进行适当调整。具体可从完善监督环境、便利监督信息获取、完善监督评价标准、引入有区别的快速修正程序等几个方面进行考虑。

由于涉外民事诉讼法律选择活动的专业性，在《法律适用法》实施监督过程中，以法院为代表的涉外审判机构及人员、涉外民事诉讼案件律师、国际私法理论研究人员与涉外法律适用法相关立法部门是行使监督权的核心主体，需要加强沟通与交流。在我国继续深化改革开放、积极推进“一带一路”建设的大背景下，要重视涉外民事诉讼中的法律选择活动，提高涉外民事争议解决能力，树立大国司法形象。

---

[1] 参见翟永峰、尹海萍：“裁判文书瑕疵补正程序的检讨与规制——以中国裁判文书网303分补正裁定书为样本”，全国法院第27届学术讨论会，北京，2016年。文中作者介绍了19份对法律适用问题进行补正的裁定书，包括错引条款、错引法律名称、漏印法律条款、多引法律条款等情形。

[2] 参见《民事诉讼法》第154条，《民事诉讼法解释》第245条。